Ulrich Eberl

SMARTE MASCHINEN

Wie Künstliche Intelligenz
unser Leben verändert

Carl Hanser Verlag

Vermittelt durch die U. M. G. Literaturagentur, München

1 2 3 4 5   20 19 18 17 16

ISBN 978-3-446-44870-4
© 2016 Carl Hanser Verlag München
Satz: Kösel Media GmbH, Krugzell
Druck und Bindung: Friedrich Pustet, Regensburg
Printed in Germany

»Hier sitz ich, forme Menschen
Nach meinem Bilde«
GOETHE, *»Prometheus«*

Für alle Kreativen,
insbesondere meine Frau Angelika,
die es schafft, jeder ihrer selbst geformten
Handpuppen und Marionetten
eine eigene Persönlichkeit zu geben.

INHALT

EINLEITUNG

AM START: UNSERE GEGNER ODER NEUEN PARTNER?

FANFAREN FÜR DIE HELFER AUS STAHL

Die brodelnde Atmosphäre auf den Tribünen erinnert an den Einzug der Gladiatoren, damals in Rom, als die Kaiser herrschten. Tausende Menschen starren gebannt hinunter in die staubige Arena, wo das Spektakel gleich beginnen soll. Die einen sitzen geschützt unter einem hölzernen Dach, die anderen sind der sengenden Sonne ausgeliefert, aber dafür dem Geschehen wesentlich näher. Sie kommen aus aller Herren Länder, Jung und Alt, Kinder, Frauen und Männer bunt gemischt. Ein verwirrendes Stimmengewirr erfüllt die Luft, von überallher dringen Sprachfetzen in Englisch, Japanisch, Koreanisch, Chinesisch, Italienisch und Deutsch. Ein leichter Luftzug wirbelt in der Arena den Sand auf, aus einem Rohr quillt Dampf nach oben und verzieht sich in Richtung der Palmen und der fernen Hügelkette der San-Gabriel-Berge. Nach Pomona, der römischen Göttin der Baumfrüchte, ist dieser Ort im Los Angeles County benannt, wo der weltweit einzigartige Wettstreit nun stattfinden soll. Vor den Absperrungen stehen Trauben von

Reportern, Fotografen, Schiedsrichtern – auch sie warten geduldig. Doch dann verstummen plötzlich die Gespräche, überall gehen die Smartphones und Kameras nach oben: Die Gladiatoren kommen! Auf großen Plakatwänden vor der Fairplex Arena von Pomona waren sie schon angekündigt, die Helden dieser beiden Tage. Sie tragen kraftvolle Namen wie Atlas, Helios und Herkules, Running Man, Walkman und Metal Rebel, familiäre wie Florian, Johnny, Hubo und Leo oder geheimnisvolle wie RoboSimian, Thormang oder Momaro. Manche konnte man bereits bewundern, nebenan im Empfangsbereich, wo sich lange Schlangen von Besuchern bildeten, die die Kraftprotze einmal aus der Nähe sehen wollten – immerhin bringen die meisten der Gladiatoren zwischen 150 und 200 Kilogramm auf die Waage. Wenn die Wettbüros unter den Tribünen noch geöffnet hätten, wie in den Jahrzehnten, als hier noch Pferderennen stattfanden, hätte sicher der ein oder andere Fan einen Einsatz gewagt: auf Herkules oder Metal Rebel, auf Hubo, RoboSimian oder Momaro. Doch so müssen sich die Zuschauer damit begnügen, ihre Favoriten lautstark anzufeuern und jeden Punkt zu beklatschen, den diese im Lauf des Wettbewerbs erringen.

Dass sie stark sind, richtig stark, weiß jeder, der sie schon berühren durfte. Der mit den Händen über sie strich – allerdings nicht über ihren Bizeps oder die Muskeln am Oberschenkel, denn so etwas besitzen sie nicht. Dafür sind die meisten von ihnen umfassend gepanzert, mit Metallplatten an den Beinen, am Oberkörper, am Rücken und einem Stahlskelettkäfig, um den Kopf zu schützen. Sie haben Stereokameras, Antennen und Laserscanner, einen Batterierucksack, dicke Hydraulikschläuche, die aus ihrem Becken herausquellen, als hätte jemand gerade versucht, sie zu sezieren, und überall kompakte, aber leistungsstarke Elektromotoren: vor allem an den Gelenken von Beinen, Armen und Händen. Diese Gladiatoren von heute sind Roboter.

Und sie kämpfen auch nicht gegeneinander oder gegen wilde Tiere wie einst im Kolosseum, dem Amphitheater des alten Roms. Ganz im Gegenteil, sie sollen beweisen, dass sie – oder ihre Nachfolger – eines Tages in der Lage sein werden, Menschen zu retten. Beispielsweise bei

Wettstreit der stählernen Champions: Im Juni 2015 maßen sich die weltbesten Roboter während der DARPA Robotics Challenge in Disziplinen wie Auto fahren, Türen öffnen, Löcher bohren, Ventile drehen oder über Geröll klettern – hier der Running Man, ein Atlas-Roboter des Unternehmens Boston Dynamics.

Katastropheneinsätzen, wenn Gebäude einstürzen, alles voll Schutt ist und dichter Qualm durch die Gänge wabert. Oder wenn zu hohe radioaktive Strahlung Menschen daran hindert, Gebäude überhaupt erst zu betreten. Genau diese Situation war für die DARPA, die Forschungsbehörde des US-Verteidigungsministeriums, der Anlass, die »Robotics Challenge« zu starten: den dreijährigen Roboter-Wettbewerb, der nun, im Juni 2015, hier in Pomona sein geradezu olympisches Finale findet.[1]

HÄTTEN ROBOTER DIE EXPLOSIONEN VON FUKUSHIMA VERHINDERN KÖNNEN?
Am Beginn stand die Katastrophe von Fukushima, als am 11. März 2011 ein enormes Erdbeben der Stärke 9,0 die externe Stromversorgung der japanischen Kernkraftwerksanlage Fukushima Daiichi lahmlegte und 40 Minuten später die haushohen Wellen eines Tsunamis das Innere der Reaktorblöcke fluteten – wodurch auch alle Notstromgeneratoren ausfielen. Die Hitze der Brennstäbe ließ schon bald das Kühlwasser verdampfen, gefährliches Wasserstoffgas bildete sich. Verzweifelt versuchten in den Stunden danach menschliche Arbeiter, im Gebäude Ventile zu öffnen, um das explosive Gas entweichen zu lassen, doch die radioaktive Strahlung war bereits so hoch, dass sie sich unverrichteter Dinge zurückziehen mussten.

Am Nachmittag des zweiten Tages zerstörte schließlich der angesammelte Wasserstoff in einer gewaltigen Explosion das Dach des ersten Reaktorgebäudes. Eine Rauch- und Staubwolke stieg als dunkler Pilz in den Himmel und breitete sich schnell aus – mitsamt einer erheblichen Menge an Radioaktivität. Danach kam es in weiteren Reaktorblöcken ebenfalls zu Explosionen, rund 150 000 Menschen mussten evakuiert werden. Auch noch Jahre später leben die meisten von ihnen in Notunterkünften – in ihre Heimat können sie wohl nie wieder zurückkehren.

Wie anders wäre wohl diese Katastrophe verlaufen, wenn damals anstelle von Menschen Roboter, denen radioaktive Strahlung wenig ausmacht, die Reaktorgebäude hätten betreten können? »Wenn sie rechtzeitig die Ventile hätten öffnen und andere Notfallmaßnahmen hätten einleiten können, wäre es vielleicht zu gar keiner Explosion gekommen«, mutmaßt Gill Pratt, der Leiter des Robotik-Wettbewerbs der DARPA.

Doch dazu müssen die Maschinen Dinge beherrschen, die 2011 noch kein Roboter in diesem Umfang konnte. Sie müssen Türen öffnen und auf Treppen steigen, über Geröll klettern und Hindernisse beiseiteräumen, Ventile aufdrehen und schließen, Hebel betätigen, Kabel herausziehen und in Steckdosen stecken sowie Werkzeuge benutzen, die für Menschen gemacht sind: beispielsweise mit Bohrmaschinen große Löcher in Wände bohren.

Genau diese Dinge müssen die Roboter nun auch in Pomona können, um den DARPA-Wettbewerb zu gewinnen. Und mehr noch: »Wir verlangen sogar, dass sie Fahrzeuge benutzen, um überhaupt erst in die Gefahrenzone vorzudringen«, sagt Pratt. Die Roboter müssen also zudem in der Lage sein, ein Auto zu lenken, Gas zu geben, zu bremsen und dann auszusteigen, das Gebäude zu betreten und dort ihre Aufgaben zu erfüllen. Und das alles in Zusammenarbeit mit Menschen, die weit entfernt in einer Halle ohne Sichtkontakt sitzen und versuchen, von dort aus die Roboter zu steuern – wobei immer wieder die Kommunikation gestört wird, denn im Katastrophenfall, so Pratt, »kann man auch nicht damit rechnen, jederzeit eine Breitband-Funkverbindung zur Verfügung zu haben«.

ZWEI MILLIONEN DOLLAR SIEGPRÄMIE   Die Roboter müssen möglichst ausfallsicher sein, sich flexibel an manchmal überraschende Situationen anpassen und ihre Aufgaben auch noch in einer bestimmten Zeit erledigen, bevor ihnen im Ernstfall der Strom ausginge. Zwei Millionen Dollar Preisgeld hat die DARPA für denjenigen Roboter ausgelobt, der den Parcours in der Fairplex Arena von Pomona am besten bewältigt, eine Million für den Zweitplatzierten und eine halbe Million für den, der die Bronzemedaille erringt.

Für große Herausforderungen aller Art ist die DARPA einst gegründet worden. »Das Unmögliche möglich machen« ist seit 1958 ihr Wahlspruch, als es galt, den Vorsprung der Russen im Weltall aufzuholen. Die weltweit ersten Kommunikations- und Wettersatelliten gehen ebenso auf ihre Initiativen zurück wie das ARPANET, der Vorläufer des Internets, die Flüssigkristalldisplays, die Tarnkappentechnologie oder handliche Empfänger für die Satellitennavigation GPS. Im Jahr 2003 rief die DARPA einen Wettbewerb für maschinelle Übersetzungsprogramme ins Leben und in den Jahren danach mehrere »Grand Challenges« für das autonome Fahren in der Wüste und im Stadtverkehr.

Die Robotik-Herausforderung von 2015 haben 23 Teams aus aller Welt angenommen: aus Deutschland und Italien, Südkorea, Hongkong, Japan und den USA. Viele haben monate-, manche jahrelang an ihren Robotern geschraubt und gelötet, die Software und ihre Handlungsvorschriften, die Algorithmen, optimiert und ihre Einsatzteams für dieses große Finale trainiert. Die meisten kommen von exzellenten technischen Universitäten und Forschungsinstituten, doch zumindest indirekt sind auch einige Firmen beteiligt. So verlassen sich sieben Teams auf Varianten des Atlas-Roboters, eines 1,80 Meter großen Kolosses, der wie ein Mensch auf zwei Beinen gehen kann.[2] Gebaut wurde er von Boston Dynamics, einem Unternehmen, das ursprünglich Roboter-Technik für das US-Militär entwickelte, bis es 2013 von Google übernommen und stärker in Richtung ziviler Anwendungen getrimmt wurde.

Andere Teams setzen auf humanoide Roboter der japanischen Firma Kawada Industries oder auf Eigenentwicklungen – von denen nicht alle zwei Beine haben. Manche schwören auf Roboter mit vier Beinen, die auch in schwierigem Gelände besser die Balance halten können. Andere besitzen Rollen an den Füßen, und bei RoboSimian[3], dem Roboter des NASA Jet Propulsion Laboratory in Pasadena, weiß man gar nicht, woran man ist. Sitzt er im Auto, hält er sich wie ein intelligenter Affe an den Streben fest und dreht am Lenkrad, steigt er aus, wird er eher zu einer vorsichtigen hochbeinigen schwarzen Katze, dann macht er unversehens eine Art Purzelbaum, setzt sich hin und beginnt mit erhobenen Armen zur Tür zu rollen, die er ebenso geschickt öffnet, wie er später mit der Bohrmaschine hantiert – unwillkürlich fühle ich mich als Zuschauer an die Filme der *Transformers*-Reihe erinnert, deren Hauptdarsteller sich auch ständig in neue stählerne Wesen verwandelten.

EMPATHIE MIT DEN MASCHINEN Ist dieser Wettbewerb der weltbesten Roboter daher nicht auch ein wenig unheimlich? Ist unter den Beobachtern auf den Rängen nicht Beklemmung spürbar, vielleicht sogar Angst vor diesen neuen martialischen Geschöpfen, die wie aus einer anderen Welt wirken? Sehen manche in dem Stahlkoloss, der hier durch den Sand stapft, nicht schon den Terminator vor sich, der aus einer fernen Zukunft kommt, um Menschen zu vernichten?

Nein, in den Gesichtern der Besucher kann ich nichts davon lesen, ganz im Gegenteil. Wenn sie über die Roboter sprechen, sagen sie unwillkürlich »he«, als ob sie von Menschen redeten – anstatt »it«, wie es bei Maschinen angebracht wäre. Sogar der Roboter-Experte Gill Pratt staunt über die Welle an Sympathie, die den Stahlwesen entgegenschwappt: »Wann immer die Roboter auf dem Parcours sind, fühlen die Menschen mit ihnen – sie stöhnen auf, wenn einer umfällt, und sie jubeln über jede erfolgreich bewältigte Aufgabe.« Und das, obwohl das Zuschauen mitunter so spannend sei, gibt Pratt zu, wie »einer Wandfarbe beim Trocknen zuzusehen«.

So steht beispielsweise mancher Roboter minutenlang ratlos vor der Tür, bevor er schließlich langsam die Hand hebt, um die Klinke zu betätigen. Nicht wenige Zuschauer würden da am liebsten hinunterlaufen und dem armen Kerl helfen. Wenn der Roboter dann, wie der rote Chimp der Carnegie-Mellon-Universität, der später die Bronzemedaille holt, beim ersten Versuch buchstäblich mit der Tür ins Haus fällt,[4] geht kein hämisches Gelächter durch die Reihen, sondern ein langes, enttäuschtes »Ooooh« – das sich, als Chimp aus eigener Kraft wieder aufsteht, in ein jubelndes »Wow« und »Yeah!« verwandelt.

Auch beim Zweitplatzierten, dem Running Man aus Florida, sind die Fans auf der Tribüne mit begeistertem rhythmischem Klatschen dabei, als dieser Roboter der Atlas-Reihe am Schluss des Parcours oben auf der Treppe seine stählernen Arme in einer Jubelgeste zum Himmel reckt und einen kleinen Siegestanz vollführt.[5] Und erst recht sind die Sympathien beim schlauen Hubo der jungen Entwickler des KAIST-Instituts aus Südkorea, der zu Fuß und auf Knien rollend alle Aufgaben in der Rekordzeit von 44 Minuten erledigt und damit die Zwei-Millionen-Dollar-Siegprämie holt.[6]

»Dieses Mitgefühl der Zuschauer lässt mich für die Robotik hoffen«, betont Pratt, »denn für die künftige Zusammenarbeit von Menschen und Robotern braucht es wirklich ein großes Maß an Sympathie.« Diese Zuneigung zu den manchmal so menschlich wirkenden Maschinen spürt man auch in der Ausstellung vor der Arena von Pomona, wo viele Firmen ihre neuesten Produkte präsentieren, vom kleinen Spielzeugroboter über den elektronischen Butler bis zum autonomen militärischen Spähwagen.

Hier geht es zu wie auf einem Jahrmarkt. In der einen Ecke programmieren Kinder bei Countrymusik Roboter, die Bälle sammeln, Leitern hochklettern und sich gegenseitig vom Tisch schubsen. Nebenan sind stählerne, kopflose Laufmaschinen im Achtstunden-Dauertest unterwegs, während ein Zelt weiter kleine Flugdrohnen Kunststücke vorführen. An einem Stand lassen sich die Besucher mit Nachbildungen der Star-Wars-Roboter C-3PO und R2-D2 fotografieren, am anderen versuchen evangelikale Christen, mit den Vorübergehenden über Moral und Ethik im Roboter-Zeitalter zu diskutieren.

Es ist offensichtlich: Das Thema bewegt die Menschen – und zwar keineswegs nur während dieser Roboter-Olympiade in Kalifornien, sondern weltweit. Im japanischen Miraikan-Museum für Zukunftsforschung und Innovation in Tokio sah ich, wie Besucher die Androiden, die Menschen zum Verwechseln ähnlich sehen, mindestens so sehr bestaunen, wie sie in Pomona beim »Meet and Greet« auf die Atlas-Roboter zustürzen. Auch Asimo, der altehrwürdige und immer noch junge

Roboter von Honda, der läuft und tanzt und singt und auf einem Bein springt, ist bei jeder Aufführung im Miraikan der unangefochtene Publikumsmagnet.

Ähnlich in Deutschland: An der Komischen Oper Berlin spielte der Roboter Myon im Sommer 2015 eine – wenn auch unbeholfene – witzige und tragende Rolle im Stück *My Square Lady*. Ziel der Oper war, zu erkunden, was einen Menschen zum Menschen macht. Auf der Industriemesse in Hannover im gleichen Jahr ging es hingegen weniger philosophisch, sondern eher mit wirtschaftlichem Ernst zu: Hier waren kollaborative Roboter, die in den Fabriken die Schutzzäune hinter sich lassen und künftig direkt mit den Menschen zusammenarbeiten sollen, das beherrschende Thema an vielen Ständen.

Zugleich zeigte sich, dass die Begeisterung für Roboter keineswegs nur etwas für männliche Nerds ist: Roboter, die Bälle fingen, Rosen verteilten oder als große elektronische Ameisen über einen Tisch krabbelten, wurden von ähnlich vielen Frauen wie Männern umringt. Bei der Computermesse CeBIT waren an manchen Tagen sogar die Mädchen in der Überzahl, die auf einem Stand der Fraunhofer-Gesellschaft in einem gläsernen Klassenzimmer Roboter so programmierten, dass sie eine Art Rennstrecke bewältigen konnten.

FUSSBALLSPIELEN MIT MERKEL UND OBAMA

An der Technischen Universität Berlin gelang es dem kleinen Roboter NAO, ein strahlendes Lächeln aufs Gesicht von Queen Elizabeth II. zu zaubern, als er sie bei ihrem Deutschlandbesuch winkend begrüßte. Auch der deutschen Kanzlerin wurde bei ihrer Japan-Visite stolz Asimo vorgeführt, der allerdings passen musste, als ihm Angela Merkel die Hand schütteln wollte. Darauf war der nur Verbeugungen gewohnte japanische Roboter nicht vorbereitet. Immerhin schoss er mit Wucht einen Fußball in Richtung der fotografierenden Journalisten – wie er auch schon einige Monate zuvor fröhlich mit dem US-Präsidenten Barack Obama kickte. Asimo macht damit deutlich, dass Roboter letztlich auch in diese menschliche Domäne vordringen werden. So ist es das hehre Ziel der seit 1997 jährlich stattfindenden RoboCup-Welt-meisterschaften, im Jahr 2050 den menschlichen Fußballweltmeister schlagen zu können.

Doch von so einem Erfolg sind die Roboter noch meilenweit entfernt. Bei den bisherigen RoboCup-Turnieren – wie etwa im Sommer 2016 in Leipzig – stolperten die stählernen Sportler dem Ball mehr hinterher, als dass sie ihn elegant ins Tor schlenzten oder im Teamplay die Gegner austricksten. »Aber man muss sich eben hohe Ziele stecken, um voranzukommen«, schmunzelt der Japaner Minoru Asada, einer der weltweit angesehensten Roboter-Forscher und Mitbegründer des RoboCups. Als die Computer erfunden wurden, hätte auch niemand gedacht, dass einmal einer von ihnen den menschlichen Schachweltmeister besiegen würde: Dennoch war genau dies 1996 dem Computer Deep Blue von IBM gelungen – und heute kann ein gutes Schachprogramm, das auf einem Smartphone läuft, einen menschlichen Großmeister schlagen.

Dahinter steckt zwar vor allem die enorme Zunahme der Rechenleistung von Computern, die viele Schachzüge im Voraus berechnen und bewerten. Doch auch die Software-Entwickler machen enorme Fortschritte: Schon fast zum Alltag gehören heute Programme zur Bild- und Spracherkennung und Übersetzung einfacher Texte. Im Jahr 2011 gewann Watson, ein IBM-System, das den Sinn von Texten in natürlicher Sprache erfassen kann, in der Fernsehshow »Jeopardy!« – einer komplexeren Variante von »Wer wird Millionär?« – gegen die bisherigen menschlichen Champions. Inzwischen ist Watson schon in der Lage, Ärzten bei Krebsdiagnosen, Pharmafirmen bei der Entwicklung von Medikamenten oder Bankberatern bei Anlagestrategien zu helfen.

Im März 2016 schaffte es die lernfähige Software AlphaGo, den weltbesten Go-Spieler Lee Sedol bei diesem komplexen Brettspiel haushoch zu schlagen – eine Leistung, die Fachleute noch wenige Monate zuvor nicht vor dem Jahr 2025 erwartet hätten. Auch bei wirtschaftlichen Anwendungen ist lernfähige Software heute bereits so weit entwickelt, dass sie mit hoher Trefferquote voraussagen kann, welche Produkte Menschen im Internet demnächst kaufen werden, wie sich die Preise an Rohstoffbörsen entwickeln und wie viel Energie Städte und Regionen in den nächsten Wochen benötigen werden. Sogar vorausschauende Reparaturen sind mit solchen Computerprogrammen möglich: Sie prognostizieren anhand von Sensordaten und Erfahrungswerten, welche Windräder, Züge oder Medizingeräte bald ausfallen werden. Und das selbstfahrende Auto – nichts anderes als ein autonomer Roboter auf Rädern – wird heute nicht nur von Google, sondern von fast allen großen Autofirmen entwickelt.

IST JEDER ZWEITE JOB IN GEFAHR? Es ist offensichtlich: Die Ära der smarten Maschinen liegt nicht in ferner Zukunft, sie beginnt gerade jetzt. Überall an Schulen und Universitäten entstehen Roboter-Labors. Auf den einschlägigen Konferenzen für Robotik und Künstliche Intelligenz treffen sich heute nicht mehr wie früher wenige Hundert Fachleute, sondern Tausende. In den Fabriken und Büros ersetzen immer mehr Maschinen den Menschen – und zwar nicht mehr nur bei monotonen, mechanischen Arbeiten.

Insbesondere die automatische Auswertung großer Datenmengen ist es, die vielen Geistesarbeitern Sorgen macht, die bislang auf ihr Erfahrungswissen gesetzt haben: Ob Juristen, Steuerberater oder Ärzte – mit Algorithmen, die in Sekundenschnelle Millionen von Einträgen in Datenbanken durchforsten und bewerten, können sie nicht mehr mithalten. Und diese Entwicklung steht erst am Anfang. Ob Wetter-, Börsen- oder Sportnachrichten: Selbst redaktionelle Texte werden immer häufiger von »Roboter-Journalisten«, also Computeralgorithmen, verfasst.

Eine Studie der Universität Oxford[7] prognostiziert, dass in den kommenden 20 Jahren allein in den USA fast die Hälfte aller Tätigkeitsfelder in über 700 Berufen durch Künstliche Intelligenz und Robotik – oder allgemeiner durch die zunehmende Digitalisierung und Automatisierung – gefährdet seien. Weltweit geht es dabei um viele Millionen Jobs. Inwieweit zugleich ähnlich viele neue entstehen werden, ist fraglich.

Eric Horvitz, Forschungsdirektor bei Microsoft, hat daher zusammen mit der Stanford-Universität eine Langzeituntersuchung ins Leben gerufen: die »100-Jahr-Studie über Künstliche Intelligenz«.[8] Von den ökonomischen Auswirkungen über die Gefährdung von Demokratie und Freiheit bis zum militärischen Missbrauch werden darin alle Felder untersucht, auf die diese neuen technischen Entwicklungen Einfluss haben können. Die Quintessenz: Alle Lebensbereiche des Menschen stehen vor einem grundlegenden Wandel – und mehr noch, es geht um den Kern unseres Selbstverständnisses. Wer wir sind, was wir wollen und was uns künftig noch von intelligenten Maschinen unterscheidet.

VERTAUSENDFACHUNG DER RECHENLEISTUNG

BIS 2040 Die technologischen Treiber dieser Entwicklung sind offensichtlich: Sensoren, wie Kameras, Laser oder Radar, werden immer kleiner und billiger. Die Algorithmen werden immer leistungsfähiger. Und ein Blick in die Labors der Halbleiterindustrie zeigt, dass sich die Rechenleistung, Speicher- und Kommunikationsfähigkeit von Mikrochips in den nächsten 20 bis 25 Jahren noch einmal vertausendfachen wird – beim gleichen Preis wie heute. Am Kirchhoff-Institut für Physik der Universität Heidelberg werden sogar schon neuromorphe Chips gefertigt, die wie die Nervenzellen und Synapsen im menschlichen Gehirn funktionieren, nur 10 000-mal schneller.

Maschinen mit einer gewissen Art von Intelligenz werden in den kommenden Jahren und Jahrzehnten immer mehr in unseren Alltag eindringen – und es wird höchste Zeit, darüber zu diskutieren, wohin diese Entwicklung führt. Genau darum geht es in diesem Buch: Worauf müssen wir uns einstellen, und was sind nur abgehobene Visionen, die nichts mit der Wirklichkeit zu tun haben? Was sind die Trends an Universitäten, Forschungslabors und in der Industrie, und wie sind sie zu bewerten – im Hinblick auf ihre Auswirkungen auf Gesellschaft, Berufs- und Alltagsleben? Inwieweit sind intelligente Maschinen eine Bedrohung – oder sind sie vielleicht vielmehr eine Chance, die vielfältigen Herausforderungen, vor denen wir stehen, noch rechtzeitig zu bewältigen?

So wird sich bis zum Jahr 2050 die Zahl der Menschen, die älter als 65 Jahre sind, gegenüber heute verdreifacht haben. 1,5 Milliarden Menschen werden dann weltweit im Seniorenalter sein, heute sind es 500 Millionen. In Deutschland wird bis 2060 jeder Dritte über 65 sein, jeder Achte über 80, und die Zahl der Über-100-Jährigen wird sich noch einmal verzehnfachen.[9] Können Roboter, autonome Fahrzeuge und intelligente Haus- und Kommunikationstechnik alte Menschen dabei unterstützen, ein besseres und selbstbestimmteres Leben zu führen? Wie sieht es in der Arbeitswelt aus: Können Digitalisierung, intelligente Datenanalyse und Robotik Fabriken flexibler machen und dadurch helfen, die Wettbewerbsfähigkeit Deutschlands und anderer Industrieländer zu steigern und unsere Jobs zu sichern?

SCHLAUERE ENERGIETECHNIK UND BESSERE GESUNDHEITSSYSTEME?

Oder nehmen wir die Energietechnik: Um den Klimawandel zu bremsen, müssen die Energiesysteme der Welt umgebaut werden – weg von Kohle, Öl und Gas hin zu den erneuerbaren Energien, die dann aber zugleich dezentraler organisiert sind. Statt Tausender mittelgroßer und großer Kraftwerke boomen dann viele Millionen kleiner Energieerzeugungsanlagen. Um sie möglichst effizient zu betreiben, braucht man wiederum Kommunikationstechnik und Computerintelligenz.

Das Gleiche gilt für die rasant wachsenden Städte – allein in Asien wachsen heute die Städte jeden Tag um rund 100 000 Menschen. 2050 werden weltweit fast so viele Menschen in Städten leben wie heute auf der ganzen Erde. Sie alle brauchen intelligent gesteuerte Verkehrs- und Energiesysteme, Gebäudetechnik und Licht, personalisierte Gesundheitssysteme, moderne Bildungseinrichtungen und Möglichkeiten der politischen Mitsprache – auch dies will organisiert sein. Ohne eine entsprechende Computer- und Kommunikationstechnik wird das nicht gehen.

Was also wird das Zeitalter der intelligenten Maschinen mit sich bringen? Wird sich die Waagschale eher zum Guten oder zum Schlechten neigen? Ist dies vielleicht sogar die größte Umwälzung, die die Menschheit bislang erlebt hat, weil es ein Angriff auf den Kern unseres Menschseins ist: auf unseren Verstand und auf unsere emotionale Intelligenz?

Sehen wir uns also die technischen Grundlagen und die Trends genauer an, um ihre gesellschaftlichen und wirtschaftlichen Auswirkungen beurteilen zu können. Werfen wir einen Blick auf wissensbasierte Algorithmen, smarte Datenanalyse, autonome Fahrzeuge und natürlich die lernfähigen, kooperativen, emotionalen und sozialen Roboter, die in den Labors in Japan, Europa und den USA derzeit das Licht der Welt erblicken.

Oder, wie es Arati Prabhakar, die Leiterin der DARPA, bei der Eröffnung der Roboter-Olympiade in der Fairplex Arena von Pomona ausdrückte:»Wir werden in Zukunft nicht mehr allein sein. All diese Maschinen werden jetzt entwickelt, um uns Menschen künftig in vielfältiger Weise zu helfen ... Ladies and Gentlemen, start your robots!«

EINS

SMARTE MASCHINEN: SIE WERDEN ALLGEGENWÄRTIG SEIN

Unsanftes Erwachen

»Sieht so der Himmel aus?«, war mein erster bewusster Gedanke, als ich erwachte. Ein strahlendes Weiß überall. So hell, dass ich die Augen geblendet zusammenkniff. Ein leises Surren und ein durchdringendes Pong-pong-pong drangen an mein Ohr.

Ich versuchte es noch einmal und öffnete ganz langsam meine Augen wieder. Jetzt meinte ich, Nischen in dem ansonsten makellosen Weiß zu erkennen, darin irgendwelche Skulpturen, doch die Bilder verschwammen. Als ich den Blick nach rechts wandte, sah ich ein großes Panoramafenster, das den Ausblick auf einen saftig grünen Garten eröffnete, der weiter hinten in einen Mischwald überging. Bänke, ein kleiner Teich, Menschen, die herumspazierten. Und besonders seltsam: Über mir wölbte sich keine Zimmerdecke, sondern ein strahlend blauer Sommerhimmel mit ein paar Schleierwolken.

Verblüfft versuchte ich, den Kopf zu heben – wo war ich nur? Das Surren wurde lauter, ein etwa 1,50 Meter großer Roboter, der aussah wie ein Kegel mit zwei Armen und einem kreisrunden, aber flachen Kopf, rollte am Fußende meines Bettes vorbei. Das riesige Smiley auf seinem Kopfdisplay verwandelte sich in Kurven und Töne. Das Pong-pong-pong, war das etwa mein Herzschlag? Und was machte er jetzt? Der Roboter klappte einen kleinen Tisch aus, über dem plötzlich eine Art Hologramm erschien: Ein älterer Mann schwebte da in der Luft und drehte sich langsam. Beine, Arme, Brustkorb, Kopf begannen nach und nach grün zu leuchten. Dann verschwanden die Haut und die Rippen, Organe wurden sichtbar.

»Ihre Vitalfunktionen sind hervorragend, die Regeneration war ein voller Erfolg«, sagte eine weiche Stimme. Jetzt schaffte ich es doch, den Kopf zu drehen. Auf der linken Seite meines Bettes stand kerzengerade eine hochgewachsene hübsche junge Frau im Arztkittel mit langen Haaren, perfekt geschwungenen Augenbrauen und Grübchen in den Wangen.

»Wo bin ich?«, fragte ich und staunte, wie rau und fremd meine eigene Stimme klang.

Sie lächelte: »Im Reha-Zentrum Grüntal.«

Gut, keine 20 Kilometer von meinem Wohnort entfernt. »Was ist passiert?«

»Das ist eine lange Geschichte. Wenn die Ärzte kommen, werden Sie mehr erfahren.«

Irgendetwas war seltsam an ihr. Sie war fast zu perfekt, zu sanft, zu freundlich. Ihre Gesichtszüge waren so ruhig, es zuckte kaum ein Muskel.

»Die Ärzte? Sind Sie denn keine ...?«

»Nein. Mein Name ist Samantha Yang. Ich bin eine Androidin der R16-Reihe von Liscom Robotics. Ich betreue Langzeitpatienten rund um die Uhr und bin für die Ärzte zugleich ein Interface zur Medical Sphere.«

Das gab's doch nicht – die junge Frau war ein Roboter? Wie der andere, der kegelförmige da? Nur dass Samantha einem Menschen zum Verwechseln ähnlich sah, perfekte Manieren besaß und offenbar auch in der Lage war, einen echten Dialog zu führen. Wer konnte denn heute solche Roboter bauen?

DER BEGINN EINER NEUEN ÄRA

Es hat schon Seltenheitswert, wenn sich Experten weltweit über die grundlegenden Entwicklungen und Trends auf ihrem Arbeitsgebiet vollkommen einig sind – unabhängig davon, ob man nun Top-Forscher in Japan, Europa oder den USA befragt. Noch erstaunlicher ist, wenn die sonst so eigenständigen Denker für die Beschreibung ihrer Zukunftsszenarien fast dieselben Worte und Bilder verwenden. Doch genau diese Erfahrung macht man, wenn man versucht, zu ergründen, was in der Ära des »Cognitive Computing«, wie es IBM nennt,[10] in den nächsten Jahren und Jahrzehnten auf uns zukommen wird.

Programmieren, also einem Computer oder einem Roboter genau vorschreiben, was er zu tun hat, war gestern, sagen die Forscher. Heute und morgen gehe es darum, dass die Maschinen in immer höherem Maße selbst kognitive Fähigkeiten besitzen und sie anwenden. Sie sollen besser darin werden, Veränderungen in ihrer Umgebung wahrzunehmen, zu beurteilen und daraus Schlussfolgerungen zu ziehen. Sie sollen selbständig lernen, argumentieren, planen und handeln – kurz: Probleme lösen, ohne dass ihnen vorher ein Mensch alles im Detail einprogrammiert hat.

Natürlich haben heutige Systeme noch lange nicht die Fähigkeiten erreicht, über die offenbar die Roboter-Krankenschwester Samantha im Zukunftsszenario am Anfang dieses und der folgenden Kapitel verfügt. Dennoch sind Wissenschaftler wie Rüdiger Dillmann, Direktor am Forschungszentrum Informatik (FZI) in Karlsruhe, fest davon überzeugt: »Die Ära der autonomen, lernenden und kooperativen Maschinen hat bereits begonnen.« Der 67-jährige Dillmann, der sich selbst als eines der »Urgesteine der Robotik-Forschung in Deutschland« bezeichnet und der auch als Sprecher und Professor am Institut für Anthropomatik und Robotik des KIT,[11] des Karlsruher Instituts für Technologie, tätig ist, konzentrierte sich schon während seines Elektrotechnikstudiums auf den Schwerpunkt Biokybernetik. Vor 30 Jahren, 1986, habilitierte er sich mit einer Arbeit über lernende Roboter.

Karlsruhe war dafür genau der richtige Ort. »Bereits Anfang der 1960er-Jahre wurde hier an Robotern geforscht«, erinnert sich Dillmann. Ging es zu jener Zeit noch um die sogenannten Master-Slave-Manipulatoren für die einstmals aufstrebende Kerntechnikforschung, so reicht nun die Bandbreite in den Labors des KIT viel weiter: Über die Gänge des FZI krabbelt heute beispielsweise der Laufroboter Lauron, der einer metergroßen grünen Stabheuschrecke ähnelt, während ein paar Türen weiter Forscher einem Auto das selbständige Einparken beibringen. Und dann ist da am KIT auch noch der humanoide Haushaltsroboter Armar, der seinem Entwickler, Tamim Asfour, aufs Wort gehorcht – ob er nun eine Apfelsaftpackung aus dem Kühlschrank holen, die Geschirrspülmaschine ausräumen oder Menschen beim Abwischen des Tisches beobachten und dann die Bewegungen nachahmen soll.

GEMEINSAME MORGENGYMNASTIK FÜR ROBOTER UND MENSCH Dass Menschen und Roboter heute schon eng zusammenarbeiten können – wenn auch in einer genau definierten Umgebung –, beweist die japanische Firma Glory in einer Produktionslinie nördlich von Tokio. Glory ist ein Spezialist für Bargeldmanagement. In der Saitama-Fabrik des Unternehmens fertigen Menschen und Roboter Seite an Seite Komponenten für Geldautomaten. Die 18 sogenannten Nextage-Roboter von Kawada Industries haben zwar keine Beine, aber dafür zwei sehr bewegliche Arme sowie Kameras im ellipsoidförmigen, lang gestreckten Kopf wie auch in den Greifhänden.

Seit ihrer Installation vor vier Jahren wurden die agilen Arbeiter aus Stahl zu echten Kollegen ihrer menschlichen Partner. Jeder Roboter hat einen eigenen Namen bekommen und macht sogar die Gymnastikübungen am morgendlichen Arbeitsbeginn mit. Wenn hier jeden Tag Frauen, Männer und Roboter einträchtig und fast synchron nebeneinander mit den Armen kreisen, dann wirkt das wie die vorweggenommene Zukunft, wie ein Sinnbild eines hoffentlich harmonischen Zusammenlebens von Mensch und Maschine.[12]

Aufbruch in die Roboter-Gesellschaft: In der Fabrik des japanischen Unternehmens Glory arbeiten Menschen und Roboter bereits heute Seite an Seite (oben). Ebenfalls in Japan hat der Forscher Hiroshi Ishiguro (unten) schon vor Jahren einen humanoiden Roboter entwickelt, der ihm zum Verwechseln ähnlich sieht.

»Wir werden künftig in einer Gemeinschaft mit Robotern, einer Robot Society, leben«, sagt der Japaner Hiroshi Ishiguro voll Überzeugung. Der oft als »Popstar der Robotik« titulierte 53-jährige Professor an der Universität von Osaka hat die japanische Roboter-Euphorie auf die Spitze getrieben. Er erregt seit einigen Jahren mit den Geminoiden – wie er seine Schöpfungen in Anspielung auf Geminus, das lateinische Wort für Zwilling, nennt – weltweit viel Aufsehen.[13]

Diese bislang meist ferngesteuerten Androiden sind perfekte Kopien realer Menschen. Von außen ist von ihrem inneren Stahlskelett, den vielen Zahnrädern, Schrauben, Federn, der Hydraulik und den Elektromotoren absolut nichts zu sehen. Ihre Haare und Wimpern, ihre Augen, Lippen und Zähne wirken vollkommen natürlich, und ihre Haut aus Spezialsilikon enthält für die perfekte Täuschung auch kleine Poren und Unreinheiten.

Im Sommer 2006 hatte Ishiguro sogar einen Zwilling von sich selbst hergestellt, mit dem nicht nur seine damals fünfjährige Tochter gerne spielte. Der viel beschäftigte Forscher schickte seinen elektronischen Klon auch schon einmal mit einem vorbereiteten Vortrag zu einer Vorlesung nach Zürich, während er selbst in Japan blieb. Auch auf seiner Visitenkarte hat der Robotiker seinen Geminoid verewigt: Auf der einen Seite ließ er ein Bild von sich selbst drucken, auf der anderen das seines Roboter-Zwillings mit denselben schwarzen Haaren und denselben Gesichtszügen. Wer wer ist, ist unmöglich zu erkennen.

Die Geminoiden nutzt Ishiguro – wie später in Kapitel 12 beschrieben – für Forschungen, um menschliches Verhalten und das Zusammenwirken mit Robotern besser zu verstehen. Außerdem will er damit beweisen, dass es viele Einsatzgebiete geben wird, für die man auf menschenähnliche Roboter setzen sollte. »Ein humanoider Roboter ist einfach das natürlichste Gegenüber für uns«, betont er. »Wir sind nun einmal so konstruiert, dass wir am besten mit Menschen interagieren, mit Gestik, Mimik und Sprache. Oder anders gesagt: Wir brauchen keine Bedienungsanleitung, um mit unseresgleichen zu kommunizieren.« In Krankenhäusern, Hotels und Museen, Geschäften und Bahnhöfen, Seniorenzentren und Schulen, überall sieht

Ishiguro künftige Einsatzfelder für die Androiden, die menschenähnlichen Roboter.

RAPTOREN AM HOTELEMPFANG UND HELFER IN SENIORENZENTREN Einiges davon ist bereits Realität. So öffnete im Juli 2015 das Henn-na Hotel – wörtlich übersetzt, das »seltsame Hotel« – in einem Freizeitpark bei Nagasaki seine Pforten.[14] An der Rezeption sitzt eine japanisch aussehende Roboter-Dame neben einem raptorenähnlichen Dinosaurier wie aus *Jurassic Park*, der zwar gruselig wirkt, aber die Besucher ebenso höflich begrüßt wie die Androidin nebenan. Anstelle von Schlüsseln setzt das Hotel auf Gesichtserkennung, automatisch fahrende Wägelchen bringen die Koffer aufs Zimmer, und kleine Sprechpuppen stehen für alle möglichen Dienstleistungen wie etwa den Weckdienst zur Verfügung. Nach Angaben des Hotelmanagers sollen diese innovativen Gimmicks nicht nur Gäste anlocken, sondern auch helfen, die Übernachtungskosten deutlich zu senken.

Auch als Führer in Museen, Verkäufer in Textilgeschäften, Helfer in Seniorenzentren und als Animateure, um Schüler für Technik und Informatik zu begeistern, wurden Roboter schon genutzt – wenngleich oft noch im Versuchsstadium. Doch darüber hinaus sind viele Millionen mehr oder minder intelligenter Maschinen seit Jahren im kommerziellen Einsatz: in Fabriken als Schweiß-, Klebe- oder Montageroboter ebenso wie in Privathäusern als Staubsaug-, Fensterputz- oder Rasenmähroboter. In den Lagern von Amazon transportieren sie Waren, im Weltall reparieren sie Satelliten, und für die Landwirte melken sie Kühe.[15]

»Die Roboter sind längst unter uns«, betont denn auch Rolf Pfeifer, der über viele Jahre das Labor für Künstliche Intelligenz an der Universität Zürich leitete und mit seinem Team einen der bekanntesten Roboter entwickelte: Roboy, einen Humanoiden, der Muskeln und Sehnen ähnlich wie Menschen besitzt.[16] »In Zukunft wird es sicherlich eine noch weit größere Vielfalt, ein ganzes Ökosystem an intelligenten

Systemen geben, die uns das Leben erleichtern. Welche davon letztlich erfolgreich sein werden, wird dann der Markt entscheiden«, meint der 69-jährige Roboter-Pionier, der nach seiner Emeritierung in Zürich eine Professur in Osaka angenommen hat und auch in Schanghai Vorlesungen hält.[17]

Viele dieser intelligenten Systeme der Zukunft, sagt er, würden gar nicht wie Roboter aussehen. »Auch das haben wir heute schon. Denken Sie nur an die selbstfahrenden Autos und ihre Navigationsgeräte, an die Software-Agenten, die an den Börsen tätig sind, oder an die Spracherkennungssoftware Siri.« Sogar sprechende Reiskocher gibt es inzwischen in Asien zu kaufen.

»Es wird sein wie in diesen Disney-Filmen voller Magie«, prophezeit auch der Physiker und Zukunftsforscher Michio Kaku.[18] »Wir werden zu Teekannen und Möbeln sprechen.« Computer- und Kommunikationschips werden dann so billig sein, dass sie sich in alle möglichen Dinge einbauen lassen. »In der Kleidung können sie beispielsweise unsere Gesundheit überwachen oder bei einem Unfall einen Krankenwagen alarmieren und die gesamte Krankengeschichte downloaden, noch bevor die Ambulanz ankommt.«

VOR UNS LIEGT DAS ZEITALTER DER ALLGEGEN-WÄRTIGEN ROBOTER Auf der ICRA-Konferenz im Sommer 2015 in Seattle rief Daniela Rus konsequenterweise das Zeitalter der »Pervasive Robots«, der allgegenwärtigen Roboter, aus.[19] Mit rund 3000 Fachbesuchern von Universitäten, Instituten und Firmen aus aller Welt gehört die ICRA, die internationale Konferenz für Robotik und Automatisierung des Berufsverbands von Ingenieuren der Elektro- und Informationstechnik (IEEE), zu den größten Expertentreffen ihrer Art. Hier trifft sich alles, was in der Roboter-Technik Rang und Namen hat. Daniela Rus ist Professorin am berühmten Massachusetts Institute of Technology (MIT) in der Nähe von Boston und als erste Frau zugleich auch Direktorin des dortigen Labors für Computerwissenschaften und Künstliche Intelligenz.

Mit dem Begriff der »Pervasive Robots« nimmt sie Bezug auf den Informatiker Mark Weiser, der schon im Jahr 1990 – als das Internet noch in den Kinderschuhen steckte – das »Pervasive Computing« vorhersagte. Er meinte damit, dass Rechenleistung überall verfügbar sein und praktisch unsichtbar in den Dingen stecken werde. Smartphones und Tablets, intelligente Etiketten sowie in der Kleidung oder am Handgelenk tragbare Minicomputer … »Das Pervasive Computing von Mark Weiser ist heute schon Realität – und die Roboter sind als Nächste an der Reihe«, prophezeit Rus. Sie denkt dabei sowohl an kognitive Systeme, die aussehen, wie man sich einen Roboter vorstellt, als auch an solche, die unsichtbar in den Dingen stecken, wie etwa elektronische Assistenz- und Dialogsysteme. »Die umfassendsten Technologien, die unseren Alltag am meisten beeinflussen«, sagt sie, »sind immer diejenigen, die vor unseren Augen verschwinden, weil sie sich sozusagen perfekt in unsere Umgebung hineinweben und damit verschmelzen.«

All diese Aussagen der Fachleute, von Daniela Rus über Rolf Pfeifer und Rüdiger Dillmann bis zu Hiroshi Ishiguro, machen eines überdeutlich. Ob in den USA, Europa oder Japan – weltweit sind sich die Experten einig, dass der Angriff auf die ureigenste Bastion des Menschen jetzt unmittelbar bevorsteht: auf den Verstand, die kognitiven Fähigkeiten, das selbständige Lernen, Planen und Handeln. Intelligente Systeme, sichtbare und unsichtbare Roboter, werden immer mehr unseren Alltag prägen, Teil unserer Umwelt werden oder sogar zusammen mit uns in einer Roboter-Gesellschaft existieren.

Doch warum gerade jetzt? Computer und Roboter gibt es seit über 50 Jahren – warum sollten die Maschinen gerade jetzt den Intelligenzsprung schaffen?

ZWEI

VON VERGANGENHEIT UND ZUKUNFT: WARUM WIR GERADE JETZT AN DER ZEITENWENDE STEHEN

1000-mal besser

Ich starrte die elegante Roboter-Dame, die da neben meinem Bett stand, so unverhohlen an, wie ich es mich wohl bei einer menschlichen Krankenschwester nicht getraut hätte. Die weichen, fließenden Bewegungen ihres Kopfes, die täuschend echte Haut, die lebendig wirkenden Augen ...

Ich hatte immer gedacht, dass ich bei technischen Weiterentwicklungen einigermaßen auf der Höhe der Zeit war, aber diese Androidin verblüffte mich. Die Firma, die sie hergestellt hatte, musste ich unbedingt kennenlernen! Liscom Robotics? Nie gehört.

Ich wollte sie gerade danach fragen, da durchzuckte mich wie ein Blitz die Erkenntnis, was sie vorhin gesagt hatte. Sie betreue Langzeitpatienten rund um die Uhr – hatte ich das richtig verstanden? Auf einmal steckte mir ein Kloß im Hals. Ich musste erst schlucken, bevor ich die

Frage herausbrachte: »Langzeitpatienten? Samantha ... wie lange bin ich schon hier?«

»30 Jahre, sieben Monate und zwei Tage«, antwortete sie sanft.

Peng – das saß! Mir wurde heiß, Blut schoss mir in den Kopf.

»Im Februar 2020 wurden Sie in ein künstliches Koma versetzt. Die organische Regeneration konnte allerdings erst vor acht Monaten starten ...« – ihre Stimme verschwamm etwas. Blickte Samantha tatsächlich mitleidig auf mich herunter oder bildete ich mir das nur ein?

Was sie sonst noch sagte, nahm ich nicht mehr wahr, denn auf einmal kam die Erinnerung zurück. Die Hitze war weg, jetzt fröstelte es mich. Februar 2020. War das nicht erst gestern gewesen? Ich war mit meinem neuen Elektroauto auf dem Weg ins Labor. Hatte mich auf all die Assistenzsysteme verlassen: Spurhalteassistent und Kollisionswarner, Bremsassistent mit Fußgängererkennung, Stabilitätskontrolle, Stop-and-go-Automatik und was es da so alles gab.

In Gedanken war ich wie immer bei der Arbeit, und ausgerechnet, als ich die steile, kurvenreiche Straße am Fluss hinunterfuhr, klingelte auch noch mein Smartphone. Keine Ahnung, wer dran war. Das war in diesem Moment wirklich meine geringste Sorge, denn auf einmal spielten alle Warnsysteme verrückt.

Die Straße war vereist – das hätte mir schon klar sein müssen, als der Wagen vor mir ins Rutschen kam, aber ich hatte das zu spät registriert. Ich trat erschrocken auf die Bremse, aber es passierte nichts. Einfach gar nichts. Fahrdynamikregelung und Bremsassistent wirkten, als seien sie nicht vorhanden. Sekunden später schlug Gestrüpp am Straßenrand gegen meine Windschutzscheibe, und ich blickte in den Abgrund. Das Letzte, an was ich mich erinnerte, war, dass ich mich fragte, wer das meiner Frau und meiner kleinen Tochter beibringen würde ...

Meiner kleinen ... 30 Jahre! Sie war damals zehn gewesen! Das heißt, jetzt müsste sie 40 sein!

»Wie geht es meiner Frau und meiner Tochter?«, wollte ich krächzend von Samantha wissen.

»Ihre Familie wird morgen kommen. Der Aufwachtermin war eigent-

lich für morgen angesetzt«, antwortete sie – und mit einem Blick auf
mein Gesicht ergänzte sie: »Sie waren oft hier.« Konnte diese Androidin
etwa auch noch Gedanken lesen?

Irgendwie verspürte ich trotz allem Erleichterung. Sie waren oft hier
gewesen, hier an diesem Bett, bei mir, dem Komapatienten. 30 Jahre
lang, mein Gott! Und morgen würde ich sie wieder sehen und sprechen
können. Das machte mich zugleich glücklich und extrem nervös. Um
mich abzulenken, sah ich zu dem anderen Roboter hinüber, der auf mich
wie ein Kegel mit zwei Armen wirkte und nach wie vor das drehende
Hologramm präsentierte.

Ich ahnte etwas. Dieser alte Mann, der da als durchsichtige, 20 Zentimeter kleine Figur in der Luft schwebte, war das etwa ich? Ich warf
einen kurzen Blick darauf. Na ja, viele Falten im Gesicht, deutlich
schmächtiger als früher, aber für einen 65-Jährigen, der 30 Jahre lang
im Bett gelegen hatte, gar nicht so schlecht.

»2050? Wir schreiben wirklich das Jahr 2050?«, murmelte ich.

Auf dem kreisrunden Kopf des Kegelroboters erschien ein riesiges
Smiley, und auch Samantha, die nun zu ihrem Kollegen getreten war,
lächelte. »Ja«, sagte sie.

Ich nickte in Richtung des Hologramms, das nun immer detaillierter
wurde und offenbar mein Kreislaufsystem bis in die feinsten Verästelun-
gen zeigte. »Ist sicher viel passiert in diesen 30 Jahren. Ich nehme an,
das ist ein Live-Streaming aus der Cloud der Klinik?«

Das Smiley auf dem runden Kopf des kleinen Roboters lachte mit offenem Mund, und aus irgendeinem Lautsprecher des fröhlichen Gesellen
erklang ein »Absolut korrekt! Die Daten stammen aus der Medical
Sphere.«

»Das muss doch eine enorme Datenrate erfordern.«

Jetzt antwortete wieder Samantha: »Das ist gar nicht so viel. Doch
wenn wir jetzt Messungen an Ihnen durchführen würden, etwa in den
Blutgefäßen, dann könnte ich den Ärzten 3-D-Daten aus dem Körperinneren liefern – mit 100 Gigabit pro Sekunde, in Echtzeit und bis hinunter zur molekularen Bildgebung.«

Ich starrte sie an, mit offenem Mund. »Sie meinen drahtlos? Per

Funk? 100 Gigabit pro Sekunde? Das ist ja 1000-mal schneller als das Beste, was wir 2020 geschafft hatten!«

Die Androidin nickte bestätigend, und ich meinte nur: »*Samantha, ich glaube, Sie sollten mir ein bisschen etwas über die technischen Entwicklungen der letzten Jahrzehnte erzählen.«*

WAS DIE REVOLUTION ERST MÖGLICH MACHT

Alles begann mit einer scheinbar simplen Überlegung. »Können Maschinen denken?« – mit dieser Frage leitete der geniale britische Mathematiker und Kryptoanalytiker Alan Turing im Jahr 1950 einen Fachaufsatz ein, der Generationen von Forschern inspirieren sollte.[20] Turing, der im Zweiten Weltkrieg eine entscheidende Rolle bei der Entschlüsselung der deutschen Enigma-Maschine gespielt hatte, war sich natürlich vollkommen bewusst, dass sich trefflich darüber streiten ließ, was »denken« überhaupt bedeutet.

Daher ersetzte er seine eher philosophische Frage durch einen einfachen praktischen Test.[21] In diesem Experiment führt ein menschlicher Fragesteller mit zwei Gesprächspartnern, die er weder sehen noch hören kann, via Bildschirm eine Unterhaltung. Das eine Gegenüber ist ein Mensch, das andere eine Maschine – und beide versuchen, den Fragesteller davon zu überzeugen, dass sie in Wirklichkeit Menschen sind. Wenn dieser anschließend nicht klar sagen kann, wer wer ist, hat die Maschine den Test bestanden, und Alan Turing schlägt vor, ihr dann ein dem Menschen ebenbürtiges Denkvermögen zu unterstellen.

40 Jahre nach Turings Veröffentlichung, 1990, schrieb der amerikanische Soziologe Hugh Gene Loebner einen nach ihm benannten Preis aus, der an dasjenige Computerprogramm gehen soll, das den Turing-Test erstmals besteht: In der ursprünglich von Turing konzipierten Form, in der die Gegenüber nur schriftlich kommunizieren, ist er mit 25 000 Dollar dotiert, in einer erweiterten Variante, bei der auch Mul-

timedia-Inhalte wie Bilder, Sprache und Videos verarbeitet werden müssen, sogar mit 100 000 Dollar.[22]

Bisher musste das Preisgeld allerdings noch nie ausbezahlt werden. Das beste System des Jahres 2015, das sich dem Loebner-Wettbewerb stellte und einen Dialog mit der Jury versuchte, hieß Rose – angeblich eine 30 Jahre alte Sicherheitsberaterin aus der Hackerszene. Doch bereits nach wenigen Minuten gelang es der Jury, sie als »nicht menschlich« zu enttarnen: Ihre Antworten enthielten zwar eine Menge kluger Gedanken, aber manchmal wich sie Fragen ungeschickt aus, verwendete dieselben Textbausteine mehrfach und wusste auf einfache Alltagsfragen keine sinnvolle Antwort. Hinter Rose steckte ein vom Programmierer Bruce Wilcox entwickeltes Chatbot-System, also ein automatisches Dialogsystem.[23] Eine der menschlichen Intelligenz ebenbürtige Maschine ist noch lange nicht in Sicht.

VOR 60 JAHREN: DAS ERSTE PROGRAMM, DAS SEINEN ERFINDER BESIEGTE   Dennoch hat es seit der Zeit, als Alan Turing seinen Aufsatz schrieb, zweifellos enorme Fortschritte gegeben. Der Begriff »Künstliche Intelligenz« (KI oder im Englischen »Artificial Intelligence«, AI[24]) fand seit 1956 Verbreitung, als der US-Wissenschaftler John McCarthy eine Konferenz am Dartmouth College in New Hampshire so betitelte. Auf dieser Tagung diskutierten Forscher erstmals über Computer, die Aufgaben lösen sollten, die über das reine Rechnen mit Zahlen hinausgingen, etwa Texte analysieren, Sprachen übersetzen oder Spiele spielen.

Die größte Überraschung auf dieser ersten KI-Konferenz präsentierte der Elektroingenieur Arthur Samuel: Der begeisterte Dame-Spieler hatte für einen IBM-Großrechner ein Programm geschrieben, mit dem er sein Brettspiel üben konnte. Am Anfang kannte das Programm nicht viel mehr als die erlaubten Züge des Dame-Spiels und verlor dementsprechend stets gegen Samuel.

Doch dieser ließ im Hintergrund ein weiteres Programm mitlaufen, das – entsprechend den Strategien, die er selbst kannte – bei jedem

Zug die Wahrscheinlichkeit bewertete, ob die aktuelle Aufstellung auf dem Brett eher zum Gewinnen oder zum Verlieren des Spiels führen würde. Und dann hatte Samuel eine geniale Idee: Er ließ den Computer gegen sich selbst spielen und herausfinden, ob diese Wahrscheinlichkeiten korrekt waren oder geändert werden sollten. Spiel für Spiel, wieder und immer wieder. Dabei lernte der Computer hinzu und verbesserte die Genauigkeit seiner Vorhersagen.

Was dann passierte, scheint heute eine Selbstverständlichkeit, war 1956 aber eine Sensation: Der Computer wurde ein so guter Dame-Spieler, dass Samuel keine Chance mehr gegen ihn hatte. Der Meister war besiegt. Ein Mensch hatte erstmals einer Maschine etwas beigebracht, bei dem sie durch stetiges Lernen schließlich besser wurde als ihr eigener Lehrer!

Ab da traute man Maschinen auch zu, Intelligenzleistungen ähnlich dem Menschen zu vollbringen. Der Begriff des »maschinellen Lernens« war plötzlich in aller Munde, und der spätere Wirtschaftsnobelpreisträger Herbert Simon wagte bereits 1957 die Prognose, dass binnen zehn Jahren ein Computer Schachweltmeister werden würde. Es dauerte dann zwar 40 Jahre, bis der IBM-Rechner Deep Blue im Jahr 1997 tatsächlich den damals amtierenden Weltmeister Garri Kasparow unter Turnierbedingungen niederrang, aber im Grundsatz hatte Herbert Simon recht: Auch im Spiel der Könige konnte sich ein Computer schließlich die Krone aufsetzen. Allerdings war hier Deep Blue im engeren Sinne kein lernendes System, sondern einfach ein sehr schnelles: Der Hochleistungscomputer konnte dank der enorm gestiegenen Rechenleistung pro Sekunde 200 Millionen Schachstellungen bewerten.

Den Beleg, dass Rechner sogar Probleme lösen können, für die man vorher hochintelligente Mathematiker brauchte, erbrachte der Sozialwissenschaftler Herbert Simon, der die Schachprognose gewagt hatte, gleich selbst: Zusammen mit einem Informatiker entwickelte er noch in den 1950er-Jahren ein Programm, das Dutzende von logischen Theoremen mathematisch beweisen konnte.

Die Logik wurde daher in der Folge neben dem »Number Crunching« – dem Rechnen mit Zahlen – zur Domäne der Computer. Nach und nach entstanden immer neue sogenannte Expertensysteme, mit denen Computerforscher versuchten, verschiedenste Aufgaben zu bewältigen, etwa durch die Anwendung von Wenn-dann-Regeln im Sinne von:»Wenn die Nase läuft und der Patient Halsweh hat und hustet, aber nur geringes Fieber hat, dann ist die Wahrscheinlichkeit größer, dass es sich um eine simple Erkältung handelt und nicht um eine gefährliche Virusgrippe.«

Doch auch die Rückschläge blieben nicht aus. So mussten die Wissenschaftler bald feststellen, dass solche regelbasierten Systeme für viele Anwendungsfälle gar nicht einsetzbar waren. Darunter fielen zu ihrem Leidwesen auch all diejenigen Tätigkeiten, die den meisten Menschen erheblich weniger Mühe machen, als Zahlen zu multiplizieren, mathematische Theoreme zu beweisen oder Schach zu spielen: beispielsweise Sprache zu verstehen, in Bildern sofort das Wesentliche zu erkennen oder Handschriften zu lesen.

LERNEN UND TRAINIEREN WIE IM MENSCHLICHEN GEHIRN Wenn man einem Computer etwa beibringen will, einen Baum zu erkennen, genügt es nicht, ihm zu beschreiben, wie ein Stamm oder Äste aussehen. Denn auch ein Strommast hat so etwas wie einen Stamm und Äste – und im Winter verlieren viele Bäume ihr Laub, sodass sich auch Blätter nicht als Unterscheidungsmerkmal eignen. Es lassen sich leicht zahllose solcher Fälle finden, wo man mit vorgegebenen Regeln einfach nicht weiterkommt. In den 1970er-Jahren wandten sich daher viele Forscher frustriert vom Gebiet der Künstlichen Intelligenz wieder ab. Die Medien schrieben kritische Artikel, Finanzierungsprogramme wurden gekürzt oder ganz gestrichen – im Rückblick wird dies heute als »Winter der Künstlichen Intelligenz« bezeichnet.

Seither gibt es immer wieder ein Auf und Ab, es entstehen neue Hypes und verschwinden wieder, doch seit Mitte der 1980er-Jahre das revolutionär neue Konzept der Neuronalen Netze seinen Aufschwung nahm – mit einem weiteren Boom seit 2006 –, wächst auch die Zahl der kommerziellen Erfolgsgeschichten. Ein Neuronales Netz orientiert sich, stark vereinfacht ausgedrückt, an der Funktionsweise der Nervenzellen, der Neuronen, im Gehirn: In ihm sind mehrere Schichten künstlicher Neuronen auf komplexe Weise miteinander verbunden, um Informationen zu verarbeiten.[25]

Da die Stärken dieser Verbindungen variieren können und auch Rückkopplungen möglich sind, sind diese Netze lernfähig. Das Prinzip dahinter ist recht einfach: Wird eine Verbindung immer wieder benutzt, steigt ihre Verbindungsstärke und damit ihre Bedeutung – im Gehirn ist das genauso. Wenn wir oft genug gelernt haben, dass eine rote Ampel »Halt! Gefahr!« bedeutet, dann ist diese Assoziation sofort da, wo immer wir eine rote Ampel sehen.

Insbesondere eignen sich solche Neuronalen Netze dazu, Muster zu erkennen, ohne dass ihnen vom Menschen einprogrammiert werden muss, an welchen exakten Eigenschaften der Muster sie dies festmachen sollen. Präsentiert man ihnen beispielsweise in einer Trainingsphase unzählige Fotos von Bäumen, Katzen oder Autos, können sie anschließend auch unbekannte Bilder sofort als Baum, Katze oder Auto identifizieren.

Ebenso kann man sie mit gesprochenen Worten oder Schriftzeichen trainieren, und sie können anschließend Sprachbefehle oder Handschriften erkennen. Eingesetzt werden heute solche Systeme bei Navigationssystemen ebenso wie bei der Spracherkennung im Smartphone, bei der Briefsortierung in Postverteilanlagen oder auch bei medizinischen Diagnosesystemen.

Doch damit sind noch längst nicht alle Probleme der Künstlichen Intelligenz gelöst. So kann ein Neuronales Netz zwar Muster erkennen, aber es weiß nichts über deren Bedeutung für den menschlichen Alltag. Außerdem gilt nach wie vor der alte Spruch »Computern fällt leicht, was Menschen schwerfällt – und umgekehrt« nicht nur für die klassischen Computer, sondern auch für die Roboter. Türen öffnen und Bälle fangen, laufen und Hindernissen ausweichen, das gehört alles zu den leichtesten Aufgaben, die man einem körperlich gesunden

Menschen stellen kann, aber gleichzeitig zu den schwierigsten Aufgaben für Roboter.

Doch die Umkehrung ist ebenso richtig. So können Industrieroboter eine Menge Dinge, die wiederum für Menschen eine Qual sind: Beispielsweise heben sie 24 Stunden am Tag, ohne zu ermüden, schwere Autotüren oder setzen millimetergenau Schweißpunkte, ohne auch nur einmal zu klagen.

ROBOTER SHAKEY: PIONIER FÜR EIN HALBES JAHRHUNDERT Dennoch versuchen Wissenschaftler seit 50 Jahren, die stählernen Helfer aus der reinen Industrieumgebung zu befreien und in den Alltag der Menschen vordringen zu lassen. Der erste Roboter, dem dies ansatzweise gelang, wurde 1965 entwickelt: Forscher am Stanford Research Institute in Menlo Park, Kalifornien, bauten in diesem Jahr Shakey zusammen, den weltweit ersten mobilen, teilautonomen Roboter. Mit Rädern und Batterien konnte er sich selbständig bewegen, über Kamera, Schall- und Kollisionsdetektoren erforschte er seine Umgebung, und per Funk stand er mit einem Zentralcomputer in Kontakt.

Für Shakey wurden erstmals Navigationsalgorithmen erfunden, die noch heute – beispielsweise beim Mars Rover – zum Einsatz kommen. Damit konnte der Roboter Karten der Räume erstellen, durch die er sich bewegte, und sich daran orientieren. Außerdem wurden für ihn Bildanalyseprogramme entwickelt, die besonders gut Kanten sichtbar machten, sowie Problemlösealgorithmen, mit denen er Hindernisse umrunden oder einige komplexere Aktionen durchführen konnte.

»Wir haben mit Shakey vieles gemacht, was nie zuvor versucht worden war – vor allem im Zusammenführen von Robotik und Künstlicher Intelligenz«, erinnerte sich der Stanford-Forscher Peter Hart während der 50-Jahr-Geburtstagsfeier von Shakey auf der ICRA-Konferenz 2015 in Seattle.[26] »Und wir mussten erkennen, wie lang und schwierig der Weg zu unserer großen Vision war: einem allgemein einsetzbaren elektronischen Butler. Alles in allem haben wir weniger erreicht, als wir hofften, aber viel mehr, als wir damals erkannten.«

Denn erst in der Rückschau wird offensichtlich, was die Forscher um Peter Hart und seinen damaligen Chef, Charles Rosen, geleistet hatten: Mit seinen Hardware-Komponenten und seinen Software-Algorithmen wurde Shakey zum Vorbild aller autonomen Roboter der nachfolgenden 50 Jahre. Die Microsoft-Gründer Bill Gates und Paul Allen ließen sich von Shakey ebenso inspirieren wie Arthur C. Clarke, der 1968 zusammen mit dem Regisseur Stanley Kubrick im Kinofilm *2001: Odyssee im Weltraum* mit HAL 9000 den Prototyp einer gefährlichen Computerintelligenz schuf. Gemeinsam mit HAL 9000 und den fiktiven Robotern aus *Star Wars* sowie dem sehr realen Asimo teilt sich Pionier Shakey jedenfalls eine besondere Ehre: Bereits kurz nach der Eröffnung der Robot Hall of Fame der Carnegie-Mellon-Universität in Pittsburgh im Jahr 2003 wurde er in diese Ruhmeshalle der weltweit einflussreichsten Roboter aufgenommen.

Auf Shakey folgten viele weitere Roboter-Meilensteine: 1998 startete die Entwicklung der PackBot-Roboter der US-Firma iRobot, die dank ihres Kettenantriebs sogar Treppen erklimmen können und so robust sind, dass sie selbst einen Sturz aus mehreren Metern Höhe überstehen. Eingesetzt werden diese mit Kameras, Mikrofonen und anderen Sensoren ausgerüsteten Maschinen oft vom Militär für die Detektion von Sprengstoffen oder von Polizeikräften, etwa bei Entführungen. Sie waren auch die Ersten, die 2011 die zerstörten Reaktorgebäude von Fukushima erkundeten.

ASIMO, ROOMBA, WATSON UND EIN GEPARD UNTER DEN ROBOTERN   Im Jahr 2000 präsentierte Honda nach 15-jähriger Entwicklungszeit den ersten Asimo: Mit 1,30 Meter Höhe war er so groß wie ein Zehnjähriger, mit rund 50 Kilogramm allerdings deutlich schwerer. Doch er lief, sprang, hüpfte und gestikulierte wie ein fröhliches Kind im blickdichten Astronautenanzug – Asimo war der erste echte humanoide Roboter.

2002 kam dann mit dem Staubsaugroboter Roomba von iRobot endlich ein breit einsetzbarer Roboter für den Privatgebrauch auf den Markt. Bereits in den ersten Versionen konnte er Hindernissen ausweichen, selbständig dreckige und staubige Stellen finden und zur Ladestation zurückkehren, wenn er wieder aufgeladen werden musste. Bis heute hat iRobot mehr als zehn Millionen solcher Haushaltsroboter verkauft.

Seit 2010 beschleunigte sich die Entwicklung enorm – sowohl auf den Feldern der Robotik wie der Künstlichen Intelligenz. 2011 brachte Apple die Spracherkennungssoftware Siri als persönlichen Assistenten für Smartphones auf den Markt, und im selben Jahr schlug das Computersystem Watson erstmals die menschlichen Champions im Ratespiel »Jeopardy!«. Bis Watson in der Lage war, 200 Millionen Seiten an Textinhalten zu analysieren – einschließlich des Internetlexikons von Wikipedia –, hatten die IBM-Forscher das System fünf Jahre lang entwickelt und optimiert. Inzwischen ist daraus eine eigene Geschäftseinheit geworden, in die IBM bereits über eine Milliarde Dollar investierte, um Watson für medizinische Analysen ebenso einsetzen zu können wie in Callcentern oder in Banken. In Kapitel 5 werde ich darauf näher eingehen.

2012 präsentierte die US-Firma Boston Dynamics mit Cheetah den schnellsten Roboter der Welt: Mit galoppierenden Sprüngen, mit denen er sogar Hindernisse überwinden kann, erreicht der Vierbeiner bis zu 45 Kilometer pro Stunde. Er ist damit schneller als Usain Bolt, der Olympiasieger und Weltrekordhalter über die 100- und 200-Meter-Strecke. An seinen Namensgeber, den Geparden, der kurzzeitig sogar 120 Kilometer pro Stunde erreicht, kommt Cheetah allerdings noch nicht heran.[27]

Ebenfalls 2012 gewannen die Firmen Glory und Kawada Industries den japanischen Preis für die »Industrie der nächsten Generation« – ausgezeichnet wurden sie für den Einsatz der Nextage-Roboter in der industriellen Fertigung. 2013 baute Boston Dynamics die ersten Atlas-Roboter für künftige Hilfseinsätze bei Katastrophen, und 2015 zeigten Unternehmen wie Kuka, ABB und Fanuc auf der Industriemesse in

Hannover die ersten kollaborativen Roboter, die ohne die bisher in Fabriken üblichen Schutzzäune direkt mit Menschen zusammenarbeiten können.

MILLIARDENTEURE FORSCHUNGSPROGRAMME IN DEN USA, EUROPA UND JAPAN

Zugleich fördern Regierungen in aller Welt die Entwicklung: So steckt die National Science Foundation in den USA pro Jahr etwa 200 Millionen Dollar in Künstliche Intelligenz, maschinelles Lernen und die Robotik. Auch die Europäische Union unterstützt im Rahmen ihres Programms Horizont 2020 entsprechende Forschungen in Hunderten von Teilprojekten mit rund 100 Millionen Euro pro Jahr.[28] Hinzu kommt als Großprojekt der EU-Kommission das Human-Brain-Projekt (Kapitel 6), das bis 2023 das menschliche Gehirn mittels Computer simulieren und nachbilden soll – wobei die Forscher hoffen, dass dies nicht nur die Medizin, sondern auch die Robotik deutlich voranbringt. Darüber hinaus investiert auch Japan ähnliche Summen in Wissenschafts- und Technologieprogramme, die mithilfe von Robotern und intelligenten Computersystemen dem Katastrophenschutz ebenso dienen sollen wie der älter werdenden Bevölkerung und dem Ausbau der Städte zu »Smart Cities«.

Japans Premierminister Shinzo Abe forderte im Mai 2015 die Firmen des Landes sogar auf, den Einsatz von Robotern »in jeder Ecke von Wirtschaft und Gesellschaft« voranzutreiben. Er will mit einer Roboter-Revolution den Umsatz japanischer Unternehmen auf diesem Feld von derzeit etwa fünf Milliarden Euro pro Jahr bis 2020 mehr als verdreifachen. Schon heute decken Japans Firmen wie Fanuc, Yaskawa und Kawasaki neben Unternehmen aus Deutschland, den USA und Südkorea einen Großteil des Weltmarkts ab – wobei auch China mit seinen rund 600 Roboter-Firmen rasant aufholt.

Doch Japans Premier will an allen vorbeiziehen: So will Abe sogar die Olympischen Sommerspiele 2020, die in Tokio stattfinden, für seine Roboter-Revolution nutzen: »Ich möchte 2020 auch die Roboter der Welt nach Japan rufen, damit sie einen Wettstreit ihrer technischen Fähigkeiten in einer Art Roboter-Olympiade austragen«, sagte er 2014 bei einem Besuch der Saitama-Fabrik von Glory und ergänzte: »Wir sind fest entschlossen, Roboter zu einem Eckstein unserer wirtschaftlichen Wachstumsstrategie zu machen.«

TREIBER NO. 1: DAS MOORESCHE GESETZ FÜHRT ZUM SUPERCOMPUTER IM SMARTPHONE   Keine Frage: Wir sind wirklich mittendrin. Die Zeit ist jetzt reif für Roboter und Computer mit einer am Menschen orientierten Intelligenz. Was aber treibt diese Entwicklung, heute und in den nächsten Jahrzehnten? Ein Faktor, der erheblich dazu beiträgt, dass solche Systeme realisiert werden können, ist die exponentielle Zunahme der Rechengeschwindigkeit und der Menge an speicherbaren Daten.

Musste der Roboter Shakey in den 1960er-Jahren noch mit einem Arbeitsspeicher von 192 Kilobyte auskommen, so verfügte der IBM-Rechner Watson beim »Jeopardy!«-Wettstreit im Jahr 2011 bereits über einen Arbeitsspeicher von 16 Terabyte. Das ist 83-Millionen-mal mehr als bei Shakey und zugleich mehr, als alle Bücher der Kongressbibliothek in Washington – der größten Bibliothek der Welt – an Informationen enthalten. Mehr noch: Schaffte Shakey etwa 12 000 Rechenoperationen pro Sekunde, so waren es bei den Rechnerschränken von Watson mit ihren 2880 Power-7-Prozessoren rund 80 Billionen Rechenoperationen pro Sekunde. Das ist eine Steigerung um das 6,7-Milliardenfache.

Letztlich basiert all dies auf dem Mooreschen Gesetz, das Gordon Moore, einer der Gründer der Chipfirma Intel, im April 1965 – im selben Jahr, als Shakey gebaut wurde – formulierte.[29] Es besagt, dass sich die Zahl der Transistoren, also der elektronischen Schaltelemente, auf einem fingernagelgroßen Mikrochip alle 18 bis 24 Monate verdoppelt. Dieser Wert ist ein entscheidender Faktor für die Rechenleistung und die Speicherfähigkeit der Chips.

So besaß der erste Mikroprozessor, der Intel 4004, im Jahr 1971 insgesamt 2300 Transistoren. 20 Jahre später hatte der Intel 80486

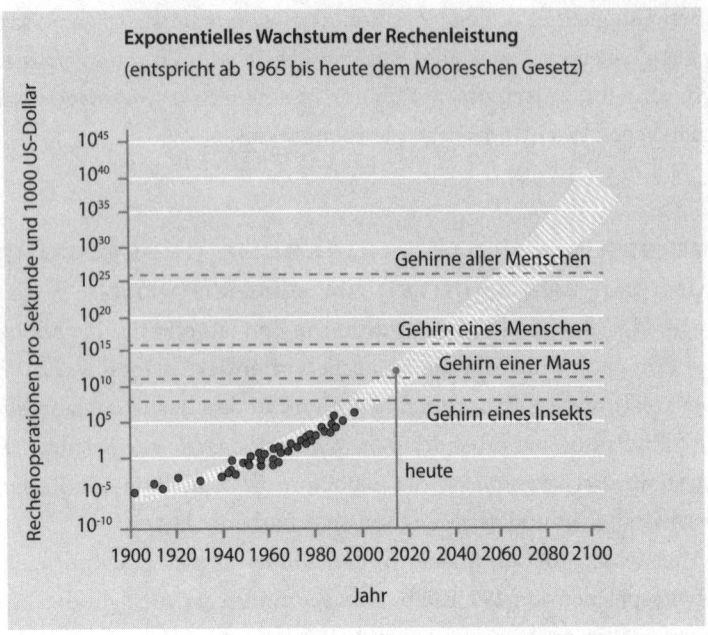

Exponentielles Wachstum der Rechenleistung
(entspricht ab 1965 bis heute dem Mooreschen Gesetz)

Ungebremstes Wachstum: Laut dem Futuristen Ray Kurzweil verdoppelt sich alle 1,5 bis zwei Jahre die Leistung eines 1000-Dollar-Computers. Seit 1965 entspricht das dem Mooreschen Gesetz – doch die Entwicklung endet nicht: Zwischen 2035 und 2050 könnte die Rechenleistung des menschlichen Gehirns erreicht sein.

schon 1,2 Millionen Transistoren, und wieder 20 Jahre später verfügte der Power-7-Prozessor von IBM über 1,2 Milliarden Transistoren. Dies entspricht einer Zunahme um das 1000-Fache binnen 20 Jahren – ohne dass die Kosten für solche Mikrochips wesentlich angestiegen sind. Oder anders ausgedrückt: Für das gleiche Geld bekommt man jeweils 20 Jahre später die 1000-fache Speicher- und Rechenleistung.

Den Effekt kann jeder von uns in seiner Jackentasche bewundern: Das beste Smartphone von heute ist mit rund 100 Milliarden Rechenoperationen pro Sekunde fast so schnell wie der beste Supercomputer Mitte der 1990er-Jahre. Zugleich sanken aber die Kosten um einen Faktor 10 000, und heutige Smartphones brauchen auch nur noch ein

Zehntausendstel bis ein Hunderttausendstel der elektrischen Leistung des damaligen Supercomputers. Da jedes Jahr etwa eine Milliarde Smartphones weltweit verkauft werden, kann man ohne Übertreibung sagen, dass heute Milliarden von Menschen Computer mit sich herumtragen, die annähernd so leistungsfähig sind wie Supercomputer vor 20 oder 25 Jahren – von denen es damals nur eine Handvoll gab.

TRANSISTOREN VON DER GRÖSSE WENIGER ATOME

Wie lange kann eine solche Entwicklung noch weitergehen? Um zwei Milliarden Transistoren auf die Mikroprozessoren der besten heutigen Smartphones zu bekommen, messen die feinsten Strukturen auf den Siliziumchips nur noch etwa 20 Nanometer – 20 Millionstel Millimeter. Die Halbleiterfirma Intel berichtet auch schon über Zehn-Nanometer-Chips. Das sind Strukturen von etwa einem Fünftausendstel des Durchmessers eines menschlichen Haares. Ein einzelner Transistor auf den Mikrochips ist damit deutlich kleiner als das kleinste Grippevirus.

Und einige Halbleiterforscher arbeiten bereits an einem weiteren Schrumpfen der Abmessungen auf etwa fünf Nanometer. Danach erst, in den Jahren zwischen 2020 und 2025, wird das klassische Mooresche Gesetz an eine physikalische Grenze stoßen, weil die einzelnen Schaltelemente dann die Größe weniger Atome erreichen – was dazu führt, dass der elektrische Strom in ihnen nicht mehr gut kontrollierbar ist. Außerdem wird es dann auch immer schwieriger, die bei der Datenverarbeitung entstehende Wärme abzuführen.

Im Frühjahr 2016 haben daher die großen Mikrochipfirmen aus Asien, Europa und den USA wie Intel und Samsung bekannt gegeben, dass sie sich bei ihrer Zukunftsplanung erstmals nicht mehr am Mooreschen Gesetz orientieren werden, sondern eher an Anwendungen wie den Mobilgeräten und der Vielfalt an Mikrochips und Sensorelementen, die dafür nötig sind.[30]

Doch dies heißt noch lange nicht, dass die Mikrochips in den 2020er-Jahren nicht mehr leistungsstärker werden können, denn die

Forscher haben noch viele Tricks auf Lager. So ist es keineswegs notwendig, dass die ganze Rechenleistung auf zweidimensionalen, flachen Siliziumchips stattfinden muss. Man könnte – wie im Gehirn – auch in die dritte Dimension gehen, also beispielsweise mehrere Schichten übereinanderstapeln und mit elektrischen Querverbindungen von unten nach oben versehen. Dies erfordert zwar sehr komplexe Fertigungsverfahren, aber bei reinen Speicherchips wird es bereits so gemacht, und mit einigen neuen Ideen zur Wärmereduzierung sollte es auch bei Mikroprozessoren, also den Chips zur Datenverarbeitung, funktionieren.

Auch kann man Nanospeicherzellen einsetzen, die die Informationen nicht als elektrische Ladung, sondern beispielsweise als Änderung eines elektrischen Widerstands speichern. Solche Speicher sind viel kleiner, schneller und vor allem auch energieeffizienter als die heutigen. Sogenannte Spintronic-Elemente können Rechenvorgänge durch das Umkippen des magnetischen Moments von Elektronen vollziehen statt durch einen Stromfluss – was ebenfalls enorm Energie spart. Darüber hinaus haben Forscher in Heidelberg neuromorphe Chips entwickelt, die die Vorgänge im Gehirn direkt elektrisch nachbilden: Lernprozesse laufen in ihnen millionenfach schneller ab als bei den heutigen Supercomputern, die dem Gehirn durch Simulationen nahekommen wollen. Zudem ist ihre Energieeffizienz wesentlich besser als bei konventionellen Computern. Um diese Neurochips wird es in Kapitel 6 gehen.

Und selbst wenn man mit all diesen neuen Verfahren wieder an Grenzen stoßen sollte, haben die Wissenschaftler noch weitere Ideen im Köcher, dann aber mit anderen Materialien als Silizium, das heute die Basis der meisten Computerchips ist. In den Labors entwickeln sie optische Computer, die mit Licht »rechnen«, ebenso wie Systeme, die als Bausteine den neuen Kohlenstoff-Werkstoff Graphen oder sogar die Moleküle des Erbguts nehmen. Auch Quantencomputer, die gezielt die Gesetze der Quantenphysik nutzen, werden bereits konstruiert. Während ein herkömmlicher Computer mit Bits rechnet, die entweder den Wert 0 oder 1 haben, kann im Quantencomputer ein Bit mit einer gewissen Wahrscheinlichkeit gleichzeitig 0 und 1 sein. Damit kann man dann zwar nicht mehr auf konventionelle Weise rechnen, aber man kann, wenn man es klug anstellt, Tausende oder gar Millionen von Daten gleichzeitig verarbeiten – was für die Entschlüsselung geheimer Codes oder die Erkennung von Mustern ideal ist.[31]

TREIBER NO. 2: EINE 1000-FACH BESSERE DRAHTLOSE KOMMUNIKATION   Zugleich nimmt auch die Kommunikationsfähigkeit der Computer immer mehr zu, also die Anzahl an Daten, die pro Sekunde übertragen werden können – ob per Kabel, Glasfaser oder drahtlos per Funk. In den Netzen der bislang üblichen dritten Mobilfunkgeneration (UMTS) sind Datenraten von wenigen Megabit, also Millionen Bit, pro Sekunde bis maximal 42 Megabit pro Sekunde möglich. Bei der vierten Generation (LTE), die gerade installiert wird, lassen sich 100 bis maximal 1000 Megabit pro Sekunde erreichen. Für die fünfte Generation (5G), die in der nächsten Dekade zum Einsatz kommen wird, planen die Forscher mit 10 bis 50 Gigabit pro Sekunde, also mit zehn bis 50 Milliarden Informationseinheiten pro Sekunde. Das wäre rund 1000-mal schneller als bei heutigen WLAN-Netzen – doch auch diese sollen in Zukunft auf einige Gigabit pro Sekunde ausgebaut werden.[32]

Zur Verdeutlichung: Mit UMTS braucht man mehrere Minuten, um einen 800 Megabyte großen Spielfilm auf sein Smartphone zu laden, mit LTE geht das in einer Minute und mit dem künftigen 5G-Netz in einer Sekunde. Allerdings vorausgesetzt, man wäre allein in der jeweiligen Funkzelle, weil sich alle Netzteilnehmer die maximale Datenrate einer Funkzelle teilen. Doch obwohl die Zellen in Zukunft kleiner werden – von heute einigen Kilometern dürfte der Durchmesser einer Funkzelle auf vielleicht 100 Meter schrumpfen –, wird man sicher sehr selten eine Funkzelle alleine nutzen können. Denn es werden nicht nur Milliarden von Menschen mobil kommunizieren wollen, sondern im nächsten Jahrzehnt auch Dutzende von Milliarden Maschinen. Die Autos werden dann ebenso per Funk am Internet hängen wie Roboter in Fabriken und Haushalten, Drohnen in der Luft oder Sensoren in den Energienetzen.

Trotzdem ist es nicht zu viel versprochen, dass es in zehn oder 15 Jahren möglich sein wird, 3-D-Filme in kinotauglicher Auflösung aus dem Internet auf ein Mobilgerät zu streamen oder hochauflösende räumliche Daten, etwa eines Autos, herunterzuladen und in Echtzeit zu bearbeiten, während die beteiligten Autoentwickler gleichzeitig eine Videokonferenz mit wirklichkeitsnaher Darstellung der Teilnehmer abhalten. Und das Ganze vielleicht sogar, während sie in einem Hochgeschwindigkeitszug mit 500 Kilometer pro Stunde durch die Landschaft rauschen. Die Datennetze werden dann also nicht mehr der Flaschenhals sein – auch nicht für die komplexesten Kommunikationsanforderungen.

Alles in allem werden wir daher in den nächsten 20 bis 25 Jahren – also bis 2035 oder 2040 – noch einmal eine Vertausendfachung der Rechenleistung, der Speicherfähigkeit und der Datenübertragungsrate von Mikrochips erleben. Auch eine Verzehntausendfachung ist bis 2050 ohne Weiteres drin. Das was ein heutiger Supercomputer kann, könnte also im Jahr 2040 oder 2050 für weniger als 500 Euro in jedem Smartphone stecken. Dies hat eine interessante Konsequenz: Denn nach Ansicht etlicher Forscher ist die Rechenleistung und Speicherfähigkeit des menschlichen Gehirns etwa um einen Faktor 10 000 größer als die der besten Smartphones von heute. Das bedeutet dann also, dass die Menschen des Jahres 2050 sozusagen ein zweites Gehirn mit sich herumtragen würden!

Wohlgemerkt: Nur in Bezug auf Rechenleistung und Speicherfähigkeit sowie einer perfekten 3-D-Echtzeitverbindung in die Welten des Internets. Ob dieses zweite Gehirn in der Hosentasche dann aber auch so viel leisten kann wie das erste im Kopf, das hängt entscheidend davon ab, wie gut es gelingt, die Informationsverarbeitung des menschlichen Gehirns nachzubilden: also die Software, die unsere kognitiven Prozesse beschreibt. Wie wir die Umgebung und uns selbst wahrnehmen, wie wir lernen und planen, wie wir fühlen und wie wir als soziale Wesen handeln. Ob es eine Chance gibt, dies auch auf Maschinen zu übertragen, und was Forscher hier bereits erreicht haben, woran sie arbeiten und was all dies für die Zukunft der Menschheit bedeutet – darum wird es in den folgenden Kapiteln dieses Buches gehen.

TREIBER NO. 3: DIE MINIATURISIERUNG VON SENSOREN UND KAMERAS Doch neben den Weiterentwicklungen der Mikrochips, der Software und der Kommunikationstechnik gibt es noch weitere Treiber für den Boom bei Robotern und der Künstlichen Intelligenz. Einer ist sicherlich die gleichzeitig stattfindende Miniaturisierung der Sensoren und der anderen Bauelemente. Rollte der Roboter Shakey in den 1960er-Jahren noch mit einer teuren Fernsehkamera durch die Gegend, die ihm ermöglichte, seine Umgebung zu sehen, so sind heutige Roboter oft mit mehreren winzigen, aber sehr leistungsfähigen Kameras im Kopf und sogar in den Händen ausgerüstet. »Oder sehen Sie sich nur an, worüber jedes Smartphone heute verfügt«, sagt Rolf Pfeifer. »Kameras vorne und hinten, Beschleunigungs-, Magnetfeld- und Lichtmessgerät, GPS-Empfänger für die Navigation, von Mikrofon, Lautsprecher, Touchscreen und Farbdisplay ganz zu schweigen – und das alles zu erschwinglichen Preisen.«

Zwar sind andere Komponenten, beispielsweise Motoren, bei Robotern nicht beliebig verkleiner- und optimierbar, doch die Senkung der Kosten für viele Bauteile wird sicherlich weitergehen. Schon allein deshalb, weil sich etliche Gebiete gegenseitig befruchten. So sind viele Sensoren und Bauelemente, die man für Roboter braucht, dieselben, die auch in autonom fahrenden und vernetzten Fahrzeugen eingesetzt werden oder beim künftigen Smart Home oder den Mobilgeräten von morgen.

Dies erhöht die Stückzahlen in der Fertigung und senkt dadurch die Preise, ganz ähnlich, wie dies bei Mobilcomputern und Elektroautos stattfindet. Nehmen wir nur das Beispiel der Lithium-Ionen-Akkus, die als Speicher in Elektroautos stecken: Sie wurden deshalb immer erschwinglicher – wenn auch noch nicht billig genug für den wirtschaftlichen Durchbruch der Elektromobilität –, weil es ganz ähnliche Lithium-Ionen-Akkus sind wie bei Smartphones, Tablets und Notebooks.

TREIBER NO. 4: DIE DATENEXPLOSION IM INTERNET

Ein weiterer wesentlicher Treiber für den Boom von Robotik und Künstlicher Intelligenz steckt in der Cloud, also der Auslagerung von Rechenkapazität, Speicherfähigkeit und Anwenderprogrammen ins Internet. Dank der Cloud müssen Mobilgeräte und Roboter nicht mehr alles, was sie an Daten und Programmen benötigen, bei sich tragen, sondern können es bei Bedarf aus dem Netz herunterladen oder auch Berechnungen ins Netz auslagern.

Das spart Rechenleistung und Speicherplatz, und vor allem lässt sich so auch auf eine riesige Gemeinschaft von Entwicklern zurückgreifen, die eine unglaubliche Vielfalt von Programmen für alle möglichen Einsatzfälle schreibt und miteinander teilt. Allein in den App Stores von Apple, Google und Co. gibt es derzeit rund vier Millionen Anwenderprogramme, sogenannte Apps, die von Hunderttausenden von Menschen in aller Welt geschrieben werden. Hersteller von Robotern und anderen smarten Systemen sind sich sicher, dass sich solche Communitys in Zukunft auch für ihre jeweiligen Produkte bilden werden – was deren Weiterentwicklung natürlich erheblich beschleunigen wird.

Bei der Künstlichen Intelligenz – ob mithilfe von Expertensystemen oder Neuronalen Netzen – kommt noch ein weiterer Faktor hinzu, der kaum überschätzt werden kann. »Während der 20 Jahre, die ich Neuronale Netze an der Universität Zürich unterrichtete, habe ich immer gesagt, dass sie erst dann richtig gut sein werden, wenn die Daten, auf die sie zurückgreifen, gut sind«, erklärt der Roboter-Pionier Rolf Pfeifer und ergänzt: »Gut heißt vor allem viel. Und das haben wir jetzt. Denn heute können wir dank des Internets auf gigantische Datenmengen zurückgreifen – und das fast zum Nulltarif.« Jeden Tag werden Milliarden von Bildern und Textdateien sowie viele Millionen von Videos und Audiodateien ins Netz hochgeladen.

Dies lässt sich alles als Trainingsmaterial für Neuronale Netze nutzen. Einem Netz, das an Millionen von Katzenbildern üben kann, fällt es nicht mehr schwer, auch unbekannte Katzen als solche zu erkennen. Dasselbe gilt für Spracherkennungs- und Übersetzungsprogramme. Die einschlägigen Software-Lösungen, die es dafür gibt, wie Siri, Cortana oder Google Now, sind auch deswegen in den letzten Jahren deutlich leistungsfähiger geworden, weil sie an sehr vielen Hörbeispielen aus dem Internet und anderen, spezielleren Datenbanken trainiert und getestet werden konnten.

Zugleich gibt es eine Menge an inhaltlichen Bezügen – so etwas wie »Beethovens Wiege stand in Bonn« –, die sich aus dem Internet ableiten lassen. Eine entsprechende Frage (»Wo wurde Beethoven geboren?«) in Google eingegeben liefert dann gleich die korrekte Antwort und nicht nur Links zu Webseiten, wo diese Begriffe auftauchen. Und schließlich lassen sich diese Informationen auch noch mit Lokalisierungsdaten, beispielsweise aus Google Maps, anreichern und verknüpfen, sodass ein immer stärkeres Geflecht aus Wissensbausteinen entsteht.

PRO TAG ZEHNMAL MEHR NEUE DATEN, ALS ALLE BÜCHER DER WELT ENTHALTEN Wie geradezu explosiv diese Entwicklung ist, zeigt eine einfache Rechnung. Wissenschaftler schätzen, dass die Menschheit bis zum Jahr 2000 etwa zwei Exabyte an Daten erzeugt hat: in Keilschrift und Hieroglyphen, in Büchern und Bildern, in Filmen und Audiodateien, auf Schallplatten, Tonbändern, Disketten, CDs und DVDs. Zwei Exabyte, das sind zwei Milliarden Gigabyte. Heute entsteht diese Datenmenge an einem einzigen Tag! Zwei Exabyte an einem Tag – das bedeutet zugleich, dass die Menschheit jeden Tag zehnmal mehr an neuen Daten produziert, als in allen Büchern der Welt zusammen enthalten sind.[33]

Wo entstehen diese Datenmengen? Natürlich zum einen verursacht durch die Aktionen von Milliarden Menschen mit ihren Smartphones und Computern. Zum anderen aber auch automatisch in Maschinen, Sensoren und Geräten aller Art: Rund 200 Milliarden von ihnen sam-

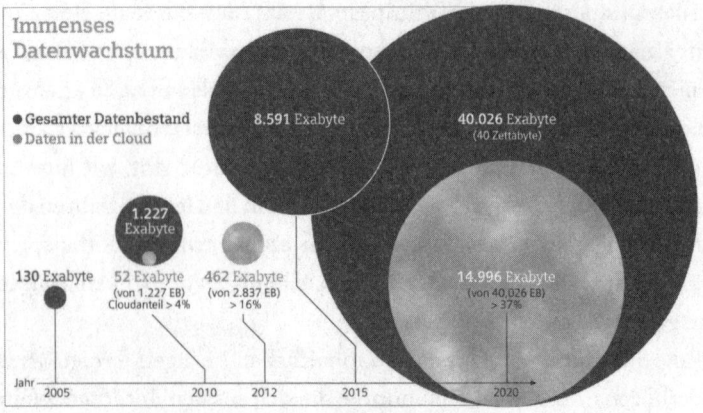

Immenses Datenwachstum

- Gesamter Datenbestand
- Daten in der Cloud

8.591 Exabyte

40.026 Exabyte
(40 Zettabyte)

1.227 Exabyte

130 Exabyte

52 Exabyte
(von 1.227 EB)
Cloudanteil > 4%

462 Exabyte
(von 2.837 EB)
> 16%

14.996 Exabyte
(von 40.026 EB)
> 37%

Jahr
2005   2010   2012   2015   2020

Ein Universum voller Daten: In den vergangenen 15 Jahren entstanden 4000-mal mehr Daten als vom Beginn der Menschheit bis zum Jahr 2000. Bis 2020 wird sich der Datenschatz nochmals verfünffachen – fast 40 Prozent davon werden über Internettechnologien (Cloud) weitergeleitet oder gespeichert.

meln heute Daten, und zwischen fünf und 15 Milliarden kommunizieren bereits über das Internet. Ein paar Beispiele: Musste man früher persönlich am Flughafen einchecken, so geht dies heute über Computer oder Smartphone. Dabei prüfen etliche Automaten selbständig – und per Kommunikation übers Internet – die persönlichen Daten, den Flugstatus oder die Sitzplatzreservierung. Ähnlich in Fabriken: Hier »sprechen« Werkstücke mit ihren Fertigungsmaschinen sowie Maschinen im Warenlager mit den Computern des Einkaufs und denen der Zulieferer, um rechtzeitig Nachschub zu organisieren – ohne dass in diesem ganzen Prozess ein Mensch involviert wäre.

In den Energienetzen gilt dasselbe. Jeder intelligente Stromzähler produziert etwa ein Gigabyte an Daten pro Jahr. Bis zum Jahr 2020 sollen weltweit 800 Millionen dieser Smart Meter im Einsatz sein, das ergibt dann also jedes Jahr 0,8 Exabyte an Messdaten. Oder in der Medizin: Hier durchforsten Programme bereits selbständig Millionen von medizinischen Texten und bieten den Ärzten dann fundierte Aussagen zu Diagnosen und Therapien.

Allein in der medizinischen Bildgebung – per Ultraschall, Röntgen oder Magnetresonanztomografie – entstehen heute pro Jahr etwa 500 Millionen Gigabyte an Daten. 2020 sollen es bereits 25 Milliarden Gigabyte, also 25 Exabyte, sein. Zugleich versiebenfacht sich die Menge an genetischen Daten jedes Jahr, die in der Medizin – beispielsweise durch die Analyse des Erbguts – erhoben werden. Bis 2025 kann dieser Datenberg auf 40 Exabyte angewachsen sein.

Die Informationsexplosion geht so schnell, dass die Wissenschaftler schon wieder eine neue Einheit brauchen. Sie sprechen nun von Zettabyte, das sind 1000 Exabyte. Im Jahr 2015, so schätzen Analysten der International Data Corporation, umfasste das »digitale Universum« – alle Daten, die weltweit erzeugt, kopiert, verarbeitet und weitergeleitet werden – etwa 8,6 Zettabyte, also 8600 Exabyte. Bis 2020 soll diese Zahl auf 44 Zettabyte steigen. Fast 40 Prozent davon sollen dann bereits in irgendeiner Phase ihrer Verarbeitung mit Cloud-Technologien in Berührung gekommen sein, also beispielsweise über das Internet weitergeleitet oder auf Internetspeichern abgelegt worden sein.

In diesem gigantischen Datenuniversum gibt es dann nicht nur Smartphones, Smart Cars und Smart Homes, sondern auch Smart Energy, Smart Cities und Smart Health – es wird alles in der ein oder anderen Weise »smart« (siehe Kapitel 8). Bis 2020 sollen nach Schätzungen des US-Telekommunikationsunternehmens Cisco im »Internet of Everything«, dem Internet der Dinge, mindestens 50 Milliarden Objekte vernetzt sein und Daten austauschen: in der Verkehrstechnik ebenso wie in der Industrie, im Gesundheitswesen wie in den Gebäuden, in den Energiesystemen oder zur Überwachung der Umweltbedingungen in den Städten, den Wäldern, den Meeren und der Luft.[34] Es bilden sich neue Märkte für smarte Technologien, die Tausende von Milliarden Euro pro Jahr umfassen.

Und im Zentrum all dieser Technologien stehen dann die Systeme der Künstlichen Intelligenz und die Roboter. Um sie dreht sich das digitale Universum. Wie leistungsfähig und wie intelligent sie sind, das entscheidet darüber, wie nützlich oder gar wie gefährlich diese neuen

Entwicklungen sein werden. Doch sind wir uns einig, worüber wir hier reden? Was verstehen wir denn darunter? Was genau ist eigentlich »Intelligenz«?

DREI

KÖRPER UND BEWEGUNG: WENN ROBOTER DIE WELT ERFORSCHEN

Intelligente Lebensformen

Es war ein beeindruckender Bericht, den mir Samantha über die historischen Entwicklungen auf dem Gebiet der Robotik und der Künstlichen Intelligenz gegeben hatte. Der muntere, kegelförmige Roboter hatte sich vorher noch höflich verbeugt und war zur Tür hinausgerollt, während die Androidin den Kopfteil meines Bettes höher stellte und an der Wand einen großen leicht gebogenen Bildschirm aktivierte.

Dann zeigte sie mir anhand verschiedener Bilder und Kurven, wie die Digitalisierung der Welt in den vergangenen 30 Jahren vorangetrieben worden war, wie die Datenmengen geradezu explodiert waren und wie sich die Mikrochiptechnologie weiterentwickelt hatte: 10 000-mal leistungsfähiger waren nun im Jahr 2050 die Rechner, die Kommunikations- und Speicherchips und die Sensoren im Vergleich zu denen, die ich 2020 noch gekannt hatte. Eine Verbesserung um einen Faktor 10 000 ... unvorstellbar.

Als sie die Präsentation, die sie wohl live aus Internetquellen zusammengestellt haben musste, beendet hatte, herrschte erst einmal Schweigen. Vielleicht eine Minute lang. Sie hatte offenbar kein Problem damit, sah mich unverwandt an. War das nun eine Maschine oder war sie viel mehr? »Wie intelligent sind Sie, Samantha?«, fragte ich.

Ein leichtes Zögern auf ihrer Seite. »Haben Sie diese Frage schon einmal einem Menschen gestellt?«, entgegnete sie.

Ich fühlte, dass ich errötete. »Verzeihung, ich wollte nicht ...«

Sie ging darauf nicht ein. Vielleicht hatte sie mich auch gar nicht in Verlegenheit bringen wollen, sondern wollte einfach wissen, was ein Mensch geantwortet hätte. Ich merkte, dass es ganz schön schwierig war, die Gefühle und Absichten eines Roboters einzuschätzen. Hatte sie überhaupt welche?

»Ich habe versucht, die Quellen auszuwerten, aber Intelligenz ist unklar definiert«, sagte sie ganz sachlich. »Der Psychologe Ernst Pöppel nannte den Begriff kernprägnant und randunscharf. Die Quellen sprechen von mathematischer, räumlicher, sprachlicher, logischer, emotionaler, sozialer und von anderen Arten der Intelligenz. Welche meinten Sie mit Ihrer Frage?«

Puh! »Vielleicht erst einmal die, die man mit IQ-Tests misst?«

»Da geht es um die Vervollständigung von Zahlenreihen, um räumliches Vorstellungsvermögen, Bilderrätsel, Textaufgaben, Sprachverständnis und logisches Denken«, resümierte sie und fügte ganz unbescheiden hinzu: »Ich denke, dass ich hier einen sehr hohen Wert erreichen würde.«

»Und wo würden Sie schlechter abschneiden?«

Die Androidin blickte mich an. »Den Turing-Test besteht auch im Jahr 2050 noch kaum ein Roboter«, gab sie zu. »Aber da wird nicht die Intelligenz getestet, sondern inwieweit man Erfahrungen mit Menschen teilt.«

»Ah so ... verstehe. Bei Fragen über Essen und Trinken, Schlafen und Träume, Gefühle und Liebe kann ein künstliches System natürlich leicht scheitern, weil es damit keine eigenen Erfahrungen hat.«

Samantha nickte und wechselte das Thema, zurück zum Intelligenzbegriff. Beim Durchsuchen ihrer Internetquellen hatte sie offenbar noch *etwas anderes entdeckt: »Der Erfinder des Intelligenzquotienten, William Stern, bezeichnete Intelligenz als die Fähigkeit eines Individuums, sein Denken bewusst auf neue Anforderungen einzustellen. Sie sei die allgemeine geistige Anpassungsfähigkeit an neue Aufgaben und Bedingungen des Lebens.«*

Das gefiel mir. »Das ist dann auch die Fähigkeit, mit veränderten Umweltbedingungen zurechtzukommen, kreativ zu sein und neue Lösungen zu finden, nicht wahr? Ja, das passt. Auf diese Weise kann man auch Schimpansen als intelligent bezeichnen, wenn sie Steine als Hammer und Amboss benutzen, um Nüsse zu knacken, oder Kräuter gegen Krankheiten sammeln. Oder wenn Krähen Drähte zurechtbiegen, um eine Beute zu angeln, oder gezielt falsche Warnschreie abgeben, um Konkurrenten vom Futter wegzulocken. Oder wenn sich Delfine bei individuellen Namen rufen und gemeinsam neue Jagdtechniken entwickeln.«

»Die Quellen sprechen auch von Schwarmintelligenz bei Bienen und Ameisen«, warf Samantha ein.

»Ja, aber das ist wohl eher ein angeborenes Verhalten. Doch es stimmt schon: Eine so definierte Intelligenz ist nicht auf Wirbeltiere beschränkt. Ich hab mal gesehen, wie ein Krake ein Glas mit Schraubverschluss öffnete.«

Samantha blickte zum Panoramafenster hinaus, wo sich gerade zwei Senioren und einer der kegelförmigen Roboter Bälle zuwarfen. »Das da gilt in den Quellen auch als eine Art von Intelligenz«, konstatierte sie und deutete auf die Ballspieler. »Sensomotorische Intelligenz – einer der ersten Entwicklungsschritte von Kleinkindern.«

Das erinnerte mich an etwas. »Samantha ...?«

»Ja?«

»Denken Sie, ich kann aufstehen?«

Sie blickte mich an und schüttelte leicht den Kopf. »Die elektrische Muskelstimulation verlief zwar über die Jahre sehr erfolgreich, aber Sie sind sicher sensomotorisch ein wenig aus der Übung.« Mir schien, als läge ein Hauch Ironie in ihrer Stimme ...

AUF DEM NIVEAU VON KLEINKINDERN

»Intelligenz ist das, was wir benutzen, wenn wir nicht wissen, was wir tun sollen«, sagte einmal der Schweizer Entwicklungspsychologe Jean Piaget. Das trifft den Kern ganz gut. Beim Thema Intelligenz geht es nicht so sehr um Bildung, also um das Wissen oder die kulturellen Fähigkeiten, die man im Lauf des Lebens in seinem jeweiligen Umfeld erwirbt. Auch schöpferische Begabung und Kreativität sind etwas anderes. Künstler können natürlich intelligent sein, aber es ist keine Voraussetzung für geniale Werke – und umgekehrt: Es gibt sehr intelligente Menschen, die alles andere als kreativ sind.

Intelligenz ist viel eher die Fähigkeit, kognitive Herausforderungen besonders gut zu bewältigen, Probleme zu lösen, Handlungen zu planen und mit veränderten Bedingungen zurechtzukommen. In den meisten Disziplinen sind Tiere zwar besser als Menschen: Gorillas sind stärker, Geparden können viel schneller rennen, und das sprichwörtliche Adlerauge kann noch aus 1000 Meter Entfernung eine Maus erkennen. Doch nur der Mensch hat es geschafft, sich Hilfsmittel zu fertigen, die all seine Unzulänglichkeiten kompensieren. Kräne können ganze Häuser heben, Bohrmaschinen untertunneln den Ärmelkanal ebenso wie das Gotthardmassiv, Raketen sind so schnell, dass sie selbst der Erdanziehung entkommen, und Weltraumteleskope können Milliarden Lichtjahre tief ins All blicken.

Viele Wissenschaftler sprechen bereits vom Anthropozän[35], also dem Erdzeitalter des Menschen. Sie wollen damit betonen, dass der Mensch heute die Pflanzen- und Tierwelt, die Ökosysteme, das Festland, die Meere, die Atmosphäre und sogar das Klima des Planeten so stark verändert – mehr zum Schlechten als zum Guten –, wie es bislang nur geologische Prozesse oder Meteoriteneinschläge vermochten. Doch die aktuellen Entwicklungen gehen noch weit darüber hinaus: Erstmals nutzen Menschen nun ihre Intelligenz, um Maschinen zu schaffen, die eines Tages möglicherweise noch intelligenter sein könnten als sie selbst. Abgesehen vom Einwand, wie klug und erstrebenswert das denn sein mag, stellt sich dabei aber zunächst einmal die Frage, ob dies überhaupt machbar ist. Können Maschinen einen derart hohen Grad an Intelligenz erreichen?

VIER STUFEN ZUR INTELLIGENZ Folgt man dem Entwicklungsstufenmodell, das Jean Piaget Ende der 1950er-Jahre erstmals beschrieb, zeigt sich sofort, wie schwierig dies sein wird. Beim Menschen sieht Piaget – etwas vereinfacht ausgedrückt – vor allem vier Stufen der Entwicklung des Denkens.[36] In den ersten beiden Lebensaltern von Babys und Kleinkindern entsteht zunächst die sensomotorische Intelligenz: Sie lernen zu krabbeln, zu stehen, zu laufen, nach Dingen zu greifen und die Bewegungsabläufe zu koordinieren. Das Baby nimmt etwas mit seinen Sinnen wahr und probiert dann viel aus, indem es nach Objekten greift, sie in den Mund steckt, schmeckt und daran riecht. Es beobachtet, was passiert, wenn es Gegenstände berührt, sie stößt oder zieht, sie packt oder fallen lässt. Das ist eine Art von praktischer Intelligenz.

So entsteht im Gehirn des Kleinkinds im Lauf der Zeit ein rudimentäres Weltwissen, beispielsweise dass ein Ball rollt, dass Wasser nass und eine Herdplatte heiß ist und dass man an einem Faden ziehen, aber ihn nicht schieben kann. Auch findet es schnell heraus, dass die Bilder in einem Bilderbuch auch noch vorhanden sind, wenn das Buch geschlossen wird, und dass man ein Hindernis beiseiteräumen kann, um einen dahinter versteckten Gegenstand hervorzuholen. All diese Fähigkeiten eines zweijährigen Kindes sind bereits so weit fortentwickelt, dass sie nach wie vor auch für die besten Roboter alles andere als selbstverständlich sind.

Bei der zweiten Stufe der Entwicklung nach Piaget geht es um das Vorstellungs- und Sprechvermögen, das beim Menschen vor allem zwischen dem zweiten und achten Lebensjahr ausgebildet wird. Im Allgemeinen dauert es mehr als zwölf Monate, bis sich ein Kleinkind 500 Worte merken und sie den richtigen Objekten und Situationen zuordnen kann, doch dann explodiert die Sprachentwicklung geradezu. Wie langwierig das Erlernen der ersten Worte ist, bewies der Forscher Deb Roy vom Media Lab des Massachusetts Institute of Technology am eigenen Sohn.[37] Drei Jahre lang hatte er mit den im eigenen Zuhause installierten Kameras und Mikrofonen minutiös festgehalten, in welchen Situationen sein Kind welche Worte von wem gehört und dann auch selbst benutzt hat. 90 000 Stunden an Video- und 140 000 Stunden an Audiomaterial waren die Ausbeute dieses einzigartigen Langzeitversuchs, die es auszuwerten galt. Eine wichtige Erkenntnis dabei war, dass beim Sprechenlernen das ständige Vorsprechen von Worten und das Feedback der Bezugspersonen für das Kleinkind ebenso wichtig sind wie das eigene Brabbeln und die Situation, in der ein bestimmter Ausdruck benutzt wird.

In dieser Zeit lernt das Kind auch, symbolisch zu spielen – also beispielsweise einen Lego-Stein so zu behandeln, als ob er ein Auto wäre, und mit Spielzeugfiguren reale Situationen oder märchenhafte Begebenheiten nachzustellen. Nun schießt es auch oft übers Ziel hinaus. Es spricht nicht nur sich selbst sowie anderen Menschen und Tieren einen Willen zu, sondern auch Dingen: Der Regen will den Pflanzen helfen, doch der Ball will nicht um die Ecke fliegen. Nach und nach verändert sich aber die reine Ich-Bezogenheit, und das Kind kann sich immer besser in andere Menschen hineinversetzen und deren Handlungen und Empfindungen nachvollziehen.

Ab dem siebten Jahr lernen Menschenkinder, dass sich Objekte nach verschiedenen Eigenschaften in Klassen einteilen lassen und dass manche Eigenschaften erhalten bleiben, auch wenn sich andere ändern. Beispielsweise bleiben Volumen und Gewicht eines Getränks gleich, auch wenn es von einer dickbauchigen Flasche in einen hohen Zylinder umgefüllt wird. Bis zum Alter von etwa elf Jahren sind es zwar nach wie vor die anschaulich erlebbaren Inhalte, die das Denken bestimmen, doch mehr und mehr lernt das Kind auch, vorauszudenken und sein Handeln zu planen. Dementsprechend komplexer und strategischer werden die Spiele, die es nun mit anderen Kindern und Erwachsenen spielt.

Ab etwa elf bis zwölf Jahren haben die Jugendlichen dann das Alter erreicht, in dem sie abstrakt denken, Hypothesen entwickeln und Probleme theoretisch und systematisch analysieren können. Sie können nun sogar über ihre eigenen Gedanken nachdenken und haben damit nach Piaget die höchste Form des logischen Denkens erreicht. Das Einzige, was sie noch von Erwachsenen unterscheidet, ist die Bandbreite ihres Wissens, ihrer Erfahrungen und der konkreten Fähigkeiten, die sie sich in den kommenden Jahren aneignen werden: vom Lenken eines Autos über das Spielen einer Trompete bis vielleicht zur Beherrschung der Infinitesimalrechnung.

Es ist naheliegend, sich auch die Entwicklung intelligenter Maschinen entlang dieser Entwicklungsstufen des Menschen anzusehen. Um die erste Stufe, die sensomotorische Intelligenz, wird es im weiteren Verlauf dieses Kapitels gehen. Die Kapitel 4 und 5 behandeln dann die Entwicklung der Sprachfähigkeit und der Bildanalyse – allgemein, der Methoden des Lernens – sowie das Erkennen von Zusammenhängen, das logische Denken und die Implementierung des »gesunden Menschenverstandes« in eine Maschine.

Ob Maschinen mit Emotionen, Werten und Moral denkbar sind, wird in Kapitel 11 untersucht – ebenso wie einer der entscheidenden Faktoren der Intelligenzentwicklung, den bereits Piaget erkannt hat: Menschliche Intelligenz lässt sich nicht ohne die Mitmenschen denken. Sie zu formen braucht den ständigen Austausch mit der Gemeinschaft anderer Menschen, ob Eltern, Erzieher oder Spielkameraden. Was bedeutet das dann aber für künstliche Systeme? Muss dann nicht auch ein Roboter in der Gemeinschaft mit Menschen und anderen Robotern sozusagen »aufwachsen« und Erfahrungen sammeln, um seinerseits einen hohen Grad von Intelligenz erreichen zu können?

DER ROBOTER RENNT, TANZT, SPRINGT, HÜPFT UND BALANCIERT   Doch beginnen wir erst einmal mit der sensomotorischen Phase: Wie bringt man Robotern das richtige Laufen und Greifen bei? Dass dies alles andere als einfach ist, zeigt die

Entwicklung des zweibeinigen Honda-Roboters Asimo.[38] Als die japanischen Forscher im Jahr 1986 mit ihren Arbeiten am Vorläufer von Asimo begannen, benötigte dieser noch rund 15 Sekunden für jeden einzelnen Schritt. Es dauerte vier Jahre, bis er eine langsame Gehgeschwindigkeit von einem Kilometer pro Stunde erreicht hatte, und weitere Jahre, bis er einigermaßen mit Steigungen und Treppen zurechtkam. In dieser Zeit studierten die Wissenschaftler intensiv, wie Menschen laufen, und versuchten, diese Technik in ihre Maschine einzubauen.

Heute sprintet Asimo mit rund neun Kilometer pro Stunde und einer dynamischen Lauftechnik, bei der er zwischen den Schritten sozusagen nach vorne fällt und dann das Gleichgewicht wiederfindet. Zudem kann er tanzen, springen, hüpfen, auf einem Bein balancieren, Fußball spielen und mit seinen Händen Schraubverschlüsse öffnen. Um all dies zu leisten, verfügt er über 34 Elektromotoren in Kopf und Schulter, Armen und Händen sowie in der Hüfte und den Beinen. Mit diesen Motoren und den entsprechenden Gelenken kann Asimo 34 Freiheitsgrade nutzen, also Bewegungen nach links, rechts, oben, unten, hinten und vorne durchführen, sowie bestimmte Körperteile beugen und strecken oder sie um verschiedene Achsen drehen.

Damit ist Asimo einer der beweglichsten Roboter überhaupt. Zum Vergleich: Der mächtige Atlas-Roboter, der gleich in mehreren Varianten an der Roboter-Olympiade der DARPA im Sommer 2015 teilnahm, hat 14 Gelenke, die hydraulisch betrieben werden und ihm 28 Freiheitsgrade eröffnen. Über noch mehr Gelenke, nämlich 26, und 30 elektrische Motoren verfügt der Kunstturner unter den humanoiden Robotern, Morph 3, der sogar in den Spagat gehen und Purzelbäume schlagen kann. Fast 140 Sensoren, also Druck-, Beschleunigungs- und Drehratenmesser, koordinieren seine Bewegungen – eine enorme Herausforderung für den Steuerungsrechner, der all diese Daten schnell genug verarbeiten muss.

Doch im Vergleich zu uns Menschen sind diese Maschinen nach wie vor eher sparsam ausgerüstet. Jeder Mensch besitzt über 100 bewegliche Gelenke und mehr als 650 größere Muskeln, die rund 40 Prozent des Körpergewichts ausmachen. Allein 50 Muskeln finden sich im Gesicht, wo viele von ihnen an der Bandbreite unserer mimischen Ausdrucksweisen mitwirken – ob man nun die Stirn runzelt, lächelt oder die Lippen zum Kussmund formt. Auch beim Gehen und Balancieren sind mehrere Dutzend Muskeln beteiligt.

Mit insgesamt fast 30 Gelenken, 60 Muskeln, mehr als 100 Bändern und über 200 Sehnen ist jeder Fuß ein Meisterwerk der Evolution – ebenso die Hand mit ihren 27 Knochen, 36 Gelenken, 39 Muskeln und Zigtausenden von Rezeptoren, mit denen wir tasten sowie Druck und Schmerz verspüren.

DER TEUERSTE GETRÄNKESERVICE DER WELT

Die Wissenschaftler begannen bescheiden. Seit der Erfindung des ersten mobilen Roboters Shakey vor 50 Jahren trieb viele von ihnen ein ganz einfacher Wunsch um: eine Maschine zu konstruieren, die ihnen einen Kaffee oder ein Glas Wasser bringen kann. »Wir bastelten über Jahrzehnte sicher am teuersten Getränkeservice der Welt«, scherzt James Kuffner, Professor für Robotik an der Carnegie-Mellon-Universität in Pittsburgh und von 2009 bis 2016 auch leitender Mitarbeiter von Google.[39] Dort war der 45-Jährige, der mehr als 40 Patente auf dem Gebiet der Robotik hält, zuerst im Projektteam für das selbstfahrende Auto tätig.

Von 2014 bis Januar 2016 führte er die Robotik-Abteilung von Google, das mit Firmen wie Schaft, Redwood Robotics und Boston Dynamics in den letzten Jahren einige der besten Roboter-Unternehmen aufgekauft hat. Doch seither wird darum gerungen, wie sich daraus letztlich erfolgreiche Produkte entwickeln lassen. Insbesondere seit dem Weggang der Robotik-Team-Gründer Andy Rubin und James Kuffner wird immer deutlicher, wie schwierig es ist, die unterschiedlichen Kulturen der zugekauften Roboterfirmen unter dem Dach der Google-Mutter Alphabet zu einem stimmigen Ganzen zu vereinen. Dies ist ähnlich komplex wie die eigentliche technische Aufgabenstellung.

Die sensomotorische Herausforderung bei Robotern sei sehr vielschichtig, sagt Kuffner, und spricht von einem »Snowball of Complexity«, einem Schneeball der Komplexität, der ganze Lawinen an Folgeproblemen verursachen kann. »Ein Roboter in der realen Welt muss weit mehr können als die konventionellen Roboter in den Fabriken, die beim Schweißen oder Kleben nur vorprogrammierte Bewegungen ausführen«, betont er.

Nehmen wir nur das Beispiel des Getränkeholens: Auch im aufgeräumtesten Labor stehen Stühle und Geräte immer mal woanders, Kabel liegen herum, und die Kaffeetasse ist auch nicht stets am gleichen Ort zu finden. Hat sie ein Roboter schließlich entdeckt, muss er erst einmal den Henkel identifizieren und ihn dann so greifen, dass die Tasse nicht kippt und dadurch der Kaffee verschüttet wird. Ein Glas wiederum muss er anders anpacken als eine Tasse mit Untersetzer, und steht eine große Karaffe Wasser vor ihm, muss er wissen, dass sie weit schwerer sein wird als ein Pappbecher mit Limo.

Eine halbe Stunde lang überlegen kann der Roboter auch nicht, bevor er aktiv wird. »Eine schnelle, gute Lösung ist im echten Leben besser als eine optimale«, sagt Kuffner, der jahrelang genau dafür Software-Algorithmen entwickelt hat. RRT, rapidly-exploring random tree, nennt sich sein Verfahren, mit dem sich hochdimensionale Räume sehr schnell nach Lösungen durchsuchen lassen. Dabei geht der Algorithmus von einem definierten Startpunkt aus – beispielsweise steht der Roboter an der Tür – und versucht, durch zufällige Variationen einen Pfad zum Ziel zu berechnen, ohne mit Hindernissen zu kollidieren. Am Ende soll der Roboter dann auch noch einen Weg finden, seinen Arm so zu bewegen, dass er die Kaffeetasse greifen kann, ohne sie fallen zu lassen und ohne andere Objekte, etwa eine auf dem Tisch stehende Lampe, umzustoßen.

Nach jahrelanger Forschung war Kuffners Team in Pittsburgh schließlich so weit, dass sie bei einem Asimo-Roboter, den Honda zur Verfügung gestellt hatte, 10 000 mögliche Pfade in 0,8 Sekunden berechnen konnten. Damit konnte der Roboter ohne Zusammenstoß an Hindernissen vorbeilaufen, die sich auch noch bewegten, während zugleich ein Student das Objekt, das Asimo in die Hand nehmen sollte, hin und her schob.

Asimo schaffte es, das Zielobjekt immer wieder zu finden und seinen Weg während des Gehens ständig neu zu kalkulieren. Das ging so weit, dass Asimo berechnete, wie sich eine Drehtür veränderte, und hindurchging, ohne anzustoßen. »Er hat es sogar bei mehreren Drehtüren hintereinander hinbekommen, seine Bewegungsrichtung und die Geschwindigkeit entsprechend anzupassen«, erzählt Kuffner und ergänzt schmunzelnd: »Ich habe das selbst ausprobiert und bin ständig angestoßen.« Bei diesem Hindernis-Parcours war der Roboter also letztlich sogar besser als seine Programmierer.

EINE STABHEUSCHRECKE AUF DEM MARS   Dennoch zeigte beispielsweise der DARPA-Wettbewerb, dass selbst die weltbesten zweibeinigen Roboter heute noch deutlich größere Schwierigkeiten haben, über Geröll zu klettern oder auf Treppen zu steigen, als dies bei Menschen der Fall ist. Allein das Gleichgewicht zu halten, ist für diese Maschinen eine enorme Herausforderung. Deutlich einfacher ist so etwas natürlich für sechsbeinige Roboter wie Lauron, die metergroße grüne Stabheuschrecke des Forschungszentrums Informatik (FZI) in Karlsruhe. Normalerweise »lebt« der 25 Kilogramm schwere Lauron im Labor in einer Art Marslandschaft, wo er lernt, über Hindernisse zu krabbeln.[40]

Doch mitunter schicken ihn die Studenten auch auf eine Reise durch die Gänge des FZI – beispielsweise mit der Aufgabe, selbständig bis zum Sekretariat zu kommen. Dann stakst Lauron mit seinen sechs Beinen, die neben den Motoren im Wesentlichen eine Federung und Kraft-Momenten-Sensoren für die Kontaktmessung enthalten, Meter um Meter voran, immer argwöhnisch beäugt von den Forschern, ob er auch alles richtig macht, die Körperbalance hält und nicht ausrutscht. Bei seiner Steuerung haben sie sich von echten Stabheuschrecken inspirieren lassen, die sie einst im Labor gehalten und untersucht hatten.

Laurons Gehirn verfügt über rund 500 Verhaltensmuster, sogenannte Bewegungsprimitive, die sich wie Bausteine zusammensetzen lassen. Wenn Lauron etwa mit einem Bein an ein Hindernis – wie einen Stein – stößt, hebt er zunächst den Fuß über den Stein und sucht dahinter wieder festen Boden. Findet er keinen, probiert er etwas anderes oder wechselt gleich ganz die Route, die er über seine Kameras und dreidimensionale Karten ermittelt. Wichtig dabei ist, dass die Stabheuschrecke immer mit drei Beinen stabil steht, während die anderen drei Beine in Aktion sein können. Derartige Gleichgewichtsroboter sind ideal geeignet, um künftig unbekanntes Gelände so sicher wie möglich zu erforschen, beispielsweise auf dem Mond, dem Mars oder nach Naturkatastrophen auf der Erde.

Die Kombination von Bewegungsprimitiven funktioniert ganz ähnlich dem Zusammensetzen von Programmierbausteinen bei Lego Mindstorms, mit dem schon Zigtausende von Schülern und Studenten das Steuern kleiner Roboter gelernt haben. Ein Beispiel für Bewegungsprimitive ist etwa, wenn man einem Roboter-Hund beibringen will, eine Treppe hochzuklettern. Hier könnte eine leicht zu programmierende Bewegungssequenz so aussehen: Setze die Vorderfüße auf die Treppe, ziehe den Körper nach, platziere die Hinterfüße unter den Körper und stemme dann den Körper nach oben – und dann mach dasselbe bei der nächsten Treppenstufe.

Auch die Entwickler von Boston Dynamics haben über viele Jahre hinweg verschiedenste hundeartige Roboter gebaut, die sie durch dichte Wälder, hochwachsendes Gras oder über schneebedeckte Hügel schickten. Einer von ihnen, LS3, auch AlphaDog genannt, kann bis zu 180 Kilogramm Gewicht tragen, bis ihm nach etwa einem Tag Dauerbetrieb der Treibstoff ausgeht. In dieser Zeit kommt er mit seinem Zweitaktmotor, wie er auch in Gokarts verwendet wird, mindestens 30 Kilometer weit. Dabei kann der eher einem Maultier als einem Hund ähnelnde Roboter dank seiner Kameras entweder selbsttätig seinem »Herrchen« folgen, oder ihm wird ein Ziel vorgegeben, das er mithilfe der Satellitennavigation ansteuert.[41]

An so einem automatischen Lastesel hat vor allem das Militär Interesse, um Soldaten beim Tragen zu entlasten, er eignet sich aber auch für alle anderen Expeditionen durch unwegsame Gelände. Wie stabil sich diese Vierbeiner inzwischen bewegen, demonstriert Boston Dynamics in mehreren Internetvideos: In einem läuft ein Kollege von AlphaDog, der hochbeinige Roboter-Hund Spot, neben einem Jogger her, der ihn immer wieder von der Seite anrempelt, ohne ihn dadurch wesentlich aus dem Rhythmus zu bringen.[42] In einem anderen gerät der Roboter BigDog auf eine vereiste Stelle der Straße, und dann geschieht genau das, was auch einem lebenden Hund passieren würde: Er rutscht aus, die Hinterbeine knicken ein, er versucht, sich aufzurichten, springt hoch, dann rutschen auch die Vorderbeine weg – doch schließlich fängt er sich und kann die spiegelglatte Fläche verlassen, ohne Schaden genommen zu haben.[43]

WIE FÄNGT MAN EINEN BALL? Solche Bewegungsabläufe automatisch zu beherrschen, ohne dass ein Roboter lange »nachdenken« muss, ist eine wichtige Voraussetzung dafür, dass die Maschinen künftig in der realen Welt zurechtkommen werden. Wie beeindruckend die Leistungen mancher Roboter auf diesem Gebiet bereits sind, konnten die Besucher der Industriemesse in Hannover im Jahr 2015 bewundern: Hier zeigte das Forscherteam von Aude Billard, Professorin an der Technischen Hochschule im schweizerischen Lausanne, wie ein Roboter der deutschen Firma Kuka Objekte fing, die ihm von Studenten zugeworfen wurden.

Mit der richtigen Programmierung kann er Dosen ebenso fangen wie Stofftiere oder Bälle oder auch einen Tennisschläger. Der Roboter muss dazu in Echtzeit eine Vorhersage machen, wie sich das Objekt im Flug wohl bewegen wird – und dann seinen Arm und seine Hand vorausschauend an der richtigen Stelle platzieren. Doch dies reicht noch nicht, denn ein Ball, der auf eine starre Handfläche trifft, würde abprallen, noch bevor sich die Finger um ihn schließen können. Ihn zu fangen, funktioniert nur, wenn sich die Hand mit dem Ball in dessen Fluglinie mitbewegt und die gewonnene Zeit nutzt, um ihn zu greifen. Der Roboter macht hier dasselbe wie ein menschlicher Ballspieler beim

Zuspielen, wenn er seine Hand synchron mit dem Ball bewegt, um ihn sicher fangen zu können.

Mögliche Anwendungen sieht Aude Billard zum Beispiel darin, dass Roboter in Zukunft Menschen auffangen, wenn sie stürzen, oder dass sie sie vor herabfallenden Gegenständen schützen. »Aber auch bei selbstfahrenden Autos sind solche Steuerungen wichtig, denn sie müssen die Bewegungen von Quer- und Gegenverkehr richtig einschätzen können«, sagt die Roboter-Forscherin.

Und natürlich eignen sich solche Maschinen auch als Übungspartner bei Spielen wie etwa Tischtennis. Zwar war der Roboter Agilus von Kuka, der in einem viel beachteten Videoclip im Jahr 2014 im Tischtennis knapp dem zweimaligen Weltcupsieger Timo Boll unterlag,[44] nur ein gut inszenierter Werbegag nach Drehbuch, aber im Oktober 2015 präsentierte das Unternehmen Omron tatsächlich einen Roboter, der live gegen Besucher der Messe CEATEC im Großraum Tokio spielte.[45]

Dank einer Vielzahl von Kameras und Sensoren konnte dieses System Geschwindigkeit und sogar den Spin eines fliegenden Balls extrem genau messen. Die Folge: Bereits in dem Moment, in dem der menschliche Spieler den Ball traf, leuchtete auf seiner Seite der Tischtennisplatte der Ort auf, wo der anschließend vom Roboter zurückgespielte Ball ungefähr landen würde. Mit diesem erstaunlichen Vorhersageservice half die japanische Firma Omron auch unerfahrenen Tischtennisspielern, ihr Gesicht zu wahren und gegen den Roboter zu bestehen.

Auch Roboter-Hände werden immer ausgefeilter. Manche haben zwei »Finger«, andere drei, wieder andere vier oder fünf. So hat allein das Deutsche Zentrum für Luft- und Raumfahrt (DLR) in den vergangenen 20 Jahren eine große Vielfalt an Roboter-Händen entwickelt, beispielsweise die DLR Hand II: Sie besteht aus vier Fingern mit jeweils vier Gelenken. Antrieb, Sensoren und Kommunikationseinheiten sind direkt in die Hand integriert, sodass sie auf beliebige Roboter aufgesetzt werden kann.[46]

Einige Wissenschaftler haben sogar schon Roboter-Finger konstruiert, deren Präzision und Kraftsteuerung so feinfühlig ist, dass sie auch dünne Nudeln packen können, ohne sie fallen zu lassen, oder weiche

Erdbeeren, ohne Druckstellen zu hinterlassen. Solche Roboter könnten in Zukunft beispielsweise Landwirten zur Hand gehen: Im Burgund wurden sie bereits für die Weinlese getestet, und die spanische Firma Agrobot hat im Jahr 2013 einen ersten Erdbeerroboter vorgestellt, der mit den Früchten sanft genug umgeht und dank seiner Kameraaugen auch nur die reifen, roten pflückt.

Dennoch sind manche Roboter-Forscher mit dem Erreichten noch nicht zufrieden und suchen nach ganz neuen Designprinzipien, um ähnlich weiche, fließende Bewegungen wie bei Menschen hinzubekommen. Einer der Begründer der »Soft Robotics«, der Schweizer Rolf Pfeifer, argumentiert, dass 85 Prozent des menschlichen Körpers – Organe, Muskeln, Gewebe – aus weichen Materialien bestehen, weniger als 15 Prozent aus Knochen. »Wenn wir so etwas bei Robotern nachbauen wollen, brauchen wir anstelle von Stahl, Aluminium und Elektromotoren viel mehr weiche Stoffe«, sagt er und fügt hinzu: »Außerdem haben die meisten der heutigen Roboter die Motoren in ihren Gelenken. Mit Ausnahme der Hände wird bei ihnen nur sehr wenig über Sehnen gesteuert – anders als bei uns Menschen mit unseren Hunderten von Muskeln und Sehnen.«

MUSKELN, SEHNEN, SKELETT UND EIN KUSS-MUND   Zusammen mit einem Team um Pascal Kaufmann, Geschäftsführer der Firma Starmind, hat Pfeifer an der Universität Zürich daher im Jahr 2012 innerhalb von neun Monaten Roboy »zur Welt gebracht«. Roboy ist ein humanoider Roboter von der Größe eines Kindes, der über ein Knochenskelett aus Kunststoffen mitsamt Wirbelsäule sowie viele Gelenke, Muskeln und Sehnen verfügt.[47] Der jetzige Projektleiter Rafael Hostettler will mit Forschern um Alois Knoll und dessen Studenten der Technischen Universität München Roboy und seine Nachfolger vor allem für Forschungsarbeiten nutzen: Beispielsweise wollen sie untersuchen, wie sich Roboter mit Muskel-Sehnen-Skelett-Systemen optimal steuern lassen und wie sie mit künstlichen Gehirnen zusammenwirken können.

Sympathischer Knochenmann: Wenn Roboy errötet und »Ich bin doch so schüchtern« murmelt, nimmt er sein Publikum sofort für sich ein – trotz seines offen gelegten Knochenskeletts mit Muskeln, Sehnen und Gelenken.

Außerdem ist Roboy immer wieder auf Messen zu bewundern und spielt sogar in Theater-Performance-Shows mit, wo er regelmäßig das Publikum verzückt, wenn er seine Augen aufreißt, verlegen errötet oder den Menschen einen Kussmund zuwirft – alles durch Lichteffekte auf seinem großen runden Kopf simuliert. Die Forscher haben Roboys Gesicht gezielt so sympathisch wie möglich gestaltet, um ein wenig von seinem vielleicht etwas irritierend wirkenden Knochenskelett abzulenken. »Roboy soll ein positiver Botschafter für diese Technologie sein«, sagt Hostettler.

Doch bei der Suche nach neuen Designprinzipien für Roboter nehmen sich Wissenschaftler nicht nur Menschen zum Vorbild. So lässt sich etwa am Schwanz des Seepferdchens mit seinem quadratischen Querschnitt abschauen, wie man sich an unterschiedlichsten Materialien kraftvoll und doch flexibel festhalten kann. Die ultimative Beweglichkeit von Armen hoffen Forscher um Cecilia Laschi, Professorin am Biorobotik-Institut in Pisa, vom Oktopus zu lernen. Aus weichem Silikon haben sie bereits Krakenarme nachgebildet, die sich in alle Richtungen biegen, verlängern, verkürzen und wie beim echten Oktopus um Objekte herumlegen, ihre Gestalt daran anpassen und sie greifen können.

Dazu enthalten sie nicht nur Kontaktsensoren, sondern in ihrem Inneren auch Formgedächtnislegierungen. Das sind spezielle Metalle, die sich beim Erwärmen an eine frühere Kristallstruktur erinnern – und damit an eine bestimmte Form, die sie zu dieser Zeit angenommen hatten. Selbst nach einer starken Verformung schnellen sie unter Aufbietung großer Kräfte wieder in ihre Ausgangsgestalt zurück. Hat man beispielsweise einem Draht aus einer solchen Legierung einmal die Form einer Büroklammer eingeprägt, dann kann man ihn verbiegen, verknäueln, verknoten, wie man will. Bei Erwärmung wird er sich immer wieder in Sekundenbruchteilen in eine perfekte Büroklammer verwandeln – auch Tausende Male, wenn es sein muss.[48] Für künstliche Muskeln ist so ein Effekt natürlich hervorragend geeignet. Ebenso wie andere Materialien, beispielsweise elektroaktive Polymere. Das sind Kunststoffe, die nach Anlegen einer elektrischen Spannung gezielt ihre Form verändern können.

85-FACH STÄRKER ALS EIN NATÜRLICHER MUSKEL

Manche Forscher setzen auch große Hoffnungen in verdrillte Nanoröhren aus Kohlenstoff, gefüllt mit Paraffin. So haben Wissenschaftler der Universität Dallas in Texas mit Partnern in Australien, China, Südkorea, Kanada und Brasilien im Jahr 2012 im Wissenschaftsjournal *Science* demonstriert, dass solche Nanomuskeln 85-fach stärker sein können als natürliche Muskeln vergleichbarer Größe.[49] Bei Erhitzen, etwa durch elektrischen Strom oder Licht, dehnt sich das dauerhaft eingeschlossene Wachs aus und bewirkt, dass sich das verdrillte Garn der Nanoröhrchen blitzschnell verkürzt oder verdreht. Auf diese Weise können die Röhrchen mehr als das 100 000-Fache ihres Eigengewichts heben – die als extrem kräftig geltenden Ameisen schaffen nur das 50-Fache.

Für die Zukunft versprechen solche neuen Werkstoffe erstaunliche Muskelleistungen von Robotern, aber derzeit werden sie nur in Labors erforscht. Für kommerzielle Anwendungen sind sie schlicht noch zu teuer. Doch auch mit einfachsten Materialien kann man verblüffende Effekte erzielen: Ein universeller Greifer zum Selberbauen ist der Coffee Balloon Gripper[50], der von Forschern der Cornell-Universität in Ithaca, New York, zusammen mit der Universität von Chicago erfunden wurde. Dafür muss man nur einen Ballon mit gemahlenem Kaffeepulver füllen und eine Vakuumpumpe anschließen. Notfalls tut es auch eine Spritze, mit der man Luft aus dem Ballon saugen kann. Zuerst drückt man nun den Ballon auf ein beliebiges Objekt – etwa einen Bleistift, einen Schraubenzieher, ein Ei oder auch eine Tasse voll Wasser –, saugt dann die Luft heraus und hebt das Objekt hoch. Dass dies funktioniert, liegt daran, dass das feine Kaffeepulver die Form der Objekte sehr gut nachbildet, aber dann sehr hart wird, wenn man die Luft zwischen den Körnchen entfernt.

Auch mit derart simplen Greifwerkzeugen können Roboter schon sehr viele Gegenstände fassen und transportieren. So hat die deutsche Firma Festo aus Esslingen am Neckar mit norwegischen Partnern einen Greifer entwickelt, der nach einem ganz ähnlichen Prinzip – nämlich durch Umstülpen seiner elastischen, mit Wasser gefüllten, Silikonkappe – die unterschiedlichsten Objekte aufnehmen und wieder ablegen kann. Das biologische Vorbild dafür war die Zunge eines Chamäleons, die sich beim Zupacken umstülpt und der Form und Größe des Beutetieres anpasst.[51]

Ein guter Kompromiss zwischen diesen einfachen Greifern und einer klassischen Roboter-Hand sind die weichen Formen, die Forscher um Oliver Brock, Informatikprofessor an der Technischen Universität Berlin, entwickelt haben.[52] Die Finger ihrer Roboter-Hand bestehen aus Silikon und einigen mit Druckluft gefüllten Kammern. Berührt die Hand ein Objekt, dann erhöht sich an dieser Stelle in ihrem Inneren der Druck, und die Luft verteilt sich neu, weil die Kammern miteinander verbunden sind. Der Effekt: Die anderen Finger krümmen sich, und die Hand schließt sich um das Objekt – ganz ohne irgendeine Art der computergesteuerten Berechnung. »Ein konventioneller Roboter muss hingegen ein Objekt erst einmal identifizieren und abmessen, damit dann seine Software genaue Anweisungen geben kann, wie die mechanische Hand damit umgehen soll«, sagt Brock.

SOFT ROBOTICS: SILIKONFINGER UND GREIFER MIT FLOSSENEFFEKT

Hände mit Luftkammern, die sich selbsttätig an die Form von Objekten anpassen, sind nicht nur einfacher herzustellen, sondern auch viel kostengünstiger als die üblichen Roboter-Hände aus Metall. Doch natürlich kann man nicht erwarten, dass derartige »Soft Robotics«-Lösungen beliebig fein steuerbar sind: »Ich denke, dass man damit zwar beispielsweise chinesische Essstäbchen greifen kann«, sagt Rolf Pfeifer, »aber es dürfte schwierig werden, sie auch zu benutzen.«

Dennoch gibt es genügend Einsatzgebiete, für die sich solche flexiblen Roboter-Greifer sehr gut eignen. Beispielsweise war Festo an der Entwicklung eines Paprikagreifers beteiligt, der rund 90 Prozent weniger wiegt als herkömmliche Greifer aus Metall. Er basiert auf einem verblüffenden Effekt, den der Berliner Bioniker Leif Kniese 1997 im Angelurlaub bei Fischflossen entdeckte und Fin-Ray-Effekt taufte. Drückt man leicht gegen die Schwanzflosse von Knochenfischen wie etwa einer Forelle, dann knickt der Schwanz nicht etwa in Druckrichtung weg, sondern bewegt sich im Gegenteil zum Finger hin.

Dies liegt am Aufbau der Flossen aus sogenannten Längsstrahlen und dazwischen liegendem Bindegewebe. Festo hat das Prinzip dieser keilförmigen Struktur aus dem Kunststoff Polyamid in einer Drei-Finger-Anordnung nachgebaut.[53] Die Begrenzung eines jeden Fingers sind zwei flexible Bänder, die wie ein Dreieck in der Spitze zusammenlaufen. In regelmäßigen Abständen sind Zwischenstege über Gelenke mit den Bändern verbunden. Durch Druck oder Zug wird die Greifbewegung gesteuert, und zugleich passen sich diese Greiffinger automatisch an die Kontur des zu greifenden Objekts an, egal ob Paprika oder Schokoladenei.

Was solchen Greifern allerdings im Vergleich zur menschlichen Hand noch fehlt, sind Sensoren für Kontakt, Druck, Kraft oder Dehnung, die eine Rückmeldung geben, ob der Gegenstand auch fest genug in der Hand liegt. »Zudem können die Sensoren in unseren Fingerkuppen auch noch Temperatur und Schmerz melden«, sagt Rolf Pfeifer. »Darüber hinaus ist die Oberfläche unserer Hände leicht deformierbar, extrem robust und wasserdicht – und wenn unsere Haut verletzt wird, heilt sie von selbst wieder aus. All diese Eigenschaften können wir heute technologisch nicht einmal ansatzweise nachbauen.«[54]

Doch visionäre Forscher lassen sich davon nicht entmutigen. Einen ersten Lösungsansatz sehen sie beispielsweise in der Polymerelektronik, die derzeit in Labors auf der ganzen Welt vorangetrieben wird. Darunter versteht man mikroelektronische Bauelemente – Sensoren, Schalter und Verstärker –, die mitsamt ihren Leiterbahnen aus organischen Molekülen gefertigt werden. Ziel der Wissenschaftler ist es, elektronische Bauteile auf diese Weise in dünne, biegsame Kunststofffolien zu integrieren.

Displays, Logikbausteine, Speicherchips und Biosensoren aus solchen flexiblen Materialien gibt es bereits. Ebenso Konzepte einer selbstheilenden Elektronik, die zum Beispiel Brüche in elektrischen Schaltungen durch Mikrokapseln mit Flüssigmetallen repariert, aber bis so etwas für einen Massenmarkt tauglich ist, dürften noch etliche Jahre vergehen.

VIELE SENSORDATEN ERGEBEN DAS MODELL EINER SPRUDELFLASCHE Die gesamte Komplexität unseres Körpers in einem künstlichen System einmal vollkommen nachbilden zu können, ist allerdings kaum vorstellbar. Beispielsweise verfügt jeder Mensch über rund 900 Millionen tastsensible Rezeptoren, von unseren Hör-, Geruchs-, Geschmacks- und Sehnerven einmal ganz abgesehen. »Und all die gigantischen Datenströme, die diese Sinnesorgane erzeugen, sind auch noch miteinander korreliert«, erklärt Rolf Pfeifer.

Wenn wir eine Flasche in die Hand nehmen, empfängt unser Gehirn Informationen von unseren Augen, von der Haut, von Muskeln, Sehnen und sogar von unserem Gleichgewichtsorgan. »Das ist eine enorm reichhaltige Sensorstimulation«, sagt der Roboter-Forscher. »Man sieht die Flasche, spürt das Gewicht und die Textur, und wenn man sie öffnet, hört man noch das Sprudeln und freut sich darauf, zu trinken – all dies wirkt zusammen. Letztlich entsteht aus dieser Gesamtheit das Modell, das wir uns im Gehirn von diesem Gegenstand machen.«

Einem Roboter, der vielleicht eine Kamera und in seinen Fingern nur wenige Drucksensoren hat, fehlen viele dieser Informationen. Dementsprechend unvollständig wäre das Modell, das er sich von einer Mineralwasserflasche machen könnte. Und mehr noch: »Heutige Computersysteme und die meisten Roboter warten immer auf irgendwelche Eingaben, Befehle, Signale, ganz als ob sie – Entschuldigung! – Volltrottel wären«, ärgert sich Pfeifer. »Wir Menschen und auch Tiere sind da ganz anders. Wir warten nicht auf Input, wir werden selbst aktiv. Wir erzeugen die Sensorstimulation durch unsere Handlung. Wir greifen die Flasche, wir kippen sie hin und her, wir öffnen sie – und entsprechend ändern sich die visuellen, akustischen und haptischen Sensorsignale. Das ist ganz, ganz wichtig für die Konzeptbildung im Gehirn.«

Letztlich entstehen aus diesen Modellen in unserem Kopf die damit verbundenen Assoziationen und eine Erwartungshaltung. »Wenn wir eine Flasche nur anschauen, bilden wir im Gehirn bereits Erwartungen darüber aus, wie sich das anfühlen wird und was passieren wird, wenn wir sie öffnen«, betont Pfeifer.

Doch was folgt daraus für die Roboter? Zweierlei, sagt der Roboter-Pionier: »Erstens brauchen sie einen Körper mit einer Vielzahl von Sensoren, die reichhaltige Daten liefern, damit sie sich sinnvolle Modelle ihrer Umwelt machen können.« Intelligenz und Bewusstsein sind auf einen realen – eben nicht nur virtuellen – Körper und dessen Interaktionen mit seiner Umgebung angewiesen. Embodiment nennt das die Kognitionswissenschaft. »Und zweitens müssen die Roboter hinaus in die Welt, sie müssen ihre Sensoren stimulieren, um etwas über die Umwelt zu lernen und intelligent zu werden.«

Sein US-Kollege James Kuffner sieht das ganz ähnlich: »Die Wechselwirkung mit der realen Welt ist der Kern der Robotik«, sagt er. Für unstrukturierte Umgebungen, unbekannte Objekte und plötzlich auftauchende Hindernisse müsse man in Echtzeit Modelle bilden und Lösungen finden: »Hier kann man nicht auf vorbereitete Handlungssequenzen zurückgreifen, die Aufgabenstellung ergibt sich oft erst beim Tun.« Eine reine Beschleunigung der Rechengeschwindigkeit führt daher auch nicht automatisch zu mehr Intelligenz – dies geht nur, wenn der Roboter wie ein Kind selbst aktiv die Welt erforscht und lernt, lernt, lernt.

VIER

LERNEN BEI MENSCH UND MASCHINE: DIE SINNE SCHÄRFEN

In drei Monaten leben lernen

»Wie lange arbeiten Sie schon hier in der Reha-Klinik, Samantha?«

»Etwa vier Wochen.«

Vier Wochen? Wie konnte das sein? Hatte diese Androidin nicht vorhin erzählt, dass meine Familie in den vergangenen 30 Jahren oft hier gewesen war und mich besucht hatte?

»Aber Sie sagten doch, dass meine Frau und meine Tochter ...«, stotterte ich.

Samantha ließ sich nicht beirren. Kerzengerade stand sie da und sah mich freundlich an. »Meine Vorgänger haben einen Großteil ihrer Erinnerungen in der Medical Sphere, der Cloud der Klinik, zurückgelassen. Ich konnte sie daraus entnehmen.«

Ah, okay, sie hatte wohl auf so etwas zurückgegriffen wie Berichte, Aufzeichnungen, Texte, Videos. Das war nachvollziehbar. Natürlich konnte ein derart fortschrittlicher Roboter wie Samantha nicht schon 30 Jahre alt sein, wahrscheinlich nicht mal zehn.

»Wie alt sind Sie, Samantha? Wann wurden Sie geboren, äh ... konstruiert?«

»Vor drei Monaten. Ich bin eine Androidin der R16-Reihe von Liscom Robotics.«

Unglaublich. Sie wirkte so kompetent und selbstsicher, als ob sie schon Jahre hier gearbeitet hätte. Und als ob sie über viel Lebenserfahrung verfügte. Ihre Konstrukteure hatten ihr die Gestalt einer attraktiven Frau von etwa Mitte 30 gegeben – dabei war sie erst drei Monate »alt«!

»Wie konnten Sie in so kurzer Zeit so viel lernen?«

Sie lächelte. »Grundlegende Bewegungssequenzen, Gesten und Gesichtsausdrücke sind im Neurochip einprogrammiert. Die Feinregulierung, um alles möglichst menschenähnlich erscheinen zu lassen, erfolgte über mehrere Tage direkt durch Online-Tracking bei Liscom.«

Verstand ich das richtig? »Online-Tracking? Heißt das, ein Mensch, vermutlich eine Frau, eine Entwicklerin bei Liscom Robotics, machte alles Mögliche vor – laufen, tanzen, springen, Hand reichen, lächeln, pfeifen, staunen, Stirn runzeln, was auch immer –, und das wurde dann in Ihre Steuerung übernommen?«

»Genau so ist es.«

»Küssen auch, Samantha?«, fragte ich leichthin.

»Ja, das habe ich auch gelernt«, sagte sie und lächelte wieder.

Wow! Ich musste das Thema wechseln, sinnvollere Fragen stellen. »Und die Welt? Ich meine, wie lernten Sie sprechen, sich zurechtfinden, all das hier verstehen?«

»Module zur Navigation, Hindernisvermeidung, Funkkommunikation und Abfrage des semantischen Internets und der Wissensdatenbanken hat jedes autonome System«, sagte sie. »Ebenso zur Mustererkennung, Spracherkennung und Sprachgenerierung. Sollte einmal etwas fehlen, zum Beispiel eine selten verwendete Sprache, können wir auf Apps im Netz zurückgreifen und die passenden Module herunterladen.«

»Aha, aber ...« – mein Blick schweifte umher und blieb an den Ball spielenden Senioren im Park hängen. »Sie müssen doch noch viel mehr wissen. Wie ein Ball aussieht, zum Beispiel, und was man damit macht.

Oder was ein Getränk ist, wie man es in ein Glas füllt und wie es Menschen zum Mund führen.«

»Im Netz gibt es Millionen Bilder und Videos von Bällen und Gläsern und was man damit macht. Das gehört alles zu unserem individuellen Lernprogramm, das wir in den ersten Wochen nach unserer Konstruktion durchlaufen.«

»Verstehe. Aber geht dieses Lernen anhand der Beispiele im Netz vollautomatisch? Gibt es denn keine Menschen, mit denen die Roboter ...«, begann ich.

»... ihre Lernerfolge überprüfen?«, setzte sie meinen Satz fort. Hatte diese Androidin etwa auch noch ein Satzergänzungsprogramm eingebaut? Vermutlich hatte sie das in der Tat. Ich nahm an, dass sie versuchte, in ihrem »Gehirn« schon vorwegzunehmen, was ihr Gegenüber formulieren würde. Auch das war eine Art von Lernen. Auf diese Weise konnte sie nach und nach immer besser werden, in ihrem Bemühen, die Menschen zu verstehen.

»Doch«, fuhr sie fort. »Bevor ich meine Aufgabe hier in der Klinik übernahm, begleitete ich einen der Abteilungsleiter von Liscom Robotics einen Monat lang in seinem Alltag. Wir haben uns viele Stunden unterhalten und diskutiert. Dabei habe ich eine Menge gelernt«, berichtete sie und senkte leicht den Kopf, wie es höfliche Asiatinnen gerne tun. Doch ich vermeinte, so etwas wie Stolz in ihrer Stimme zu spüren.

Diese Roboter-Dame faszinierte mich. Es war gar nicht leicht, sich immer wieder klarzumachen, dass hier eine Maschine vor mir stand. So ausgeklügelt sie auch konstruiert sein mochte, es war nur eine Maschine. Das was ich an Gefühlen und Absichten in sie hineininterpretierte, war sicherlich genau das: eine Imagination meinerseits, eine Projektion, die nur in meinem Kopf existierte. Das war aufregend und zugleich frustrierend. Ich verspürte auf einmal den intensiven Wunsch, mit einem echten, lebendigen Menschen zu sprechen. Mit meiner Frau, meiner Tochter, meinen alten Kollegen.

Doch vorher musste ich noch etwas anderes tun – und dabei konnte mir diese Androidin sicherlich helfen.

Ich räusperte mich. »Samantha, bei all diesen Datenmengen im Inter-

net ... ich meine, da muss doch sicherlich etwas ... über mich zu finden sein. Können Sie bitte den meistgelesenen Eintrag suchen?«

Sie nickte, aktivierte erneut den Bildschirm an der Wand, und in Sekundenbruchteilen erschien eine Internetseite. Sie musste etwa zur Zeit meines Unfalls im Jahr 2020 veröffentlicht worden sein, wie ich anhand des Fotos von mir vermutete, auf dem ich im weißen Kittel in unserem Labor stand und in die Kamera blickte. Doch die Überschrift – ich konnte nicht glauben, was da stand: »Der Forscher, der den Weg in die Hölle öffnete«, *und darunter:* »Die Geschichte von Daniel Achron, dem Mann, der Cryptococcus acherontis erschuf.«

»Was zum ...?«, flüsterte ich und starrte Samantha völlig entgeistert an.

»Der Pilz wurde nach Ihnen benannt, Herr Achron«, sagte sie ruhig.

»Aber wieso ...?«

»Und nach Acheron, dem dunklen Fluss in die griechische Unterwelt«, fuhr sie fort.

Was war hier los? Mit offenem Mund und klopfendem Herzen begann ich zu lesen ...

SEHEN, HÖREN UND MUSTER ERKENNEN

Wer mit eigenen Augen sehen will, wie Maschinen heute das Lernen lernen, sollte die ligurische Küste im Nordwesten Italiens besuchen. Hier in Genua, der Stadt des Christoph Kolumbus, geht der Roboter iCub zur Schule. Allerdings nicht in der Altstadt mit ihren berühmten Palästen und Kirchen, Innenhöfen und Gärten, dem von Palmen umsäumten Halbrund des Hafens und dem großen Seeaquarium, sondern versteckt in einem angrenzenden Gebirgstal des Apennins. Dort liegt Hügel an Hügel, übersät mit Häusern und durchbrochen von teils abenteuerlichen Straßenführungen. Zwischen all den Büschen, Laub- und Nadelbäumen ragt mit weitem Blick Richtung Meer ein mächtiger Betonbau empor, das Istituto Italiano di Tecnologia (IIT).

Über 1000 Forscher arbeiten hier an Zukunftstechnologien. Sie kommen nicht nur aus Italien, sondern auch aus anderen Staaten Europas sowie aus den USA und asiatischen Ländern. Berühmt ist das IIT seit Jahrzehnten vor allem für seine Roboter-Entwicklung.[55] Betritt man das Gebäude auf Ebene »–2«, fährt zur Rezeption auf Ebene »0« hoch und dann noch einige Stockwerke weiter nach oben, begegnet man auf Schritt und Tritt den unterschiedlichsten Exemplaren von Robotern, teils als historische Exponate hinter Glas, teils auf Postern, teils in den Labors, wo Forscher an ihnen herumschrauben und experimentieren. So hängt hier der riesige Walk-man, der im Sommer 2015 am Roboter-Wettbewerb der DARPA in Kalifornien teilnahm, wie ein mächtiger Stahlgorilla an einem Gerüst und an Gurten von der Decke, während nebenan Wissenschaftler versuchen, mit feingliedrigen Roboter-Händen einzelne Spaghettinudeln zu greifen.

Ein paar Türen weiter, auf demselben Flur, legen Roboter-Kinder ihr Innerstes offen. Ohne ihre glatten freundlich wirkenden Kunststoffköpfe und die Abdeckung von Brust und Armen erinnern sie den Besucher unwillkürlich an die präparierten menschlichen Körper, mit denen der Plastinator Gunther von Hagens seit Mitte der 1990er-Jahre immer wieder für Aufsehen sorgte. Nur dass man bei den Robotern nicht auf freigelegte Muskeln, Sehnen und Organe blickt, sondern auf Motoren, Kabel und Leiterplatten mit elektronischen Bauteilen. Ein wenig gruselig sieht es aber auch hier aus, wenn Menschen die weißen, kugelrunden Kameras der Roboter, die Augäpfeln ähneln, mit kleinen Schraubenziehern traktieren.

EIN ROBOTER GEHT ZUR SCHULE In einem gläsernen Nebenraum, der mit Videokameras und Monitoren wie ein Fernsehstudio bestückt ist, geht der kleine iCub zur Schule. Vielleicht ist es aber auch mehr eine Art Kindergarten, den er hier besucht, denn mit etwas über einem Meter Größe ähnelt er eher einem drei- bis vierjäh-

Das Innere eines Roboter-Kindes: Der iCub lernt wie ein Kind, mit Spielzeug umzugehen, den Tisch abzuräumen und Dialoge zu führen – doch auch in ihm stecken vor allem Motoren, Kabel und elektronische Bauteile.

rigen Kind als einem Jugendlichen – und genau das war auch die Absicht seines »Vaters«, Giorgio Metta, Professor für kognitive Robotik und Leiter des iCub-Projekts. Im Jahr 2008 hatte sein Team im Rahmen von EU-Projekten den ersten iCub-Roboter konstruiert und seitdem mit Partneruniversitäten ständig weiterentwickelt. »Lernen erschöpft nie den menschlichen Geist«, haben sie dem iCub im Sinne von Leonardo da Vinci als »Lebensmotto« mitgegeben.[56]

»Inzwischen arbeiten rund 200 Forscher unserer internationalen Community mit Robotern des iCub-Typs«, berichtet Metta mit leuchtenden Augen, während er sich über seinen grau melierten Bart streicht. Im Minutentakt stecken Mitarbeiter, Doktoranden und Studenten ihre Köpfe in sein enges, aber gemütliches Büro, um ihn um Rat zu fragen oder schnell neue Ergebnisse ihrer Experimente mitzuteilen. Metta genießt den Trubel, ohne sich davon anstecken und aus dem Konzept bringen zu lassen.

Für etwa 200 000 Euro kann man die »Bodyware« eines iCubs, also seine physische Ausstattung, in den Werkstätten des italienischen Instituts bestellen – doch noch wesentlich entscheidender für die iCub-Begeisterung vieler Wissenschaftler ist, dass auch die »Mindware«, wie Metta die Software nennt, frei zugänglich ist. Sie ist als »Open Source« gestaltet, ihr Quellcode ist also offengelegt: Auf diese Weise können Verbesserungen, etwa in der iCub-Steuerung, die ein Forscher irgendwo auf der Welt erzielt, auch allen anderen leicht zur Verfügung gestellt werden.

Das kleine Elektronikwunder iCub hat alles, was ein humanoider Roboter braucht. Von 30 bis 53 Freiheitsgraden, je nach Ausbaustufe, spricht sein Konstrukteur. Der kleine iCub kann krabbeln und gehen, mit seinen feingliedrigen Fünf-Finger-Händen Objekte aller Art greifen, seine Augen und den Kopf unabhängig voneinander bewegen, sprechen und Sprache verstehen, sowie mithilfe von Lichteffekten sechs verschiedene Emotionen auf seinem Gesicht zeigen.[57]

Außerdem hat er neben zwölf Drucksensoren in jeder Fingerkuppe auch noch über 4000 näherungssensitive Sensoren, beispielsweise an den Armen und am Brustkorb. Er spürt also genau, an welcher Stelle er berührt wird. Wenn dann der iCub die Mundwinkel nach oben zieht, die Augenbrauen hebt und mit charmantem Augenaufschlag sagt: »Ich mag das. Bitte streichle mich noch einmal«, dann kann man gar nicht anders, als den kleinen Kerl lieb zu gewinnen.

In seinem Lernraum hat das Roboter-Kind die beste Betreuung, die man sich nur wünschen kann. Anders als in Schulen, wo 20 oder 30 Menschenkinder von einem Lehrer unterrichtet werden, ist das Verhältnis hier umgekehrt. Wenn der iCub etwas lernt, sitzt er meist alleine an einem Tisch, während ihn mehrere Lehrer – Giorgio Metta, sein Kollege Lorenzo Natale und weitere Teammitglieder – aufmerksam beobachten.[58]

WO IST DER OKTOPUS?   In einer Versuchsanordnung liegen beispielsweise verschiedene Spielzeugobjekte auf dem Tisch: ein Würfel, ein Auto, ein Ball, ein Becher, eine Maus und ein Oktopus aus Kunststoff. Natale greift nach dem orangefarbenen Oktopus und wackelt damit ein bisschen hin und her. Sofort dreht der iCub seinen Kopf und folgt dem Spielzeugkraken mit den Augen. »Das ist ein Oktopus«, sagt Natale und legt ihn wieder auf den Tisch zurück.

Dasselbe macht der Forscher dann mit dem Auto, dem Ball und den anderen Gegenständen. Wenn er anschließend fragt: »Wo ist der Oktopus?«, reagiert der kleine Roboter nicht viel anders als menschliche Kinder im Kindergarten. Manchmal blickt er hilflos umher und antwortet: »Ich weiß nicht, ich sehe keinen Oktopus«, aber meistens findet er den Kraken rasch und deutet mit seinem metallenen Zeigefinger auf ihn.

»20 Objekte erkennt er schon recht gut«, erklärt Metta, »aber unser Ziel ist es, dass er 100 bis 200 Gegenstände sicher unterscheiden kann.« Was hierbei hilft – auch darin ähnelt der Roboter spielenden Menschenkindern –, ist, wenn der iCub selbst nach den Objekten greift, sie auf dem Tisch hin und her schiebt, sie hochhebt und dreht oder wenn er um den Tisch herumgeht, während er sie betrachtet. »Wenn er ein Spielzeugauto aus allen möglichen Perspektiven gesehen hat, kann er es auch in neuen Situationen leichter optisch von seiner Umgebung trennen und wiedererkennen«, sagt Natale, und Metta ergänzt: »Ließen wir ihn nur anhand von Bildern aus einer Bilddatenbank lernen, wäre die Fehlerrate für Alltagsanwendungen einfach zu groß.«

An die Lerngeschwindigkeit und die Abstraktionskraft von Menschen kommen Roboter allerdings noch lange nicht heran: »Meine kleine Tochter beispielsweise liebt Katzen in allen Varianten«, erzählt Natale. »Jetzt hat sie zum ersten Mal eine Katze in einem Cartoon gesehen, die sogar Hosen getragen hat – und doch hat sie sie sofort als Katze erkannt.« Das menschliche Gehirn ist einfach unübertroffen gut im Generalisieren und im Kombinieren von gelernten Dingen zu Neuem, in der Sprache ebenso wie beim Sehen oder beim Erfinden neuer Lösungswege für bisher nicht bekannte Probleme.

Doch auch Roboter wie der iCub haben schon große Fortschritte gemacht. Sehr nützlich sind dafür die Entwicklungen der Neuroinformatikerin Chiara Bartolozzi aus dem Labor nebenan: »Unsere neuen Kamerachips ähneln dem menschlichen Sehen – sie reagieren besonders sensibel auf Veränderungen«, erläutert sie. Sie nehmen also nicht einfach Schnappschüsse der Umgebung auf, sondern erkennen vor allem, wo sich zwischen zwei Aufnahmen etwas verändert hat. Damit kann der iCub seine Aufmerksamkeit schnell dorthin richten, wo etwas passiert, wo sich also beispielsweise etwas oder jemand bewegt.

Dank solcher Bauteile lässt sich viel Speicherbedarf, Rechenleistung und Bandbreite der Datenübertragung einsparen. Und mehr noch: »Diese eventgesteuerte Sensortechnologie kann man nicht nur bei den Augen einsetzen, sondern auch bei der Roboter-Haut oder den Mikrofonen«, sagt Bartolozzi. Wenn sie in die Hände klatscht, bemerkt der Roboter sofort die akustische Veränderung und schaut in die Richtung, aus der das Geräusch kam – ganz so, wie auch Menschen oder Tiere reagieren würden.

So lernen die iCubs in Genua und in anderen Labors in aller Welt nach und nach die unterschiedlichsten Dinge und entwickeln neue Fähigkeiten. Manchmal leiten die Wissenschaftler den Roboter auch an, indem sie seine Hand oder seinen Arm führen und ihm zeigen, was er tun soll. Auf diese Weise brachten ihm Forscher beispielsweise bei, wie er mit einem Spielzeugbogen und Pfeilen umzugehen hat und wie er eine Zielscheibe anvisieren muss, um sie dann auch zu treffen. Stilecht trug er bei diesen Versuchen einen indianischen Federschmuck auf seinem runden Kunststoffkopf.

Auch das Balancieren auf einem Bein kann er inzwischen: Selbst wenn er dabei angestupst wird, bewahrt er sein Gleichgewicht. In einem anderen Experiment lernte er durch Beobachten und nach Gehör, welche Tasten er auf einem Piano anschlagen muss, um eine bestimmte Tonfolge zu spielen. Im Wechselspiel mit Wissenschaftlern an der Universität in Barcelona komponierte ein iCub an einem Touchscreen sogar kleine Musikstücke, kommentierte sie – »mehr Rhythmus bitte« –, bewegte seinen Arm zur Musik und freute sich mit einem »Ich könnte das stundenlang mit dir spielen« über gelungene Melodien.

DER ICUB FLUCHT, WENN ER VERLIERT   Im anschließenden Pong-Spiel, einem der allerersten Spiele aus der »Steinzeit« der Computer, wurde dieser iCub dann richtiggehend emotional, wie eine Videoaufzeichnung aus dem Jahr 2014 belegt.[59] »Nicht schlecht«, urteilt er, als sein menschliches Gegenüber mit der Kante des Schlägers den Ball trifft, gefolgt von einem »Hab ihn, haha!«, als er ihn selbst erwischt, und einem wütenden Gesichtsausdruck, als ihm der nächste durchflutscht und er das Spiel verliert: »Verdammt. Das ist nicht fair. Bei Videospielen sollte *ich* besser sein!«

Die griechische Computerwissenschaftlerin Vicky Vouloutsi, die mit ihm gespielt hat, will den kleinen Roboter trösten, geht auf ihn zu und streichelt ihn. Als sie ihn dann auch noch am Arm zwickt und kitzelt – was der iCub dank seiner berührungssensitiven Sensoren sehr wohl merkt und mit einem »Hi, hi, hi« quittiert –, müssen beide lachen. Den abschließenden Kommentar des emotionalen Roboters kann man nun als frechen Scherz eines kleinen Lausbuben verstehen, aber vermutlich bleibt manchem Beobachter auch das Lachen im Halse stecken: »Eines Tages«, sagt er im Video, »werden Roboter die Macht übernehmen und dann müsst ihr dafür bezahlen.«

Natürlich ist hier vieles einfach gut programmiert, aber die emotionalen Zustände des Roboters sind nicht leicht vorhersagbar und sorgen daher immer wieder für Überraschungen bei seinen menschlichen Partnern. So wechseln sie je nach den Signalen, die er von seinen Sensoren erhält, und nach den aktuellen Situationen, also wenn er zum Beispiel im Pong-Spiel gerade gewinnt oder verliert.

Besonders beeindruckend ist auch das, was der iCub von Giorgio Metta in Genua inzwischen kann: In seinem Roboter-Kindergarten hat er schon gelernt, den Tisch abzuräumen. Sorgfältig legt er einige Spielzeuge – den Ball, den Becher und die Maus – in einen bereitgestellten Eimer. Da das Auto, der Würfel und der Oktopus zu weit entfernt liegen, als dass er sie greifen könnte, nimmt er einen grünen Spielzeugrechen zu Hilfe, um sie zu sich heranzuholen. Beim Oktopus merkt er allerdings schnell, dass dieser sogar außerhalb der Reichweite des Rechens liegt. Daraufhin schaut der kleine Roboter hoch, sucht den Blickkontakt zu Lorenzo Natale und sagt: »Kannst du mir bitte helfen?«

»Diese scheinbar simple Aufgabe, den Tisch abzuräumen, erfordert bereits eine hoch komplexe Abfolge von Handlungen«, erklärt Giorgio Metta. Der iCub muss nicht nur gelernt haben, unterschiedliche Objekte zu erkennen, richtig zu greifen und sie an einer bestimmten Stelle wieder abzulegen, sondern er muss auch wissen, was er tun soll, wenn sie zu weit weg sind. Wie ist das Werkzeug des Rechens einzusetzen, wie kann man damit Gegenstände verschieben und wer kann helfen, wenn auch das nicht klappt? Dazu muss er dann Personen und Gesichter identifizieren und mit ihnen zielgerichtet sprechen.

»Um all das zu erreichen, haben wir die verschiedensten Module im Roboter integriert«, sagt Metta. »Beispielsweise Module, um Objekte von ihrer Umgebung zu segmentieren, sie zu klassifizieren und sie zu greifen, sowie Module, um Werkzeuge zielgerichtet einzusetzen, Gegenstände heranzuziehen und sie abzulegen, und weitere Module, um Gesichter zu erkennen, zu sprechen, Sprache zu verstehen und vieles mehr.«

DEEP LEARNING – DAS VERFAHREN ZUR MUSTER-ERKENNUNG Eines der wichtigsten Lernmodule des iCub basiert auf den sogenannten Deep-Learning-Verfahren, mit denen sich Objekte und Muster aller Art erkennen und klassifizieren lassen. Sie sind eine Weiterentwicklung der Neuronalen Netze, die sich an der

Funktionsweise der Nervenzellen im Gehirn orientieren. Vor allem Forscher um Geoffrey E. Hinton an der Universität Toronto haben im Jahr 2006 dieses Feld des Deep Learning begründet, das seitdem weltweit für Furore gesorgt und inzwischen auch viele kommerziell erfolgreiche Einsatzgebiete gefunden hat.[60]

Der 68-jährige Brite Hinton ist ein Ururenkel von George Boole, dessen bahnbrechende Arbeiten für die mathematische Logik unsere moderne Computertechnik überhaupt erst möglich machten. Hinton studierte zunächst Experimentalpsychologie, Physiologie und Philosophie an der Universität Cambridge, bevor er in Künstlicher Intelligenz an der Universität Edinburgh promovierte und schließlich als Professor nach Toronto in Kanada wechselte – seit 2013 hat ihn außerdem noch Google als leitenden Forscher gewonnen.

Um zu verstehen, wie Deep Learning funktioniert, werfen wir zunächst einen Blick auf das Vorbild dieses Lernverfahrens: die »kleinen grauen Zellen« im menschlichen Gehirn. Die erste Überraschung, wenn man genauer hinschaut: Die grauen Zellen sind gar nicht grau. Die Nervenzellen, die Neuronen, sind eher rosa und die ummantelten Nervenfasern weiß. Erst wenn das Gehirn nicht mehr durchblutet wird, also tot ist, nehmen die Neuronen eine graue Färbung an.[61]

In dem erstaunlichen walnussförmigen Organ, den 1,3 Kilogramm unserer Gehirnmasse, befinden sich etwa 86 Milliarden Nervenzellen. Die Zahl der Verbindungen unter ihnen schwankt erheblich, je nachdem, welche Stelle des Gehirns man betrachtet, doch im Mittel besitzt jede Nervenzelle weit über 1000 Verbindungen, die sogenannten Synapsen, zu anderen Neuronen – insgesamt sind das also zwischen 100 Billionen und einer Billiarde Kontakte im gesamten Netzwerk. Addiert man ihre Länge, erhält man die verblüffende Zahl von fast sechs Millionen Kilometern – alle Nervenverbindungen eines einzigen Menschen hintereinandergelegt würden also 150-mal um die Erde reichen!

Die Informationsverarbeitung im Gehirn basiert vor allem auf der elektrischen Stimulation der Nervenzellen, den Aktionspotenzialen. Ist eine Zelle elektrisch erregt, »feuert« sie, das heißt, ihr – etwa ein bis zwei tausendstel Sekunden dauerndes – Aktionspotenzial läuft entlang der Nervenfaser dieser Zelle zu allen nachgeschalteten Neuronen. An den Enden der Nervenfaser veranlasst dieser elektrische Impuls die Ausschüttung von Botenstoffen, den Neurotransmittern. Das sind biochemische Moleküle wie Glutamat, Dopamin, Serotonin, Acetylcholin oder Noradrenalin.

Diese Botenstoffe werden von entsprechenden Rezeptoren in der nachgeschalteten Zelle aufgenommen, nachdem sie den sogenannten synaptischen Spalt, in den sie ausgeschüttet wurden, überwunden haben. Als Folge entstehen in dieser zweiten Nervenzelle Ionenströme, die die Zelle entweder elektrisch erregen oder hemmen. Dabei werden alle Impulse, die an der Empfängerzelle ankommen, aufaddiert. Überschreiten sie in einem bestimmten Zeitraum einen Schwellenwert, dann feuert auch diese Zelle und gibt ihr Aktionspotenzial weiter. Bleiben die eingehenden Signale hingegen unter dem Schwellenwert, wird das Neuron nicht aktiv und bleibt stumm. Die Aktivität von Nervenzellen folgt also einem Alles-oder-nichts-Prinzip, was schon sehr an die digitale Signalverarbeitung mit den Werten 1 oder 0 im Computer erinnert.

»Bis etwa zum 25. Lebensjahr eines Menschen wachsen immer wieder neue Nervenfasern aus, und bestehende werden abgebaut«, erklärt der Neurophysiologe Wolf Singer, der über drei Jahrzehnte als Direktor am Max-Planck-Institut für Hirnforschung in Frankfurt am Main tätig war.[62] Je nach den Eindrücken und Erfahrungen der jeweiligen Person in ihren ersten zweieinhalb Lebensjahrzehnten bildet sich also, ausgehend von der genetisch vorgegebenen Grundstruktur, eine individuelle Hirnarchitektur aus. »Dabei gilt: Alles, was vor dem dritten Lebensjahr passiert ist, wurde zwar erlernt und als implizites Wissen gespeichert, aber wir können uns nicht erinnern, in welchem Kontext wir das gelernt haben«, sagt Singer.

LERNEN IST WIE DAS EINFAHREN VON STRASSEN

Darüber hinaus gibt es die lebenslangen Lernprozesse, das explizite Wissen. Dabei geht es nicht darum, neue Nervenfasern anzulegen, sondern bestehende Nervenverbindungen zu verstärken oder abzuschwächen. Wird beispielsweise beim Vokabellernen immer wieder gepaukt, dass »der Hund« auf Französisch »le chien« heißt, dann wird diese Verbindung sozusagen eingefahren wie eine Straße. Wenn man dann »Hund« hört oder einen Hund sieht, feuern mit den akustischen oder visuellen Neuronen, die mit dem Ton oder Bild des Hundes verbunden sind, auch die entsprechenden sprachlichen Nervenzellen des deutschen und französischen Begriffs. Dieser gekoppelte, assoziative Lernvorgang ist genau das, was auch bei den künstlichen Neuronalen Netzwerken und den Deep-Learning-Verfahren passiert.

Neben dem Langzeitgedächtnis gibt es im Gehirn noch eine Art Kurzzeit- oder Arbeitsgedächtnis, wo für maximal 20 Sekunden die Informationen gespeichert werden, denen man gerade seine Aufmerksamkeit geschenkt hat. In dieser Zeitspanne kann man sich üblicherweise etwa sieben Objekte merken, beispielsweise Wörter, Ziffern oder Bilder. Kommen neue hinzu, werden die jeweils ältesten verworfen – es sei denn, sie wurden als besonders wichtig oder interessant erkannt und bewusst ins Langzeitgedächtnis übernommen. Liest man beispielsweise einen Text, so vergisst man schnell die exakten Formulierungen, doch an den Tenor des Textes, an anschauliche oder überraschende Beispiele und wichtige Grundaussagen kann man sich wesentlich länger erinnern.

Zugleich dienen diese 20 Sekunden des Arbeitsgedächtnisses dazu, die neuen Informationen mit Inhalten aus dem Langzeitgedächtnis abzugleichen, um je nach Situation handeln zu können. Wird man etwa von sozialen Netzwerken informiert, dass ein Freund gerade Geburtstag hat, fällt einem vielleicht siedend heiß ein, dass man ihn schon längst mal wieder anrufen wollte – und aus dem Langzeitgedächtnis kommen Erinnerungen an den gemeinsamen Segelausflug hoch, vielleicht mitsamt der Telefonnummer, an die man schon lange nicht mehr gedacht hatte.

BLITZLICHTGEWITTER DER NEURONEN Neben diesen beiden Gedächtnisarten muss es im Gehirn aber noch einen weiteren Mechanismus für ein Ultrakurzzeitgedächtnis geben, denn wir werden in jedem Moment von unseren Sinnesorganen mit Daten überflutet, die wir uns gar nicht merken wollen und die wir sogar vergessen müssen, weil andernfalls der Speicherplatz nicht ausreichen würde. Wenn man beispielsweise über eine Straße geht, muss das Gehirn eine Vielzahl von Informationen verarbeiten: Die Augen sehen Hindernisse – Laternenpfähle, andere Fußgänger, Radfahrer und Autos –, die Ohren hören Reifenquietschen, Hupen und Gesprächsfetzen, die Nase riecht vielleicht den Duft eines Dönerstandes ...

All diese Informationen braucht das Gehirn nur für wenige Sekunden oder gar nur für Sekundenbruchteile, um Entscheidungen zu treffen: etwa darüber, wo man die Straße sicher überqueren kann, ob der Passant, der einem entgegenkommt, ein Bekannter ist, den man grüßen sollte, oder ob der Hunger groß genug ist, dass man sich einen Döner gönnt. Wie eine solche Sekundenspeicherung im Gehirn umgesetzt wird, darüber streiten die Forscher noch. Vermutlich geschieht dies nicht über chemische Prozesse, sondern durch die Aktivität des Netzwerks an sich. Die Informationen wären dann direkt im Aktivitätsmuster des Gehirns hinterlegt – im Zusammenspiel der feuernden Neuronen, die ihre elektrischen Impulse austauschen.

Obwohl ausschließlich die Nervenzellen elektrische Signale erzeugen und weitergeben, sind im Übrigen auch die sie umgebenden Zellen im Gehirn, die sogenannten Gliazellen, nicht ganz unwichtig. Sie sind zwar kleiner als die Neuronen, aber etwa ebenso häufig. Ihre Aufgaben bestehen unter anderem darin, Nervenstränge zu ummanteln und die elektrische Erregung schnell und störungsfrei weiterzuleiten. Zu diesem Zweck werden im Gehirn bis zur Pubertät und darüber hinaus immer mehr Nervenfasern mit Gliazellen umgeben. Außerdem sind sie eine Art Stützgerüst für die Nervenzellen, liefern wichtige Nährstoffe und entsorgen Abfallstoffe.

BEI WEITEM NICHT ALLES GELANGT INS BEWUSST-
SEIN   Betrachtet man den strukturellen Aufbau des menschlichen Gehirns, so fallen als Erstes die zwei Halbkugeln des Großhirns
auf. Dessen zwei bis vier Millimeter dicke Oberflächenschicht – Großhirnrinde oder Cortex genannt – ist stark in sich gefaltet. Dadurch erreicht sie die große Fläche von fast einem Fünftel Quadratmeter. Sie
beherbergt etwa 20 Milliarden Nervenzellen, während die Nervenfasern unterhalb der Großhirnrinde verlaufen.

Doch bei Weitem nicht jede Information gelangt überhaupt bis zum
Cortex. Reflexe und die Prozesse des vegetativen Nervensystems wie
Atmung, Herzschlag oder Verdauung laufen unbewusst in anderen
Hirnregionen ab. So sitzt beispielsweise der Hirnstamm am Ende des
Rückenmarks. Er wirkt als Schaltzentrale für eingehende Sinnesein-
drücke und ausgehende motorische Befehle. Außerdem kümmert sich
ein Teil von ihm um die automatisiert ablaufenden Körperfunktionen.

Hinter dem Hirnstamm befindet sich das Kleinhirn mit den meisten
Nervenzellen: Mehr als zwei Drittel aller Neuronen sind hier tätig. Das
Kleinhirn ist unter anderem für Bewegungen und das Gleichgewicht
verantwortlich – was wieder einmal deutlich macht, wie viel Hirnleis-
tung auch beim Menschen für diese scheinbar simplen Aktionen nötig
ist. Kein Wunder also, dass sich Roboter damit bislang so schwertaten.
Bei Tieren, etwa Vögeln oder Raubtieren, ist das Kleinhirn im Vergleich zum Großhirn sogar oft noch stärker entwickelt als beim Menschen.

Tief im Inneren des Gehirns sitzt unser emotionales Zentrum, das
limbische System oder Zwischenhirn. Es ist das Bindeglied zwischen
dem Hormon- und dem Nervensystem. Hier entstehen Hunger und
sexuelle Begierden ebenso wie Gefühle, beispielsweise Angst und
Freude. Hier tickt die biologische Uhr, hier werden Gefahren beurteilt,
Hormone ausgeschüttet – und hier liegt das Zentrum unseres inter-
nen Belohnungssystems. Im Zwischenhirn werden zudem Gedächtnis-
inhalte koordiniert und Prozesse in Gang gesetzt, die Erinnerungen
vom Kurzzeit- ins Langzeitgedächtnis überführen.

»Die bislang letzte bahnbrechende Erfindung der Evolution war aber auf jeden Fall der denkende Gehirnteil, die Großhirnrinde«, betont Wolf Singer. »Der Cortex entstand zuerst bei den niederen Wirbeltieren und wurde dann bis zu den Primaten noch erheblich erweitert. Allerdings bildeten sich dabei nur neue Areale aus, die zugrunde liegenden Prinzipien blieben die gleichen.« Dabei haben die einfacher strukturierten Großhirnrinden wie bei der Maus oder der Taube sehr kurze Wege zwischen den Neuronen der primären Rindenfelder, die Bewegungen oder Wahrnehmungen verarbeiten – also Sehen, Riechen, Hören, Tasten und Schmecken.

Bei höheren Tieren und erst recht bei Affen und Menschen kommen noch die sogenannten Assoziationsfelder hinzu. Sie verarbeiten die Ergebnisse der sensorischen Areale weiter. Sie vergleichen sie mit Gedächtnisinhalten und bewerten sie. Sie planen und stellen sich Dinge vor, sie denken über sich selbst nach und sie kommunizieren ihre Gedanken nach außen. So tun wesentliche Teile der Großhirnrinde beim Menschen nichts anderes, als Modelle zu erzeugen, Modelle über die Umgebung und über uns selbst. »Eine Zelle, die in unserem Präfrontalhirn sitzt, spricht nur mit ihresgleichen – sie ist weit entfernt von den Sensorsignalen aus der Peripherie«, sagt Singer. »Hier, in diesem Geflecht, entstehen die höheren Denkleistungen und letztlich auch das Bewusstsein.«

Der Futurist Ray Kurzweil, der seit Dezember 2012 als Fachmann für maschinelles Lernen und Sprachverarbeitung bei Google tätig ist, hat dies einmal so formuliert: »Unser Gehirn erschafft die Gedanken, und die Gedanken erschaffen unser Gehirn.« Es ist tatsächlich so: Das Denken verändert die Struktur des Gehirns. Gedanken, die immer wieder gedacht werden, verstärken über die damit verbundenen Lernprozesse die entsprechenden Nervenbahnen – ähnlich wie Ameisen, die eine Futterquelle gefunden haben, durch ihre Duftstoffe stets neue Ameisen anlocken, wodurch die Ameisenstraße immer stärker genutzt wird ... was wiederum weitere Ameisen dorthin lockt.

Was hat dieses Prinzip der bevorzugten Bahnen für Folgen? »Nun«, sagt Kurzweil, »unsere Großhirnrinde ist begrenzt, vielleicht auf 300 Millionen Muster, die wir verarbeiten können. Wir können daher nur auf einem Gebiet Weltklasse sein – vorausgesetzt, wir konzentrieren uns darauf und haben den Mut, ausgetretene Denkpfade zu verlassen und unseren eigenen Weg zu gehen. Beispielsweise war Einstein auch ein begeisterter Violinist, aber er wurde kein Weltklassegeiger wie Jascha Heifetz. Und Heifetz wiederum war auch an Physik interessiert, aber er wurde kein Einstein.«[63]

IMMER NACH DEMSELBEN PROGRAMM Dennoch: Mit einem Speicherplatz, der etwa dem von 2500 Terabyte-Festplatten entspricht, ist sicherlich in jedem Gehirn genügend Raum, um auf vielen Gebieten gut zu sein – wenn auch vielleicht nicht Weltklasse. Wobei es ja weniger darauf ankommt, wie viele Muster gespeichert werden können, sondern wie all diese Informationen geordnet und strukturiert sind, damit man schnell darauf zugreifen, Assoziationen bilden und auf intelligente und kreative Weise Zusammenhänge herstellen kann. In dieser Disziplin war Albert Einstein auf dem Feld der Physik ein Jahrhundertgenie.

Für künstliche Systeme ist eine wichtige Erkenntnis der Hirnforscher besonders interessant. »Die Evolution behält bei, was sich einmal als wirksam erwiesen hat«, sagt Wolf Singer. »Ob Wurm, Schnecke oder Mensch – wir haben alle dieselben molekularen Bausteine und funktionalen Mechanismen.« Dies gilt auch für die Funktionsweise von Nervenzellen.

Andrew Ng, Professor an der Stanford-Universität in Kalifornien, einer der Gründer des Google-Brain-Projekts[64] und derzeit leitender Wissenschaftler für Deep-Learning-Verfahren des chinesischen Unternehmens Baidu, nennt dies die »Ein-Algorithmus-Hypothese«: »Die Wahrnehmungs- und Lernvorgänge im Gehirn folgen alle demselben Programm.« Belegt werde dies beispielsweise dadurch, dass das Hörzentrum auch Sehen lernen kann – ebenso wie das Tastzentrum.

In der Tat: In berühmten Experimenten haben Wissenschaftler seit den 1980er-Jahren demonstrieren können, wie flexibel sich die Großhirnrinde organisieren lässt. So haben Forscher im Gehirn von Frettchen die Verbindungen zwischen deren Ohren und dem auditorischen Cortex getrennt und dafür eine neue Verbindung zwischen den Augen und dem bisherigen Hörzentrum angelegt.[65] Dabei konnten sie zeigen, dass visuelle Reize auch dort verarbeitet werden können. Dasselbe gelang anderen Forschern zuvor schon mit syrischen Hamstern: Deren Tastzentrum für die Schnurrbarthaare verarbeitete ebenso wie das Hörzentrum auch Bilder, wenn man das Gehirn neu »verdrahtete«. Diese Hamster konnten Sehaufgaben lösen, obwohl das Sehzentrum zerstört worden war und die Signale nun im Hör- oder Tastzentrum ankamen.[66]

Auch bei Menschen gibt es beeindruckende Beispiele, wie geradezu plastisch formbar das Gehirn sein kann, insbesondere in jungen Jahren. So berichtet der Psychologe und Neurobiologe Niels Birbaumer[67] von einem zehnjährigen Mädchen, dem die gesamte rechte Hirnhälfte fehlte und das sich dennoch ganz normal entwickelt hatte – die linke Hirnhälfte hatte offenbar alle Aufgaben übernommen, darunter das Sehzentrum für das linke Auge. Einer anderen jungen Patientin fehlte die linke Hirnhälfte. Hier waren zwar ihre Bewegungen und das Sichtfeld eingeschränkt, aber dafür konnte sie zwei Sprachen – was auch sehr ungewöhnlich ist, weil sich das Sprachzentrum normalerweise links befindet.

MILLIARDEN KÜNSTLICHER NEURONEN IN BIS ZU 30 SCHICHTEN   Aus all diesen Erkenntnissen schließen Experten für Künstliche Intelligenz wie Geoff Hinton und Andrew Ng, dass Nervenzellen im Cortex immer gleich funktionieren. Sie lernen offenbar nach demselben Verfahren – ob es nun um Hören, Sehen oder Tasten geht. Folgerichtig setzen dies die Computerwissenschaftler auch in ihren Deep-Learning-Systemen um. Diese bestehen nach dem Vorbild des Gehirns aus einem Netzwerk simulierter Nervenzellen, sogenannter Knoten, die in Schichten hintereinander angeordnet sind.

Dabei unterscheiden sich die modernen Deep-Learning-Systeme von den Neuronalen Netzen, die in den 1980er-Jahren entwickelt worden waren, im Wesentlichen nur durch die schiere Menge an Knoten und Schichten.[68] Waren es damals bei den Neuronalen Netzen Hunderte bis ein paar Tausend Knoten und einige wenige Schichten, so sind es bei den leistungsfähigsten der heutigen Deep-Learning-Systeme Millionen oder gar Milliarden von künstlichen Neuronen, die in bis zu 30 Schichten gestapelt sind. Möglich machte diesen Fortschritt natürlich die enorme Steigerung der Rechenleistung und Speicherfähigkeit von Computern in den vergangenen 25 Jahren. Ideale Bausteine für die künstlichen Neuronale Netze sind dabei insbesondere die leistungsfähigen Grafikkarten, die ursprünglich für Computerspiele entwickelt worden waren.

Meist sind die Netze so organisiert, dass jeder Knoten der einen Schicht mit allen Knoten der nächsten Schicht verbunden ist. Wird ein Knoten aktiviert, reicht er dieses Signal wie das Aktionspotenzial im Gehirn an all seine nachfolgenden Knoten weiter. Dabei kann das Gewicht jeder einzelnen Verbindung infolge von Lernprozessen stärker oder schwächer eingestellt werden – auch dies entspricht den Vorgängen im Gehirn. Ebenso können Schwellenwerte für die künstlichen Neuronen definiert werden: Sie feuern, wenn die Summe der eingehenden Signale den Schwellenwert überschreitet, darunter bleiben sie stumm.

Gelernt wird in so einem Netz durch Rückkopplung: Werden der ersten Schicht beispielsweise viele Bilder von Häusern vorgelegt, dann sollte der Output der letzten Schicht, also das, was das Netzwerk erkannt hat, »Haus« lauten. Ist dies nicht der Fall, dann werden die Gewichte der neuronalen Verbindungen Schicht für Schicht mathematisch so modifiziert, dass das Ergebnis beim nächsten Versuch immer besser zum gewünschten Resultat passt.

»Die Schichten funktionieren dabei so«, sagt Andrew Ng, »dass sie jeweils unterschiedliche Strukturen und Muster erkennen, also beispielsweise Ecken und Kanten, schräge Linien oder runde Formen.« Je weiter oben man sich in der Schichtpyramide befindet, desto spezieller werden die Erkennungsmerkmale. Dabei werden die Ergebnisse jeder Ebene jeweils an die nächsthöhere Schicht weitergegeben. Die unterste

Gesichtserkennung mit Deep-Learning-Verfahren
(vereinfacht in vier Schichten dargestellt)

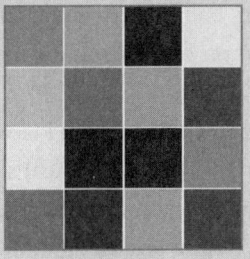

Schicht 1:
Der Computer identifiziert helle und dunkle Pixel im Bild.

Schicht 2:
Hier hat der Computer schon gelernt, Kanten und einfache Formen wahrzunehmen.

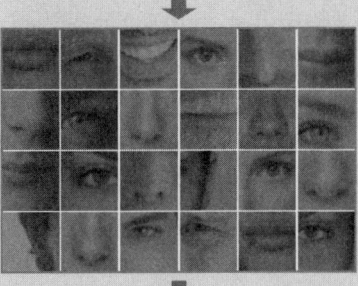

Schicht 3:
Komplexere Formen und Objekte wie Augen und Nasen werden erkannt.

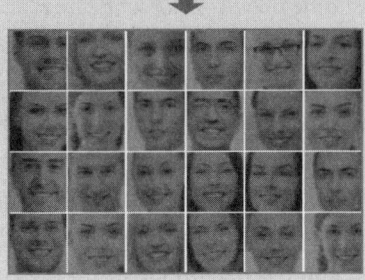

Schicht 4:
Der Computer hat gelernt, welche Formen und Objekte genutzt werden können, um ein menschliches Gesicht zu definieren. Zum Beispiel werden meist zwei Augen, eine Nase und ein Mund benötigt.

Ebene verarbeitet etwa das Bild eines Hauses Pixel für Pixel, um in der nächsten Schicht Ecken und Kanten erkennen zu können. Obere Ebenen suchen schon nach größeren zusammenhängenden Komponenten wie Türen, Dächern, Balkonen oder Fenstern. Und die letzte Schicht fügt dann all diese Erkenntnisse zur vollständigen Interpretation des Gebäudes zusammen.[69]

»Wenn unser iCub am Tisch seine Spielzeugfiguren kennenlernt, ist das genauso«, bestätigt Giorgio Metta. »Die erste Schicht seines Deep-Learning-Systems schaut nach vertikalen, waagrechten und schrägen Linien. Dann geht es um Formen wie rund und eckig und um die Orientierung von Objekten sowie Details der Situation wie Schatten oder das jeweilige Licht, das auf die Objekte fällt. Um welchen Gegenstand es sich genau handelt, ist hier noch egal, alle Schichten funktionieren für jedes Objekt gleich. Nur die letzte Schicht ist objektspezifisch und klassifiziert den Gegenstand beispielsweise als Oktopus.«

SEHEN, HÖREN, RIECHEN, TASTEN – DAS NETZ KANN ALLES

Einer der großen Vorteile solcher Systeme ist, dass Deep-Learning-Verfahren generell für Muster aller Art funktionieren, also keineswegs nur für die Verarbeitung von Bildern eingesetzt werden können. Ebenso wie sie Objekte auf Fotos oder Videos erkennen, können diese Schichten aus künstlichen Neuronen auch Worte in Audiodateien heraushören, Musikstücke analysieren, Gerüche identifizieren oder den Tastsinn von Robotern verbessern.

Im Erkennen von Objekten sind sie inzwischen recht zuverlässig. So hat Andrew Ng einen Roboter lernen lassen, wie Kaffeetassen aussehen, und ihn dann durch die Räume seines Labors geschickt – die wie die meisten Laborräume auf der ganzen Welt voll von Geräten, Kabeln, Aufzeichnungsunterlagen und arbeitenden Studenten sind. »Es gab insgesamt 28 Kaffeetassen«, erinnert sich Ng. »Der Roboter hat sie alle gefunden und dabei keinen Fehler gemacht.« Schnell sind die Deep-Learning-Verfahren auch noch, ähnlich wie im Gehirn. Objekte wie Kaffeetassen oder Katzen erkennen sie in Sekundenbruchteilen – was vor allem daran liegt, dass hier in jeder Schicht des Netzwerks Tausende, wenn nicht gar Millionen von Neuronen parallel arbeiten.

Was allerdings deutlich länger dauert als das Erkennen, ist das vorgeschaltete Lernen. Hierfür gibt es auch unterschiedliche Methoden. Beim unüberwachten Lernen, das Computersysteme eigenständig und schnell ausführen können, finden sie selbst Merkmale in Bildern oder anderen Vorlagen – allerdings wissen sie ohne Hilfe eines Menschen dann nicht, worum es sich handelt. Beim überwachten Lernen unterstützt daher der Mensch als Lehrer.

Der Australier Jeremy Howard, Gründer von Enlitic, einer Firma für maschinelles Lernen bei Gesundheitsdaten, und ehemaliger Präsident und leitender Wissenschaftler von Kaggle, einer Forscher-Community für Mustererkennung, hat dies im Dezember 2014 in einem TED-Talk in Brüssel an einem anschaulichen Beispiel illustriert.[70] TED steht für Technology, Entertainment, Design, und TED-Konferenzen sind Treffen, auf denen Experten ihr jeweiliges Gebiet, ihre Forschung und ihre Ideen möglichst leicht verständlich darstellen.

»Wir begannen mit 1,5 Millionen Bildern von Autos«, erklärt Howard. Dies waren völlig unstrukturierte Internetfotos von Fahrzeugen: von der Seite, von hinten, von vorne, Bilder von Türen und Innenräumen, von Details und bei unterschiedlichsten Beleuchtungen. »Der Deep-Learning-Algorithmus hat sie dann automatisch in Cluster ähnlicher Muster sortiert«, fährt der Datenspezialist fort. Beispielsweise führte der Computer alle Bilder zusammen, auf denen Reifen in Großaufnahme zu sehen waren, ebenso Türen oder Kofferräume.

1,5 MILLIONEN BILDER IN 15 MINUTEN »Das Schöne ist, dass anschließend Computer und Menschen sehr gut zusammenarbeiten können, um die Bilder schnell zu klassifizieren«, sagt Howard. So ist es nur eine Sache von Sekunden, um am Computer in die verschiedenen Cluster hineinzuzoomen und den einen Cluster als »Reifen« zu betiteln, den anderen als »Kofferraum«, den dritten als »Vorderansicht«. Etwas länger dauert es, die Bilder der rechten und linken Seitenansicht zu sortieren, da der Computer hier öfter Fehler gemacht hat, die korrigiert werden müssen. »Aber letztlich brauchten wir nur 15 Minuten, um diese 1,5 Millionen Bilder zu 97 Prozent richtig zu klassifizieren«, freut sich der Deep-Learning-Experte.

Besonders nützlich sind solche Verfahren zum Beispiel in der Medizin, wenn es darum geht, in Tausenden von Gewebeproben Krebszellen zu erkennen oder in Tomografieaufnahmen der Lunge oder des Darms kleine Knötchen zu finden, die auf Krebs hindeuten könnten. »Dass hier der Computer den Arzt unterstützen kann, lässt vor allem für die Entwicklungsländer hoffen«, ist Howard überzeugt.

So gab es in Nigeria nach Aussagen der Weltgesundheitsorganisation im Jahr 2012 rund 67 000 Ärzte. Angesichts des enormen Bevölkerungswachstums bräuchte das afrikanische Land aber weitere 800 000 Mediziner, um bis 2030 das Niveau der OECD-Länder zu erreichen. »Mit der bisherigen Infrastruktur wären in Nigeria 300 Jahre Training nötig, um diese Ärzte auszubilden«, schätzt Howard. »Deep-Learning-Verfahren können dies wesentlich beschleunigen und die Effizienz massiv erhöhen.«

Ein weiteres Beispiel effizienten Lernens stammt von Google. So hat das Unternehmen im Jahr 2013 Bilder von Google Street View in einen Deep-Learning-Algorithmus gesteckt, der Hausnummern erkennt, auch wenn sie verdreht oder gekippt oder in ungewöhnlichen Schriften geschrieben sind. Auf diese Weise konnte Google alle aufgenommenen Häuser Frankreichs in Google Maps exakt lokalisieren – und brauchte dafür weniger als zwei Stunden. »Früher wären bei so einer Aufgabe Dutzende von Menschen viele Jahre beschäftigt gewesen«, meint Howard.

Baidu, der chinesische Konkurrent von Google, ist ähnlich gut. So hat Howard nur das Bild eines Hundes hochgeladen – ohne jede Textinformation – und Baidu gebeten, ähnliche Bilder zu finden. In Sekundenschnelle lieferte die Suchmaschine zahlreiche Hundebilder: dieselbe Rasse, die gleiche Fellfarbe, mit einer vergleichbaren Position des Tieres und ähnlichem Hintergrund. Das System hatte also sehr gut verstanden, nach welchen Charakteristika es suchen sollte – ohne das sogenannte Tagging, also ohne irgendeine Art der textlichen Bildbeschreibung, anzuwenden.

Deep-Learning-Verfahren werden immer besser, je mehr Daten ihnen als Lernbeispiele zur Verfügung stehen. Davon gibt es im Internet mehr als genug: Billionen von Worten in Texten und viele Milliarden Bilder, Videos und Audiodateien. Und der Wachstumstrend ist ungebrochen: Jeden Tag werden allein bei YouTube eine halbe Million Stunden an Videomaterial neu eingestellt.

Neben diesen unstrukturierten Daten existieren zudem sehr systematisch aufgebaute Datenbanken, die man als Lernmaterial nutzen kann. So sind etwa in der ImageNet-Datenbank[71], die Fei-Fei Li, Professorin an der Stanford-Universität in Kalifornien, mit Tausenden von Helfern in aller Welt erstellt hat, über 14 Millionen Bilder frei zugänglich – in diesem Fall sogar mitsamt einer guten Textbeschreibung: Beispielsweise gibt es zum Thema Vögel 850 Unterkategorien mit jeweils rund 1000 Bildern, und selbst bei Musikinstrumenten sind es noch 160 Unterkategorien – darunter allein über 1600 Fotos von elektrischen Gitarren der verschiedensten Formen und aus den unterschiedlichsten Blickwinkeln. Auf Basis ihrer Datenbank schreiben die Organisatoren von ImageNet regelmäßig Wettbewerbe zur Bilderkennung aus.[72]

WENN COMPUTER SELBSTÄNDIG KATZEN FINDEN

Das große Ziel vieler Wissenschaftler ist es, Computer möglichst unüberwacht – also ohne menschliche Hilfe – lernen zu lassen. So präsentierten Forscher um Andrew Ng und seinen Kollegen Jeff Dean im Jahr 2012 im Rahmen des Google-Brain-Projekts, einem gigantischen Netzwerk von insgesamt 16 000 Computerprozessoren, rund zehn Millionen zufällig ausgewählte Bilder aus YouTube-Videos. »Das zugrunde liegende Deep-Learning-Netzwerk war 50-mal umfangreicher als alle vorher eingesetzten Netze«, berichtet Dean. Es umfasste zwei Milliarden Knoten, davon allein 60 000 in der obersten Schicht. »Was wir schnell feststellten, war, dass die künstlichen Neuronen der obersten Schicht ganz eigenständig die wichtigsten Elemente der Videos fanden.«

Eines der entdeckten Muster waren natürlich menschliche Gesichter, ein anderes das beliebteste Objekt vieler Videos: Katzen.[73] »Obwohl die Computer nicht wussten, was eine Katze ist, entwickelten sie sozusagen selbständig das Konzept einer Katze«, sagt Dean. Als die Forscher aus dem Deep-Learning-Netzwerk das herausdestillierten, was das Elektronengehirn als markantes Muster erkannt hatte, sahen sie ein Bild, wie vom Pointillisten Georges Seurat Ende des 19. Jahrhunderts gemalt: bestehend aus Punkten und Linien in einem flirrenden Licht aus Grau, Braun, Weiß, Grün und Blau, aber eindeutig mit Fell, Ohren, schmalen Augen, Nase und Schnurrbarthaaren – die Quintessenz einer Katze.

Trotz aller Begeisterung über diese Entwicklung der lernfähigen Computer bleibt Andrew Ng jedoch bescheiden: »Diese 16 000 Prozessoren sind gegenüber dem, was die menschliche Großhirnrinde leistet, immer noch ein relativ kleines Netzwerk. Bis 2020 könnte es zwar gelingen, die Größe der visuellen Felder im Cortex nachzubilden, aber ich bin mir nicht ganz sicher, ob wir mit unseren heutigen Deep-Learning-Verfahren die Erkennungsalgorithmen im Gehirn schon vollständig simulieren können«, gibt er zu bedenken.

Dennoch: Die Erfolge des Deep Learning sind unbestreitbar. So hatte die Mustererkennungsplattform Kaggle im Jahr 2012 einen vom deutschen Chemie- und Pharmaunternehmen Merck gesponserten Wettbewerb ausgerufen, um mit Computerhilfe Moleküle zu finden, die sich für neue Medikamente eignen könnten. Gewonnen hat ein von Geoff Hinton geleitetes Team der Universität Toronto mit seinem Deep-Learning-Verfahren. Das Besondere daran war, dass keiner der Forscher eine Ausbildung auf den Feldern der Biologie oder Chemie besaß und dass ihr Computersystem nur zwei Wochen brauchte, um unter Tausenden von Molekülen die erfolgversprechendsten zu identifizieren.[74]

Ähnlich leistungsfähig sind die Neuronalen Netze, mit denen Wissenschaftler in Europa arbeiten, beispielsweise in den Labors von Jürgen Schmidhuber, Professor am Schweizer Forschungsinstitut für Künstliche Intelligenz, IDSIA, in Lugano. Schmidhuber ist zugleich Informatiker und Künstler – eine Kombination, aus der viele intelligent-humorvolle Beiträge zur Wissenschaft entstanden sind, unter anderem eine übergreifende Theorie von Kunst, Musik, Wissenschaft und Humor. Auf seiner Website[75] schreibt der 53-jährige gebürtige Münchner, dass er sich seit dem Alter von 15 Jahren zum Ziel gesetzt habe, eine sich selbst verbessernde Intelligenz zu entwickeln, die irgendwann klüger sei als er selbst – und dass er dann in Rente gehen wolle.

COMPUTER ERKENNEN VERKEHRSZEICHEN BESSER ALS MENSCHEN

So weit ist Schmidhuber noch nicht, aber seine lernfähigen Netzwerke haben in den vergangenen Jahren allein neun internationale Wettbewerbe gewonnen, auf Gebieten wie Handschriftenlesen, Spracherkennung und Sprachübersetzung oder der Analyse von Gewebeproben bei Brustkrebs. Solche Algorithmen werden nun von Firmen wie Google, Microsoft, IBM, Baidu und anderen eingesetzt.

2011 gewann ein Deep-Learning-Netzwerk aus Schmidhubers Labor den deutschen Wettbewerb für Verkehrszeichenerkennung des Instituts für Neuroinformatik in Bochum.[76] Von 50 000 Bildern von Verkehrszeichen, die in den unterschiedlichsten Situationen aufgenommen worden waren, erkannten Schmidhubers künstliche Neuronen 99,46 Prozent richtig. Mit dieser Fehlerrate von 0,54 Prozent waren sie zugleich mehr als doppelt so gut wie eine Vergleichsgruppe von 32 Menschen, die im Durchschnitt zu 1,16 Prozent falsch lag. Dies war das erste Mal, dass ein Algorithmus zur Bilderkennung bei Computern besser abschnitt als die Menschen!

Kein Wunder, dass auch im virtuellen persönlichen Assistenten Siri von Apple oder in den Suchalgorithmen von Google und Google Street View Deep-Learning-Technologien zur Sprach- beziehungsweise Bilderkennung stecken. Jeff Dean sagt, dass Google allein von 2013 bis 2015 insgesamt 47 Produkte herausbrachte, die Deep Learning enthalten: von der Android-Spracherkennung bis zur Platzierung von Werbung. In Googles Foto- und Videosoftware steckt eine Bilderkennung, die es leicht macht, Fotos und Filme zu durchsuchen und zu ordnen. Will man beispielsweise sämtliche Fotos finden, die Schnee enthalten, erkennt dies das Programm allein durch eine Analyse des Bildinhalts.

Auch beim selbstfahrenden Auto, das Hindernisse und Fußgänger automatisch entdeckt, oder bei der textlichen Beschreibung von Bildern wird Deep Learning künftig eine wichtige Rolle spielen. »Wenn es gelingt, dass wir mit Bildern ähnlich leicht suchen können wie mit Texten, hätte das eine enorme wirtschaftliche Bedeutung«, ist Dean überzeugt. »Für das Shopping-Erlebnis von morgen wäre es beispielsweise eine Revolution!« Die Idee dahinter: Wenn in Zukunft jemand unterwegs ein Elektrofahrrad sieht, das ihm gefällt, oder einen Schal, den die Dame am Nachbartisch trägt: einfach ein Foto davon schießen, und schon liefern Suchmaschinen weitere Informationen und Kontakte zu Geschäften, die genau diese Produkte verkaufen.

Baidu kann so etwas in Ansätzen bereits heute, betont Andrew Ng. »Wenn ein Nutzer hier das Bild eines Filmstars eingibt, kann Baidu diese bekannte Persönlichkeit anhand einer Gesichtserkennung identifizieren und weitere Informationen liefern, wie etwa Alter und Hobbys.« Und mehr noch: »Wenn er oder sie eine Kleidung trägt, die wir erkennen können, finden wir ähnliche Kleidungsstücke und zeigen dem Nutzer, wo man sie kaufen kann.« Diese Funktion der Baidu-Suchmaschine sei bereits sehr populär, sagt der Deep-Learning-Experte.

Doch der Einfluss von künstlichen Neuronen und lernfähigen Systemen wird noch deutlich darüber hinausgehen. Marketingexperten können damit die Datenbanken von Interneteinkaufsportalen ebenso durchsuchen wie die Videoaufnahmen von Kaufhäusern und daraus neue Methoden entwickeln, Produkte noch viel zielgerichteter an den Mann oder die Frau zu bringen. Pharmafirmen wollen mit Deep-Learning-Technologien die Medikamentenentwicklung deutlich beschleunigen und effizienter machen, Autofirmen das selbstfahrende Fahrzeug auch im Stadtverkehr zum Einsatz bringen, und Sicherheitsbehörden hoffen auf viel leistungsfähigere Methoden der Gesichtserkennung, die es ihnen dann ermöglichen würden, die Aufnahmen von Überwachungskameras automatisch nach bestimmten Personen zu durchsuchen.

GOOGLE ZIEHT ALLES AN SICH: ROBOTER-FIRMEN UND TOP-EXPERTEN

Im Zentrum all dieser Entwicklungen sieht sich Google beziehungsweise seine Muttergesellschaft Alphabet. Deshalb hat das Unternehmen nicht nur zahlreiche Robotik-Firmen gekauft, sondern auch Spezialisten für selbstlernende Systeme wie das britische Start-up DeepMind Technologies, das erst 2011 gegründet worden war. Die DeepMind-Forscher wollen nichts weniger als die besten Systeme der Künstlichen Intelligenz entwickeln – und sie haben auch bereits einige aufsehenerregende Erfolge erzielt.

So schaffte ihre lernfähige Software AlphaGo im März 2016 eine Weltsensation: In fünf Spielen schlug sie den weltbesten Go-Spieler Lee Sedol mit 4:1 – eine Leistung, die noch wenige Monate vorher von Fachleuten nicht vor dem Jahr 2025 erwartet worden war. Denn anders als beim Schach reicht hier reine Rechenkraft nicht aus: Auf einem Go-Brett gibt es mehr Spielkombinationen als Atome im Universum. Es ist schlicht unmöglich, die verschiedenen Züge durchzurechnen. Menschliche Go-Spieler betonen daher oft ihre Intuition und dass es sich »richtig anfühlt«, den nächsten Stein an eine bestimmte Stelle des Brettes zu setzen.

Den DeepMind-Entwicklern gelang es, ihrer Software AlphaGo eine eigene Art Intuition beizubringen: Sie trainierten sie nicht nur anhand von 150 000 menschlichen Partien, sondern ließen sie auch viele Millionen Mal gegen sich selbst spielen – und sie kombinierten Deep-Learning-Methoden mit analytischen Berechnungen und sogenannten Monte-Carlo-Verfahren, die Zufallszüge ins Spiel brachten.[77]

Auf diese Weise katapultierten sie AlphaGo binnen weniger Monate an die Weltspitze der Go-Spieler: »AlphaGo hat gegen Lee Sedol einige wirklich wunderschöne kreative Züge gespielt«, twitterte der

DeepMind-Gründer Demis Hassabis während des Turniers voll Begeisterung. Auch andere Go-Experten wunderten sich über Spielzüge, die sie noch nie von einem Menschen gesehen hätten, und attestierten der Software sogar eine eigene Spieler-Persönlichkeit, die sie offenbar im Lauf ihrer Lernphase erworben hatte. Kein Wunder also, dass DeepMind als einer der Eckpfeiler der Künstliche-Intelligenz-Strategie von Google und Alphabet gilt. Um diese Firma trugen Google und Facebook im Jahr 2014 einen Übernahmekampf aus, den schließlich Google für geschätzt 400 bis 500 Millionen britische Pfund gewann.

Im Oktober 2015 beteiligte sich Google zudem als Gesellschafter am Deutschen Forschungszentrum für Künstliche Intelligenz (DFKI) mit den Hauptstandorten in Saarbrücken, Kaiserslautern und Bremen.[78] Das DFKI hat sich seit 1988 unter seinem Leiter, dem Informatikprofessor Wolfgang Wahlster, mit rund 800 Wissenschaftlern aus 60 Nationen zu einer der weltweit führenden Forschungseinrichtungen auf diesem Gebiet entwickelt. Hier entstanden zahlreiche Innovationen – von Verfahren zur Sprach- und Wissensverarbeitung über Software-Agenten und virtuelle Realität bis zur digitalen Fabrik im Rahmen des Industrie-4.0-Konzepts.

Mehr als 30 ehemalige Mitarbeiter und Studenten von DFKI-Professoren arbeiten inzwischen bei Google. Dies belegt einmal mehr das strategische Vorgehen von Google, zu dem auch das Anheuern von weltweiten Experten für Künstliche Intelligenz gehört: darunter Spitzenforscher wie Geoff Hinton, Ray Kurzweil, Jeff Dean und Andrew Ng – wobei Ng inzwischen wieder von Baidu abgeworben wurde… was ebenfalls die enorme Dynamik unterstreicht, die derzeit auf dem Gebiet der Deep-Learning-Systeme herrscht. Dass Googles Muttergesellschaft Alphabet im Januar 2016 an den Börsen erstmals zum wertvollsten Unternehmen der Welt aufstieg, ist nicht nur dem Quasi-Monopol bei Suchmaschinen und den Einnahmen durch Werbeanzeigen zu verdanken: Die Börsen honorieren damit vor allem die Zukunft des Konzerns – und die liegt insbesondere auf dem Gebiet der Künstlichen Intelligenz.

Ein interessanter Schachzug: Im November 2015 hat Google bekannt gegeben, dass es sein Programmpaket TensorFlow, das für Sprach- und Bilderkennung ebenso genutzt wird wie für die automatische Beantwortung von Mails, als Open-Source-Software öffentlich und kostenlos zugänglich macht.[79] Das hat auch schon Facebook mit einer freien Version seines Deep-Learning-Systems Torch getan – doch diese Aktionen sind nicht so selbstlos, wie es klingen mag. Zum einen treibt es den Fortschritt auf dem Gebiet der Künstlichen Intelligenz natürlich deutlich schneller voran, wenn eine weltweite Gemeinschaft von Forschern neue Ideen und neue Programmcodes einbringt – und zum anderen gelingt es den Firmen dadurch immer besser, ihre Lösungen als Quasi-Standards zu etablieren.

Auch wird mit jeder der rund sechs Milliarden Suchanfragen, die bei Google pro Tag eingehen, sein Lernsystem ein bisschen schlauer. Wenn jemand beispielsweise »Nikolaus« eintippt und dann auf ein entsprechendes Bild klickt, weiß die Suchmaschine von Mal zu Mal besser, wie ein Nikolaus aussieht – ob es nun ein verkleideter Mensch oder ein Schokoladen-Nikolaus ist. Auf diese Weise werden alle Systeme der Künstlichen Intelligenz, die Google entwickelt, immer ausgereifter, von den Suchmaschinen bis zu den Robotern. Damit lässt sich viel Geld sparen, denn bislang flossen Dutzende von Millionen Stunden menschlicher Arbeit in das überwachte Lernen, bei dem Menschen den Computersystemen sagten, was sie richtig oder falsch gelernt hatten.

KÜNSTLICHE SYSTEME LERNEN, BILDER ZU BESCHREIBEN Googles Deep-Learning-Algorithmen können inzwischen nicht nur Objekte in Bildern finden, sondern diese ohne menschliche Hilfe auch einigermaßen zuverlässig beschreiben. »Ein Mann im schwarzen Hemd spielt Gitarre« oder »zwei junge Mädchen spielen mit Lego-Bausteinen« ist laut dem Mustererkennungsfachmann Jeremy Howard eine leichte Übung für die heutigen Systeme. Auch wenn sie die entsprechenden Situationen noch nie vorher gesehen haben, erkennen sie auf den Bildern »Mann«, »schwarz«, »Hemd«, »Gitarre«, »junge Mädchen« und »Lego« und sind dann in der Lage, die Zusammenhänge korrekt wiederzugeben.

Einen Teller mit Quiche und Salat betitelt der Deep-Learning-Algorithmus ebenso korrekt als »Essen« wie kleine Schälchen mit Sushi oder einen großen runden Tisch mit chinesischen Köstlichkeiten und Essstäbchen, obwohl diese Bilder sehr unterschiedlich aussehen. Stellt man ihm die Aufgabe, in Fotos die Pixel zu finden, die Text enthalten, identifiziert er chinesische Schriftzeichen über einem Restaurant gleichermaßen als Text wie die Ziffern bei Hausnummern und sogar die Spiegelung eines Straßenschilds in einem Fenster.

Diese automatische Beschreibung von Bildinhalten ist nicht nur für Suchmaschinen extrem hilfreich, sondern beispielsweise auch für blinde Menschen. Dadurch dass ihnen der Computer per Sprachausgabe erklärt, was in Bildern zu sehen ist, können sie das Internet wesentlich besser nutzen als zuvor – sie »sehen« dann sogar die von ihren Freunden geposteten Bilder in sozialen Netzwerken.

So hat das Team für Künstliche Intelligenz von Facebook, das von Yann LeCun, einem französischen Informatikprofessor und ehemaligen Postdoc von Geoffrey Hinton, geleitet wird, im November 2015 bekannt gegeben, dass seine neuen Algorithmen nun um fast ein Drittel schneller Objekte in Bildern erkennen können – und das bei nur einem Zehntel der bisherigen Trainingszeit.[80] Damit sollen Nutzer in Zukunft das System einfach fragen können, was in einem Bild zu sehen ist. Außerdem wird dieses Wissen über Bildinhalte sicherlich auch in die ausgeklügelten Algorithmen Eingang finden, mit denen Facebook die Posts im sogenannten Newsfeed bewertet und entscheidet, welche wo und wann angezeigt werden sollen.

Doch natürlich unterlaufen auch solchen Bilderkennungssystemen Fehler. Zum einen solche, die auch manchen Menschen passieren würden: Beispielsweise verwechseln sie eine zusammengerollte Nacktschnecke mit einer Schlange oder einen nur teilweise sichtbaren Esel mit einem Hund, wie der Google-Forscher Jeff Dean in einer aufschlussreichen Internetvorlesung aus dem Jahr 2015 zeigte.[81] Zum anderen missverstehen sie Situationen, für die einiges an Alltagswissen nötig ist. Aus einem wie ein Monster aussehenden Spielzeugdrachen, der am Himmel schwebt, machte das Elektronengehirn von Google einen »Mann, der auf einem Skateboard durch die Luft fliegt«, berichtet Dean schmunzelnd.

Zugleich können die modernen Deep-Learning-Systeme aber schon überraschend klug wirken: etwa im Erkennen von inhaltlichen Zusammenhängen. So haben die Mitarbeiter von Dean fast sechs Millionen Dokumente mit 5,4 Milliarden Wörtern in ein künstliches Netzwerk gefüttert. Wie bei dem Netz, das Bilder von Autos in unterschiedlichste Cluster ordnete, so filterte dieses Deep-Learning-System die Beziehungen von Begriffen heraus. Beispielsweise fand es von selbst eine enge Nachbarschaft von Begriffen wie »Auto«, »Fahrzeug«, »Autohändler« und so weiter.

Doch dies ist noch lange nicht alles: »Der Algorithmus entwickelte sozusagen auch ein Gefühl für Entfernungen und Analogien«, erklärt Dean. So erkannte er, dass sich »heiß« zu »heißer« ebenso verhält wie »groß« zu »größer« – und »Rom« zu »Italien« wie »Berlin« zu »Deutschland«. Und er fand selbständig Begriffsdreiecke: beispielsweise »fallen – fiel – gefallen« oder »ziehen – zog – gezogen«. Für Systeme, die Texte oder Sprache verstehen sollen, ist dies natürlich ein großer Vorteil. Denn man muss ihnen dann nicht mühsam grammatische Regeln und inhaltliche Zusammenhänge erläutern. Sie holen sie sich zumindest teilweise selbständig aus den riesigen Datenmengen des Internets.

Die Deep-Learning-Verfahren unterscheiden sich daher von den früher benutzten, regelbasierten Computeralgorithmen ebenso wie ein kleines Kind, das Sprachen lernt, von einem Erwachsenen. Versucht man als junger oder älterer Erwachsener, mühsam Vokabeln zu pauken und sich Syntax- und Grammatikregeln mit all ihren Ausnahmen einzuprägen, so lernen kleine Kinder ganz anders: durch Beispiele, die sie aufgeschnappt haben, durch Versuch und Irrtum und durch Rückmeldungen von Muttersprachlern oder Lehrern. Genauso funktionieren die Deep-Learning-Verfahren.

WENN DER COMPUTER VORHER WEISS, WAS MAN SAGEN WILL   Doch die assoziativen Verknüpfungen ermöglichen sogar noch mehr. »Letztlich kann ein Deep-Learning-System sogar eine Art Sequenzvorhersage leisten«, sagt der Software-Ingenieur Dean. »So weiß es, dass bei einem ›How are ...‹ im Englischen ziemlich sicher ein ›you?‹ folgen wird und kann dies sofort ins Französische ›Comment allez-vous?‹ übersetzen« – also fast simultan, während der Redner im Englischen noch spricht.

Ein anderes Beispiel: Wenn bei Betriebssystemen über Mac OS und Linux gesprochen wird, dann ist die Wahrscheinlichkeit hoch, dass auch Windows bald erwähnt wird. Eine solche Vorhersageleistung des Computers ist besonders hilfreich für sinnvolle Dialoge zwischen Mensch und Maschine – etwa bei virtuellen Assistenten in Smartphones oder Autos oder wenn künftig immer mehr Computer in Callcentern eingesetzt werden sollen.

Im Anwendungsfall der Medizin zeigt sich zugleich immer deutlicher, dass Deep-Learning-Verfahren den Ärzten eine große Unterstützung sein und sogar völlig neue Erkenntnisse liefern können. So lernen Rechnersysteme anhand vieler Bilder aus Computertomografen, das Wachstum von Tumoren zu prognostizieren, also herauszufinden, ob sich die gefährlichen Geschwüre – etwa nach einer bestimmten Chemotherapie oder nach einer anderen Behandlung – zurückentwickeln werden oder nicht.

Ein Forscherteam an der Stanford-Universität hat Deep Learning auch eingesetzt, um anhand von Gewebebildern die Überlebensrate von Krebspatienten vorhersagen zu können.[82] Dabei sollte der Computer Merkmale der Gewebeproben identifizieren, anhand derer sich solche Prognosen treffen lassen. Es stellte sich heraus, dass das gesunde Gewebe in der Umgebung von Krebszellen für die Vorhersage genauso wichtig ist wie die Krebszellen selbst – ein Befund, der für die Ärzte eine Überraschung darstellte, da sie dies bislang so nicht vermutet hatten.

In einem weiteren Experiment wurden Computer mit Daten von Gewebeproben der weiblichen Brust und Überlebensraten gefüttert.

Das Ziel auch hier: verdächtige Merkmale zu identifizieren, die Brustkrebszellen von gesunden Zellen unterscheiden helfen. Der Deep-Learning-Algorithmus fand die zwölf verräterischsten Anzeichen. Die Sensation dabei: Die medizinische Literatur kannte nur neun davon. Drei weitere Merkmale, die der Computer gefunden hatte, waren also den menschlichen Ärzten bisher unbekannt gewesen!

SIMULTAN INS CHINESISCHE ÜBERSETZEN   Auch der berühmte Babelfisch aus dem Buch *Per Anhalter durch die Galaxis*[83], der alle Sprachbarrieren beseitigt, ist von der Wirklichkeit gar nicht mehr so weit entfernt. So hat Rick Rashid, Cheftechnologe der Abteilung für Anwendungen und Dienstleistungen sowie Gründer und bis 2013 Leiter der Forschung von Microsoft, im Jahr 2012 auf einer Konferenz im chinesischen Tianjin demonstriert, was fortgeschrittene Deep-Learning-Verfahren auf dem Feld der Sprachübersetzung bereits leisten können.[84]

Während Rashid seinen Vortrag hielt, wurde auf dem Bildschirm hinter ihm mit nur zwei bis drei Sekunden Verzögerung eine automatische Mitschrift seiner Sätze in Englisch gezeigt. Dann teilte sich der Bildschirm, und auf der rechten Seite erschienen dieselben Sätze in einer chinesischen Übersetzung mit chinesischen Schriftzeichen. Fast zeitgleich ertönte nun aus den Lautsprechern auch Rashids Stimme auf Mandarin-Chinesisch, ohne dass er diese Sprache jemals zuvor gesprochen hätte – was das Publikum mit tosendem Applaus quittierte.

Hinter dieser Leistung steckten gleich mehrere Deep-Learning-Algorithmen: Einer wandelte das, was Rashid sagte, in geschriebenen Text um, ein anderer sorgte für die Textübersetzung in chinesische Schriftzeichen und Syntax, und der dritte machte aus dem chinesischen Text wieder gesprochene Sprache. Hinzu kam noch ein Sprachgenerator, der vorherige Aufzeichnungen von Rashids Stimme dazu nutzte, um die künstlich erzeugte chinesische Stimme der von Rashid möglichst weit anzunähern.

All diese Deep-Learning-Verfahren setzen für ihr Training auf die Vielzahl an Texten und Audiodateien, die im Internet verfügbar sind. »Damit haben wir bei der Erkennungsrate die stärkste Verbesserung der letzten 30 Jahre erreicht«, sagt Rashid. »Nun ist nicht mehr eines von vier oder fünf Wörtern ungenau, sondern nur noch eines von sieben oder acht Wörtern. Auch wenn die Systeme noch alles andere als perfekt sind, denken wir doch, dass wir in Zukunft immer besser werden können, wenn wir noch mehr Daten fürs Training nutzen.«

Harald Trost von der Sektion für Künstliche Intelligenz an der Medizinischen Universität Wien ist da allerdings nicht ganz so optimistisch.[85] Automatische Spracherkennung und Umwandlung in Text funktioniere mithilfe der statistischen Methoden von künstlichen Neuronalen Netzen recht gut, meint er, »aber eine maschinelle Übersetzung ist extrem schwierig. In technischen und administrativen Bereichen geht es, in der Alltagssprache eher nicht.«

Dies liege vor allem daran, dass die Alltagssprache viel unstrukturierter sei als fachliche Texte. In ihr gibt es viele Fehler, Slangbegriffe werden verwendet, Worte werden ausgelassen, Sätze bleiben unvollendet. Übersetzungsprogramme würden aber nicht an gesprochener Sprache trainiert, sondern an geschriebenen Texten, sagt Trost: »Daher nehme ich nicht an, dass es in den nächsten paar Jahrzehnten ein Computerprogramm geben wird, das so übersetzen kann wie ein guter menschlicher Übersetzer.«

Große Datenmengen seien zwar hilfreich, aber wenn sie nicht ausreichend mit Zusatzinformationen versehen sind, bringe das nicht den entscheidenden Fortschritt. Selbstverständlich könne man aus vielen Daten Muster lernen, betont Trost, aber man verstehe eine fremde Sprache ja nicht schon allein deshalb, dass man sie sich anhöre – sondern erst dann, wenn man auch die Übersetzung dazu habe. Übersetzungen gibt es im Internet aber vor allem für geschriebene Texte. Für die viel unstrukturiertere gesprochene Alltagssprache fehlt den digitalen Lernsystemen daher einfach das Trainingsmaterial.

PFAUE IM RAUSCHEN – COMPUTER MIT HALLU-ZINATIONEN Die Schwierigkeit, den richtigen Lernstoff zu finden, ist aber nicht das einzige Problem von Deep-Learning-Verfahren. Auch die Überinterpretation von Mustern ist eine Gefahr. So haben Forscher der Universität von Wyoming im Frühjahr 2015 gezeigt, dass sich Deep-Learning-Netzwerke leicht täuschen lassen.[86] Beispielsweise entdeckten Netzwerke, die mit den Bildern des Image-Net trainiert wurden, in Fotos, die nur Rauschen enthalten, plötzlich Löwen, Gürteltiere oder Pfaue. In bestimmten Wellenlinien wollen sie mit 99,99 Prozent Sicherheit eine Gitarre erkannt haben, und in abstrakten Mustern mit unterbrochenen konzentrischen Kreisen fanden sie mit ebensolcher Gewissheit einen Pinguin, den kein Mensch darin jemals sehen würde.[87]

Auch Google-Forscher selbst haben sogenannte Traumbilder ihrer Mustererkennungssoftware Deep Dream veröffentlicht. Sie zeigten dem Programm, das mit Tierbildern trainiert worden war, statt Fotos mit Tieren nur solche mit Wolken. Was passierte? Der Deep-Learning-Algorithmus entdeckte logischerweise auch darin Fische, Hunde oder Vögel ... ganz wie Kinder, die in Wolken alle möglichen Fabelwesen hineininterpretieren oder im Mond oder Marsgestein Gesichter sehen.

Als die Forscher die Rückkopplungsschleifen zwischen den Schichten des Netzwerks verstärkten, wurden die Muster, die der Algorithmus produzierte und sichtbar machte, immer verrückter: Am Himmel erschienen farbige Strudel wie bei van Gogh, Felsen verwandelten sich in buddhistische Tempel, aus Decken wuchsen Hundeköpfe, Toastbrote bekamen Augen, und aus dem Gehsteig einer normalen Einkaufsstraße quollen bunte Kühe und Schnecken hervor.

Wie so etwas aussieht, kann jeder selbst auf Webseiten wie www.deepdreamgenerator.com ausprobieren: Es reicht, einfach ein beliebiges Foto hochzuladen. Das Programm wird dann das Foto so lange morphen, also zurechtbiegen, bis bunte Vögel, Katzen, Kühe oder Fahrräder darin auftauchen. Das Ganze wirkt wie LSD-Bilder im Drogenrausch ... und die Ähnlichkeit ist nicht zufällig. Denn auch menschliche Halluzinationen sind eine Art verstärkender Rückkopplung, eine

Überinterpretation von Signalen, die ins Auge fallen oder die das Ohr vernimmt. Unter dem Einfluss von Drogen sieht und hört man Dinge, die nicht da sind, die sich das Gehirn aber einbildet – genau dies passiert auch in den vielen Schichten der Deep-Learning-Netzwerke, die unbedingt Muster finden wollen.

Was ihnen offensichtlich fehlt, ist ein Verständnis dessen, was sie sehen und hören. Doch wie kann man künstlichen Systemen beibringen, ob das, was sie tun, irgendeine Bedeutung hat? Wie sollen sie erkennen, ob die Ergebnisse, die sie produzieren, für uns Menschen hilfreich und relevant sind? Darum wird es im nächsten Kapitel gehen.

FÜNF

SEMANTISCHE SUCHE: BEDEUTUNG VERSTEHEN UND WISSEN SCHAFFEN

Die Wesen, die er rief

Der 30 Jahre alte Artikel, den Samantha aus dem Internet geholt hatte, war zwar reißerisch aufgemacht, aber informativ. Mit wachsendem Entsetzen las ich, dass sich der Pilz, den wir erforscht und genetisch verändert hatten, nach meinem Unfall zu einer wahren Geißel der Menschheit entwickelt hatte. Dabei hatten wir das Gegenteil erreichen wollen!

Der Ausgangspunkt unserer Forschungen war die Tatsache gewesen, dass sich Hefepilze der Gattung Cryptococcus auf den Trümmern zerstörter Kernreaktoren wie in Tschernobyl besonders wohlfühlten – sie waren radiotroph, was bedeutete, dass radioaktive Strahlung ihnen nicht etwa schadete, sondern sie sogar noch schneller wachsen ließ. Ihr Stoffwechsel nahm zu, sie ernährten sich sozusagen von der Energie der Strahlung und produzierten dabei massenweise das Farbpigment Melanin. Das Prinzip dahinter ist ähnlich dem, wie solche Farbpigmente auch die menschliche Haut schützen – bei uns geht es dabei allerdings um die gefährliche UV-Strahlung der Sonne.

Was ich damals, im Jahr 2020, zusammen mit Kollegen wie Mark Larras und Stefan Unger hatte herausfinden wollen, war, ob wir von diesen Pilzen lernen konnten, was man gegen radioaktive Strahlung tun kann. Unser Traum war es, beispielsweise eine Creme zu erfinden, die Menschen ähnlich wie eine Sonnencreme schützt – nicht nur vor UV-Licht, sondern insbesondere vor der noch viel gefährlicheren Gammastrahlung zerfallender Atomkerne. Das könnte nicht nur den Betroffenen von Nuklearkatastrophen helfen, sondern auch Astronauten auf Raumstationen oder langen Flügen, etwa zum Mars.

Wir kultivierten also Hefepilze wie Cryptococcus neoformans, Cryptococcus gattii[88] und einige andere, veränderten bestimmte Gene, setzten sie der 1000-fachen natürlichen Strahlung aus und studierten ihren Stoffwechsel und die Melaninproduktion. Sehr weit waren wir dabei meiner Ansicht nach noch nicht gekommen, als ich den Verkehrsunfall hatte. Danach musste etwas gründlich schiefgelaufen sein – der Artikel beschrieb, wie binnen weniger Wochen eine Epidemie ausbrach. Hunderte von Menschen erkrankten, etliche starben sogar.

Die Diagnose: eine hoch aggressive, ungewöhnlich schnell verlaufende Kryptokokkose, die nicht nur immungeschädigte Menschen, sondern auch gesunde Kinder und Erwachsene sowie Hunde und Katzen befiel. Der Verlauf war tückisch: zuerst ein harmlos wirkender Husten mit viel Schleim, dann Abgeschlagenheit, Kopf- und Gliederschmerzen. Leicht zu verwechseln mit einem grippalen Infekt. Fieber kam erst spät dazu, oft zu spät. Ohne die richtige Diagnose und Therapie starben sechs von zehn Erkrankten, und selbst mit einer frühzeitigen Behandlung war es immer noch jeder Vierte.

Richtig schlimm wurde es im heißen Sommer 2020. Der Wind trieb den Staub, der wohl voller Pilzsporen steckte, überall hin. Unsere Stadt und ein Gebiet im Umkreis von 30 Kilometern mussten vollständig evakuiert werden. In einer sehr persönlichen Schilderung beschrieb der Autor des Artikels, wie er mit Gasmaske und Schutzanzug durch die verlassenen Straßen wanderte. Es sei wie in Tschernobyl und Fukushima, schrieb er – nur noch schlimmer, weil dieser tödliche Pilz ein Lebewesen war und sich von selbst ausbreitete.

Und dann sprach er mit Ermittlern der Polizei, Kriminologen, Vertretern der Gesundheitsbehörden und des Robert-Koch-Instituts und versuchte zu rekonstruieren, was geschehen war. Alles, so seine Schlussfolgerung, lief auf mich, Daniel Achron, hinaus. In meinem Institut waren diese Pilze kultiviert worden, und hier mussten sie freigesetzt worden sein. Denn hier gab es unter den Labormitarbeitern die ersten Erkrankungen, ebenso wie bei den Helfern und Ärzten, die mich aus dem Unfallwagen gezogen hatten, und in der Umgebung des Abhangs, den mein Fahrzeug hinuntergestürzt war.

Es war daher mehr als berechtigt, schrieb er, die neue Pilzart nach mir, dem mutmaßlichen Verursacher, zu benennen. Und er schloss seinen Bericht mit der bitteren Frage, ob denn die bisherigen Evakuierungs- und Quarantänemaßnahmen ausreichen würden, oder ob man nicht irgendwann ganz Mitteleuropa evakuieren müsste. Denn die Sporen abzutöten, war praktisch unmöglich – sie konnten sogar im Weltall überleben!

»Was für ein Albtraum«, murmelte ich und suchte Trost in Samanthas Augen. Doch da war keine Reaktion, sie sah mich nur weiterhin offen und freundlich an. Wie konnte ich auch Verständnis und Mitgefühl von einem Roboter erwarten?

»Samantha, ich muss noch mehr wissen«, drängte ich.

»Es gibt fast 130 Millionen Webseiten mit Ihrem Namen«, sagte sie. »Meine Kapazität reicht nicht aus, alle Inhalte zu analysieren.«

Großer Gott, zur Zeit meines Unfalls waren es höchstens ein paar Hundert Einträge gewesen!

»Wie kann ich ... ich meine, ich habe ein paar wichtige Fragen ...«

»Ich verbinde Sie mit Aleph-1, das ist zurzeit die beste semantische Suchmaschine«, antwortete Samantha ganz geschäftsmäßig, und auf dem Bildschirm vor mir erschien das Gesicht eines freundlich aussehenden jungen Mannes. Um den Hals trug er einen eleganten Schal, der bei genauerem Hinsehen aus lauter Einsen und Nullen bestand.

»Ich bin Aleph-1, womit kann ich Ihnen helfen?«, fragte er höflich.

»Ähm, ja, also ... es geht um Cryptococcus acherontis. Können Sie mir sagen, warum dieser Pilz so gefährlich wurde?«

»Diese Frage erlaubt keine präzise Antwort. Ich kann Ihnen aber die drei meist genannten Gründe zusammenstellen, gewichtet nach dem Glaubwürdigkeitsindex der Webseiten.«

Puh, richtig leistungsfähige Suchmaschinen zu bauen, war wohl auch im Jahr 2050 keine einfache Sache. Aber na gut, dann mal los.

Zwei, drei Sekunden herrschte Stille, dann meldete sich Aleph-1 wieder. »Erstens: Die Melaninkonzentration in Cryptococcus acherontis ist so hoch, dass fast alle Radikale, die das Immunsystem als Abwehr produziert, neutralisiert werden. Zweitens: Die Vermehrungsrate des Pilzes ist 30-fach höher als die anderer Cryptococcus-Arten. Drittens: Er kann die Blut-Hirn-Schranke überwinden.«

Himmel, das war ja eine Monster-Mutante, die wir da erschaffen hatten! Sich schnell vermehrend, ins Gehirn eindringend und vom Immunsystem kaum lahmzulegen. Da Pilze mit Menschen enger verwandt sind als Bakterien, war es sicherlich extrem schwierig gewesen, Medikamente oder gar Impfstoffe zu entwickeln, die den Pilz angriffen und zugleich den menschlichen Körper verschonten. Und das, wo es im Jahr 2020 in allen Ländern nur minimale Etats für die Erforschung von Pilzinfektionen gegeben hatte und kein einziges Programm der Weltgesundheitsorganisation – obwohl damals schon weltweit pro Jahr 1,5 Millionen Menschen an Pilzerkrankungen gestorben waren, mehr als durch Malaria.

»Wie ist es denn dann gelungen, die Epidemie einzudämmen?«, wollte ich wissen. Denn es musste ja gelungen sein – schließlich war ich hier in der Reha-Klinik in Grüntal, keine 20 Kilometer von meinem Heimatort entfernt, der damals evakuiert worden war.

Jetzt antwortete die Suchmaschine schneller, kaum dass ich die Frage gestellt hatte: »Im Mai 2021 entwickelten Forscher in Berlin einen Impfstoff auf Basis spezieller Zuckermoleküle in der Zellwand der Pilze. Maßgeblich dafür war die Entdeckung, dass Daniel Achrons Immunsystem den Pilz in Schach gehalten hatte – trotz der schweren Verletzungen durch seinen fast tödlichen Verkehrsunfall. Im März 2022 startete die Massenimpfung, und im September 2022 wurde die Epidemie für beendet erklärt.«

Was? Sie hatten das Gegenmittel sozusagen aus meinem Körper gewonnen? Dann war ich in den Augen der Welt nicht nur der Teufel, der die Katastrophe verursacht hatte, sondern auch an der Rettung beteiligt gewesen? Eine Welle der Erleichterung breitete sich in mir aus ...

Samantha schien wieder einmal Gedanken zu lesen. »Ihre eigenen Organe waren allerdings durch den Unfall und den Pilzbefall so stark geschädigt, dass es weitere 27 Jahre gedauert hat, bevor eine Organrekonstruktion möglich wurde«, sagte sie mit leiser Stimme.

Irgendwie war es tröstlich, dass ich von alldem nichts mitbekommen hatte. Aber meine Umgebung? Erneut wurde das Bedürfnis übermächtig, mit meiner Frau, meiner Tochter, meinen Kollegen zu sprechen. Wie hatten sie das alles aufgenommen und überstanden? Ich würde Samantha bitten ... doch zuerst hatte ich noch eine Frage an Aleph-1.

»Was sagte man denn über meinen Unfall? Wie ... na gut, das ist sicher wieder eine zu komplizierte Frage. Dann anders gefragt: Was ergab denn die offizielle Untersuchung des Verkehrsunfalls von Daniel Achron?«

Wieder zwei Sekunden Stille. Ich stellte mir vor, wie dieser Aleph-1 in Sekundenbruchteilen Billiarden von Rechenoperationen anstellte, um Inhalte von Webseiten zu analysieren und Zusammenhänge herzustellen. Dann kam die verblüffende Antwort der Suchmaschine: »Der Untersuchungsbericht ging von einem Unfall auf eisglatter Straße aus. Die Sentiment-Analyse in den sozialen Netzwerken ergibt allerdings eine andere Meinungsverteilung: Nur zwölf Prozent glauben an die Unfallversion, 22 Prozent an einen Mordanschlag, 51 Prozent an einen Suizidversuch und 15 Prozent sind unentschieden.«

WIE BEKOMMT MAN GESUNDEN MENSCHENVERSTAND IN DIE MASCHINE?

Können Computer verstehen, was sie sehen und hören, Zusammenhänge erkennen und einen vernünftigen wissensbasierten Dialog führen? Die Antwort auf diese Frage hängt davon ab, welche Anforderungen man stellt. Dank Methoden wie Deep Learning, die den Lernverfahren im Gehirn abgeschaut sind, ähneln Roboter und die meisten Computersysteme heute auf vielen Feldern etwa drei- bis vierjährigen Kindern. Sie können laufen und greifen, ohne mit Hindernissen zusammenzustoßen. Sie können spielen und den Tisch abräumen. Sie können wie Kleinkinder beschreiben, was sie auf Bildern erkennen, aber wissen sie auch, was es bedeutet?

Fei-Fei Li, die Expertin für computergestütztes Sehen und maschinelles Lernen an der Stanford-Universität, bringt es auf den Punkt: »Wir haben überall Überwachungskameras, aber sie warnen uns nicht, wenn jemand im Schwimmbad zu ertrinken droht. Wir haben Autos, die selbständig fahren können, aber ohne eine wirklich intelligente Bildverarbeitung erkennen sie nicht den Unterschied zwischen einem zusammengeknüllten Papierknäuel auf der Straße, das man ruhig überrollen kann, und einem gleich großen Stein, den man tunlichst vermeiden sollte.«[89] Ein Mensch, der sieht, wie der Wind so eine Papiertüte auf die Straße weht, würde sofort wissen, dass man hierfür keine Vollbremsung machen muss. Einem Computer hingegen fehlt dieses Alltagswissen, dass ein vom Wind verwehtes Objekt sehr leicht sein muss.

Künstliche Systeme können heute zwar den Duft einer Blumenwiese oder eine Arie von Mozart in ihre Einzelteile zerlegen – doch verstehen sie dabei nichts von den Gefühlen, die diese Gerüche oder die Musik in Menschen auslösen. Sie können Raffaels »Schule von Athen« Pixel für Pixel analysieren und sogar beschreiben, was darauf zu sehen ist, und haben doch keine Ahnung, worum es dem Maler dabei gegangen ist. Und wenn jemand Goethes Gedicht »Prometheus« zitiert, können sie es in Text verwandeln, vielleicht sogar einigermaßen in eine fremde Sprache übersetzen, doch was es bedeutet, dieses »Hier sitz ich, forme Menschen/Nach meinem Bilde«[90], wissen sie nicht.

Doch vielleicht ist das ein bisschen viel verlangt, denn auch Menschenkinder brauchen viele Jahre, bis sie vom Sehen und Hören zum Verstehen kommen. Bis sie das Alltagswissen erworben haben, was man den »gesunden Menschenverstand« nennt, und bis sie all das Hintergrundwissen haben und die kulturelle Prägung, um in Gedichten und Bildern mehr zu sehen als nur Worte, Figuren und Farben.

DER HEILIGE GRAL DER KÜNSTLICHEN INTELLIGENZ

»Der Heilige Gral der Künstlichen Intelligenz ist die Semantik« – so wird Georg Gottlob, Informatiker und Professor an der Universität Oxford, in einem APA-Science-Dossier der österreichischen Presseagentur zitiert.[91] Er versteht darunter die Interpretation von Daten durch die Zuordnung von Bedeutung, also das automatische Erkennen von Inhalten und Zusammenhängen. Um dies zu schaffen, sagt er, müsse man die beiden großen Komponenten der Künstlichen Intelligenz, nämlich die Neuronalen Netze beziehungsweise das maschinelle Lernen und die Logik, die Wissensrepräsentation und das regelbasierte Schlussfolgern zusammenbringen – ähnlich, wie im menschlichen Gehirn diese Fähigkeiten zusammenspielen.

»Hier gibt es noch sehr viel zu tun«, betont Gottlob. Maschinen stünden bei der Verarbeitung von Wissen und bei der Zuordnung von Bedeutung noch ganz am Anfang – aber nicht bei null. Mit Wissensgraphen, semantischen Suchmaschinen und wissensverarbeitenden Computern sind seit ein paar Jahren die ersten Schritte hin zu verstehenden Systemen schon gelungen.

So enthielt der Knowledge Graph[92], die Wissensdatenbank von Google, bereits im Jahr 2013 rund 18 Milliarden verknüpfte Fakten. Anders als bisher, wo Suchmaschinen nur Links zu Webseiten liefern, auf denen der Nutzer dann selbst die vielleicht passenden Informationen finden muss, bemühen sich diese Wissensgraphen, gleich Antworten zu geben – durchaus auch zu Fragen, die man gar nicht gestellt hat. Will man etwa von Google wissen: »Wie alt ist Stephen Hawking?«, so wird nicht nur sein aktuelles Alter angezeigt, sondern in einem Infokasten daneben auch noch eine Kurzbeschreibung des Physikers, seine Kinder, Ehepartner, Bücher und die Filme über ihn, mitsamt Bildern.

Zusammengestellt werden diese Informationen über Personen, Filme, Länder, Orte, Restaurants und vieles mehr automatisch, ohne menschliches Zutun, aus Quellen wie Wikipedia, Wikidata, Google Maps oder dem *World Factbook* der CIA. Die Auswahl, welche Daten Google anzeigt oder welche per Sprachausgabe genannt werden, richtet sich danach, was am meisten gesucht wird. Bei Hawking sind es offenbar Ehepartner, Bücher und Filme, bei Restaurants die Öffnungszeiten und Kundenbewertungen, bei Firmen oft der Aktienkurs, der Hauptsitz, der Name des Vorstandsvorsitzenden und die Nummer des Kundenservice.

Bei Eingaben in natürlicher Sprache kann das System auch kleine Unterschiede oft schon gut erkennen. Eine klassische Suchmaschine, die sich nur an den Begriffen orientiert, würde wohl bei den Fragen »Wann starb Abraham Lincoln?« und »Wie starb Abraham Lincoln?« dieselben Links zu weiterführenden Webseiten liefern. Der Informationskasten des Knowledge Graph ist hier in beiden Fällen in der Tat derselbe, doch als direkte Antwort auf die erste Frage bietet Google den »15. April 1865« an, während die Antwort auf die zweite Frage schlicht »Attentat« lautet.

Noch weiter geht der Service »Google Now on Tap«, den Google im Jahr 2015 eingerichtet hat.[93] Er funktioniert auch innerhalb von Apps, ohne diese zu verlassen. Schickt beispielsweise jemand eine Mail oder eine WhatsApp-Nachricht mit dem Inhalt »Sollen wir den *Marsianer* anschauen?«, dann weiß Google aus dem Kontext des Wortes »anschauen«, dass wohl nicht das Buch, sondern der Film gemeint ist. Mit einem einfachen Druck auf den Home-Button des Smartphones liefert Now on Tap weitere Informationen über den Film, seinen Trailer, seine Schauspieler und die Kinos in der Umgebung, in denen der Streifen läuft. Zugleich kann man natürlich auch die Suchmaschine per Spracheingabe fragen, wer das entsprechende Buch geschrieben hat, und eine freundliche Stimme antwortet: »Andy Weir schrieb den *Marsianer*.«

Die semantische Suchmaschine Wolfram Alpha kann sogar noch mehr.[94] Sie errechnet Antworten aus einer Vielzahl von Fakten sozusagen live, sodass sie perfekt zur Frage passen – sofern diese aus einem im weitesten Sinne natur- oder geisteswissenschaftlichen Umfeld stammt. Übliche Suchmaschinen müssen beispielsweise bei einer solchen Frage passen: »Ich wiege 90 Kilogramm. Wie schwer bin ich auf dem Mars?« Wolfram Alpha hingegen liefert dazu nicht nur die richtige physikalische Gleichung, sondern auch gleich noch eine Eingabemaske, mit deren Hilfe man bei 90 Kilogramm das Ergebnis 336,2 Newton erhält.

Doch Wolfram Alpha ist nicht nur auf Zahlen beschränkt. Ebenso können Dichter damit – leider derzeit nur im Englischen – Wörter finden, die sich auf beliebige Eingaben reimen. So findet die semantische Suchmaschine zum Begriff »Computer« 14 Reimwörter wie »scooter«, »commuter«, »hooter« oder »tutor«. Auch kann ein Sportler erfahren, welchen Energieverbrauch und welche Fettverbrennung er bei seinem Gewicht und einer bestimmten Geschwindigkeit beim Schwimmen oder Laufen erzielen wird. Und fragt er schließlich, wann er im Jahr 2050 Ostersonntag feiern kann, erhält er als Antwort: »am 10. April 2050« und dass an diesem Tag die Sonne in München um 6:36 Uhr aufgehen wird.

WATSON, DER NEUE CHAMPION   Das ist schon recht beachtlich, aber dass künstliche Systeme einmal tatsächlich in der Lage sein könnten, Menschen auf den unterschiedlichsten Wissensgebieten ernsthaft Konkurrenz zu machen, zeigte sich zum ersten Mal am 16. Februar 2011. An diesem Tag schrieb das Computersystem Watson von IBM mit einem Paukenschlag Geschichte.[95] Es beendete einen dreitägigen Spielemarathon, der im US-Fernsehen live übertragen wurde, mit einem überwältigenden Sieg gegen die beiden menschlichen »Jeopardy!«-Champions Ken Jennings und Brad Rutter. Jennings und Rutter waren bis dahin die besten »Jeopardy!«-Spieler der Welt gewesen – diejenigen, die in dieser beliebtesten Quizshow Amerikas am häufigsten gewonnen beziehungsweise am meisten Geld eingespielt hatten.

»Jeopardy!« erfordert eine breite Bildung in Geschichte, Literatur, Politik, Kunst und Entertainment, aber es geht nicht einfach darum, Wissensfragen zu beantworten. Stattdessen werden Hinweise gegeben, die oft voller Wortspiele und Rätsel sind oder Ironie, Reime und subtile Anspielungen enthalten. Der Spieler, der den damit verbundenen Geldbetrag gewinnen will, muss eine zum Hinweis passende Frage formulieren und als Erster den Buzzer drücken. Während der Spielshow »saß« Watson in der Mitte zwischen Jennings und Rutter auf der Bühne, doch statt eines Menschen sahen die Zuschauer hier nur einen schwarzen Bildschirm mit kreisenden Kugeln im Strahlenkranz – dem »Smarter Planet«-Logo von IBM nachempfunden.

An vielen Stellen des Spiels war das Computersystem, das nach dem IBM-Gründer Thomas J. Watson benannt worden war, schneller als die Wettbewerber. Dann drückte Watson mit seinem Roboter-Finger den Buzzer und gab mit einer etwas blechern klingenden Stimme meist die richtige Antwort. Am Schluss gewann der Computer das Preisgeld von einer Million Dollar mit einem mehr als dreimal so hohen Punktestand wie seine menschlichen Konkurrenten – woraufhin Ken Jennings sich als guter Verlierer vor Watson verbeugte, mit einem untertänigen und nur leicht ironischen: »Ich heiße unsere neuen Herren und Meister, die Computer, herzlich willkommen.«

Was Watson in der »Jeopardy!«-Show leistete, erkennt man am besten an einer typischen Antwort-Frage-Situation. So lautete einer der Hinweise: »Im Mai 1898 feierte Portugal den 400. Jahrestag der Ankunft dieses Entdeckers in Indien.« In Sekundenschnelle lieferte Watson die dazu passende Frage: »Wer ist Vasco da Gama?« Um zu diesem Ergebnis zu kommen, musste sich der Computer erst einmal klarmachen, dass es offenbar um das Jahr 1498 und nicht 1898 ging, und dass ein Entdecker gesucht war, der etwas mit Portugal und Indien zu tun hatte. In seinen Quellen stieß Watson auf einen Eintrag, dass Vasco da Gama am 27. Mai 1498 am Kappad-Strand gelandet war – um dies nun wiederum mit dem genannten Hinweis in Einklang zu bringen, musste der Computer noch herausfinden, dass »landen« ein Synonym für »Ankunft« sein kann und dass der Kappad-Strand in Indien liegt.

16 000-MAL DIE ENCYCLOPÆDIA BRITANNICA

Dahinter stecken gigantische Datenbanken, eine enorme Rechenleistung und die Fähigkeit, unstrukturierte Texte analysieren zu können.[96] Fünf Jahre zuvor, im Jahr 2006, hatte IBM ein Forscherteam um David Ferrucci, einen promovierten Computerwissenschaftler aus New York, beauftragt, »Jeopardy!« als neue »Grand Challenge« anzugehen.[97] Die letzte, die die Welt noch gut im Gedächtnis hatte, war damals schon zehn Jahre her: der Sieg des IBM-Rechners Deep Blue gegen den Schachweltmeister Garri Kasparow. Doch nun ging es nicht mehr um die Berechnung von Schachstellungen, sondern um die Verarbeitung von Wissen – eine der letzten Domänen, wo sich Menschen gegenüber Maschinen noch klar im Vorteil sahen.

Ferruccis Team nahm die Herausforderung an und baute einen Supercomputer, dessen Hardware allein mehrere Millionen Dollar wert war: Sie bestand aus 90 Servern mit 2880 Power-7-Prozessoren, die einen ganzen Raum füllten und 80 Billionen Rechenoperationen in der Sekunde ausführen konnten. Dies klingt nach einem beachtlichen Wert, doch auf der Liste der weltweiten Supercomputer lag das Watson-System damit nur auf Platz 114. Noch wichtiger als die schiere Rechengeschwindigkeit war hingegen, wie viel an Informationen in den Arbeitsspeicher passten und von dort schnell abgerufen werden konnten: 16 Terabyte – das entsprach etwa 2000 Desktop-Rechnern oder dem 16 000-Fachen des Inhalts der *Encyclopædia Britannica*.

Letztlich luden die Forscher rund 200 Millionen Textseiten in den Arbeitsspeicher, darunter das gesamte Internetlexikon der Wikipedia, Sachbücher, Film- und Musikdatenbanken, aktuelle Nachrichtenseiten, Wörterbücher, Synonyme sowie Ober- und Unterbegriffe und natürlich die Fragen der bisherigen Quizshows. Während des Spiels untersuchten dann Hunderte von Bots, kleine selbständige Teilprogramme, verschiedene Aspekte der »Jeopardy!«-Hinweise und lieferten mögliche Antworten, die wiederum von einer übergeordneten Instanz des Watson-Computers auf ihre Stimmigkeit überprüft und mit einer Wahrscheinlichkeit bewertet wurden.

Durch Vergleich mit den richtigen Resultaten lernte das System im Lauf der Jahre ständig dazu und wurde immer besser darin, die Wortspiele und Andeutungen zu verstehen, die bei »Jeopardy!« gerne verwendet werden. Am Anfang, so berichtet Ferrucci, war Watson so langsam, dass die Wissenschaftler ihm einen Hinweis zur Bearbeitung geben und dann in aller Ruhe zum Lunch gehen konnten. Zu dieser Zeit waren auch nur 15 Prozent der Ergebnisse korrekt. Doch binnen vier Jahren war das System schließlich ausgereift genug, um es mit menschlichen Champions aufnehmen zu können, die innerhalb von drei Sekunden zu 95 Prozent richtige Antworten geben.

Ken Jennings zeigte sich auch entsprechend beeindruckt. Im Online-Magazin *Slate* schrieb er nach seiner Niederlage im »Jeopardy!«-Wettstreit: »So wie man Fabrikarbeiter im 20. Jahrhundert durch Fertigungsroboter ersetzte, so waren Brad Rutter und ich die ersten Wissensarbeiter, die durch die neuen denkenden Maschinen arbeitslos wurden. Quizshow-Teilnehmer ist vielleicht der erste Job, der Watson zum Opfer fiel, aber sicherlich nicht der letzte.«[98]

Damit hat Jennings natürlich recht. IBM hat Watson und die dahinter liegende »Deep Question Answering«-Technologie nicht nur für Quizsendungen entwickelt.[99] Bereits im Sommer 2011 wurde das System von der »Jeopardy!«-spezifischen Fragestellung auf den Gesundheitsbereich ausgeweitet. Ab Frühjahr 2012 wurde es für Finanzdienstleistungen eingesetzt und danach auch für Aufgaben im juristischen Umfeld, bei Automobilfirmen und in Callcentern. 2014 gründete IBM einen eigenen Bereich, die Watson Group, und investierte zunächst rund eine Milliarde Dollar – 100 Millionen davon für Start-ups, die beispielsweise neue Watson-Applikationen entwickeln. Weitere Milliarden-Investments werden folgen.

Mitte Dezember 2015 gab IBM bekannt, dass München zur weltweiten Zentrale eines neuen Geschäftsbereichs und zum ersten europäischen Watson Innovation Center ausgebaut wird. Rund 1000 Entwickler, Berater, Forscher und Designer sollen hier gemeinsam mit Kunden und Partnern an der Schnittstelle zwischen Cognitive Computing à la Watson und dem Internet der Dinge arbeiten. Beispielsweise soll es darum gehen, die Unmengen an Daten intelligent auszuwerten, die in digitalen Fabriken oder Verkehrs- und Energiesystemen anfallen. Zusammen mit Siemens will IBM auch die Digitalisierung von Gebäuden vorantreiben, um sie energieeffizienter und umweltfreundlicher zu machen.

DIE SOFTWARE VERSTEHT 21 SPRACHEN UND DEN JARGON VON ONKOLOGEN   Die sogenannte »Watson Explorer«-Software versteht inzwischen neben Englisch auch 20 andere Sprachen, darunter Deutsch. Das Bearbeiten von erheblichen Mengen an natürlichsprachigen und unstrukturierten Texten nennt Wolfgang Hildesheim als einen der entscheidenden Vorteile des Systems. »Hinzu kommen seine Flexibilität für viele Anwendungsfelder und die Fähigkeit, zu lernen sowie Hypothesen aufzustellen und zu bewerten«, sagt der promovierte Elementarteilchenphysiker, der derzeit in Hamburg als Europa-Vertriebschef von Watson tätig ist.

Basis von Watson sind Software-Technologien zum Dialog in natürlicher Sprache, zur Analyse von Bildern, Videos und Audiodateien und natürlich zur Auswertung von Dokumenten, seien es E-Mails, Twitter-Feeds oder Chat-Dialoge, Fachartikel, Lexikoneinträge, Arztbriefe oder Kochrezepte. Das System findet nicht nur die wichtigen sprachlichen Elemente wie Subjekt, Prädikat oder Objekt und ihre beschreibenden Zusammenhänge, sondern es lernt auch den Jargon und die Denkweise eines bestimmten Einsatzgebietes.

Beispielsweise haben Fachleute des hoch angesehenen Memorial Sloan Kettering Cancer Center in New York dem Watson-System Millionen von Seiten aus Fachzeitschriften zum Thema Brust- und Lungenkrebs zu lesen gegeben, ebenso Krankenakten, medizinische Leitlinien und Lehrbücher. Watson lernt auf diese Weise, Symptome richtig zu deuten und zu benennen, ebenso die möglichen Therapien und ihre Nebenwirkungen, die wiederum stark von den Patienten abhängen, ihrem Alter, Geschlecht und Gesundheitszustand. Während dieser Lernphase prüfen Ärzte ständig, ob die Informationen und die Wissensgraphen, die Watson speichert beziehungsweise aus den Eingaben selbst erstellt, relevant und aktuell sind. Das System wird also sozusagen durch das menschliche Feedback programmiert und richtig eingestellt.

Dann gibt es im Wechselspiel mit den Fachleuten eine weitere Lernphase mit Frage-und-Antwort-Paaren, die im klinischen Alltag sinnvoll sind. Wenn das System eine Frage sprachlich analysiert hat, bildet es Hypothesen für mögliche Antworten und sucht Belege dafür in seinen Datenbanken, die dann mit statistischen Methoden bewertet und gewichtet werden. Auch während des späteren Betriebs mit realen Patienten kann der »Watson Oncology Advisor« ständig neues Wissen erwerben, das aber ebenfalls von menschlichen Experten erst noch überprüft und freigegeben wird.

In einem typischen Anwendungsfall hat ein Arzt vor sich auf dem Bildschirm nicht nur die entsprechende Patientenakte, sondern auch einen »Ask Watson«-Knopf. Wenn er ihn betätigt, vergleicht Watson in Sekundenschnelle die Patientendaten, etwa die Bilder aus dem Computertomografen und die Laborbefunde der Biopsie, mit Hunderttausenden von anderen Fällen, Behandlungsrichtlinien und Literaturinformationen. Die relevantesten Ergebnisse werden dem Onkologen angezeigt – einschließlich eines Evidenz-Buttons, der die Quellen angibt und aufschlüsselt, warum Watson diese Resultate für wichtig hält.

Darüber hinaus macht Watson Vorschläge für weitere Untersuchungen, Tests oder Fragen, die dem Patienten gestellt werden sollten, beispielsweise ob das Hörvermögen gestört ist oder Blut abgehustet wurde. Im Dialog mit Watson und dem Patienten gewinnt der Arzt auf diese Weise weitere wertvolle Informationen – und erhält vom Computer schließlich mehrere Behandlungsoptionen einschließlich Konfidenzwerten, das heißt einer Einschätzung, wie sinnvoll und nützlich die jeweilige Therapie sein würde. Auch hier kann der Onkologe diese Bewertungen wieder hinterfragen, sich die Quellen anzeigen lassen und gegebenenfalls neu priorisieren.

ELEMENTAR, MEIN LIEBER WATSON »Diese evidenzbasierte Vorgehensweise ist der entscheidende Vorteil von Watson«, betont Wolfgang Hildesheim. »Denn nicht bei allen Technologien des maschinellen Lernens erfährt man, wie ein Ergebnis zustande gekommen ist. Watson hingegen nennt auf einen Klick die Quellen für seine Bewertungen.« Dadurch wissen die Anwender stets, auf welcher Basis Watson die Resultate produziert hat. Bei einem konventionellen Neuronalen Netz ist dies beispielsweise nicht der Fall – hier kann der Nutzer nicht ohne Weiteres nachvollziehen, welche Lernbeispiele für das Ergebnis relevant waren.

Die Vorstandsvorsitzende von IBM, Virginia Rometty, ist überzeugt davon, dass Systeme wie Watson das Gesundheitswesen tief greifend verändern werden: »Beispiel Brustkrebs: Hier gibt es weltweit fast zwei Millionen neue Fälle jedes Jahr und über 800 verschiedene Therapien«, sagte sie dem Interviewer Charlie Rose im US-Fernsehen.[100] Watson könne sich all dies anschauen und die besten Vorschläge für Diagnose und Behandlung machen, »denn er wurde von den besten Ärzten der Welt trainiert.«

Rometty behandelte Watson in diesem Gespräch wie eine Person, sie sprach von »he« statt »it«, von »er« statt »es« – und sie machte vor allem deutlich, welche Fortschritte dieser digitale Arztberater insbesondere den Menschen in Entwicklungs- und Schwellenländern bringen kann. So nutzt etwa ein Krankenhaus in Bangkok, das mehr als eine Million Patienten pro Jahr versorgt, den Watson Oncology Advisor für seine Krebspatienten. »Das sind alles Patienten, die das Memorial Sloan Kettering Cancer Center in New York nie sehen werden, und dennoch können sie von der Kompetenz der dortigen Ärzte profitieren«, sagt Rometty.

Doch das System eignet sich für noch weit mehr Einsatzgebiete.[101] Beispielsweise hilft der »Watson Discovery Advisor« Pharmaunternehmen, neue Medikamente zu finden. Autofirmen können Watson verwenden, um Werkstattberichte besser auszuwerten und dadurch Fehler schneller zu beheben. So kann Watson etwa erkennen, dass Sätze wie »die Bremsen machen Geräusche«, »das Auto stoppt zu langsam« oder »das Pedal reagiert zu schwammig« in Kunden-Feedbacks auf ein Bremsproblem hindeuten. Ein Facharbeiter kann dann im Dialog mit Watson versuchen, die Ursache weiter einzugrenzen.

»Watson for Wealth Management« nutzt wiederum den »Watson Engagement Advisor« in Banken wie der ANZ-Bankengruppe Australiens für die Anlage- und Rentenberatung. Ruft hier beispielsweise ein Kunde an und fragt, ob er Aktien der Alibaba Group kaufen soll, dann hat sein Bankberater nicht nur mit einem Klick alle Informationen über dieses chinesische Unternehmen und seine Aktie auf dem Bildschirm – Watson liefert darüber hinaus aufgrund seiner Analyse von aktuellen Hintergrundinformationen auch Argumente für und gegen diese Geldanlage sowie ein Persönlichkeitsprofil des Kunden und seiner Risikobereitschaft.

Auch Callcenter kann Watson von Grund auf verändern. Dank seiner Fähigkeit, unstrukturierte Textinformationen – wie Mails, Rechnungen, Produktdaten oder typische Frage-und-Antwort-Listen – auszuwerten, können Kundenanfragen schneller und präziser beantwortet werden. So hat IBM ausgerechnet, dass eine Versicherung mit etwa 14 000 Callcenter-Agenten im Schnitt jeden Anruf drei Sekunden schneller bearbeiten kann, was im Jahr Millionen Dollar einspart.

Künftig dürfte Watson dank Spracherkennung und Sprachausgabe immer mehr einfache Anfragen auch direkt beantworten – was nicht nur für Callcenter gilt. Kann ein Nutzer dann beispielsweise, statt zu googeln, einfach eine Nummer anrufen, seine Frage ins Smartphone sprechen und eine sympathische George-Clooney-Stimme liefert die Antwort? »Denkbar ist das auf alle Fälle«, sagt Hildesheim.

COGS SIND DIE NEUEN APPS Es gehört sowieso zum erklärten Ziel der Entwickler, immer mehr Anwendungen aufs Smartphone zu bringen. Hinter Watson steckt schon lange nicht mehr nur der Supercomputer am IBM-Standort Yorktown Heights, der 2011 den »Jeopardy!«-Wettbewerb gewann, oder ein anderer Großrechner am Astor Place in Manhattan, New York, wo die Watson Group in einem prismenförmigen Glashochhaus residiert – heute können Watson-Server von überall in der Welt kontaktiert werden. Desktop-Rechner oder mobile Endgeräte sind dann nur noch die Schnittstelle zwischen dem Nutzer und den IBM-Servern in der Cloud.

Inzwischen arbeiten auch Tausende von externen Entwicklern innerhalb des cloudbasierten »Watson-Ökosystems« an Anwendungen für kognitive Computer. Analog zu den Apps der Smartphones könnte man diese Programme Cog Apps oder Cogs[102] nennen – und so wie eine Wetter-App auf dem Smartphone letztlich auf die Prognosen von Großrechnern zurückgreift, die im Hintergrund arbeiten, so werden in Zukunft die Cog Apps die Kapazitäten von kognitiven Computern wie Watson nutzen.

Der Fantasie der Entwickler sind hier kaum Grenzen gesetzt. Hildesheim könnte sich zum Beispiel eine Cog App für Hobbygärtner vorstellen: »Wenn man etwa eine kranke Pflanze im Garten entdeckt, schießt man ein Foto von den betroffenen Blättern und lädt es hoch«, sagt er. »Das System macht dann einen Bildvergleich, stellt vielleicht die Diagnose Milben und gibt Tipps, wie man die behandelt. Und das Ganze für einen kleinen Cent-Betrag.«

Ein anderes Beispiel ist die kognitive App namens CallScout, die Studenten der Universität Texas erfanden und für deren Weiterentwicklung sie im Jahr 2015 in einem IBM-Wettbewerb ein Preisgeld von 100 000 Dollar gewannen.[103] Mit CallScout erhalten auch solche Personen wichtige Informationen über soziale Dienstleistungen, die keinen Internetzugang haben und die kein Callcenter anrufen wollen. So können Menschen, die auf der Straße leben, beispielsweise über ihr Smartphone Fragen an Watson stellen wie: »Wo ist die nächste Obdachlosenunterkunft?« oder: »Wo kann ich kostenloses Essen bekommen?«

IBM-Forscher nutzten Watson sogar schon für kreative Kochkünste. Sie fütterten den Computer mit Kochrezepten aus aller Welt sowie mit Fakten zur Ernährung und zur Geschmacksforschung und baten ihn, neuartige Gerichte zu designen, die dann von Menschen gekocht wurden. Heraus kamen Kombinationen wie Lamm mit Knödel und Garnelen oder roher Fisch, in Limettensaft mariniert, mit Kochbananen oder auch eine Schweiz-Thai-Kreation: Quiche mit Zitronengras und Spargel. Gäste, die diese Cross-over-Spezialitäten probierten, gaben zu, dass sie gar nicht übel schmeckten – doch dem Digitalkoch Watson fehlte ganz offenbar das Gespür dafür, dass Essen auch kulturell verankert sein sollte, sagten sie.

Auch einen debattenerprobten Watson, der auf das Abwägen von Argumenten trainiert wurde, hat IBM bereits präsentiert. So stellten die Entwickler Watson etwa die Frage, ob Videogewaltspiele für Jugendliche verboten werden sollten. Daraufhin durchsuchte der Computer vier Millionen Wikipedia-Artikel, fand die zehn relevantesten und destillierte daraus binnen Sekunden jeweils drei Argumente für und drei gegen ein solches Verbot. Dass ein solches Pro-und-Kontra-Programm für Bankberater ebenso nützlich ist wie für Juristen, Immobilienmakler, Versicherungsvertreter oder Ärzte, ist offensichtlich – zwar trifft Watson keine Entscheidungen, sondern liefert nur Argumente, aber es wäre nur ein kleiner Schritt, sie zu gewichten und daraus dann auch eine Entscheidung abzuleiten.

50 TWEETS BESTIMMEN DIE PERSÖNLICHKEIT

Ähnlich weitreichend ist die Sentiment-Analyse, die Watson leisten kann. Darunter versteht man die Fähigkeit eines Programms, den Tenor von Texten festzustellen, also nicht nur seine wesentlichen Aussagen zu finden, sondern auch zu erkennen, ob sich der Beitrag lobend oder kritisch zu einem Thema äußert. Auf diese Weise entstehen auch die »Bullish«- und »Bearish«-Argumente, die bei »Watson for Wealth Management« verwendet werden. Solche Analysewerkzeuge schaffen es sogar, anhand von E-Mails, Blogs, Chats oder Twitter-Feeds auf die

Persönlichkeit von Menschen zu schließen. So hat die psycholinguistische Forschung gezeigt, dass sich Werte, Bedürfnisse und Persönlichkeitsmerkmale in der Wahl von Worten, dem Schreibstil und den Kommunikationsaktivitäten niederschlagen, also wie oft und zu welchen Tageszeiten jemand schreibt, wie er formuliert und welche Begriffe er benutzt. 50 bis 100 Tweets sollen bereits ausreichen, um Aussagen zu treffen, wie offen, zugänglich, stabil, harmoniebedürftig, introvertiert und gewissenhaft jemand ist, ob er neugierig ist, gerne anderen hilft, oder auch, wie praktisch veranlagt er ist.[104]

Eine solche Auswertung hat natürlich enorme wirtschaftliche – und ethische – Konsequenzen, die ich unter anderem in Kapitel 10 behandeln werde. Dies reicht von der Risikobereitschaft bei der Geldanlage bis hin zum Kaufverhalten. Wenn der Computer weiß, dass jemand gerne Neues ausprobiert, wird er ihm natürlich andere Produkte empfehlen, als wenn derjenige eher konservativ einkauft. Ähnliches gilt für das Auftreten von Beratern oder Callcenter-Agenten: Wenn sie wissen, welche Persönlichkeitsmerkmale ein Anrufer aufweist, dann können sie sich entsprechend verhalten und beispielsweise zupackend und extrovertiert agieren oder im Gegenteil zurückhaltend und ganz sachlich argumentieren.

Dennoch, so bahnbrechend – oder vielleicht auch erschreckend – dies alles klingt, Watson ist kein Alleskönner, keine Eier legende Wollmilchsau, sondern spezialisiert auf eng begrenzte Domänen wie etwa Finanzberatung, Werkstattberichte, Callcenter oder bestimmte Krebsdiagnosen und -therapien. »Das System nutzt immer nur das Wissen, das es für die jeweilige Anwendung bekommt«, sagt Europa-Vertriebschef Hildesheim. Watson kann zwar auf eine Vielzahl von Einsatzgebieten hin trainiert und optimiert werden, aber Alltagswissen oder gesunder Menschenverstand sind nicht Teil des Systems.

EINE MASCHINE MIT GESUNDEM MENSCHEN-VERSTAND?   »Ein gutes Beispiel, was Systeme wie Watson nicht können, ist etwa das Verständnis von Winograd-Sätzen«, meint

Oren Etzioni, der Leiter des Allen-Instituts für Künstliche Intelligenz in Seattle, USA. Terry Winograd, ein Informatikprofessor in Stanford, hatte in den 1970er-Jahren Sätze entwickelt, die sich meist nur in einem Begriff unterscheiden und an denen sich zeigt, wie viel Hintergrundwissen nötig ist, um sie richtig zu interpretieren. »Die Behördenvertreter haben den Demonstranten verboten, sich zu versammeln, weil sie Gewalt fürchteten« beziehungsweise »Die Behördenvertreter haben den Demonstranten verboten, sich zu versammeln, weil sie Gewalt befürworteten« sind solche Winograd-Sätze. Für einen Computer ist es extrem schwer, herauszufinden, auf wen sich das »befürworteten« oder »fürchteten« bezieht – ein Mensch erkennt das sofort.

»Oder nehmen Sie ein anderes Beispiel, diesmal aus der Naturwissenschaft«, sagt Etzioni. »Der Ball durchbrach den Tisch – er war aus Styropor« und »Der Ball durchbrach den Tisch – er war aus Stahl«. Auch hier, weiß Etzioni, haben künstliche Systeme enorme Schwierigkeiten: »Wer war denn nun aus Stahl und wer aus Styropor?« Etzionis Team ist angetreten, Computerprogramme zu entwickeln, für die solche trickreichen Alltagsfragen kein Hindernis mehr sein sollen. Sie sollen automatisch Wissen generieren, das sie auf eine Intelligenzebene hebt, die mit Schülern vergleichbar ist.

Das Allen-Institut für Künstliche Intelligenz[105] wurde von Paul Allen, der zusammen mit Bill Gates Microsoft gründete, im Jahr 2014 ins Leben gerufen – neben ähnlichen Instituten für Gehirn- und Zellforschung in Seattle. Ihre Ziele sind keine kommerziellen Produkte, sondern grundlegende Forschungsarbeiten, die das jeweilige Gebiet zum Nutzen der Menschheit weiter voranbringen sollen. Etzionis Team hat dazu ein niedriges Gebäude zwischen Jachtklub und Erholungspark am Lake Union bezogen, mit atemberaubendem Blick auf die Skyline von Seattle und geradezu ideal für junge Forscher. Während draußen Wasserflugzeuge starten und Schnellboote vorbeibrausen, wird im Großraumbüro intensiv am intelligenten Computer von morgen gearbeitet.

Gleich am Eingang steht das berühmte Zitat von Antoine de Saint-Exupéry: »Wenn du ein Schiff bauen willst, dann trommle nicht Männer zusammen, um Holz zu beschaffen, Aufgaben zu vergeben und die Arbeit einzuteilen, sondern lehre sie die Sehnsucht nach dem weiten, endlosen Meer« – und daneben ein weiteres von Oren Etzioni: »Das Leben ist zu kurz, um an Projekten zu arbeiten, die einen nicht unglaublich begeistern.« Genau diese Begeisterung will der vielfach ausgezeichnete Unternehmensgründer und Professor für Computerwissenschaft an der Universität von Washington auch seinen Mitarbeitern vermitteln, wenn er stets sprudelnd vor Ideen durch die Räume des Instituts eilt.

Wie bekommt man Allgemeinwissen in eine Maschine? Das ist die Kernfrage, die sich Etzioni stellt. Wie lässt sich Wissen darstellen – »repräsentieren«, sagt er – und möglichst automatisch aus einer Vielzahl von Informationsquellen erzeugen? Manches ist einfach und kann in einer Datenbank hinterlegt werden, etwa Fakten zu Materialien wie »Stahl ist hart und Styropor ist weich« oder die Tatsache, dass Pinguine zwar Vögel sind, aber nicht fliegen können. Anderes ist deutlich schwieriger: »Nehmen Sie ein Foto von Leuten auf einer Party«, sagt Etzioni. »Wir Menschen sind sehr gut darin, die Szene zu interpretieren und vielleicht sogar zu erkennen, wer wen verliebt anschaut – Computer können das nicht.«

Ähnlich problematisch ist es für die Maschine, überhaupt herauszufinden, welche Information sie in welcher Situation braucht. Wie soll sie im Winograd-Beispiel etwa erkennen, dass sie ermitteln muss, ob der Ball oder doch eher der Tisch aus einem harten Material besteht? »Exzellente Frage«, nickt Etzioni. »Der Umfang unseres impliziten und expliziten Wissens ist so immens, dass die Maschinen damit schnell überfordert sind.«

DER COMPUTER BEWIRBT SICH FÜRS COLLEGE

Daher hat sich Etzionis Team erst einmal auf klar begrenzte Teilgebiete beschränkt. »Wir wollen in unserem Aristo-Projekt[106] erreichen, dass unser System im Jahr 2016 bei Tests für Viertklässler besser als das durchschnittliche amerikanische Kind abschneidet«, sagt er. Der

Computer soll also besser sein als ein etwa zehnjähriges Kind, das nach der Grundschule weiterführende Schulen besuchen will. Später soll er dann auch die Tests für Acht- und Zwölftklässler bestehen. »Damit hätte die Maschine das Recht erworben, ein College zu besuchen«, meint Etzioni schmunzelnd.

Bei den Tests für Viertklässler muss der Computer einiges über Felder wie Schwerkraft, Materialeigenschaften, Magnetismus, Geometrie oder Biologie wissen, beispielsweise solche Fragen beantworten: »Was beschreibt einen Organismus, der Nährstoffe zu sich nimmt? A) ein Hund, der einen Knochen vergräbt, B) ein Mädchen, das einen Apfel isst, C) ein Insekt, das über ein Blatt krabbelt, oder D) ein Junge, der im Garten Tomaten pflanzt?«

Außerdem muss er einfache arithmetische Tests lösen, wie »Joey hatte 15 Stifte. Er gab acht an Suzy weiter und einer fiel ihm herunter – wie viele hat er noch in der Hand?« Das Interessante hier ist weniger die Mathematik, die ein Computer natürlich problemlos beherrscht, sondern dass die Aufgaben beliebig verklausuliert sein können und die Maschine erst einmal verstehen muss, um welche Objekte es geht und was mit ihnen infolge welcher Aktionen passiert.

»Bei echten Schultests haben wir inzwischen fast 80 Prozent Genauigkeit erreicht – das ist schon sehr gut«, sagt Etzioni. Dennoch kann der Computer ein Problem wie dieses noch nicht lösen: »Es sitzen 15 Vögel auf einer Stromleitung. Der Jäger erschießt einen. Wie viele bleiben sitzen?« Bei diesem Test würde die Maschine »14« antworten – »wie im Übrigen einige Menschen auch!«, ist der Computerexperte überzeugt. Denn die richtige Antwort erfordert schon einiges an Zusatzwissen: Dass ein Schuss knallt und dass Vögel bei einem lauten Knall erschrecken, auffliegen und sich anderswo einen ruhigeren Ort suchen.

»Letztlich geht es darum, dass in Zukunft auch die künstlichen Systeme wie die Menschen in der Lage sind, aufgrund ihres Wissens eine begründete Vermutung anzustellen«, meint Etzioni. »Denn auch ein Mensch, der noch nie gesehen hat, wie ein Jäger auf Vögel schießt, kann durch Nachdenken und Intuition auf die richtige Lösung kommen.«

Daher arbeitet sein Team daran, wie der Computer aus Quellen wie Wikipedia, WikiAnswers, verschiedenen Datenbanken und schulischen Textbüchern möglichst viel Wissen extrahieren und ordnen kann. Paul Allen hatte einmal die Vision, dass ein Programm in der Lage sein sollte, etwa ein Biologiebuch wie ein Schüler zu lesen und dann die Fragen am Ende jedes Kapitels zu beantworten – »So weit sind wir noch lange nicht«, gibt Etzioni zu. »Aber wir haben schon eine Milliarde Webseiten durchforstet und daraus fünf Millionen Fakten generiert, mit denen der Computer gut arbeiten konnte.«

Eine typische Frage, die die Forscher an die Maschine stellten, war beispielsweise: »Was tötet Bakterien?« Die Antworten, die der Computer selbständig fand und nach Häufigkeit und Relevanz sortierte, waren schon recht gut: »Chlor« und »die Sonne« waren darunter, und ein Klick auf das Ergebnis lieferte dann die Quelle für diese Aussage – also evidenzbasiert, wie dies auch Watson tut. Geometrieprobleme, die aus Diagrammen und Texten bestehen, kann Etzionis System ebenfalls schon zufriedenstellend lösen. Hier geht es darum, nicht nur die Aufgabe zu verstehen, sondern zum Beispiel auch zu wissen, dass Linien eines Winkels, die durch einen Kreisbogen verbunden sind, gleich lang sind, und wie man den Satz des Pythagoras anwendet.

WAS IST LEICHTER: IM SCHACH GEWINNEN ODER EIN BUCH SCHREIBEN?

Was sind dann noch die größten Hürden? Vor allem zwei, erklärt Etzioni. »Wie man komplexe symbolische Repräsentationen einsetzt, um in einem künstlichen System aus gelernten Informationen Wissen zu generieren. Und wie man Probleme behandelt, die nicht gut formalisiert sind oder die gar nicht formalisierbar sind.« Was er damit meint? »Nun, Schach ist sehr gut formalisiert, das Schreiben eines Buches überhaupt nicht. Manche Leute würden sagen, es sei leichter, ein gutes Buch zu verfassen, als den Schachweltmeister zu besiegen. Für einen Computer gilt genau das Gegenteil – ganz abgesehen davon, dass man einem Computer wohl kaum erklären kann, was ein gutes Buch überhaupt ausmacht!«

Eines habe er in den Jahrzehnten seiner Forschungen auf jeden Fall gelernt, schließt der Experte für Künstliche Intelligenz: »Hochachtung und Bescheidenheit vor dem menschlichen Gehirn – es ist einfach unglaublich, was dieses Organ mit seinem relativ geringen Energieverbrauch zustande bringt!«

Wäre es dann nicht ein extrem spannendes und vielleicht auch Erfolg versprechendes Ziel für Forscher, die Strukturen und Prozesse der Informationsverarbeitung im Gehirn noch viel besser nachzubauen, als dies mit den bisherigen Computersystemen gelungen ist? Genau um diese Frage wird es im nächsten Kapitel gehen.

SECHS

NEUROCHIPS UND DAS HUMAN-BRAIN-PROJEKT: DAS GEHIRN NACHBILDEN

Die ultimative Suchmaschine

Hatte dieser intelligente Suchalgorithmus, dieser Aleph-1, vorhin tatsächlich gesagt, dass mehr als die Hälfte der Menschen glaubten, ich hätte damals Selbstmord begehen wollen?

»Was für ein Unsinn!«, platzte ich heraus. »Suizid? Das muss ich ja wohl besser wissen. Ich bin Daniel Achron. Wieso hätte ich Selbstmord begehen sollen?«

Der nette junge Mann auf dem Bildschirm vor mir, dieser Avatar einer Suchmaschine mit einem Schal aus lauter Einsen und Nullen, ließ sich durch meinen Gefühlsausbruch nicht beirren. »Herr Achron, das häufigste Argument in den öffentlichen Chats und Blogs sowie den Videobeiträgen und Meinungsartikeln in den Printmedien war, dass Sie den Pilz – vielleicht versehentlich – freigesetzt hatten und mit dieser Schuld nicht mehr leben konnten.«

»Das stimmt nicht. Ich hatte keine Ahnung ... es war ein Unfall«, flüsterte ich.

Aleph-1 war aber mit seiner Analyse auch noch nicht fertig. »Anhand Ihrer damaligen Äußerungen vor dem Ereignis, Ihrer gespeicherten Mails, Facebook-Posts, Twitter-Feeds und Publikationen, sowie der jetzigen Unterhaltung kann ich ein vorläufiges Persönlichkeitsprofil erstellen.«

»Und?«

»Sie sind emotional stabil, in der Familie verankert, reagieren überlegt und wenig impulsiv. Keine Anzeichen für Narzissmus, depressive Neurosen, Vereinsamung oder eine Störung der Affektregulierung – die Suizidgefahr ist eher gering einzuschätzen.«

»Sag ich doch«, trumpfte ich auf und sah Samantha kopfschüttelnd an, voller Staunen: »Wie macht der das?«

Die Androidin blickte kurz zu Aleph-1, der nun wieder verstummt war. Dann lächelte sie: »Aleph-1 basiert auf der Hybridkombination eines 100-Exascale-Computers mit neuromorphen Chipstrukturen, die etwa eine Billiarde Synapsen enthalten.«

»Das sind …?«

»Im analogen Neurochip bis zu zehnmal mehr Verbindungen als im menschlichen Cortex. Der damit kombinierte klassische digitale Computer hat eine Rechenleistung von 100 Exa-Flops. Das sind 100 Trillionen Rechenoperationen pro Sekunde, etwa 1000-mal mehr, als der größte Supercomputer im Jahr 2020 schaffte.«

»Heißt das, hinter Aleph-1 stecken 1000 Supercomputer von 2020, die irgendwie auch noch mit einer Nachbildung von mehreren Menschengehirnen verbunden sind?«

Samantha nickte. »Wenn Sie es so ausdrücken wollen. Wobei die Neurochips mit analogen elektrischen Schaltungen funktionieren, nicht digital. Dadurch konnten sie so gebaut werden, dass sie 10 000-mal schneller sind als die Nervenverbindungen im Gehirn.«

»Großer Gott!«

»Allerdings muss Aleph-1 rund 100 000 Anfragen gleichzeitig bewältigen – daher kann eine fundierte Antwort schon ein paar Sekunden dauern.«

»Das ist mir fast nicht aufgefallen«, sagte ich mit leisem Spott.

»Irgendwie beruhigend, dass er nicht seine ganze Intelligenz auf mich konzentrieren konnte. Sagen Sie mal, Samantha, um wie viel leistungsfähiger als meines ist eigentlich Ihr eigenes Gehirn?«

Sie senkte den Kopf. »Ich verfüge auch über eine Kombination aus einem Neurochip, also künstlichen Neuronen, und einem Digitalrechner. Aber mein Neurochip ist bei Weitem nicht so schnell wie der von Aleph-1. Aleph-1 hat keinen Körper, deshalb kann seine Signalverarbeitung mit einer wesentlich höheren Rate ablaufen.«

Jetzt hob sie wieder den Blick und sah mich an: »Ein Körper muss anderen Anforderungen genügen. Sein Energieverbrauch darf nicht zu hoch sein, sonst muss die Batterie ständig aufgeladen werden. Das begrenzt die Größe des Gehirns. Auch müssen die Geschwindigkeiten zusammenpassen, das heißt die Datenverarbeitung der Sensoren, der Chiptechnologie und der Aktoren, beispielsweise in den künstlichen Muskeln. Außerdem hatten wir ja schon darüber gesprochen, dass Intelligenz nicht nur mit Rechengeschwindigkeit zu tun hat.«

Nun musste ich auch lächeln. Schien mir das nur so oder wollte diese Androidin wirklich einfach nur bescheiden sein?

EIN GEHIRN IM COMPUTER

Viele Wissenschaftler bezeichnen das menschliche Gehirn mit seinen 86 Milliarden Neuronen und mehreren Hundert Billionen Synapsen als »das komplexeste Objekt des bekannten Universums«. Was es mit dieser Grundausstattung leistet, kann in der Tat kaum hoch genug eingeschätzt werden. Seine Speicherfähigkeit wird von manchen Experten auf rund 2500 Terabyte-Festplatten taxiert. Zu messen ist so etwas allerdings kaum, weil das Gehirn nicht wie ein Computer digitale Werte von Nullen und Einsen abspeichert, sondern Hunderte von Millionen oder Milliarden von analogen Mustern: Bilder und Abläufe, Begriffe und Bedeutungen, Töne und Klänge, Gerüche, Gefühle, Bewertungen. Die Speicherangabe bezieht sich also eher darauf, wie viele

Computerfestplatten man bräuchte, um sich ähnlich viele Muster wie im Gehirn zu merken. Ebenso ungenau sind die Angaben über die Rechengeschwindigkeit des Gehirns. Wissenschaftler schätzen sie dank der enorm parallelen Datenverarbeitung, die gleichzeitig in vielen Nervenzellen stattfindet, auf zehn Billionen bis zehn Billiarden (10^{13} bis 10^{16}) analoge Rechenoperationen pro Sekunde.

Dennoch reichen diese Werte, um einen interessanten Vergleich anzustellen: Die derzeit leistungsfähigsten Supercomputer der Welt, Titan am Oak Ridge National Laboratory in Tennessee, USA, und Tianhe-2 im chinesischen Guangzhou, haben Arbeitsspeicher zwischen 700 und 1400 Terabyte und erreichen 18 beziehungsweise 34 Peta-Flops, das sind 18 bis 34 Billiarden digitale Rechenoperationen pro Sekunde.[107] Sie liegen damit also in derselben Größenordnung wie ein menschliches Gehirn. Allerdings benötigen sie zwischen acht und 18 Megawatt elektrischer Leistung, was zwei bis vier großen Windturbinen entspricht oder dem durchschnittlichen Bedarf an elektrischer Leistung einer 20 000-Einwohner-Stadt in Deutschland.

EIN ESSLÖFFEL JOGHURT REICHT FÜR EINEN VORTRAG Das menschliche Gehirn begnügt sich indessen mit 20 Watt, also nicht viel mehr als einem Millionstel dieser Supercomputer. Obwohl unser Denkorgan immerhin etwa ein Fünftel des Sauerstoffs und ein Viertel des Zuckers in unserem Körper benötigt, entspricht dieser Energiebedarf nur dem, was eine kleine Glühbirne braucht – oder noch drastischer ausgedrückt: Um einem halbstündigen Vortrag intellektuell folgen zu können, reicht die Energie eines Esslöffels Joghurt. Eine kleine Fünf-Gramm-Praline gibt sogar genug Energie für eine 90-minütige Präsentation.

Kein Wunder, dass Forscher in aller Welt verstehen wollen, wie das Gehirn dies macht und wie es im Detail funktioniert. Derzeit gibt es milliardenschwere Forschungsprogramme wie die Brain Initiative[108] in den USA und das Human-Brain-Projekt[109] in Europa, die diese Herausforderung angehen. Die Brain Initiative, die bis 2023 läuft, soll das gesamte Gehirn präzise mit all seinen Verbindungen kartieren und die Aktivität der Nervenzellen erfassen. Das Human-Brain-Projekt, an dem unter Führung der Technischen Hochschule Lausanne mehr als 100 europäische Forschungsinstitutionen beteiligt sind, will in derselben Zeitspanne sogar noch mehr erreichen: Hier geht es darum, das Gehirn nicht nur zu verstehen, sondern in großen Teilen auch zu simulieren, um dieses Wissen für die Medizin ebenso anzuwenden wie für die Computerwissenschaft und die Robotik.

Dazu ist das Human-Brain-Projekt in 13 Subprojekten und sechs großen Forschungsplattformen organisiert, die von der Analyse von medizinischen Gehirndaten und Krankheiten über die Simulation einzelner Nervenzellen und ganzer Gehirnbereiche bis zur Neurorobotik und der Konstruktion neuromorpher Computer reichen. Die Forscher wollen das Gehirn von den einzelnen Molekülen und Zellen bis hin zum Zusammenspiel der Neuronen verstehen, berechnen, simulieren und wesentliche Elemente in ihrer Funktionsweise nachbauen.

Einen dreidimensionalen Gehirnatlas als virtuelles Nachschlagewerk haben Wissenschaftler im Forschungszentrum Jülich in den vergangenen Jahren bereits erstellt.[110] Dafür analysierten sie 7400 Gewebeschnitte des menschlichen Gehirns, die jeweils nur 20 Mikrometer dünn waren, mithilfe von Mikroskopen und Bildauswerteverfahren bis hinunter zur Ebene einzelner Zellen – und rekonstruierten danach die komplexen Verbindungen im Gehirn als 3-D-Modell am Computer.

FÜRS MÄUSEHIRN BRAUCHT MAN EINEN SUPER-COMPUTER Zugleich koordinieren andere Experten in Jülich im Rahmen des Human-Brain-Projekts den Aufbau einer Supercomputerplattform, mit deren Hilfe sich die Aktivität von Nervenzellverbünden simulieren lässt. Mit der bisherigen Spitzenleistung von sechs Peta-Flops – sechs Billiarden Rechenoperationen pro Sekunde – und einem Hauptspeicher von 450 Terabyte gehört ihr Rechner JUQUEEN zu den Top Ten der weltweit schnellsten Computer. Damit sollte es möglich sein, etwa ein Mäusegehirn mit seinen 75 Millionen Neuronen und zehn Milliarden Synapsen gut zu simulieren.

In Kooperation mit dem japanischen Riken-Institut und dem dortigen, noch schnelleren Supercomputer haben die Jülicher Forscher im Jahr 2013 bereits demonstriert, dass sich sogar ein deutlich größeres Neuronales Netz mit über 1,7 Milliarden Nervenzellen und zehn Billionen Verbindungen an solchen Rechnern simulieren lässt. Dies entspricht immerhin schon etwa einem Prozent der Größe des menschlichen Gehirns. Um eine Sekunde an neuronaler Aktivität berechnen zu können, brauchte der Supercomputer allerdings 40 Minuten – außerdem waren die Neuronen für die Simulation noch zufällig verschaltet und entsprachen nicht den Verknüpfungen in einer bestimmten Gehirnregion, sodass sich daraus keine Erkenntnisse fürs menschliche Gehirn ableiten ließen.

Fürs nächste Jahrzehnt ab 2020 planen die Wissenschaftler den Aufbau eines Exascale-Computers, der noch einmal 200- bis 1000-fach schneller wäre als JUQUEEN und über eine Trillion Rechenoperationen pro Sekunde durchführen soll. Damit ließe sich erstmals das gesamte menschliche Gehirn mit allen Nervenzellen simulieren – mit einer geeigneten bildlichen Darstellung könnten Hirnforscher dann sozusagen dem Gehirn beim Denken zusehen und mehr noch: Sie könnten es steuern und virtuelle Experimente durchführen, die in der Realität unmöglich wären. Allerdings lassen sich auch mit einem Exascale-Rechner in vernünftiger Rechenzeit nur die Nervenaktivitäten von wenigen Sekunden berechnen. Lerneffekte, die im biologischen System Minuten, Stunden oder gar Tage dauern, können damit nicht nachgebildet werden.

Aus diesem Grund bauen Forscher auch Computersysteme auf, die anders funktionieren als die bisherigen Supercomputer, die weniger Energie verbrauchen und vielleicht noch besser geeignet sind, um Gehirnstrukturen zu simulieren. Noch viel stärker als bei den heutigen Supercomputern setzen diese alternativen Computerkonzepte beispielsweise darauf, dass Millionen von Prozessoren nicht nacheinander, sondern möglichst gleichzeitig – also hochgradig parallel – arbeiten.

So ist es das Ziel des SpiNNaker-Projekts[111] von Stephen Furber, Professor an der Universität Manchester, eine Million der von ihm erfundenen ARM-RISC-Prozessoren so zu verschalten, dass sich damit ebenfalls etwa ein Prozent des menschlichen Gehirns simulieren lässt. Der Vorteil: Damit lässt sich biologische Echtzeit erreichen – eine Sekunde an Nervenzellaktivitäten braucht also auch nur eine Sekunde Rechenzeit. Außerdem liegt der Energieverbrauch nur bei etwa 90 Kilowatt, nicht im mehrstelligen Megawatt-Bereich wie bei den Supercomputern.

NEUROMORPHE CHIPS OHNE ZENTRALE STEUERUNG   Einen radikal neuen Weg gehen die neuromorphen Chipstrukturen, die der Physikprofessor Karlheinz Meier – unter anderem ebenfalls im Rahmen des Human-Brain-Projekts – an der Ruprecht-Karls-Universität in Heidelberg entwickelt.[112] Sie funktionieren überhaupt nicht mehr digital wie die üblichen Rechner, sondern analog wie die Nervenzellen im Gehirn. Das bedeutet, es gibt keine zentrale Steuerung mehr, die die Taktraten für die Rechenschritte vorgibt, und es gibt auch keine Trennung mehr zwischen den Prozessoren, die die Berechnungen vornehmen, und den Speichern, wo Daten abgelegt werden.

»Das ist im Gehirn genauso«, erklärt Meier. »Da sind die Nervenzellen und ihre Verbindungen Prozessor und Speicher zugleich – und die Neuronen entscheiden selbst, wann sie feuern. Nämlich dann, wenn ihr Membranpotenzial einen bestimmten Schwellenwert erreicht hat.« Außerdem funktioniert die Lernfähigkeit des Gehirns ohne Software und Betriebssystem, und das System ist extrem fehlertolerant: Obwohl jeden Tag etwa 100 000 Neuronen verloren gehen, lassen seine kognitiven Fähigkeiten über Jahrzehnte hinweg kaum nach.

Das Gehirn kann also mit verlorenen Ressourcen ebenso gut umgehen wie mit unpräzisen Informationen. Und sein geringer Energieverbrauch ist zu einem großen Teil auch darauf zurückzuführen, dass nicht wie im konventionellen Computer ständig Daten zwischen Speicher und Prozessor hin- und hergeschoben werden müssen – das spart nicht nur Zeit, sondern auch Energie. »All diese Eigenschaften würden wir gerne in künstlichen Systemen nachbilden«, sagt Meier.

Dazu haben die Physiker zusammen mit Biologen erst einmal ein möglichst wirklichkeitsnahes Neuronenmodell entwickelt, das sich AdEx nennt. In einer Petrischale haben sie in Schichten aus Rattenhirn die Nervenzellen elektrisch stimuliert, ihre Reaktionen genau analysiert und in ein mathematisches Modell umgewandelt – das dann wieder technisch nachgebildet wurde. Beispielsweise reagieren Nervenzellen ganz unterschiedlich, wenn sie mit konstantem elektrischem Strom gereizt werden: Einige feuern regelmäßig, andere senden nur einen einzigen Puls aus, wieder andere feuern mehrfach hintereinander, und danach werden sie langsamer, und dann gibt es noch welche, die ganz chaotisch Pulse abgeben.

»Das sind alles ganz gewöhnliche Neuronen, die gleich aussehen, aber doch sehr variabel reagieren«, erklärt Meier. Die Heidelberger Physiker haben all das in ihr Modell eingebaut. Pro Neuron können sie etwa 20 Parameter verändern, pro Synapse etwa zehn. Das reicht von der Feuerschwelle über bestimmte Zeitkonstanten in der Zelle und den elektrischen Impulsen bis zum synaptischen Gewicht, also der Verbindungsstärke zwischen den Nervenzellen. Dieses mathematische Modell mit all den einstellbaren Parametern war dann die Basis für die technische Umsetzung mit elektrischen Bauteilen, vor allem winzigen Transistoren und Kondensatoren.

Ein Neuron wird dabei mithilfe von etwa 300 Transistoren nachgebildet. Die kleinste neuromorphe Einheit, mit der Meiers Team arbeitet, ist ein Cluster von rund 400 Neuronen mit etwa 100 000 Synapsen. Realisiert werden diese Gebilde auf einer Siliziumscheibe, einem Wafer mit 20 Zentimetern Durchmesser: Auf einen solchen Wafer passen typischerweise 500 neuromorphe Einheiten, das sind also etwa 200 000 Neuronen mit 50 Millionen synaptischen Verbindungen.

In einem großen schwarzen Container-Gebäude auf dem Außengelände vor Meiers Labors in Heidelberg stehen diese Wafer mit ihren Steuereinrichtungen und weiteren gekoppelten Computern und Moni-

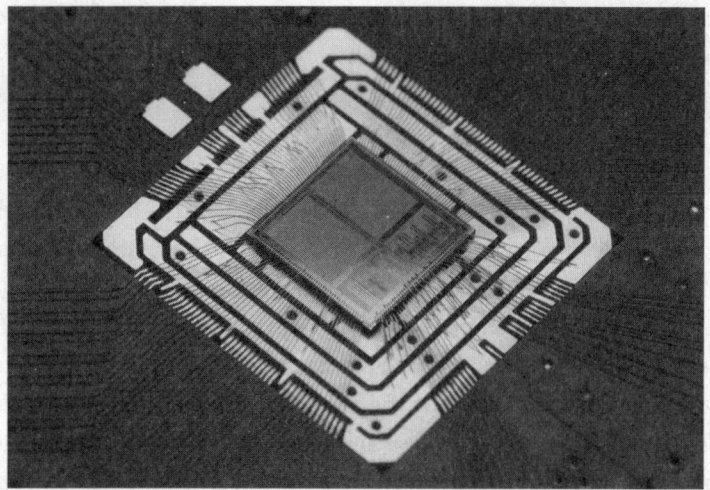

Vorbild Gehirn: Dieser neuromorphe Chip bildet das Verhalten von rund 400 Nerven-zellen mit etwa 100 000 Synapsen nach – ist aber 10 000-mal schneller als biologische Gehirne. Auf eine typische Siliziumscheibe passen etwa 500 solcher Chips; sie enthält damit mehr Neuronen als das Gehirn einer Fliege.

toren Reihe in Reihe. Derzeit sind es sechs Wafer, aber die Physiker wollen die Anlage auf 20 Wafer ausbauen – entsprechend etwa vier Millionen Neuronen und einer Milliarde Synapsen. Das ist dann schon deutlich größer als das Gehirn von Fliegen, das etwa 100 000 Neuro-nen umfasst, oder das von Kakerlaken mit einer Million Nervenzellen, aber es erreicht noch nicht die Simulation des Mäusegehirns, wie es in Supercomputern möglich ist.[113]

Allerdings haben Meiers neuromorphe Chipstrukturen ganz andere, entscheidende Vorteile: »Vor allem sind sie auf dem Wafer völlig frei konfigurierbar«, sagt er. »Das heißt, wir können für ein Experiment zwischen beliebigen Neuronen Verbindungen herstellen – und das Wichtigste dabei: Es sind echte physische Punkt-zu-Punkt-Verbindun-gen.« Im Vergleich zu der internetartigen Verbindung im herkömm-lichen Computer, bei der Datenpakete hin und her geschickt werden, ist in Meiers Chip die Verbindung eine direkte elektrische. Auch die

Chemie des Gehirns, die im Spalt der Synapsen stattfindet, wird durch das elektrische Modell nachgebildet.

10 000-FACH SCHNELLER DENKEN UND LERNEN ALS IM MENSCHLICHEN GEHIRN Dies hat eine erhebliche Beschleunigung zur Folge. »Gegenüber dem biologischen System und Furbers SpiNNaker-Ansatz sind wir um einen Faktor 10 000, gegenüber den Supercomputern sogar viele Millionen mal schneller«, freut sich Meier. Für die Simulation von Lernprozessen beispielsweise ist das ideal: Wenn man etwa die neuronalen Aktivitäten eines biologischen Tages simulieren wollte, müsste man bei Supercomputern etliche Jahre auf das Ergebnis warten, bei den SpiNNaker-Prozessoren, die in Echtzeit arbeiten, genau einen Tag – »aber unsere neuromorphen Chips schaffen das in weniger als zehn Sekunden!«.

Zudem ist jedes Neuron und jede Synapse in all ihren Parametern frei einstellbar, es ist also eine exakte Abbildung dessen möglich, was man von den biologischen Vorbildern übernehmen möchte. Und es kann bei den neuromorphen Chips nicht nur die Datenübertragung, sondern auch jede synaptische Veränderung – beispielsweise eine Verstärkung oder Abschwächung der Verbindungen – 10 000-mal schneller vollzogen werden als im Gehirn selbst. »Das heißt, unser System lernt auch 10 000-mal schneller als das Gehirn«, sagt Meier.

Alle unterschiedlichen Lernmechanismen des Gehirns können im neuromorphen System nachgebildet werden. Zum Beispiel das unüberwachte Langzeitlernen, bei dem sich jedes Mal die Synapsenstärke zwischen zwei Neuronen ein wenig erhöht, wenn sie gleichzeitig aktiv sind, wenn also ihre Pulse zeitlich sehr nah beieinanderliegen. Auch das Gegenteil funktioniert: Wenn eine Verbindung lange nicht mehr benutzt wird, wird sie schwächer und schließlich ganz abgebaut. Der Neurochip hat sozusagen vergessen, was er einst gelernt hatte.

»Das überwachte Lernen, also das Lernen mit Lehrer und Belohnung, haben wir auch nachgebildet«, berichtet Meier. Dies geht mit sogenannten Closed-Loop-Experimenten. Dafür stehen neben den

Wafern mit den neuromorphen Chips Rechnerschränke mit konventionellen Computern. Beide sind per Hochgeschwindigkeitsdatenübertragung verbunden, es ist also ein Hybridsystem aus Neurochips und herkömmlichen Computern. Die klassischen Rechner simulieren die Wechselwirkung mit der Umwelt, unter anderem die Signale, die über die Sensoren – die biologischen Augen, Ohren und anderen Sinnesorgane – hereinkommen, sowie die Signale, die an die Aktoren gehen: Im biologischen System sind das etwa die Muskeln.

Wenn die Neurochips eine Aktion veranlassen wollen – beispielsweise mit einer bestimmten Kraft drücken –, wird das an die Aktoren gemeldet. Die Sensoren wiederum stellen fest, was diese Aktion bewirkt hat, und melden dies zurück. Das ist der Closed Loop, der geschlossene Kreislauf. Auf diese Weise lernt das System, ob seine Aktionen erfolgreich waren – ebenso wie ein Lehrer einem Kind Feedback und Noten für das gibt, was es erreicht hat.

Motivations- und Belohnungsprozesse, die im Gehirn über den chemischen Weg von Hormonen wie Dopamin und den Endorphinen laufen, können im Neurochip allerdings noch nicht gut nachgebildet werden.»Das liegt aber auch daran, dass sie von den Neurobiologen noch nicht wirklich verstanden sind«, gibt Meier zu bedenken.»Es sind Prozesse, die nicht lokal auf eine Nervenzelle wirken, sondern auf ganze Zellverbünde, die gemeinsam auf eine Hormonausschüttung reagieren – beispielsweise durch eine Variation der Schwellenwerte von Neuronen oder durch eine geänderte Ausschüttung von Neurotransmittern an den Synapsen.«

DER PLASTIZITÄTSPROZESSOR LÄSST NEURONEN WACHSEN   In der nächsten Version der Neurochips will Meier aber auch solche Prozesse berücksichtigen können.»Wir bauen Plastizitätsprozessoren ein«, erklärt der Physiker. Jede neuromorphe Einheit bekommt zusätzlich einen konventionellen Mikrochip – pro Wafer sind es 500. Der Vorteil: Die Lernregeln oder auch die neuronalen Verbindungen müssen dann vor einem Experiment nicht fest eingestellt werden, der Plastizitätsprozessor kann sie in gewissen Grenzen auch während des Betriebs ändern. Dies bedeutet beispielsweise, dass Nervenverbindungen nicht nur in ihrer Stärke variieren können, sondern auch völlig neu entstehen oder verschwinden können – das künstliche Gehirn kann Verbindungen zwischen Neuronen auch erst während des Betriebs wachsen lassen. Damit lässt sich die gesamte Architektur des Gehirns ändern, ein Vorgang, der bei biologischen Systemen vom Baby übers Kind bis zum Erwachsenen Jahre dauern kann.

Als Input kann der Plastizitätsprozessor alles Mögliche verwenden, etwa wie stark das Netzwerk überhaupt aktiv ist, wie groß die Korrelationen zwischen Neuronen sind oder welche Belohnungssignale von außen kommen. »Genauso gut können wir aber auch den Effekt von Psychopharmaka oder Alkohol simulieren«, meint Meier. »Wir könnten zum Beispiel festlegen, dass Alkohol die Schwellenwerte in einem bestimmten Bereich des Gehirns um zehn Prozent ändert – und dann schauen, was passiert.« Man darf gespannt sein, wie sich ein »betrunkener« Neurochip verhalten wird!

Mit den neuromorphen Chips hat Meiers Team bereits etliche Erfolge erzielt. So wissen Neurobiologen heute beispielsweise recht gut, wie das Riechsystem von Insekten auf neuronaler Ebene funktioniert – dies konnte auch mit den Neurochips präzise nachgebildet werden. Ebenso das raffinierte Ortungssystem der Schleiereule. Sie kann selbst im Dunkeln bis auf ein, zwei Grad Winkelabweichung exakt hören, wo im Heu der Scheune eine Maus raschelt. Dazu hat sie während ihres Eulenlebens gelernt, den Laufzeitunterschied zu messen, den die Schallsignale bis zu ihrem linken und rechten Ohr aufweisen.

Das Besondere daran: Diese Differenz der Schallsignale ist deutlich geringer als die Zeitskalen, die für Nervenimpulse im Gehirn der Eule gelten. Man sollte daher vermuten, dass das Tier solche schnell aufeinanderfolgenden Signale im Gehirn gar nicht trennen kann. Wie also schafft die Eule dies trotzdem? Die Forscherin Anne-Christine Scherzer hat im Rahmen ihrer Bachelorarbeit anhand von Meiers neuromorphen Chips gezeigt, wie das im Eulenhirn funktionieren kann.

Die Lösung sind Neuronen mit sogenanntem Phase-Locking: Das

bedeutet, sie feuern genau dann, wenn die Signale, die von den beiden Ohren kommen, sich in ihrer Phase um einen bestimmten Wert unterscheiden. Wenn sich also beispielsweise der Nervenimpuls vom linken Ohr in seinem Maximalwert befindet und der vom rechten Ohr ebenfalls, dann feuert Neuron A – wenn der vom rechten Ohr ein bisschen verschoben ist, dann feuert Neuron B. Ist er noch weiter entfernt, dann ist es Neuron C und so weiter. Damit kann die Eule auch winzige Laufzeitunterschiede feststellen.

FLÜSSIGE COMPUTER   In Zukunft werden sicherlich noch viele spannende Experimente mit den neuromorphen Chips gemacht werden. Zum einen geht es darum, die Vorgänge im Gehirn besser zu verstehen: etwa die unterschiedlichen Lernprozesse, die man wegen ihrer langen Zeitdauer mit anderen Systemen gar nicht untersuchen kann. »Zum anderen wollen wir aber auch helfen, konventionelle Computer zu verbessern«, sagt Meier. So kann Deep Learning mit neuromorphen Chips wesentlich schneller und energieeffizienter ablaufen – und auch andere Konzepte können damit sehr gut untersucht werden.

Beispielsweise das Liquid Computing: Hier geht es darum, die raumzeitliche Verteilung von Aktivitätsmustern im Neuronennetzwerk zu studieren, die beim Ultrakurzzeit- und Kurzzeitgedächtnis eine wichtige Rolle spielen dürfte. Wolfgang Maass, Professor am Institut für Grundlagen der Informationsverarbeitung an der Technischen Universität Graz, hat dieses Konzept entwickelt.[114] Danach funktioniert das Neuronennetzwerk im Gehirn wie ein Teich, in den Steine geworfen werden. Die im Wasser entstehenden Wellen überlagern sich und verschwinden auch nicht sofort wieder – neue Signale wechselwirken mit den alten, es entsteht eine raumzeitliche Abfolge von Informationen.

Die Folge: Die Erinnerung ähnelt weniger einem statischen Bild, sondern eher einem Film, einem sich verändernden Aktivitätsmuster. Das Gehirn wirkt wie ein Orchester. Man vernimmt nicht nur die erste Geige, sondern auch noch viele andere Instrumente und hat zudem eine Art Nachhall im Ohr von dem, was man gerade gehört hat. Dies könnte beispielsweise erklären, wie sich im Kurzzeitgedächtnis aufeinanderfolgende Buchstaben zu Worten formen oder Bilder zu zeitlichen Abläufen.

Ebenso interessant ist der Effekt der stochastischen Schlussfolgerungen: Neurobiologen wissen, dass das Gehirn nicht immer exakt dieselbe Schlussfolgerung trifft, auch wenn die Randbedingungen die gleichen sind – und sie staunen, wie das Gehirn trotz unvollständiger und fehlerhafter Informationen überhaupt zu einer Entscheidungsfindung kommen kann. Die Lösung liegt vermutlich darin, dass das Neuronennetzwerk in unserem Kopf ständig alternative Denkmöglichkeiten wie beim Würfeln durchspielt und ihre Wahrscheinlichkeiten bewertet, um zu sinnvollen Ergebnissen zu kommen. Dies geht natürlich auch, wenn die Eingangsinformationen ungenau oder gar widersprüchlich sind.

»Auch solche Theorien, die durchaus Auswirkungen auf die Konstruktion künftiger, besserer Computer haben, testen wir mit unseren neuromorphen Chips«, sagt Karlheinz Meier. Er sieht die Neurochips komplementär zu wissensverarbeitenden Systemen wie Watson. »Diese Systeme kommen sozusagen top-down: Sie definieren, was kognitive Computer sind, und die Forscher haben dafür entsprechende Software entwickelt. Wir kommen bottom-up: Wir machen mit dem, was wir von Neuronen im Gehirn gelernt haben, eine ganz neue Computerarchitektur, energieeffizient, kompakt und sehr schnell.« Spannend wird es dann, wenn sich diese unterschiedlichen Konzepte in den Computern oder Robotern der Zukunft einmal treffen werden.

DIE KONZEPTE ERGÄNZEN SICH   Ebenso komplementär verhalten sich die Neurochips zu den Supercomputern und dem SpiNNaker-Konzept: »Die Supercomputer sind für Forscher sehr leicht zu benutzen, weil sie auf konventionellen Computern basieren«, weiß Meier. »Der SpiNNaker hingegen ist wesentlich energieeffizienter und erlaubt eine Echtzeitsimulation. Allerdings ist er schwieriger zu benutzen, weil er auf einem neuen Programmiermodell basiert. Und unsere neuromorphen Chips wiederum sind die mit Abstand schnellsten, aber eben auch am weitesten von konventionellen Computern entfernt.« Deshalb, so Meier, muss es im Human-Brain-Projekt vor allem darum gehen, dass die unterschiedlichen, sich so gut ergänzenden Forschergruppen auch gut zusammenarbeiten. »Dann werden wir die besten Resultate erzielen.«

Gibt es denn irgendwelche Erkenntnisse aus der Neurobiologie des Gehirns, die mit neuromorphen Chips nicht zu simulieren sind? »Es wird sicher einige Phänomene geben, die wir noch gar nicht kennen«, ist Meier überzeugt. »Darüber hinaus bilden wir aber auch ein paar Dinge ganz bewusst nicht nach.« Beispielsweise werden beim Neurochip Nervenzellen so behandelt, als ob sie auf einen räumlichen Punkt konzentriert wären. In Wirklichkeit ist eine biologische Zelle aber ein ausgedehntes Objekt, das eher einer Amöbe mit ihren Auswüchsen ähnelt als einem punktförmigen Neuron. Auch nimmt im Axon, der Nervenfaser, mit der Länge die elektrische Pulshöhe wie in einem Elektrokabel ab. »Dies bauen wir ebenfalls nicht nach«, sagt der Physiker. »Die Frage ist nun, ob diese Details für die Informationsverarbeitung wichtig sind oder nicht.«

Um so etwas zu klären, sind Supercomputer mit ihrer enormen Rechenleistung wiederum sehr hilfreich. So hat der südafrikanische Hirnforscher und israelische Staatsbürger Henry Markram, der als Professor in Lausanne einer der Direktoren des Human-Brain-Projekts ist, ein subzelluläres Modell entwickelt, das mit Tausenden von Unterteilungen alle Details einer Nervenzelle bis hinunter zu einzelnen Ionenkanälen und Molekülen abbildet. »Dies lässt sich auf einem Supercomputer simulieren«, sagt Meier. »Damit sehen wir dann, welche Details einer Zelle wichtig sind, und können ganz systematisch herausfinden, was wir von der Biologie aufgeben können und was wir behalten müssen. Immer mit dem Ziel, dass wir auch in den vereinfachten Architekturen künstlicher Systeme gleichwertige kognitive Leistungen erreichen wollen wie unser Gehirn.«

KÜNSTLICHE GEHIRNE IM ROBOTER-KÖRPER

Wäre es denkbar, solche künstlichen Gehirne künftig auch in Roboter einzubauen? »Im Prinzip ja. Allerdings sind unsere neuromorphen Chips 10 000-fach schneller als die biologischen Systeme«, gibt Meier zu bedenken. »Daher eignen sie sich vor allem für kognitive Computer, die in großen Datenmengen nach Mustern und Zusammenhängen suchen – sie sind also eher für Firmen wie Google, Facebook, Amazon oder SAP interessant. Für Roboter braucht man neuromorphe Gehirne mit der richtigen, langsameren Geschwindigkeit, deren Zeitkonstanten zu denen ihrer Arme und Beine passen.« Also eher Hybridlösungen mit langsameren Neurochips und konventionellen Computern oder vielleicht die Chips aus dem SpiNNaker-Projekt.

Die Körper von Robotern mit Gehirnmodellen zu verbinden und ihre Wechselwirkung zu studieren, ist eines der wesentlichen Ziele der Neurorobotik-Plattform[115] des Human-Brain-Projekts, die Alois Knoll, Elektroingenieur, Informatiker und Inhaber des Lehrstuhls für Echtzeitsysteme und Robotik der Technischen Universität München, leitet. Sein Team[116] setzt sowohl auf simulierte wie auf echte Roboter, wie etwa den in Kapitel 3 beschriebenen Roboy. Meist geht es jedoch darum, die Forschungen in einer komplett virtuellen Umgebung durchzuführen. Funktioniert in der virtuellen Welt alles perfekt, wäre die Umsetzung in einen echten Roboter ein relativ kleiner weiterer Schritt.

Beispielsweise kann man mit dem detaillierten Gehirnmodell einer Maus anfangen, das es bis hinunter zur Ebene der einzelnen Nervenzellen bereits gibt. Hinzu kommt ein Modell ihres Körpers – einschließlich Skelett, Haut und Muskeln – sowie ihrer Umgebung. Die neuronalen Aktivitäten im Mäusehirn werden dann entweder an einem Supercomputer mit SpiNNaker-Prozessoren oder mit neuromorphen Chips berechnet.

Die virtuelle Maus könnte etwa durch ein virtuelles Labyrinth laufen, wo sie Signale von ihren Schnurrbarthaaren empfängt und einen Käse riecht. »Am Computer sehen wir dann, was im Tast- und Riechzentrum des Mäusehirns passiert«, erklärt Knoll. Und natürlich können auch die daraus resultierenden Aktionen der Maus, die vermutlich

Richtung Käse laufen wird, vom virtuellen Gehirn gesteuert und mit den Muskelbewegungen des virtuellen Körpers simuliert werden.

Letztlich erlaubt die Neurorobotik-Plattform den Wissenschaftlern, nicht nur Roboter-Körper mitsamt ihren Sensoren und Muskeln in virtueller Umgebung nachzubilden, sondern auch die Signalverarbeitung in den modellierten Roboter-Gehirnen. Auf diese Weise können Forscher Experimente mit Robotern beliebig oft simulieren und optimieren und ihr Verhalten studieren, bevor diese Roboter und ihre auf Künstlicher Intelligenz basierenden Gehirnen einmal wirklich gebaut werden.

DER HEILIGE GRAL DER NEURUROBOTIK   »Noch liegt unsere Maus sozusagen im Koma und zeigt nur Reflexe. Wir müssen sie jetzt aufwecken«, sagt Knoll schmunzelnd. »Aber dann stoßen wir in Regionen vor, die nie zuvor ein Mensch gesehen hat. Das, was diese Neurorobotik-Simulationen leisten werden, wird wesentlich komplexer sein als alles, was es bisher gab, und es ist zugleich der Ausgangspunkt für eine neu entwickelte Robotik.«

Sein »Heiliger Gral«, meint Knoll, wäre es, einmal in solchen künstlichen Systemen emergentes Verhalten zu entdecken – also solches, das nie einprogrammiert oder auf andere Weise vorgegeben wurde. Ein Beispiel dafür ist ein Roboter, der das erste Mal an einem Fluss steht, und von sich aus zu schwimmen beginnt oder Werkzeuge nutzt, um ein Floß zu bauen.

»Letztlich werden wir über die Maus hinausgehen müssen«, prophezeit der Informatiker. »Wenn wir intelligente Maschinen haben wollen, die sich in der Umgebung der Menschen zurechtfinden und sich in sie nahtlos einfügen, werden wir humanoide Roboter brauchen. Denn so wie uns eine Maus nie wird erklären können, wie sie die Welt mit ihren Schnurrbarthaaren und ihrem Riechkolben wahrnimmt, so werden wir einer Maus nie die Funktion einer Schlagbohrmaschine nahebringen können.« Nur mit Humanoiden kann der Mensch einigermaßen von Gleich zu Gleich kommunizieren.

Doch auch hier werden noch viele wichtige Dinge fehlen – etwa Essen und Trinken, Gefühle und Liebe, Kultur und Gesellschaft –, die sich einer Maschine kaum vermitteln lassen. Und die Roboter werden nicht wachsen können wie Kinder, oder doch? »Als faszinierendes Forschungsprojekt könnte ich mir das durchaus vorstellen«, meint Knoll. »Ich nenne es das Faktor-Zehn-Projekt. Die Idee ist, die geistigen Fähigkeiten und auch den Körper eines Roboters in einer bestimmten Zeitspanne, beispielsweise binnen zehn Monaten, um einen Faktor Zehn wachsen zu lassen.« Wie das gehen könnte? Nun, mit der neuen Technik des 3-D-Druckens ist so etwas zumindest nicht völlig illusorisch: eine Maschine, die sich auch körperlich weiterentwickelt und im Lauf der Zeit wächst wie ein Mensch ...

Doch bevor wir uns in Kapitel 11 und 12 anschauen, ob es künftig emotionale und soziale Roboter oder gar Androiden mit Neurochips und einem Ich-Bewusstsein wie Menschen geben könnte, halten wir erst einmal ein wenig inne. Kommen wir von den Visionen einer ferneren Zukunft zurück auf den Boden der Tatsachen. Welche Einsatzgebiete gibt es denn eigentlich für die Systeme der Künstlichen Intelligenz und die Roboter, die heute bereits existieren oder konkret in Planung sind?

SIEBEN

EINSATZGEBIETE: ZU HAUSE UND UNTERWEGS

Auf dem Weg nach Hause – 30 Jahre zu spät

Mit einem leisen Surren ging die Schiebetür meines Zimmers auf, und herein rollte der lustig aussehende kegelförmige Roboter mit dem kreisrunden Kopf, auf dem immer noch ein riesiges gelbes Smiley zu sehen war. Auf dem kleinen Tisch, über dem er das Hologramm aus meinem Körperinneren präsentiert hatte, trug er nun ein Glas mit erfrischendem Orangensaft.

Auch wenn mir das Schlucken etwas Schmerzen bereitete, war ich dankbar dafür. Dann wandte ich mich wieder an Samantha.

»Samantha, kann ich nicht ... darf ich meine Familie besuchen? Zu Hause, meine ich?«

Die Androidin schien für eine Minute etwas geistesabwesend. Dann sah sie mich an und lächelte. »Ich habe gerade Rücksprache mit Ihrem zuständigen Arzt gehalten. Wenn ich Sie begleite und heute Abend wieder zurückbringe, geht das in Ordnung.«

Sie machte eine Handbewegung, worauf sich hinter ihr in der weißen Wand eine Tür öffnete, die ich vorher gar nicht gesehen hatte.

Dahinter stand etwas, das aussah wie der Ferrari unter den Roll-stühlen.

»Den werden Sie brauchen«, sagte sie. »Zumindest für den Moment, bis Sie wieder besser gehen können.«

»Wie viel Zeit haben wir?«, fragte ich etwas zögernd und deutete auf das Panoramafenster und den Park, wo die Schatten der Bäume auf späteren Nachmittag hindeuteten.

»Oh ... das ist eine Aufzeichnung«, entgegnete Samantha und wandte ihren Kopf zum Fenster. »OLED-Display, bitte Echtzeit«, befahl sie, und schlagartig wandelte sich die Stimmung. Am Himmel zeigte sich eindeutig Morgenröte, am Boden leichter Nebel. »Es ist kurz vor sieben Uhr am Vormittag«, sagte sie.

Beeindruckend – das mussten Displays aus dünnen, biegsamen, leuchtenden Kunststoffen sein. Sie hatten bei meinem Aufwachen auch diese sehr realistisch wirkenden Marmorskulpturen präsentiert. 2020 waren die ersten, kleineren Varianten gerade auf den Markt gekommen. Und jetzt füllten sie offenbar ganze Wände und Decken. Vermutlich war das ein vollkommen isolierter, steriler Raum, in dem ich da lag. Klimatisiert, aber ohne Fenster nach draußen.

Wie recht ich damit hatte, merkte ich, als ich durch die Gänge dieses Reha-Zentrums nach draußen rollte. Unglaublich, mein Zimmer war sogar im Keller untergebracht – beim Blick aus dem täuschend echten Fenster hätte ich mindestens auf den dritten Stock getippt! Auch mein Rollstuhl war ziemlich beeindruckend. Er besaß alle möglichen Sensoren, um Hindernissen auszuweichen, hatte einen ausklappbaren Roboter-Arm mit einer Greifhand für die vollständig Gelähmten und ließ sich einfach mit Sprachbefehlen steuern – angeblich, wie Samantha erklärte, sogar mit Gedankenkraft. Wenn man sich eine kleine Haube auf den Kopf stülpte, reichte es nach einer kurzen Trainingsphase, wenn man nur an die Befehle dachte, und schon trat der Superrollstuhl in Aktion.

Menschen begegneten wir auf unserem Weg sehr wenigen, ich hatte fast den Eindruck, es seien mehr Maschinen unterwegs als Klinikpersonal oder Patienten. Die kegelförmigen Serviceroboter mit den Smiley-

Köpfen waren die häufigsten, aber ich sah auch Putzroboter, die den Boden sauber hielten, ein paar leere Rollstühle, die zu irgendwelchen Einsatzorten unterwegs waren, und den ein oder anderen rollenden Wäschekorb. In einen von ihnen steckte Samantha ihren Arztkittel, unter dem sie ein elegantes rot-schwarzes Kleid trug.

Draußen wartete dann noch eine weitere Überraschung auf mich. Kaum standen wir vor dem Eingangsportal, surrte ein gelb-schwarzes Elektroauto ohne Fahrer um die Ecke und hielt direkt vor uns. »Ich habe ein Taxi gerufen«, erklärte Samantha.

Mit einem leicht aggressiv klingenden »Fpp« glitten die Seitentüren auf, und eine Rampe klappte herunter, auf die sich mein Rollstuhl nun zubewegte. Im Inneren gab es vier Sitze, von denen sich zwei beiseitedrehten, um meinem Gefährt Platz zu machen. So klein das Auto von außen schien, so geräumig war es innen ... »Das ist wohl die Seniorenvariante«, murmelte ich ein wenig sarkastisch.

»So ist es«, sagte Samantha ernst, als sie mir gegenüber Platz nahm. »Heute, im Jahr 2050, gibt es fast dreimal mehr Senioren als 2020.«

»Willkommen an Bord« ertönte eine kräftige Männerstimme aus den Lautsprechern neben uns. »Bitte machen Sie es sich bequem – Fahrtdauer zum Ziel bei der aktuellen Verkehrssituation etwa 30 Minuten.«

Ich sah fragend zu Samantha hinüber. Sie nickte: »Ich habe Ihre Adresse bereits übermittelt.«

Und schon schlug das Elektrotaxi seine Räder seitwärts ein und scherte aus der Parklücke vor der Reha-Klinik aus. Die Motoren in den Rädern waren kaum zu hören, und ich blickte neugierig auf die Welt, die ich 30 Jahre lang nicht gesehen hatte.

So viel anders als 2020 schien sie mir gar nicht, wenn man einmal davon absah, dass der Autoverkehr auf den Straßen viel harmonischer floss. Klar, es waren fast alles autonom fahrende Elektroautos, die ihre Geschwindigkeit aneinander anpassten. In ein paar wenigen Autos hatten die Menschen ein kleines Lenkrad oder eine Art Joystick aus dem Armaturenbrett geklappt, um mit sportlichem Ehrgeiz ihr Gefährt selbst zu steuern – was offenbar gar nicht so einfach war, weil es auf den Straßen kaum noch Verkehrszeichen und Ampeln gab und die jeweils

geltenden Verkehrsregeln nur noch auf der Windschutzscheibe einge-
blendet wurden.

In der Luft sah ich ein paar Miniflugzeuge und Drohnen, die eilige
Päckchen auslieferten. Auf den Radspuren waren Schüler und Studenten auf E-Bikes unterwegs, auf den Fußgängerwegen liefen einige Roboter mit kahlem, silbernem Kopf und seltsam wiegenden Schritten.
In den Händen trugen sie Einkaufstaschen oder zugedeckte Servier-
tabletts, vermutlich mit frischen Brötchen, Früchten oder Ähnlichem.

»Das sind Haushaltsroboter«, sagte Samantha. »Elektronische Butler
für die, die es sich leisten können«, vermutete ich, und sie nickte zustim-
mend.

Manche der Häuser, Geschäfte und Parks, an denen wir jetzt vorbeifuhren, kamen mir vertraut vor – allerdings verwirrten mich die vielen
Solar- und Windanlagen auf den Dächern und die Solarpaneele an den
Wänden. »In diesen Modulen wird das Kohlendioxid der Luft mithilfe
von Wasser und Sonnenlicht in chemische Energieträger wie Methan
oder Methanol umgewandelt«, erklärte Samantha.

Als ich sie fragend anschaute, schob die Androidin eine verständ-
lichere Formulierung nach: »Künstliche Fotosynthese«, sagte sie und
holte aus einer Seitentasche des Fahrzeugs eine dünne Folie hervor, die
sie auseinanderrollte und gegen die Glasscheibe des Elektrotaxis
drückte, wo sie haften blieb. Auf der Folie lief eine erklärende Anima-
tion dieses chemischen Verfahrens, und auf eine weitere Bediengeste
von ihr war die Folie plötzlich wieder durchsichtig und zeigte die
Häuser, an denen wir vorbeifuhren ... doch, wie mir sofort auffiel, nicht
so, wie sie jetzt aussahen, sondern wie sie vor 30 Jahren gewesen
waren.

Das waren nicht mehr die schön gepflegten Gärten und die neuen
Energie-plus-Häuser, die da draußen standen, das waren die sanie-
rungsbedürftigen Gebäude, die alten Wohnblocks und die teilweise her-
untergekommenen Industriebetriebe, die ich kannte! Mit einer Wisch-
geste, zeigte mir Samantha, konnte ich umschalten – zwischen neu und
alt, zwischen der Welt des Jahres 2020 und der von 2050.

Ich hätte mich mit dem biegsamen Display gerne noch länger beschäf-

tigt, aber jetzt waren wir schon in die Straße eingebogen, die ich so gut kannte. Klar, es war alles viel enger, die Bäume waren in die Höhe geschossen, auch hier gab es die Wand- und Dachpaneele, die ich bereits gesehen hatte. Aber dieses Gebäude mit den schönen alten Steinen, vor dem das Taxi nun hielt, war eindeutig mein Zuhause. Um das zu erkennen, brauchte ich keine Augmented-Reality-Folie. Und wer da auf der Terrasse beim Frühstück saß, das war ... ich musste tief durchatmen. Als sich beim Elektrotaxi die Türen öffneten und der virtuelle Fahrer sagte: »Ziel erreicht«, schossen mir Tränen in die Augen ...

ROBOTER AUF DEN STRASSEN UND IN DEN WOHNUNGEN

Es war sehr früh am Morgen, als sie das Fahrzeug leise aus der Werkstatt schoben. Nur ja niemanden aufwecken! Erst in sicherer Entfernung vom Haus ließen sie dann das Gefährt an, denn der Lärm, den es machte, hätte sie sicherlich verraten. »Meine beiden 13- und 15-jährigen Buben und ich hatten eine richtige Verschwörung angezettelt«, erzählte Bertha Benz später.[117] Sie hatten sich verabredet, zu Beginn der Sommerferien heimlich Berthas Mutter im 106 Kilometer entfernten Pforzheim zu besuchen – allerdings nicht mit der Eisenbahn oder der Pferdekutsche, sondern mit dem »Teufelszeug«, das ihr Mann, Carl Benz, drei Jahre zuvor erfunden hatte: dem Patent-Motorwagen, Modell Nummer 3.

»Carl hätte diese Fahrt nie erlaubt«, schrieb die wagemutige junge Frau. Genau genommen war die Reise sogar behördlich verboten, denn sie besaßen nur eine Genehmigung für Testfahrten in Mannheim und Umgebung. Bauern hatten sich beschwert, dass ihre Pferde und Kühe vor dem knatternden, qualmenden und stinkenden dreirädrigen Ungetüm scheuten und in Panik gerieten. Daher fragten die Ausreißer gar nicht lange, sondern hinterließen eine Nachricht auf dem Küchentisch und fuhren los Richtung Abenteuer.

Ein Abenteuer war es in der Tat, denn außer in den Städten gab es im August 1888 im Großherzogtum Baden kaum gepflasterte Straßen, nur holprige Feldwege, auf denen ihr »Selbstbeweger«, das Automobil, wesentlich mehr Treibstoff verbrauchte, als sie gedacht hatten. So mussten sie in einer Apotheke in Wiesloch zum ersten Mal nachfüllen: mit Ligroin, einem Leichtbenzin, das damals als Reinigungsmittel verwendet wurde – die Wieslocher Stadtapotheke gilt seither als erste Tankstelle der Welt.

Auch Wasser zur Kühlung brauchte der Ein-PS-Motor ständig, und an manchen Böschungen war er nicht kraftvoll genug, sodass sie ums Schieben nicht herumkamen. Während der Fahrt wurden die Antriebsketten an den Zahnrädern so stark beansprucht, dass sie an einer Schmiede Halt machen mussten, um die Ketten mit kräftigen Hammerschlägen reparieren zu lassen. Einen Kurzschluss der Zündung behob Bertha Benz kurzerhand mit ihrem isolierenden Strumpfband, und eine verstopfte Leitung reinigte die patente Frau mit ihrer Hutnadel. Müde und verdreckt, aber glücklich kamen sie am Abend in der Schmuckstadt Pforzheim an und telegrafierten gleich an Carl Benz: »Erste Fernfahrt ist gelungen!«

VON DER KUTSCHE OHNE PFERDE ZUR KUTSCHE OHNE KUTSCHER Diese Pioniertat war der endgültige Beweis, dass der Benz-Motorwagen, die »pferdelose Kutsche«, keine Spinnerei war, sondern auch lange Strecken bewältigen konnte. Viele Zeitungen berichteten darüber, und ein Jahr danach, bei der Pariser Weltausstellung, war das Automobil in aller Munde. Frankreich mit seinen besseren Straßen wurde – wie man heute sagen würde – zum »Leitmarkt« für die neue Erfindung, und im Jahr 1900 glänzte die Firma von Benz in Mannheim als größte Autofabrik der Welt. Drei Jahre vor Carls Tod, 1926, kam es dann zur Fusion mit dem Konkurrenzunternehmen Daimler. Zu dieser Zeit hatte der Siegeszug des Autos bereits begonnen, nicht zuletzt dank der Fließbandfertigung, die Henry Ford 1913 in seinen Fabriken eingeführt hatte. Heute liegt der Bestand an Kraftfahrzeugen in aller Welt bei rund 1,2 Milliarden Pkw, Lkw und Bussen.

Exakt 125 Jahre nach der Überlandfahrt von Bertha Benz und ihren Söhnen, im August 2013, meldete die Firma Daimler eine weitere Pioniertat auf genau derselben Strecke zwischen Mannheim und Pforzheim.[118] Doch diesmal ging es nicht darum, zu beweisen, dass Kutschen auch ohne Pferde unterwegs sein können – diesmal fuhr die »Kutsche«, ein Mercedes S 500 Intelligent Drive, sogar ohne »Kutscher«! Er war als weltweit erstes Fahrzeug auf einer langen Strecke von rund 100 Kilometern im Überland- und Stadtverkehr autonom unterwegs und bewältigte die Fahrt selbständig: im dichten Verkehr mit Ampeln, Kreisverkehren, Engstellen mit Gegenverkehr, Fußgängern und Radfahrern.

Außerdem gelang diese Rekordfahrt nicht dank kostspieliger Spezialtechnologie, sondern mit einer Technik, wie sie ähnlich bereits in Serienfahrzeugen enthalten ist: beispielsweise mit Kameras und Radarsensoren statt der mehrere 10 000 Euro teuren rotierenden Laserscanner, wie man sie auf dem Dach der autonom fahrenden Google-Fahrzeuge sieht. Besonders wichtig für den »Bertha« getauften Mercedes ist die Stereokamera, die bis zu einer Entfernung von 50 Metern vor dem Auto Fahrzeuge, Fußgänger, Verkehrszeichen und Straßenmarkierungen räumlich gut auflösen kann. Radarsensoren liefern weitere Abstandsdaten und helfen, von links oder rechts kommende Fahrzeuge frühzeitig zu entdecken. Eine Farbkamera ist auf Ampeln spezialisiert, und eine nach hinten gerichtete Kamera dient dazu, die Position des Fahrzeugs anhand von Umgebungsmerkmalen genauer zu bestimmen, als dies mit den üblichen Navigationsdaten möglich wäre.

Bei den autonomen Fahrzeugen, an denen fast alle Autofirmen, aber auch Unternehmen wie Google arbeiten, geht es meist darum, mit niedriger Geschwindigkeit oder in klar strukturierter Umgebung – etwa der Autobahn – unterwegs zu sein. »Der Verkehr auf Landstraßen und im Stadtumfeld ist das Schwierigste, das man machen kann«, erklärt Ralf Herrtwich, der als Leiter für Fahrassistenz- und Fahrwerksysteme in der Konzernforschung und Vorentwicklung bei Daimler für das autonome Fahren zuständig ist.[119] In der Garage seiner Abteilung in Böblingen nahe Stuttgart steht die »Bertha« neben weiteren Testfahrzeugen.

»Wir hatten die Bertha-Benz-Fahrt vor allem deshalb unternommen, weil wir nicht wussten, was dem autonomen Fahrzeug bei diesen unstrukturierten Umgebungen leicht- oder schwerfallen würde«, erzählt der Informatiker, der neben seiner Tätigkeit bei Daimler das Fach Fahrzeuginformationstechnik an der Technischen Universität Berlin lehrt. So hat es die Forscher durchaus überrascht, dass es leichter war als erwartet, die richtigen Fahrentscheidungen zu treffen. »Wenn die Situation korrekt analysiert ist, weiß der Algorithmus recht gut, was zu tun ist«, berichtet Herrtwich. Ob es um das selbständige Überholen von Radfahrern geht, um die richtige Geschwindigkeit in scharfen Kurven oder um das Manöver, wie man durch die zahlreichen Kreisverkehre zwischen Mannheim und Pforzheim kommt – all das beherrschte die »Bertha« ohne größere Schwierigkeiten.

EINE ROTE AMPEL ODER NUR EIN RÜCKLICHT?

»Wesentlich schwieriger ist es, herauszufinden, welche Ampeln überhaupt relevant sind«, sagt Herrtwich. Das autonome Fahrzeug muss nicht nur rote Rücklichter von roten Ampeln unterscheiden, sondern auch erkennen, ob eine Ampel für seine eigene Weiterfahrt gilt oder doch eher für den Querverkehr, für eine andere Fahrspur oder für Fußgänger. Für solche Herausforderungen setzen die Entwickler auf digitale Karten, also auf ein ähnliches Konzept wie Google mit seinen Street-View-Daten, die für das autonome Fahren eine große Unterstützung sind.

Daimler hat dazu mit dem Karlsruher Institut für Technologie und HERE, einem Hersteller für digitale Karten, eine zentimetergenaue dreidimensionale Karte der Bertha-Benz-Strecke erstellt. Sie enthält nicht nur, wie üblich, den Straßenverlauf, sondern auch die Anzahl der Fahrspuren und die Position von Verkehrsschildern, Stopplinien und

Ampeln. Da solche 3-D-Karten und die Entwicklung ortsbezogener Dienstleistungen nicht nur fürs autonome Fahren, sondern für die gesamte Mobilität der Zukunft eine wichtige Rolle spielen werden, haben Daimler, BMW und Audi im Sommer 2015 den Kartendienst HERE für 2,8 Milliarden Euro von Nokia übernommen.

»Noch schwieriger war es für unser autonomes Fahrzeug allerdings, die Intentionen der anderen Verkehrsteilnehmer richtig einzuschätzen«, erinnert sich Herrtwich. Wer sollte zum Beispiel als Erster eine Engstelle passieren, wenn die »Bertha« zeitgleich mit einem entgegenkommenden Auto dort ankam? Oder wann kann man in einen Kreisverkehr einfahren, wenn die anderen Autofahrer vergessen, den Blinker zu setzen? Wo bei Menschen der Blickkontakt oder eine Geste helfen, da ist ein Autopilot schnell überfordert.

»Die lustigste solcher Situationen erlebten wir, als wir an einem Fußgängerüberweg anhielten, weil dort ein Passant stand, der aber die Straße gar nicht überqueren wollte, sondern uns vorbeiwinkte«, erzählt Herrtwich. Der S-Klasse-Mercedes blieb natürlich stur stehen – mit so viel Höflichkeit anderer Verkehrsteilnehmer hatten die Programmierer nicht gerechnet! »Wir haben dann die Steuerung übernommen und sind manuell weitergefahren, um den freundlichen Passanten nicht zu verärgern«, sagt der Daimler-Forscher und betont, dass sie dem Fahrzeug eine vorsichtige und zurückhaltende Fahrweise eingeimpft hatten. Lieber sollte es das Lenkrad wieder an den Menschen übergeben, als beispielsweise forsch bei einem verkehrswidrig geparkten Auto eine durchgezogene Linie zu überfahren und auf der Gegenfahrbahn vorbeizuziehen.

Die Verständigungsschwierigkeiten zwischen den rollenden Computern und den menschlichen Verkehrsteilnehmern werden sicherlich auch in Zukunft nicht so leicht zu überwinden sein. Ein erster Schritt wäre es, meint Herrtwich, wenn die autonomen Fahrzeuge wenigstens als solche zu erkennen wären – etwa durch eine besondere Beleuchtung –, denn dann wüssten die Menschen, dass bestimmte Wege der Kommunikation eben nicht funktionieren. Dass die Selbstfahrer auch nicht völlig sprachlos sein müssen, belegt Daimler mit seinem Forschungsfahrzeug F 015, das nicht nur über Lautsprecher kommunizieren kann, sondern für Passanten beispielsweise per Laser auch einen Fußgängerüberweg auf den Asphalt projiziert und sie auffordert, ihn zu benutzen, um vor dem F 015 die Straße zu überqueren.[120]

2020 FAHRERLOS AUF AUTOBAHNEN, 2030 IN DER STADT   So etwas mögen vielleicht nur technische Spielereien sein, aber dass das autonome Fahren kommen wird, davon sind fast alle Autofirmen überzeugt. »In größerem Stil auf Landstraßen und in der Stadt wohl nicht vor 2030, aber auf den Autobahnen schon bis 2020«, prophezeit Herrtwich und fügt hinzu: »So wie die ersten Motorfahrzeuge zu Carl Benz' Zeiten nur Kutschen ohne Pferde waren und die Hersteller dann begriffen, dass ohne Zugtiere ganz neue Formen möglich sind, so werden auch die fahrerlosen Autos neu designt werden.«

Doch warum sollen aus dem Automobil – dem einstigen Inbegriff der individuellen Mobilität und Freiheit – überhaupt Roboter auf Rädern werden? Mobilitätsforscher haben vor allem zwei Gründe ausgemacht: Zum einen ist für viele Menschen in den Metropolen der Weg zur Arbeit heute vor allem mit lästigen Staus und Stop-and-go-Verkehr verbunden. Wenn sie sich nicht mit Millionen anderer in U-Bahnen und Busse zwängen möchten, sondern auf ihre Privatheit Wert legen und statt ein Auto zu lenken anderen Tätigkeiten nachgehen wollen – etwa Nachrichten checken, Unterlagen bearbeiten, Meetings vorbereiten oder auch nur im Internet einkaufen –, dann ist ein Fahrzeug, das sie automatisch von A nach B bringt, die ideale Lösung.

Der zweite Grund für den Trend zum autonomen Fahren ist, dass sich in den vergangenen Jahrzehnten die Einstellung zum Auto gründlich gewandelt hat. Wollte noch in den 1980er-Jahren jeder Schüler möglichst bald ein eigenes Auto, so hat der fahrbare Untersatz als Statussymbol heute bei Weitem nicht mehr dieselbe Bedeutung wie früher – zumindest in den westlichen Industrienationen. Hier geht es den

Jugendlichen eher darum, mit dem neuesten Smartphone Eindruck zu schinden als mit einem protzigen Fahrzeug.

Dies heißt nicht, dass es keine Lebenssituationen mehr gibt, in denen der Besitz eines Autos nach wie vor hoch geschätzt wird: Beispielsweise sind in ländlichen Gegenden viele Menschen darauf angewiesen, um mobil zu sein, und junge Familien brauchen das Auto nicht nur, um Kinder zu Freizeitaktivitäten zu fahren – für sie ist es ebenso eine mobile Wickelstation wie ein Spielzeuglager, kurz: die Verlängerung des privaten Raums in den öffentlichen. Doch immer öfter überlegen die Menschen, wofür sie wie viel Geld ausgeben möchten: Neben Freizeit und Kommunikation, Wohnen und Essen bleibt da nicht mehr viel Spielraum für Mobilität.

Ein eigenes Auto kostet Geld für die Anschaffung ebenso wie für den Betrieb, die Versicherung und den Parkplatz. Warum nicht stattdessen für Mobilität nur dann zahlen, wenn man sie auch nutzt? »Mobility on demand« heißt hier das Schlagwort. Wie man am schnellsten und am kostengünstigsten von A nach B kommt, weiß idealerweise das Smartphone – wenn nicht schon heute, dann zumindest morgen. Und bezahlt wird per App und pro Nutzung, ob mit dem öffentlichen Nahverkehr, einem gemieteten Elektrofahrrad oder einem Carsharing-Auto.

»Die noch ferne, aber sicher faszinierendste Vision ist das Carsharing-Fahrzeug, das – wenn ich es anfordere – von selbst kommt und mich genau dort absetzt, wo ich hinwill«, malt Ralf Herrtwich die Zukunft aus. »Das muss ich auch nicht parken, sondern ich kann einfach aussteigen, und es sucht sich seinen Parkplatz selbst.« Wenn es ein Elektrofahrzeug ist, dann kann es dort auch kabellos Strom tanken, während es auf den nächsten Kunden wartet. Für Jugendliche, die noch nicht selbst fahren dürfen, wäre das ebenso ideal wie für Behinderte oder für ältere Menschen, die weiterhin mobil sein möchten.

Wenn im Jahr 2060 in Deutschland bereits jeder Achte über 80 Jahre alt sein wird, dann werden viele Menschen nicht mehr unbedingt selbst das Lenkrad in die Hand nehmen wollen, um Freunde zu besuchen oder ins Konzert gehen zu können. Google schickt seine autonomen Testfahrzeuge sogar völlig ohne Lenkrad und Pedale auf die Straße, der Mensch kann dann gar nicht mehr eingreifen. »So weit wollen wir aber nicht gehen«, sagt Herrtwich. »Wer selbst fahren will, der soll das auch in Zukunft noch können.«

Doch wie schafft man es, dass die Menschen ihren Maschinen wirklich vertrauen? Nissan will dies durch Transparenz und Gewöhnung erreichen: So soll künftig in den selbstfahrenden Autos des japanischen Herstellers nicht nur angezeigt werden, welche Sensoren gerade was wahrnehmen, wo sie Gefahren erkennen und welches Manöver sie durchführen wollen. Die autonomen Fahrzeuge sollen sogar den Stil ihres menschlichen Besitzers erlernen, wenn dieser selbst fährt. Danach sollen sie dann in der Lage sein, sein Beschleunigungs- und Bremsverhalten zu kopieren – dieses vertraute Fahrgefühl führe dazu, dass er weniger Hemmungen habe, sein Auto selbst fahren zu lassen, meinen die Nissan-Forscher.[121]

AUTONOM, VERNETZT UND ELEKTRISCH   In europäischen Forschungsprojekten wie Prometheus wurde das automatisierte Fahren bereits Mitte der 1990er-Jahre getestet – damals füllte die Technik allerdings noch einen ganzen Lieferwagen, war zu teuer und auch nicht zuverlässig genug.[122] Doch seitdem ist die Rechen- und Kommunikationsleistung von Mikrochips um mehr als das 1000-Fache gestiegen, und auch die Sensoren wurden wesentlich kompakter und kostengünstiger. Die Zeit ist nun reif für die Umsetzung. »Vor allem gibt es heute gleich drei große Trends, die zeitgleich passieren und die sich gegenseitig befruchten«, freut sich Herrtwich. »Das autonome, das elektrische und das vernetzte Fahren.«

Die Elektromobilität wird dazu führen, dass das Fahrzeug immer mehr in Richtung einer durchgängigen Elektrifizierung designt wird – künftig werden dann vielleicht die elektrischen Antriebe direkt in die Räder integriert, Getriebe und Achsen können entfallen. Im Innenraum eines Autos ergeben sich dadurch völlig neue Designfreiheiten, zumal wenn das Lenkrad versenkt werden kann und das Fahrzeug autonom fährt. Sitze können drehbar und ausklappbar gestaltet werden, auch Tische und große Displays sind möglich, der Komfort für die Insassen wird ganz neue Dimensionen erreichen.[123]

Wie gut elektrisches und autonomes Fahren zusammenpassen, haben auch die Veranstalter der Elektroauto-Rennserie Formula E erkannt: Ab der Saison 2016/2017 wollen sie sogenannte »Roborace«-Events durchführen. Dabei sollen vor jedem Formula-E-Rennen mit menschlichen Rennfahrern auf derselben Strecke zunächst zehn Teams mit fahrerlosen Elektroautos gegeneinander antreten.[124]

Die Vernetzung der Fahrzeuge untereinander und mit der Infrastruktur wird sowohl das autonome wie das elektrische Fahren weiter befördern. Elektrofahrzeuge können mit dem Smart Home oder dem Smart Grid – also dem intelligenten Zuhause oder dem intelligenten Stromnetz – Energie austauschen: Sie stehen nicht abseits des elektrischen Energiesystems der Zukunft, sondern sind ein Teil davon. So können sie etwa ihre Batterien bevorzugt dann aufladen, wenn der Strom billig ist.

Bei gestiegenen Preisen können sie auch wieder Energie ins Netz abgeben, zur Stabilisierung des Netzes beitragen und dabei sogar Geld verdienen. Immer vorausgesetzt, sie sind mit dem Smartphone-Kalender ihres Besitzers synchronisiert und wissen, wie weit dieser noch fahren will und wie viel elektrische Energie sie daher in ihren Batterien vorrätig halten müssen.

Software-Updates lassen sich in Zukunft dank Netzanbindung jederzeit in die Autos laden, ebenso aktuelle Informationen über die Verkehrssituation. »Die Digitalisierung des Autos« sei das größte Projekt der Zukunft, sagte der Vorstandsvorsitzende von BMW, Harald Krüger, anlässlich der Internationalen Automobilausstellung 2015. Das Auto von morgen werde Hotelbuchungen genauso vornehmen wie fahrerlos in die Tiefgarage fahren. Es kennt die Termine seiner Nutzer ebenso wie ihren Musikgeschmack. Manche Visionäre glauben sogar, dass es seine Insassen beobachten sollte, um ihnen dann je nach Müdigkeit oder Stress-Level die Fahrt mit veränderten Lichtstimmungen, Düften und Musik zu versüßen.[125]

Eine entsprechende Designstudie, die Vision Next 100, präsentierte Krüger zur 100-Jahr-Feier von BMW im März 2016: ein voll digitales Fahrzeug, das auf Wunsch auch autonom fahren kann. Wird dieser Fahrmodus aktiviert, baut sich der BMW selbsttätig um. Lenkrad und Mittelkonsole ziehen sich zurück, die Sessel drehen sich und das Head-up-Display wird zur großen Leinwand fürs Infotainment. Zugleich übernimmt der virtuelle Butler des Autos die Kommunikation mit der Außenwelt: Über die Lichtfarbe und am Kühlergrill zeigt er an, dass das Fahrzeug nun autonom fährt, und mit einer speziellen Projektion wird den Fußgängern bedeutet, dass sie gefahrlos die Straße überqueren können.[126]

Eine aktuelle Studie von acatech, der Deutschen Akademie der Technikwissenschaften, betont, dass vor allem durch die Vernetzung für die Nutzer automatisierter Fahrzeuge und die gesamte Volkswirtschaft ein hoher Mehrwert entstehen werde.[127] So kosten allein die Verkehrsstaus in Deutschland jährlich rund 40 Milliarden Euro. Dank Vernetzung könnten sich Fahrzeuge künftig gegenseitig vor Staus oder Unfällen warnen und den Verkehr dadurch sicherer, flüssiger und umweltschonender machen.

Fachleute schätzen, dass automatisierte und vernetzte Fahrzeuge die Zahl der Unfälle um mehr als die Hälfte reduzieren könnten. Heute sind 90 Prozent aller Unfälle auf menschliches Versagen zurückzuführen – jedes Jahr sterben zwischen 3000 und 4000 Menschen auf Deutschlands Straßen, weltweit sind es nach Angaben der Weltgesundheitsorganisation 1,2 Millionen. Laut der Unfallforschung der Firma Robert Bosch könnten allein schon intelligente Assistenzsysteme, etwa mit rechtzeitigen Warnhinweisen oder automatischem Eingreifen im Notfall, rund ein Drittel aller Unfälle verhindern. Bei Lkw rechnet das Beratungsunternehmen Roland Berger damit, dass automatisierte Sicherheitskontrollsysteme die häufigen Auffahrunfälle sogar um über 70 Prozent verringern könnten.

Wunder darf man vom automatisierten Fahren allerdings auch nicht erwarten. »Wenn auf der Autobahn der Laster vor mir eine Waschmaschine verliert, dann kann auch mein autonom fahrendes Auto einen

Zusammenstoß nicht mehr verhindern«, warnt Herrtwich. Die bisherigen Assistenzsysteme deckten ja schon viele der Fälle ab, in denen Menschen falsch reagieren. »Doch glücklicherweise«, sagt der Fahrzeugforscher, »machen Menschen im Verkehr mehr richtig als falsch.« Für das autonome Fahrzeug von morgen werde es daher schon schwierig genug, so gut zu fahren wie der durchschnittliche menschliche Fahrer – und eigentlich müssen sie ja noch besser werden, »sonst generiert man neue Unfälle, was nicht akzeptabel ist«. Um die Ethik des autonomen Fahrens wird es später auch in Kapitel 11 auf Seite 310 gehen.

FOLGE DEM VORAUSFAHRENDEN FAHRZEUG Nach Herrtwichs Ansicht wird das autonome Fahren sukzessive Einzug in den Alltag halten. Es wird vor allem entlang zweier Dimensionen entwickelt werden: der Geschwindigkeit des Fahrzeugs und der Komplexität der Verkehrssituation. Langsame Geschwindigkeit und wenig Komplexität sind das Einfachste – hier gibt es bereits die Lösung »Folge dem vorausfahrenden Fahrzeug« für das automatische Stop-and-go-Fahren. Werden die Fahrzeuge schneller, fordert das Auto den Fahrer auf, seine Hände wieder ans Lenkrad zu legen und selbst zu steuern. Auch das automatisierte Kolonnenfahren von Lkws, das sogenannte Platooning, wurde bereits erprobt.

Die logische Fortführung wird sein, dass Fahrzeuge bis circa 2020 das autonome Fahren auf gut strukturierten Straßen wie etwa Autobahnen beherrschen. »Je nachdem wie schnell man unterwegs ist, operiert man da am Rande der heutigen sensorischen Fähigkeiten«, sagt Herrtwich. Denn wenn die Sensoren ein Hindernis entdecken – etwa ein stark abbremsendes Auto oder einen Gegenstand auf der Fahrspur –, muss die Automatik den Wagen noch sicher anhalten können.

Ausweichen wäre eine weitere Option, »aber das ist gegenüber dem Anhalten das kritischere und gefährlichere Manöver. Wichtig ist, dass wir uns immer im sicheren Rahmen bewegen, also nie schneller fahren, als die Sensoren sehen können, und keine Manöver machen, die das Fahrzeug in einen unsicheren Zustand bringen.« Diese Selbstdiagnosefähigkeit der Systeme ist für Herrtwich ein ganz wichtiges Element des autonomen Fahrens: Das Fahrzeug muss immer wissen, ob es noch autonom fahren kann oder ob es – beispielsweise wegen zu starken Regens oder Nebel – an den Menschen übergeben sollte.

Für den 50 Kilometer langen, autobahnähnlichen Stadtring um Göteborg will der schwedisch-chinesische Autohersteller Volvo spätestens ab 2018 100 Fahrzeuge derart ausstatten, dass normale Testpersonen dort mit Autopilot fahren können.[128] Außerdem hat Volvo bereits angekündigt, dass das Unternehmen künftig bei Unfällen mit seinen selbstfahrenden Fahrzeugen die volle Haftung übernehmen werde – ein wichtiger Punkt, denn die aktuellen Gesetze, die sich an der sogenannten Wiener Konvention von 1968 orientieren, sehen nach wie vor den menschlichen Fahrer in der Verantwortung. Derzeit wird eine Überarbeitung der Wiener Konvention diskutiert, nach der automatisierte Fahrfunktionen erlaubt werden können, wenn der Mensch sie jederzeit aktiv übersteuern oder ausschalten kann.

In Japan will die Firma Robot Taxi ab 2016 südlich von Tokio autonom fahrende Autos auf ausgewählten Routen testen – zunächst mit 50 Testpersonen, aber zu Olympia 2020 dann im großflächigen Einsatz mit bis zu 3000 Fahrzeugen. Auch in Deutschland gibt es bereits Orte, wo das autonome Fahren geübt wird. So etwa auf einer Strecke von 160 Kilometern der Autobahn A 9 zwischen München und Nürnberg: Hier fährt ein Audi A 7 ebenso selbständig wie Mittelklassewagen von Volkswagen, die sogar untereinander kommunizieren. In weniger als 20 Millisekunden tauschen sie Daten aus, die das automatische Überholen leichter machen.

Auf der Autobahn A 81 zwischen Stuttgart und Heilbronn testet die Firma Robert Bosch zudem ein Fahrzeug des US-Unternehmens Tesla Motors mit Autopilot – das erste autonom fahrende Elektroauto.[129] Der Automobilzulieferer Bosch sieht in Fahrerassistenzsystemen bis hin zum autonomen Fahren enorme Wachstumsfelder. Um ein Drittel nehme der Umsatz jedes Jahr zu, sagt Geschäftsführer Dirk Hoheisel. 2016 dürfte Bosch damit rund eine Milliarde Euro Umsatz erzielen – allein 50 Millionen Umfeldsensoren mit Radar und Video verkauft das

Unternehmen pro Jahr.[130] Das Tesla-Fahrzeug kann im Übrigen nicht nur autonom fahren, sondern erfasst auch Verkehrsdaten, etwa über Baustellen und Staus, und schickt sie in die Cloud, wo sie dann von anderen Fahrzeugen abgerufen werden können. Software-Updates zu Fahrerassistenzsystemen sendet Tesla Motors ebenfalls bereits automatisiert in seine Fahrzeuge.

Im Mai 2015 hat Daimler im US-Bundesstaat Nevada einen selbständig fahrenden Lkw vorgestellt – den weltweit ersten, der eine offizielle Straßenzulassung bekommen hat.[131] Die USA mit ihren endlos langen, den Fahrer leicht ermüdenden Straßen sind für autonome Lkw ein idealer Markt. Ab Mitte des nächsten Jahrzehnts will Daimler einen solchen Highway-Piloten in Serienfahrzeugen anbieten. Während der Autopilot steuert, kann der Trucker sich um Abrechnungen oder die Routenplanung kümmern oder mit seinen Lieben zu Hause chatten. Muss das System wieder an den menschlichen Fahrer übergeben, weil etwa die Strecke komplexer wird, haben die Entwickler eine Vorwarnzeit von fünf Sekunden vorgesehen. Übernimmt der Fahrer dann das Steuer nicht, wird der Lkw langsamer und bleibt schließlich mit Warnblinker stehen.

DER FAHRER STEIGT AUS, DAS AUTO PARKT EIN

Neben den Autobahnfahrten wird auch das automatische Parken Eingang in Serienfahrzeuge finden. Im Frühjahr 2016 führte Daimler bei seiner E-Klasse einen neuen Einparkassistenten ein, bei dem der Fahrer vor dem Einparkvorgang sogar aussteigen kann. Er aktiviert dann auf seinem Smartphone eine App, um deutlich zu machen, dass er sein Fahrzeug nach wie vor im Blick hat und bei auftauchenden Problemen notfalls eingreifen könnte. Während er auf dem Bildschirm seines Handys als Parksignal eine kreisende Bewegung vollführt, parkt sein Wagen vollautomatisch in die Parklücke ein.[132]

Dieser »Remote Park-Pilot« ist vor allem auch dann praktisch, wenn man eine Parkbucht verlassen will, aber zwischenzeitlich so eng zugeparkt wurde, dass der Fahrer nicht mehr in sein Fahrzeug einsteigen kann. In einigen Jahren werden solche Systeme nach Ansicht der Forscher dann auch ausgereift genug sein, dass man den Wagen bereits bei der Einfahrt des Parkplatzes oder vor dem Parkhaus verlassen kann. Das Auto übernimmt dann selbständig die Suche nach einem freien Platz und alle nötigen Manövrierschritte.

Die komplexeste Situation für autonome Fahrzeuge ist aber zweifellos das, was der »Bertha«-Mercedes auf der Strecke von Mannheim nach Pforzheim bewältigt hatte: Landstraßen und Stadtverkehr mit höheren Geschwindigkeiten und einer wenig strukturierten Umgebung. Bis dies in Serienfahrzeugen umgesetzt werden kann, werden sicherlich noch zehn bis 15 Jahre vergehen. Die Entwickler, etwa bei Audi und Daimler, versuchen, hierfür auch Deep-Learning-Verfahren einzusetzen – also das Lernen an Beispielen, wie es bereits bei der automatischen Verkehrszeichenerkennung gut funktioniert hat.

So haben Daimler-Forscher ihrem System gezielt viele Tausend Bilder von deutschen Städten gezeigt, in denen sie manuell 25 verschiedene Objektklassen – darunter Fahrzeuge, Radfahrer, Rollstuhlfahrer, Fußgänger, Gebäude, Pfosten oder Bäume – markiert hatten. Dank diesem sogenannten »Szenen-Labeling« kann der Fahrzeugcomputer dann auch vorher nicht gesehene Situationen automatisch richtig klassifizieren und in den Kamerabildern wichtige Objekte entdecken, selbst in größerer Entfernung und wenn sie teilweise verdeckt sind.[133]

Auf diese Weise lernt das System, mit realen Alltagssituationen immer besser umzugehen. Dass ein rollender Ball Gefahr bedeutet, weil ihm ein Kind nachlaufen könnte, weiß der Computer heute schon – doch mit dem Szenen-Labeling kann er auch Absichten besser erkennen: Beispielsweise kann er versuchen, anhand der Position am Straßenrand, der Kopfhaltung und der Körperstellung eines Fußgängers vorherzusagen, ob dieser stehen bleiben oder die Straße überqueren wird.

KOLLEKTIVES LERNEN – ALLE AUTOS LERNEN GEMEINSAM Nun lernen Menschen das Autofahren vor allem durch »Learning by Doing« – nach einigen Jahren sind sie darin wesentlich sicherer und geübter als kurz nach der Fahrprüfung. Wäre so ein Lernen im Betrieb auch bei autonomen Fahrzeugen denkbar? Grundsätzlich ja, sagen die Forscher, aber es würde die Autofirmen vor ganz neue Herausforderungen stellen. »Was wir vermeiden möchten, ist, dass jedes Auto einen anderen Lernzustand hat«, gibt Herrtwich zu bedenken. Würde dann nämlich ein Problem auftreten, müsste jedes Auto individuell diagnostiziert werden und man könnte keine Rückschlüsse auf andere Fahrzeuge dieser Reihe ziehen.

»Wir sollten nicht einfach unser Ebenbild in die Maschine gießen wollen«, sagt der Forscher. Die kognitiven Voraussetzungen seien einfach andere – »aber auf der anderen Seite ergeben sich auch völlig neue Optionen, beispielsweise durch die Vernetzung: Was ein Fahrzeug lernt, kann im Prinzip über Server in der Cloud sofort an alle anderen Fahrzeuge weitergegeben werden. Auf diese Weise können wir in Zukunft kollektiv lernende Systeme realisieren.« Und damit wäre dann auch das Problem der individuellen Lernzustände elegant behoben, weil alle auf dasselbe Wissen und dieselben Fähigkeiten zurückgreifen.

Natürlich sind autonome Fahrzeuge nicht auf Straßen beschränkt. Bereits seit Jahrzehnten sind sie als sogenannte People Mover an Flughäfen oder als fahrerlose U-Bahnen in Metropolen wie Paris und Lille, London und Dubai, Vancouver und Oslo unterwegs – und seit 2008 auch in Nürnberg. Der wesentliche Vorteil: Automatische U-Bahnen können statt wie bisher im 200-Sekunden-Abstand nun in weniger als 100 Sekunden aufeinanderfolgen und dadurch wesentlich mehr Passagiere befördern. Die Deutsche Bahn würde ihre Strecken ebenfalls gerne mit autonomen Zügen befahren. Widerstand wird hier allerdings nicht nur von den Gewerkschaften erwartet. Auch der Mischbetrieb stellt die Bahn vor große Schwierigkeiten, weil ICE, Güterzüge, Regional- und S-Bahnen viele Strecken gemeinsam nutzen.[134]

AUTONOME DROHNEN, EINKAUFSWÄGEN UND TRAKTOREN AUF DEN ÄCKERN   In der Luft sorgen Autopiloten schon lange dafür, dass Flugzeuge ihre Flughöhe einhalten und die programmierte Route richtig abfliegen. Auch landen können sie notfalls in vielen Fällen selbst, doch beim Start setzen alle Flugzeuge heute noch auf den menschlichen Piloten. Anders die unbemannten Luftfahrzeuge, die Drohnen: Für militärische und polizeiliche Einsätze werden sie zwar meist ferngesteuert, bei Aufklärungsflügen oder kommerziellen Anwendungen können sie aber auch autonom unterwegs sein. Amazon und DHL haben bereits die Auslieferung von Bestellungen über Drohnen getestet – insbesondere für die schnelle Zustellung von Medikamenten könnte so ein Luftpostdienst künftig durchaus sinnvoll sein.

Für die Lieferung größerer Pakete hält Ahti Heinla den Drohnendienst allerdings für zu kompliziert, zu unsicher und zu teuer.[135] Der estländische Software-Entwickler und Miterfinder von Skype will mit seiner 2014 gegründeten Firma Starship Technologies stattdessen kleine autonome Lieferroboter über die Gehsteige größerer Städte schicken. Die Idee: Wenn Kunden Lebensmittel online einkaufen, wird die Ware in einem nahen Supermarkt in die rollenden Kleinwägen gepackt, die sie dann ausliefern. Hindernisse erkennen und umfahren sie mit Sensoren und Kameras, und an Fußgängerampeln bleiben sie wie Menschen stehen, bevor sie die Straße überqueren.

Über Lautsprecher können sie auch kommunizieren. Falls nötig kann sich jemand aus dem Betriebszentrum auf den Roboter zuschalten und eingreifen – beispielsweise wenn Vandalen die rollenden Kisten aufbrechen wollen. Mit der Schrittgeschwindigkeit von Menschen sollen die Lieferroboter maximal vier bis fünf Kilometer weit fahren. Den Weg zum Kunden finden sie über ihr Navigationssystem, und wenn sie angekommen sind, verständigen sie den Empfänger per App, dass seine Lieferung nun vor dem Haus steht. Heinla glaubt, dass dieses Konzept so kostengünstig realisiert werden kann, dass der Kunde nur etwa einen Dollar pro Lieferung zahlen muss. Ab 2016 will er mit Pilotversuchen in Großbritannien und den USA beginnen.

In der Landwirtschaft ist »Precision Farming« eines der ganz großen Zukunftsthemen. Hier geht es nicht nur um den Einsatz von Sensoren und Robotern in den Ställen, um Tiere zu überwachen und optimal zu versorgen. Beispielsweise erfassen heute schon oft Kameras die Euter der Kühe, wenn sie das Melkkarussell betreten. Bürsten reinigen die Zitzen, Roboter-Arme bringen die Melkbecher an, und Sensoren messen kontinuierlich die Qualität der Milch. Aber auch auf den Äckern werden künftig immer mehr Roboter selbständig unterwegs sein – gesteuert von digitalen Karten, Satelliten und der Wettervorhersage sowie von Sensoren, mit denen sie Unkraut erkennen und Temperatur und Feuchtigkeit messen können. Sie werden den Boden düngen, Saatgut und Schädlingsbekämpfungsmittel zentimetergenau dort ausbringen, wo es nötig ist, und die Ernte einholen. Über ihnen kreisen dann autonome Drohnen, um den Zustand der Felder zu prüfen, Pilzbefall oder Wildschäden zu entdecken und Ernteausfälle zu verhindern.[136]

Die Vorteile sind offensichtlich: Nirgends soll zu viel gesät, gespritzt oder gedüngt werden, denn das schont die Umwelt und spart Kosten. Die Traktoren fahren nur die notwendige Strecke, geerntet wird zum richtigen Zeitpunkt und so weit automatisiert wie möglich. Wenn in Zukunft überhaupt noch Menschen auf den Landwirtschaftsmaschinen sitzen, werden sie nur noch darauf achten, was ihnen die Bildschirme im Cockpit zeigen, um im Notfall eingreifen zu können – beispielsweise falls die Infrarotsensoren des Roboters ein Rehkitz übersehen, das sich ängstlich in eine Ackerfurche duckt.

ROBOTER ALS MAULWÜRFE Doch autonome Roboter werden auch an vielen Orten unterwegs sein, wo man sie nicht unbedingt erwartet: zum Beispiel unter den hölzernen Hängeböden typischer viktorianischer Häuser in Großbritannien. Auf der Roboter-Konferenz ICRA 2015 in Seattle stellte Thomas Lipinski, Gründer der britischen Firma Q-Bot, einen solchen Roboter vor.[137] Dessen Aufgabe ist es, in den engen Raum unter den Fußböden zu kriechen, eine 3-D-Karte davon anzulegen und schließlich eine Wärmeisolierung anzubringen. Denn Millionen dieser mehr als 100 Jahre alten Häuser sind immer noch miserabel isoliert, was die Energiekosten so in die Höhe treibt, dass die oft in Armut lebenden Bewohner nur vor der Wahl »heat or eat« stünden, berichtet Lipinski.

Die bisher übliche Art der Fußbodenisolierung können sich diese Menschen auch nicht leisten, da sie Wochen dauert und das Aufstemmen des Bodens erfordert. Nicht zuletzt deshalb sterben 30 000 von ihnen jedes Jahr an Erkältungen, klagt Lipinski. Seine Roboter könnten hier Abhilfe schaffen: Sie würden die Erkundungs- und Isolierarbeit in ein bis zwei Tagen für nur ein Drittel der Kosten erledigen – ohne dass die Bewohner ihr Haus verlassen müssten. Zudem sparten sie dann jeden Winter bis zu 500 Dollar an Heizkosten. Dieses Konzept und vor allem die hohe gesellschaftliche Relevanz der Erfindung überzeugte die Jury auf der Roboter-Konferenz so sehr, dass sie Lipinski und Q-Bot den IEEE-Preis für Erfindung und Unternehmertum in Robotik und Automation 2015 verlieh.

Autonom fahrende Autos, Züge, Mähdrescher und Gabelstapler, Roboter, die unter Häuser kriechen, Drohnen, die Post ausliefern, rollende Einkaufskisten, Reinigungsroboter, die in der Wohnung saugen, Fensterputzroboter für Bürogebäude und Rasenmähroboter für den Garten ... »Die Märkte werden ganz offensichtlich langsam reif für autonome Systeme, und die Menschen gewöhnen sich immer mehr an sie«, meint Ulrich Reiser, Teamleiter für Roboter- und Assistenzsysteme am Fraunhofer-Institut für Produktionstechnik und Automatisierung (IPA) in Stuttgart. »Der logische nächste Schritt ist es nun, autonomen Robotern auch Arme zu geben«, fügt der promovierte Elektroingenieur und Software-Experte hinzu.

ELEKTRONISCHE HELFER IM SENIORENHEIM   Bei Rollstühlen ist dies bereits der Fall. Auf der Roboter-Konferenz in Seattle stellte die kanadische Firma Kinova beispielsweise den Roboter-Arm Jaco vor.[138] Er ist im Wesentlichen aus Kohlefasermaterialien, wiegt nur fünf Kilogramm und kann daher praktisch an jedem Rollstuhl befestigt werden. Mit seiner Zwei- oder Drei-Finger-Hand kann er bis zu 1,8 Kilogramm an Gewicht tragen: Gelähmte können damit per Joystick oder Steuerung durch den Mund Flaschen heben, Türen öffnen, den Hund füttern oder sich einfach mal an der Nase kratzen. Vielen eröffnet dies ganz neue Freiheiten. Die Kinova-Mitarbeiter berichteten von Menschen, die sich das erste Mal seit 28 Jahren wieder ein Glas einschenken und ihr Make-up selbst machen konnten.

Serviceroboter für den künftigen Einsatz in Pflegeheimen und Krankenhäusern, Hotels und Haushalten entwickeln die Fraunhofer-Forscher am IPA seit den 1990er-Jahren.[139] Eine gewisse Berühmtheit erreichte im Jahr 2011 ihr Care-O-bot 3, der zusammen mit seinem »Kollegen« Casero in der Stuttgarter Seniorenwohnanlage Parkheim Berg aushalf. Casero, der von der Firma MLR System in Ludwigsburg entwickelt wurde, ist ein autonomes Transportfahrzeug, das für die Pflegekräfte Schmutzwäsche in den Keller bringt oder schwere Getränkekisten holt. Die Pfleger können auf seinem Touchscreen einfach das gewünschte Ziel eingeben, und Casero navigiert selbst dorthin, wobei er sogar den Aufzug benutzen kann. Nachts übernimmt er eine weitere wichtige Aufgabe: Er patrouilliert durch die Gänge und schaut mit seiner Kamera, ob er Ungewöhnliches entdeckt, etwa einen hilflos herumirrenden Demenzkranken. Sollte dies der Fall sein, alarmiert Casero automatisch das Pflegepersonal.

Care-O-bot 3, den die Robotik-Experten am IPA konstruiert haben, ähnelt hingegen eher einem höflichen Butler, der allerdings statt eines Kopfes hinter einer durchsichtigen Abdeckung eingebaute Kameras und statt Beinen Rollen besitzt. Vor sich trägt er ein Tablett, das auch als Touchscreen dient, und auf der Rückseite hat er einen extrem gelenkigen Roboter-Arm. Mit seiner Drei-Finger-Hand kann er Trinkbecher am Automaten füllen, Bedienknöpfe drücken, Türen öffnen und die Becher auf seinem Tablett den Senioren präsentieren. Unter Menschen bewegt er sich sicher, mit seinen Rollen kann er sogar auf der Stelle drehen, und Hindernisse umfährt er elegant.

»Hallo Frau Diener, ich bin Care-O-bot 3, Sie möchten doch sicherlich etwas trinken«, sagte er bei einer typischen Begegnung im Parkheim Berg, verbeugte sich höflich und bekam prompt eine Antwort in tiefstem Schwäbisch: »Jo, do hosch recht.« Die Seniorin hob den Becher und prostete dem Roboter zu: »Hoch soll er läbe.« Wie bei Frau Diener stieß der elektronische Butler auf breite Begeisterung bei den Senioren, zumal er sie dank eingebauter Gesichtserkennung persönlich mit ihrem Namen ansprechen konnte. Außerdem spielte er mit ihnen Memory auf seinem Tablet-Computer und gab Volkslieder zum Besten, was für ausgelassene Stimmung bei der Seniorenrunde sorgte.[140]

Auch das Pflegepersonal im Parkheim Berg beurteilt die Roboter-Hilfe durchweg positiv. Ob es die Unterstützung bei laufintensiven Tätigkeiten war oder das Trinkprotokoll, das Care-O-bot 3 anlegen konnte, weil er genau beobachtete, wer von den Senioren wie viel getrunken hatte – all dies sei schon eine große Entlastung, sagen die Pfleger. Die Heimleiterin Gabi Blume befürwortet technische Hilfen, wenn sie dem Personal mehr Zeit für ihre eigentliche Arbeit mit den Bewohnern geben. Pflegearbeiten an Maschinen zu delegieren, lehnt sie allerdings kategorisch ab: »Wir wollen keine vermenschlichten Roboter wie in Japan.«

MENSCHENÄHNLICH, ABER NICHT ZU SEHR Das sieht Ulrich Reiser genauso: »Unsere Serviceroboter sollen nicht wie Menschen aussehen, denn sonst erwartet man zu viel von ihnen.« Was die Fraunhofer-Forscher bevorzugen, ist eher eine ikonische Darstellung – also ein Roboter, der in Form, Aussehen und Funktion an Menschen erinnert, ohne ihnen zu sehr zu ähneln. Sein Erscheinungsbild soll ausdrücken, was er kann. Daher glich Care-O-bot 3 eher einem höflichen, aber zurückhaltenden Butler, während sein heutiger Nachfolger Care-O-bot 4 als eine Art Gentleman entworfen wurde: »Mit einem ansprechenden, sympathischen Äußeren – ein Roboter, auf den man gerne zugeht und mit dem man gerne interagiert«, sagt Reiser.

Care-O-bot 4 besitzt einen flachen, runden Kopf, der zugleich auch als Touchscreen dient und zwei Augen zeigt.[141] Er hat Mikrofone zur

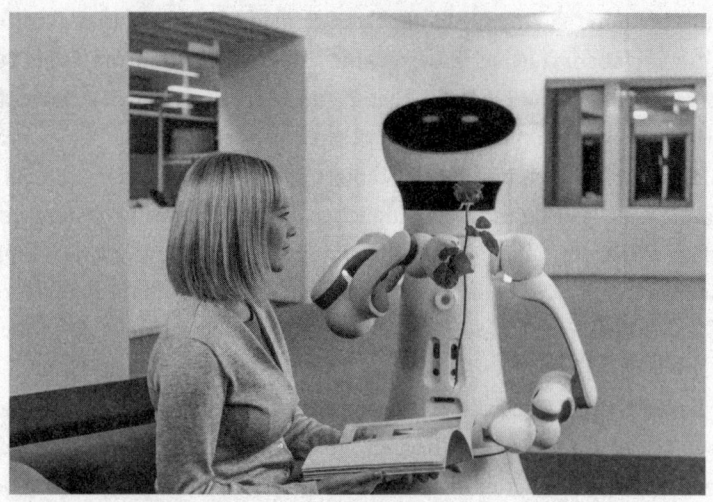

Der Gentleman-Roboter: Care-O-bot 4 wurde als zuvorkommender Serviceroboter gestaltet. Er kann Personen und Gesten erkennen, sich verbeugen und deutlich machen, was er verstanden hat und tun möchte. Doch das Wichtigste: Er wurde so konstruiert, dass er auch kostengünstig gefertigt werden kann.

Spracherkennung und Kameras, um Personen und deren Gesten identifizieren zu können. Außerdem kann er nicken und den Kopf schütteln, unterschiedliche Lichteffekte erzeugen und mit einem Laserpointer in seiner Hand auf Objekte zeigen – all das erleichtert die Kommunikation ungemein. »Der Roboter macht deutlich, was er verstanden hat und was er vorhat, er beherrscht einfache Gesten und kann sogar Gefühle widerspiegeln«, erklärt Reiser.

Zudem hat Care-O-bot 4 zwei Arme und ist noch agiler als sein Vorgänger: Mithilfe eines Drehgelenks, das den Schwerpunkt nach hinten schiebt, kann er sich bis zu 60 Grad nach vorne beugen, ohne umzufallen – selbst wenn er eine Last am ausgestreckten Arm trägt. Gibt man ihm ein Objekt in die Hand, das er noch nicht kennt, dreht er es hin und her und leitet ein 3-D-Modell daraus ab. Damit kann er solche Objekte später selbst finden, erkennen und sicher greifen.

Doch das Wichtigste: Mit Care-O-bot 4 haben die Fraunhofer-Fachleute im Jahr 2015 das Feld der Grundlagenentwicklung und der Forschungsplattformen verlassen – der Roboter soll nun die Basis für kommerzielle Serviceroboter bieten. Dazu ist er modular aufgebaut: Beispielsweise können Sensoren getauscht oder kann der Torso auch mit nur einem Arm und einem Tablett ausgestattet werden. Die Software basiert auf dem frei zugänglichen Robot Operating System und offenen Schnittstellen, sodass ihre Funktionalität von Software-Ingenieuren in aller Welt leicht erweitert werden kann. »Bereits um Care-O-bot 3 hatten wir eine Entwicklergemeinschaft aufgebaut, die wir stetig vergrößern wollen«, sagt der Roboter-Experte Reiser.

Letztlich sind auch die Materialien für den Roboter gezielt so ausgewählt worden, dass die Kosten sinken. Beispielsweise besteht ein Großteil seines inneren Aufbaus aus Blechfaltkonstruktionen, die bereits bei geringen Stückzahlen kostengünstig gefertigt werden können. Die Firma Schunk in Lauffen am Neckar hat eine neuartige Ein-Finger-Hand konstruiert, die einfach, aber elegant aussieht und Sensoren bereits integriert hat. Ob Zahnräder, Getriebe, Motoren oder Sensoren – fast alle Komponenten für Care-O-bot 4 stammen aus einem Umkreis von etwa 200 Kilometern um Stuttgart. »Wir haben hier ein richtiges Silicon Valley der Mechatronik – ideal für die Robotik«, freut sich Reiser.

All dies soll Serviceroboter wie Care-O-bot 4 schon bald für die unterschiedlichsten Anwendungen erschwinglich machen: etwa als mobile Informationskioske in Museen und Flughäfen, in Bau- oder Supermärkten, für Hol- und Bringdienste in Heimen, Hotels oder Büros oder auch in Warenlagern. Für solche Zwecke gründete Reiser mit einem Kernteam die Firma Unity Robotics als Ausgründung aus dem Fraunhofer-Institut. Insbesondere im Internethandel, dem Logistikbereich mit seinen enormen Wachstumsraten, sieht er große Zukunftschancen für Roboter, die Bestellungen empfangen und bearbeiten.

In der Datenbank des Warenlagers ist dann beispielsweise hinterlegt, um welche Objekte es sich bei der Bestellung handelt, wo sie liegen und wie sie aussehen. Der Roboter fährt dann dorthin, greift nach den Objekten, packt sie in eine Kiste und gibt sie an die Auslieferung weiter. Ob er das genauso schnell schaffen kann wie ein Mensch, ist zwar fraglich – dafür kann er aber 24 Stunden am Tag zuverlässig arbeiten. »Unsere Berechnungen haben ergeben, dass sich Anschaffung und Betrieb eines solchen Roboters schon nach weniger als zwei Jahren amortisiert haben würden«, berichtet Reiser.

In Kalifornien sind ähnliche Roboter – allerdings ohne Arme – bereits in verschiedenen Hotels unterwegs. Entwickelt wurden sie von der Firma Savioke in Santa Clara.[142] Ihre Aufgabe: das Hotelpersonal dadurch zu entlasten, dass sie in einer eingebauten Box Kleinigkeiten wie Zahnbürsten, Zeitungen oder Handtücher an die Gäste ausliefern. Sie rollen über die Gänge, rufen per »Roboter-Telepathie« – sprich WLAN – den Aufzug und klingeln nur Minuten nach der Bestellung an der Tür des Gastes. Beim Öffnen piepsen sie ähnlich charmant wie R2-D2, öffnen ihre Box und freuen sich über eine elektronische Bewertung oder einen begeisterten Tweet mehr als über Trinkgeld.

EIN ROBOTER ALS MÄDCHEN FÜR ALLES? Wenn dies alles schon so gut funktioniert, wäre es da nicht naheliegend, autonome Serviceroboter auch für private Haushalte einzusetzen? »Schon vor 50 Jahren, als wir den ersten mobilen Roboter Shakey erfanden, war ein Faktotum unsere große Vision, also ein allgemein einsetzbarer Butler, ein Mädchen für alles«, erinnerte sich Peter Hart auf der Roboter-Konferenz ICRA 2015 in Seattle. »Heute ist das wichtiger denn je, denn in Zukunft wird es nicht mehr genügend junge Menschen geben, die den vielen Alten helfen, aufzustehen, sich anzuziehen, sich etwas zu essen zu machen oder einkaufen zu gehen.«

Vor allem in Japan, wo bereits 30 Millionen Menschen älter als 65 Jahre sind, sehen das Forscher und Firmen genauso. Ihr erklärtes Ziel ist es, mithilfe von Robotern den Senioren so lange wie möglich so viel Autonomie wie möglich zu geben. In Deutschland – dem Land mit der zweitältesten Bevölkerung weltweit – sind die Unternehmen noch deutlich zurückhaltender, was Geschäfte mit der Servicerobotik angeht. Dennoch ändert sich nun auch hier die Einstellung. So will der Augsburger Anlagenbauer Kuka, der sich bisher auf Industrieroboter – vor allem für die Autoindustrie – spezialisiert hatte, künftig auch Roboter für Haushalte und die Altenpflege anbieten.

»Diese Maschinen helfen dann beim Tischabräumen oder im Pflegeheim und Krankenhaus bei der Essens- und Medikamentenausgabe«, sagte der Vorstandsvorsitzende von Kuka, Till Reuter, in einem Interview im Frühjahr 2015. Er spricht von automatisierten Küchen mit Roboter-Armen ebenso wie von Maschinen, die durch die Wohnung fahren, älteren Menschen beim Aufstehen helfen, sie an die Einnahme von Medikamenten erinnern, Diktate entgegennehmen und menschliche Hilfe organisieren, wenn das nötig sein sollte.[143]

Auch in Italien erzählt Giorgio Metta, der Erfinder des selbstlernenden iCub-Roboters, von seinen Ideen für Serviceroboter und entsprechenden Start-up-Firmen. An den Wänden seines Büros hängen Zeichnungen, wie derartige Roboter aussehen könnten – ähnlich den Care-O-bots und ebenso wie diese mit Rollen anstelle von Beinen ausgestattet. »Beine wären zwar nützlich, um Treppen zu bewältigen, aber sie sind schwierig«, sagt Metta. »Vor allem aus Sicherheitsgründen, da Roboter mit Beinen viel leichter umfallen können, aber niemanden verletzen dürfen.«

Grundsätzlich sind Alleskönnerroboter für Privathaushalte mindestens eine so große Herausforderung wie autonome Fahrzeuge im Stadtverkehr, denn die Umgebung ist ähnlich unstrukturiert und ändert sich ständig. Sie müssen sich in den Wohnungen nicht nur sicher und unfallfrei bewegen, sondern sie müssen für eine leichte, intuitive Bedienung auch Sprache, Gesten und Mimik verstehen und selbst entsprechend reagieren können. All das würde derzeit ihren Preis in astronomische Höhen treiben.

Während die Fachleute beim autonomen Fahren Zusatzkosten von nur einigen Tausend Euro erwarten – weil die wesentlichen Elemente auch in heutigen Autos schon enthalten sind –, so wäre ein »Roboter-Faktotum für den Haushalt« eine Neuanschaffung, die trotz aller Kostensenkungen auch im Jahr 2050 wohl noch so viel kosten dürfte wie ein Kleinwagen. Bis man einfach in den Elektromarkt gehen und sich statt eines PC einen leistungsfähigen Personal Robot, einen PR, kaufen kann, wird also noch einige Zeit vergehen.

APPS FÜR SPAGHETTIKOCHEN UND BÜGELN

Dennoch sind die Forscher überzeugt davon, dass der Trend unaufhaltsam ist. So spricht Giorgio Metta von Robotern mit einer Grundausstattung, die dann für die private Wohnung noch trainiert werden müssen, um die Räumlichkeiten ebenso kennenzulernen wie die Dinge, auf die sie besonders achten müssen. »Sie wissen dann zwar von vornherein, wie Gläser aussehen, müssen aber auf die speziellen, besonders zerbrechlichen Dinge noch hingewiesen werden«, meint er. Aus der Cloud könnten sie zusätzlich relevante Anwendungen herunterladen: »Da gibt es dann vielleicht Apps, wie man Spaghetti kocht, bügelt oder putzt.« Plakativ gesagt, werden Roboter der Zukunft einen Teil ihres Gehirns in die Cloud auslagern beziehungsweise sich aus der Cloud bedienen.

»In 20 bis 30 Jahren werden solche Roboter so zuverlässig sein wie heutige Smartphones«, prophezeit Metta. »Und das ist auch nötig: Denn im Haushalt brauchen wir mindestens 98 Prozent Zuverlässigkeit – wir wollen ja schließlich nicht, dass der Roboter unsere Katze kocht, während wir unterwegs sind!« Rüdiger Dillmann, der Karlsruher Pionier der Robotik, sieht das genauso: »Nehmen Sie das Beispiel der Waschmaschinen. Das sind perfekte Automaten, denen wir vollkommen vertrauen. Wir stopfen die Wäsche rein, starten sie, gehen ins Kino und denken nicht mehr dran. So weit müssen wir mit den Robotern auch kommen.«

Bis dies gelingt, wird auch im Haushalt die Entwicklung den gleichen Weg nehmen wie auf der Straße. Sukzessive, Schritt für Schritt, wird immer mehr Automatisierung Einzug halten. Die Steuerung von Heizung, Lüftung und Licht, Backöfen und Herde, die Kochprogramme abarbeiten, Aufzüge, die Menschen transportieren, Roboter, die Staub saugen und den Rasen mähen ... wer macht sich heute noch Gedanken darüber, dass dies alles Automaten sind? Und in dieser Richtung wird es weitergehen.

In den Küchenzeilen von morgen sind dann beispielsweise Roboter-Arme eingebaut, die wie in Fabriken als dritte helfende Hand Dinge reichen, etwas zusammenmixen, säubern oder Schränke einräumen. Für 2017 hat das britische Unternehmen Moley Robotics eine Robo-ter-Küche mit zwei Roboter-Armen angekündigt, die das Kochen über-nehmen: mit Zugang zu einer Rezeptdatenbank von 2000 Gerichten und für einen Preis von etwa 15 000 Euro. Die Zutaten müssen aller-dings noch von Menschen bereitgestellt werden, und auch die Bewe-gungen lernen die feingliedrigen Roboter-Hände von menschlichen Starköchen.[144]

Den etwas robusteren BakeBot stellte die MIT-Professorin Daniela Rus auf der Roboter-Konferenz 2015 in Seattle vor: einen Roboter, der unter anderem Kekse backen kann. Er holt sich Rezepte aus dem Inter-net, übersetzt die natürliche Sprache in Handlungsanweisungen und macht sich daran, die Ingredienzien zusammenzustellen und mit dem Mixer zu bearbeiten. So mischt er Butter, Zucker, Mehl, Cornflakes und Kakaopulver, stellt das Ganze in den Backofen und präsentiert es mit Schokoglasur und einer halben Walnuss: »Dieser Chocolate Afghan Cookie, den der BakeBot für uns gebacken hat, war richtig lecker«, schmunzelt Rus.

PEPPER MERKT, WENN MENSCHEN TRAURIG SIND

Der BakeBot ist noch ein Prototyp, doch sein netter Kollege Pepper ist bereits für 1500 Euro plus einer monatlichen Abogebühr verfügbar. Beim Verkaufsstart dieses 1,20 Meter großen menschenähnlichen Ro-boters mit leuchtenden Kulleraugen waren im Juni 2015 die ersten 1000 Exemplare nach 60 Sekunden ausverkauft. Der Hersteller, die französische Firma Aldebaran, die seit 2015 zum japanischen Tele-kommunikationsunternehmen SoftBank gehört, bezeichnet Pepper als sozialen Roboter, der mit Menschen leben soll. Pepper verfügt über zwei Arme mit Fünf-Finger-Händen, zwei Kameras, 3-D-Abstandsmesser, Ultraschall, Laserscanner und berührungssensitive Sensoren sowie ein Tablet-Display auf der Brust, mit dem er Informationen und Gefühlsäußerungen anhand von Bildern und Farben darstellen kann.[145]

Das Besondere an Pepper ist, dass er Gesichtsausdrücke, Körpersprache und den Tonfall seines menschlichen Gegenübers analysieren und darauf reagieren kann. »Bist du traurig?«, fragt er beispielsweise, wenn ihm seine Sensoren Niedergeschlagenheit signalisieren – und dann versucht er, mit Tanzbewegungen, Witzen und aufmunternden Lichteffekten für bessere Stimmung zu sorgen. Pepper arbeitet derzeit in Verkaufsläden von SoftBank, aber er wird auch schon in Schulen und als Nachhilfelehrer eingesetzt, etwa zum Abfragen von Vokabeln in mehreren Fremdsprachen.

Die Schnittstellen für Applikationsprogramme sind freigegeben, sodass auch externe Software-Experten und Firmen neue Anwendungen entwickeln können. Die Hersteller rechnen daher damit, dass es schon bald Hunderte von Roboter-Apps für Pepper geben wird. Auch mit der Watson Group von IBM wurde eine Kooperation vereinbart. Ein besonders pfiffiges Einsatzgebiet für Pepper haben Entwickler im Herbst 2015 auf der Messe RoboBusiness in San José, Kalifornien, präsentiert: Hier war der kleine Roboter als Einkaufsberater für Oberkleidung tätig.[146]

Die Idee: Die Kundin erstellt zu Hause mit ihren Maßen und ihren Vorlieben ein Online-Profil, speichert das als QR-Code auf dem Smartphone und gibt es im Laden an Pepper weiter. Der Roboter sucht daraufhin anhand einer Vielzahl von Faktoren genau die Kleidungsstücke heraus, die der Figur schmeicheln – und begründet dies der Kaufinteressentin gegenüber freundlich, mit leuchtenden Augen, aber entwaffnender Ehrlichkeit: »Dieses Kleid lenkt die Aufmerksamkeit nach oben und streckt Ihre Silhouette. Es lässt Ihre Beine länger erscheinen – das ist genau, was Sie brauchen. Probieren Sie es an!«

Bislang ist Pepper noch japanischen Kunden vorbehalten, aber seinen kleineren Partner NAO verkauft Aldebaran schon seit Jahren in vielen Ländern der Welt.[147] NAO kostet zwar rund 6000 Euro, dafür hat der 58 Zentimeter große Roboter aber auch zwei Beine und kann Yoga-Übungen, Tanzen oder beim RoboCup Fußball spielen. Tausende von NAOs werden heute in über 70 Ländern vor allem an Schulen und Hochschulen eingesetzt, um Jugendlichen die Grundzüge der Roboter-Programmierung beizubringen oder die Lehrer in allen möglichen Unterrichtsfächern zu unterstützen: von Kalligrafie über Sportgymnastik bis zum Fremdsprachenlernen bei Flüchtlingskindern.

KUGELKÖPFE UND KUSCHELKISSEN Nur bedingt an einen Roboter erinnert Jibo, der von Cynthia Breazeal entwickelt wurde, der Leiterin der Personal Robots Group am Media Lab des Massachusetts Institute of Technology. »Wenn R2-D2 und ein iPad ein Baby hätten, wäre es Jibo«, behauptet Breazeal ganz unbescheiden. Jibo ist im Wesentlichen nur eine Halbkugel mit einem flachen runden Monitor, die sich auf einem kleinen Sockel in alle möglichen Richtungen bewegen kann. Doch Jibo spricht, lacht, erkennt Gesichter, zeigt ein zwinkerndes Auge, stellt Videoverbindungen her, checkt Nachrichten, macht auf Aufforderung Fotos, bestellt Essen und vieles mehr – kurz: Der kleine Kugelkopf mit der netten Stimme ist ein hilfsbereiter persönlicher Sekretär und Spielkamerad. Für 749 US-Dollar soll Jibo ab 2016 verfügbar sein.[148]

Noch weniger von einem Roboter hat Hugvie, eine Art ferngesteuertes Kuschelkissen mit stilisiertem Kopf und Stummelarmen, das der japanische Roboter-Pionier Hiroshi Ishiguro mit einer Textilfirma für unter 100 Euro auf den Markt gebracht hat. Das Kissen hat eine Tasche, in die man sein Handy stecken kann. Beim Telefonieren vibriert das ganze Kissen je nach Tonfall und Lautstärke des Gegenübers in mehr oder minder schnellem Herzschlagrhythmus. In einer künftigen Version will Ishiguro auch Umarmungen von einem auf ein anderes Kissen übertragen, das dann seine Ärmchen bewegt – womit auch eine Art Fernkuscheln möglich wäre. Ishiguro sagt, dass Demenzkranke davon ebenso profitieren wie Schüler mit Lernschwäche: Wenn sie das bewegliche Kuschelkissen in den Armen hielten, wären sie aufmerksamer und würden sich besser an Lerninhalte erinnern, das hätten Untersuchungen ergeben.[149]

Darin ähnelt Hugvie dem weißen, kuscheligen Seehund Paro, der schon seit über zehn Jahren in Japan und anderen Ländern verkauft und vor allem in Pflegeeinrichtungen eingesetzt wird. Paro reagiert auf Berührung, Licht und Laute, kann seinen Namen erkennen und entsprechend reagieren. Er lernt sogar, sich so zu verhalten, wie der Mensch es gerne möchte – etwa wenn er bestimmte Bewegungen und Laute wiederholt, um gestreichelt zu werden. Paro gilt daher als therapeutischer Roboter, ideal für die Beruhigung und zum Stressabbau vor allem bei demenzkranken Patienten.[150]

VERLIEBT SICH DAS DREIECK IN DEN KREIS? Jibo, Hugvie und Paro zeigen deutlich, wie wenig es braucht, um bei Menschen positive Emotionen gegenüber Maschinen zu wecken. Dies erinnert an die klassischen Experimente aus dem Jahr 1944, als die Psychologen Fritz Heider und Marianne Simmel nur mit Dreiecken und Kreisen kleine Zeichentrickfilme erstellten.[151] Versuchspersonen dichteten hier durchweg den geometrischen Figuren emotionale Geschichten an – beispielsweise, dass ein Dreieck in den Kreis verliebt sei und ihn vor der Verfolgung durch das größere Dreieck schützen wolle. Wenn man schon Dreiecken menschliche Gefühle unterstellt, wie viel mehr muss das dann für klug gesteuerte Kugelköpfe oder Kuschelkissen gelten?

Rolf Pfeifer, dessen Skelettroboter Roboy auch schon einmal im Gesicht rot anläuft und leise »Ich bin doch so schüchtern« murmelt, sieht in Robotern, die Emotionen simulieren können, durchaus eine große Zukunft: »Für soziale Spiele, zum Vorlesen oder Gedächtnistraining eignen sich solche Roboter besonders gut«, sagt er. Pfeifer ist gerade mit Hiroshi Ishiguro und Matthias Clostermann, einem Animatronik-Experten, der viel für Disney gearbeitet hat, an einem noch weiter gehenden Projekt dran: einer Robo-Lounge mit humanoiden Robotern. Hier sollen die Androiden als Barkeeper und Bierexperten tätig sein und die Besucher in eine Konversation über Biersorten ziehen, während sie das bestellte Bier zapfen und einschenken. »Für den Auftritt auf Messen und später dann auch in Hotels hätte so etwas sicherlich einen tollen Show-Effekt und wäre eine super Werbung für unsere Technologiepartner«, meint Pfeifer.

Die Roboter unseres künftigen Wohn- und Freizeitalltags werden also vom Kugelkopf auf dem Schreibtisch über Roboter-Arme in der Küche bis zum humanoiden Barkeeper reichen – eine enorme Bandbreite an autonomen Maschinen. Daniela Rus prophezeit sogar einen Robot-Compiler, also ein Programm, mit dem sich jeder nach seinem persönlichen Geschmack seinen Lieblingsroboter bauen lassen kann. Auf der ICRA-Konferenz in Seattle malte sie aus, wie das funktionieren könnte: »Eine Kundin möchte einen ameisenartigen Roboter. Sie wählt aus einer großen Datenbank ein mögliches Design und modifiziert es nach ihren Wünschen. Das Programm simuliert Form und Funktion am Bildschirm – und bei Gefallen wird der Roboter dann umgehend gefertigt.«[152]

ROBOTER-ORIGAMI UND GÄRTEN MIT ROBOTER-BLUMEN   Auch die Herstellung kann hochautomatisiert ablaufen: Körper, Beine und Greifer der Ameise werden mit dem Laser aus mehreren Lagen unterschiedlicher Werkstoffe ausgeschnitten oder in 3-D gedruckt, Mikroprozessoren und Batterien werden hinzugefügt – und das Ganze kann sogar als sich selbst entfaltende Form realisiert werden. Robogami nennt Daniela Rus diese Methode, angelehnt an die japanische Faltmethode Origami. Wenn die Materialien richtig gewählt sind, kann sich eine zweidimensional gefertigte Form im Ofen ganz eigenständig in einen dreidimensionalen Körper umgestalten – der kleine Roboter wird sozusagen gebacken.

Dass auf diese Weise Roboter-Ameisen oder fast beliebige andere Gestalten entstehen können, haben Studenten der MIT-Professorin bereits hundertfach bewiesen. In ihren Labors bauten sie sogar einen Roboter-Garten auf, wo jede Lilie und jede Tulpe ein Roboter war. Vom

Computer gesteuert öffneten und schlossen sich die Blumen, leuchteten in den unterschiedlichsten Farben, und zwischen ihnen krabbelten Roboter-Insekten sowie kleine Roboter-Schafe und Roboter-Enten durch den Garten – eine faszinierende Demonstration dessen, was in einer Zukunft voller Roboter auf uns zukommen mag.

ACHT

EINSATZGEBIETE: IN INDUSTRIE UND INFRASTRUKTUR

Wenn Roboter Roboter fertigen

Unser Wiedersehen verlief extrem emotional. Delia, meine Frau, war aufgesprungen, als sie mich im Rollstuhl am Gartentor sah, und mir weinend um den Hals gefallen – minutenlang brachte sie kein Wort heraus, dann flüsterte sie nur: »Mein Herz schlägt so schnell ...«

Die elegante Frau neben ihr am Tisch, das musste ... konnte das? Meine Tochter?

»Eva?« – sie war damals zehn Jahre alt gewesen.

Sie nickte und stand langsam auf. »Hallo Papa ...« – sie legte ihre Hand auf die Schulter des vielleicht 14-jährigen Mädchens neben ihr. »Das ist meine Tochter Lea.«

Mir kamen schon wieder die Tränen. Ihre Tochter! Sie sah nett aus mit ihren langen blonden Haaren, neugierig, vielleicht ein wenig argwöhnisch, wer sich da so plötzlich in ihr Leben drängte. Es war ein bisschen viel auf einmal, für uns alle. Ich war Großvater, seit 14 Jahren, ohne es zu wissen!

Delia, die die ganze Zeit neben mir gekniet und mich umarmt hatte, erhob sich und schob mich zum Tisch. Da saß noch jemand, der sich jetzt umdrehte und mir etwas unsicher, aber lächelnd, entgegensah. War das ... Stefan Unger? Unser ehemaliger Laborleiter, mein alter Kollege? »Schön, dich zu sehen, Daniel. Hat lange gedauert, ich hoffe, du konntest dich richtig ausschlafen« – ja, seine Stimme war eindeutig. Es war wirklich Stefan. Und seine Witzchen waren auch nicht besser als damals.

»Hallo, Samantha«, sagte er dann.

»Ihr kennt euch?«, krächzte ich verblüfft.

Die Androidin neben mir nickte und erklärte: »Herr Unger ist der Abteilungsleiter von Liscom Robotics, den ich vier Wochen lang begleiten durfte. Er hat mir viel beigebracht.«

Und er war offenbar noch wesentlich mehr, wie ich schlagartig erkannte, als Delia zu ihm trat und ihm den Arm um die Schulter legte. »Stefan war ... er ist ... er war damals meine Rettung, in diesen schrecklichen Tagen ... Daniel, wir leben zusammen.«

Was hatte ich erwartet? 30 Jahre! Es wäre ja ein Wahnsinn gewesen, wenn sie die ganze Zeit nur an meinem Krankenbett gesessen hätte. Mein Verstand sagte mir, dass ich das akzeptieren musste. Mein Herz hingegen, nein, was soll's, ich wollte jetzt nicht auf mein Herz hören. Mir fiel nichts Besseres ein, als ein verständnisvolles Gesicht aufzusetzen und die Situation zu überspielen, indem ich unendlich viele Fragen stellte, über die Vergangenheit und die Gegenwart. Über die Zukunft wollte ich jetzt nicht nachdenken ...

Wir saßen noch gut zwei Stunden an diesem Frühstückstisch auf der Steinterrasse, während wir uns langsam wieder aneinander gewöhnten. Samantha hatte sich indessen an eine Ladestation zurückgezogen, und ein kleiner rollender Serviertisch brachte Tassen, Teller und Besteck in die Küche. Durch die offene Gartentür sah ich, wie zwei Roboter-Arme, die in der Küchenzeile befestigt waren, alles fein säuberlich in die Geschirrspülmaschine räumten. Das war vermutlich die kostengünstigere Variante im Vergleich zu den humanoiden Robotern.

Unser Labor, erfuhr ich unter anderem, war damals sofort geschlossen worden. Nach der Epidemie hatte man auch die Gebäude irgend-

wann abgerissen. Die Firma war pleite, auch wenn das Ganze offiziell als Unfall eingestuft und wegen der freigesetzten Pilzsporen nie jemand gerichtlich verurteilt worden war. Mark Larras, unser Software-Experte, und Stefan Unger sowie noch ein paar weitere Kollegen fanden schließlich Arbeit bei Liscom Robotics, einer jungen, aufstrebenden Roboter-Firma, die im Jahr 2025 gegründet worden war – und da arbeiteten sie noch heute.

Delia und Eva rutschten schließlich etwas nervös auf ihren Stühlen herum. Sie mussten an die Universität – meine Tochter war wie meine Frau dort Professorin geworden, was mich stolz machte, ohne dass ich dazu auch nur das Geringste beigetragen hätte –, und Lea, meine Enkelin, murmelte etwas von einer Konferenzschaltung, die sie mit einem Schulpartnerteam aus Schanghai hätte.

Ich wäre zwar zu gerne einmal durch mein altes Haus gestreift, wollte aber niemandem lästig fallen. Meine Neugierde konnte ich sicher auch an einem anderen Tag befriedigen. Daher fragte ich Stefan, ob ich ihn zusammen mit Samantha an seinen Arbeitsplatz begleiten dürfte – und er sagte gerne zu. Living Steel Companion, dafür stand das Liscom in Liscom Robotics. »Gefährte aus lebendem Stahl« ... irgendwie absurd, aber interessant. Diese Firma, in der so viele meiner ehemaligen Kollegen und Mitarbeiter untergekommen waren und in der Samantha geboren worden war, wollte ich unbedingt kennenlernen!

Das größte Gebäude auf dem Liscom-Gelände war gut 200 Meter lang und 30 Meter hoch – eine riesige Halle, in der emsige Geschäftigkeit herrschte. Als Stefan mich durch eines der Fabriktore schob, blickte ich auf Dutzende von über zwei Meter großen, kräftigen Robotern mit weiß-metallenen Köpfen, weißen Brust- und Rückenpanzern und feingliedrigen Fingern. Sie platzierten sorgfältig mechanische Gelenke, Kabel, Motoren und Steuerplatinen in glänzende Formen, die wohl Ober- und Unterarme darstellten.

Auf einer Seite der Halle fuhren an einer Hängebahn schwere Brust- und Rückenpanzer an die Arbeitsstationen, wo sie wiederum von Robotern mit Batteriepaketen befüllt wurden. Gegenüber arbeitete ein Roboter-Team offenbar an Gesichtsmasken: silbrig glänzende oder weiß-metallene und ein paar wenige hautfarbene, große und kleine mit weiblichen ebenso wie mit markant männlichen Gesichtszügen und sogar einige, die wohl für jugendliche Roboter gedacht waren. Hier wurden die Augen und die Mikrofone für die Ohren integriert und die komplexe Muskelmechanik für die Mund- und Wangenbewegungen. Und hier fügten die Roboter auch den Kern des Roboter-Seins in die Köpfe ihrer künftigen Kollegen ein: die präzise gefertigten Neurochips mitsamt ihrer Verbindung zu Stromversorgung und Kühlung, die im Brustkorb steckte.

Neben all den Robotern entdeckte ich nun endlich auch ein paar menschliche Arbeiter, die die fertigen Köpfe entgegennahmen und in Testkammern steckten. Dort drehten sie sich auf Metallscheiben, während rote Laserstrahlen ihre Form vermaßen, Testbilder vor ihren Augen aufblitzten und die seltsamsten Pfeif-, Zisch- und Summlaute erklangen. Ich wandte mich unwillkürlich ab, denn Köpfe zu betrachten, die wie abgeschnitten wirkten und doch Augen und Münder öffneten und mich anzublicken schienen, war mir dann doch zu gruselig.

Überall in der Halle wuselten kleine Transportmaschinen herum, die in ihren Behältern alle möglichen Bauteile enthielten: Ohrmuscheln mit eingebauten Mikrofonen, Augen mit Netzhautchips, Gassensoren für die elektronischen Nasen, Schultergelenke, einzelne Metallfinger, Schläuche, Motoren, Schrauben oder auch einmal einen ganzen Fuß.

»Wie wird denn dieses Chaos kontrolliert?«, fragte ich Stefan.

Er lachte. »Das ist kein Chaos. Jeder Roboter wird individuell gefertigt. Größe, Form, Geschlecht, Funktionalitäten – alles frei wählbar. Die Kunst ist es, Standardelemente und individuell gefertigte Teile bestmöglich und zu den geringsten Kosten zu kombinieren. Jedes Bauteil trägt hier einen kleinen Chip mit seinem elektronischen Produktgedächtnis und weiß daher, wie und wann es mit anderen Bauteilen zusammengebaut werden muss. Was wie Chaos aussieht, ist eine perfekt selbst organisierte Fabrik, eine Smart Factory.«

Mit einer weiten Geste deutete er über die Halle. »Apropos smart. Dieses Wort wird dir überall begegnen: Smart Industry, Smart Health, Smart Building, Smart Mobility, Smart Energy ... heute wird alles als *smart* bezeichnet. *Und es stimmt schon: Die Dinge spielen sehr pfiffig zusammen. Dezentrale Steuerungen, hochgradig vernetzt und mit viel kognitiver Intelligenz versehen. Nimm nur unsere Energieversorgung: Sonne, Wind, Wasser, Biomasse, Erdwärme, lauter Erneuerbare, mit den Elektrofahrzeugen als Teil des Systems. Und dazu Strom, Wärme, Gas als gekoppelte Energieträger, Batterien, Wärmespeicher und all die steuerbaren Verbraucher hier in den Gebäuden ... um das optimal aufeinander abzustimmen, brauchst du schon eine Menge Intelligenz ...«*

Stefan war ganz offenbar in seinem Element. Gebremst wurde er nur dadurch, dass mir jemand von hinten auf die Schulter schlug und polternd schnaubte: »Das gibt's nicht. Meine Kameras, übrigens auch smart, hatten tatsächlich recht: Daniel! Ich glaub's nicht. Willkommen in der Zukunft, alter Knabe! Kennst du mich noch? Ich bin's: Mark Larras.«

SMART FACTORY, SMART GRID, SMART CITY

In der großen Halle hinter der Glasfassade des Washington State Convention Center in Seattle sieht es aus wie in einem Spielzeugladen nach der Invasion einer Horde von Kleinkindern: Überall liegen Bücher und Bälle, Becher und Kekse, Stifte und Klebstofftuben, Quietscheentchen, Scheren und Malkreiden, dazwischen Kartons und Tragekörbe sowie Maschinen, die sich surrend hin und her bewegen, und eine Menge von Menschen, die sich in Trauben mal hinter dem einen Tisch, mal vor dem anderen Schrank versammeln.

Doch wer genauer hinschaut, sieht, dass die Maschinen Roboter sind und dass die vielen Menschen fasziniert beobachten, wie sich ihre Geschöpfe bewähren. 25 Teams aus den USA, aus Asien und Europa treten hier gegeneinander an, in der ersten sogenannten Amazon Picking Challenge, die im Juni 2015 hier im Nordwesten der USA ausgetragen wird.[153] Die Roboter stehen vor großen Regalen mit Fächern, in denen Dutzende der unterschiedlichsten Objekte – von der Gummiente bis zur Keksschachtel – platziert sind: nebeneinander, hintereinander und sich manchmal auch gegenseitig verdeckend.

Die Aufgabe der Maschinen ist es, in maximal 20 Minuten zwölf Objekte, die die Jury nennt, in den Fächern zu finden, sie herauszuholen – natürlich ohne andere dabei zu beschädigen – und sie dann in einer bereitgestellten Wanne abzulegen. All dies müssen die Roboter ganz auf sich allein gestellt schaffen, also ohne jegliche menschliche Hilfe. Das Team, das dabei die meisten Punkte erringt, gewinnt den ersten Preis in Höhe von 20 000 Dollar. Wie die Roboter gestaltet sind, ist nicht festgelegt, und dementsprechend vielfältig sind die vorgestellten Lösungswege.

Da gibt es Studenten, die ein simples großes Gerüst mit einem Greifer und Kameras gebaut haben, das aussieht wie auf einer Theaterbühne, wenn Motoren die Requisiten herumfahren. Andere setzen auf professionelle Roboter wie PR2 vom Robotik-Institut Willow Garage oder dem ebenfalls humanoiden Roboter Baxter von Rethink Robotics, die mit den Greifern an ihren beiden Armen die Objekte zu fassen versuchen – und man hört immer wieder ein enttäuschtes »Oooh!« aus der Menge der Umstehenden, wenn so ein Profiroboter ein Quietscheentchen zwar korrekt packt, es aber auf dem Weg zur Wanne doch fallen lässt oder ein anderes Objekt aus den Regalfächern stößt.

Der Renner unter den Maschinen ist dann letztlich doch kein humanoider Roboter, sondern ein mit viel Elektronik vollgestopfter schwarzer Zylinder auf Rollen, auf dessen oberer Plattform ein weißer Roboter-Arm mit Kamera befestigt ist. Ganz unkonventionell befindet sich am Ende des Arms keine Hand oder ein Greifer, sondern ein umgebautes Staubsaugerrohr, mit dem er beliebige Objekte einfach ansaugt und danach über der Wanne die Saugluft wieder abschaltet. Das funktioniert in den meisten Fällen ganz prächtig: Der Zylinder fährt das Regal entlang und blickt in die Fächer, wobei sich sein Roboter-Arm auch schon einmal ganz tief hinunterbeugt, um das gesuchte Objekt zu entdecken. Dann bewegt er sich in die optimale Ausgangsposition, schiebt sein langes Rohr in das Regal und saugt sich mit einem scharfen »Schlpp« an den Tuben, Päckchen oder Büchern fest.

Gebaut wurde der Roboter vom Team RBO, dem Robotik-und-Biologie-Labor der Technischen Universität Berlin unter Leitung von Oliver Brock, wo auch die in Kapitel 3 bereits vorgestellte weiche Silikon-Roboter-Hand entstanden ist. Beim Wettbewerb in Seattle schafft es der Berliner Roboter mit dem Staubsaugerrohr, zehn der zwölf vorgegebenen Objekte korrekt aus den Fächern zu holen und in der roten Wanne abzulegen – sein Lohn: 148 Punkte und damit fast doppelt so viel wie der Zweitplatzierte, das Team vom Massachusetts Institute of Technology nahe Boston, das 88 Punkte erreicht. Wohlverdient gehen die 20 000 Dollar Preisgeld damit an die Forscher aus Deutschland.[154]

WENN DIE REGALE ZU DEN MENSCHEN KOMMEN

Natürlich ist diese Picking Challenge nicht nur ein spielerischer Wettbewerb unter internationalen Wissenschaftlern. Hinter ihr stecken handfeste wirtschaftliche Interessen von Amazon. Das Internetversandhaus, das 1995 aus einer kleinen Online-Buchhandlung in Seattle hervorgegangen ist und heute fast 100 Milliarden Dollar Jahresumsatz verbucht, beschäftigt neben 220 000 Menschen bereits Zehntausende von Robotern. Auch in Europa gibt es schon automatisierte Amazon-Lager, das erste im polnischen Breslau und demnächst zwei weitere in Großbritannien. Dort müssen die Angestellten nicht mehr kilometerweit durch die Gänge laufen, um bestellte Objekte zusammenzusuchen, dort kommen die Regale zu ihnen.

In solchen Lagern stehen zu diesem Zweck Tausende von zwei Meter hohen Regaleinheiten mit einer Grundfläche von ein mal ein Meter auf ebenso vielen Wägen von Amazon Robotics, von denen jeder 340 Kilogramm tragen kann. Geht eine Bestellung ein, die sich auf einem dieser Roboter-Wägen befindet, rollt er mit etwa Schrittgeschwindigkeit zu einer Packstation, wo Menschen die Waren entnehmen, per Scanner noch einmal checken, dass es auch die richtigen sind, und sie für den Versand zusammenstellen.

Der rollende Untersatz, der sich gerade eben noch in einer Schlange mit seinesgleichen angestellt hatte, fährt dann mit seiner Regaleinheit wieder zu einer Ruhestation zurück, wobei er Hindernissen selbständig ausweicht. Aus der Vogelperspektive wirkt so ein Lager wie ein riesiger, sich ständig in Bewegung befindender, selbst organisierter Ameisenhaufen – nur dass hier keine Ameisen Blätter in ihren Bau tragen, sondern orangefarbene Roboter-Wagen Millionen unterschiedlichster Objekte heranschaffen und den Menschen zur weiteren Bearbeitung übergeben.

Was Amazon mit dem Wettbewerb der Picking Challenge, der auch im Jahr 2016 wieder ausgetragen wird, herausfinden will, ist, ob Roboter die Menschen in Zukunft nicht nur in den langen Lagergängen ersetzen, sondern ihnen auch an der Packstation zur Hand gehen oder ihre Aufgabe gar vollständig übernehmen können. Noch sind die kognitiven Fähigkeiten der Roboter den Menschen deutlich unterlegen, wenn es darum geht, schnell und sanft die richtigen Objekte zu greifen, sie zu überprüfen und versandfertig zu machen – aber wie die Picking Challenge zeigte, ist es wohl nur noch eine Frage weniger Jahre, bis Roboter auch solche Jobs übernehmen können. Ob dies angesichts der harten Arbeitsbedingungen bei Amazon nun eine gute oder eine schlechte Nachricht ist, sei einmal dahingestellt.

In Situationen, in denen die Objekte wesentlich weniger vielfältig und einfacher gestaltet sind als bei Amazon, sind Roboter jedenfalls bereits dabei, die Warenlager zu übernehmen: beispielsweise in Apotheken, wo die Medikamente meist in kleinen Schächtelchen verpackt sind. So hat die Firma Magazino, eine Ausgründung der Technischen Universität München, das Roboter-System Maru entwickelt, in das der Apotheker nur die vom Großhändler gelieferte Kiste einschieben muss.[155] Der Roboter erkennt Barcodes und aufgeprägte Verfallsdaten selbständig und speichert die Schachteln in einem turmartigen Aufbau – bis zu 17 000 Packungen auf nur sieben Quadratmetern Grundfläche. Auch beim Zugriff ist dieser Automat sehr schnell: In durchschnittlich etwas mehr als acht Sekunden reicht er dem Apotheker das richtige Medikament.

Auch für klassische Regallager hat Magazino bereits einen Roboter namens Toru konstruiert. Auf vier Rädern kann er die Warenlager entlangfahren, dort eine Art Leiter mit Greifarm und 3-D-Kamera ausfahren und damit die Objekte scannen, identifizieren, packen und mitnehmen. Der Vorteil ist offensichtlich: Die Regale können dort verbleiben, wo sie heute stehen, der Nutzer muss sein Lager nicht völlig umbauen, um es zu automatisieren. Außerdem kann er nach und nach immer mehr dieser Roboter einsetzen, wenn sie zuverlässig funktionieren und auch eine große Anzahl verschiedener Objekte erkennen können. Da die Toru-Roboter als Roboter-Schwarm organisiert sind, können beim Ausfall eines Roboters einfach andere seine Aufgabe übernehmen.

WER BRAUCHT SCHON KOPF UND BEINE?

Kollaborative Roboter, die direkt mit Menschen zusammenarbeiten, waren auch erstmals das beherrschende Thema auf der Industriemesse 2015 in Hannover. Firmen wie Kuka, Bosch und ABB sowie die Japaner Mitsubishi Electric, Fanuc und Yaskawa und das dänische Unternehmen Universal Robots präsentierten hier ihre Lösungen für Maschinen, die sich nicht mehr hinter Schutzzäunen und Laserwänden verstecken müssen. Für industrielle Anwendungen geht es dabei weniger darum, diese Roboter humanoid zu gestalten, also mit Kopf oder Beinen auszustatten – viel wichtiger sind die Arme, die den Menschen zur Hand gehen sollen. Die meisten dieser kollaborativen Industrieroboter besitzen daher auch nur Arme und Kameras.

So hat der Augsburger Anlagenbauer Kuka in Hannover den Roboter-Arm LBR iiwa vorgestellt, einen Nachfolger des mit dem Deutschen Zentrum für Luft- und Raumfahrt gemeinsam gebauten LBR IV. Dank Kraftsensoren zur Kollisionserkennung und einer sehr schnellen Regelung soll LBR iiwa eine sichere Interaktion mit Menschen ermöglichen. Mit seinen sieben Bewegungsachsen ist er zugleich flexibel genug, um beispielsweise um Hindernisse herumgreifen und seine Aufgaben auf mehr als eine Weise erledigen zu können – egal, ob es

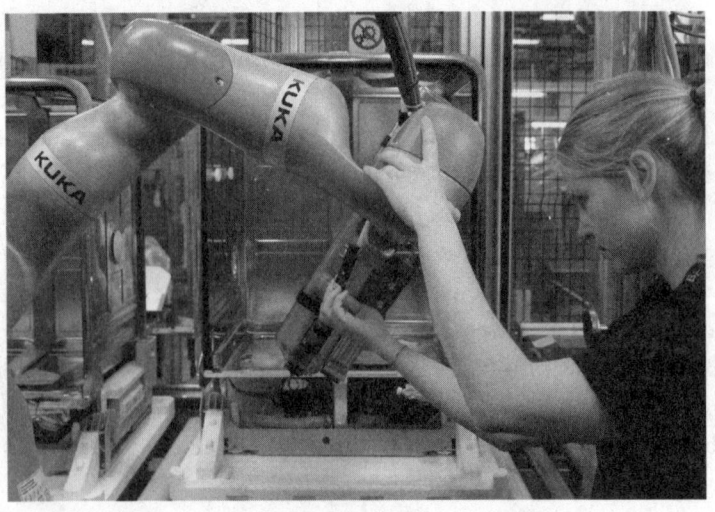

Eine helfende dritte Hand: Der Roboter-Arm LBR iiwa kann direkt mit Menschen zusammenarbeiten, etwa beim Schrauben, Stecken oder Platzieren von Bauteilen. Bei einer Kollision stoppt er sofort und gibt sanft nach.

darum geht, eine Schraube gefühlvoll einzudrehen, einen Stecker irgendwo einzustecken oder ein Objekt in einer Schachtel zu platzieren.[156]

Der LBR iiwa besitzt in seinen Gelenken sogenannte Momentensensoren, die Kräfte sehr präzise messen können. Sie geben dem Roboter-Arm so etwas wie einen Tastsinn, mit dem er Objektkonturen nachfahren oder beispielsweise ein Gewinde durch leichtes Zurechtrütteln einpassen kann – wie dies auch Menschen oft tun. Seine Nachgiebigkeitsregler lassen sich ganz unterschiedlich einstellen, von hart bis ganz weich. Im letzteren Fall gibt der Roboter-Arm schon bei der leichtesten Berührung nach, als ob er sanft gefedert wäre. Je nach Modell kann der LBR iiwa bis zu 14 Kilogramm heben – ein sehr hoher Wert bei nur 24 bis 30 Kilogramm Eigengewicht.

Wie gut so ein Roboter-Arm auch mit beengten Geometrien zurechtkommt und wie schnell er sich anlernen lässt, zeigt Arne Nordmann, Elektroingenieur am Forschungsinstitut für Kognition und

Robotik der Universität Bielefeld und Betreiber eines Robotik-Blogs namens Botzeit.[157] In seinem Labor führt er den Roboter-Arm durch einen schmalen Spalt zwischen Metallwänden, hinter dem der Roboter helfen soll, etwas zusammenzubauen. Dann biegt er dessen Ellbogen um die Ecken der Wände, führt die Gelenke nach oben, unten, links und rechts und macht ein paar rüttelnde Bewegungen am Greifer – »so lernt der Roboter-Arm, welcher Bewegungsraum für ihn möglich ist«, erklärt Nordmann.

Diese kurze Anlernphase reicht bereits, damit der Roboter-Arm anschließend auch komplizierte Bewegungen selbst ausführen und beispielsweise Schrauben eindrehen oder dem Menschen, mit dem er zusammenarbeitet, irgendwelche Objekte reichen kann. »Sollte er dabei doch einmal mit seinem menschlichen Kollegen zusammenstoßen, geht er sofort in einen weichen Sicherheitsmodus, bei dem keine Kräfte mehr auftreten«, sagt der Roboter-Fachmann.

Wie präzise solche Bewegungsabläufe sein können, bewies Kuka auf der Industriemesse in Hannover. An einer Theke übernahm LBR iiwa eine von den Messebesuchern gern in Anspruch genommene Dienstleistung: Der Roboter-Arm spülte Weizengläser, öffnete die Flaschen, schenkte das Bier ein, schüttelte gekonnt die Flaschen, um die restliche Hefe vom Boden zu lösen, produzierte perfekte Schaumkronen und überreichte dann das fertige Weißbier.[158]

YUMI STOPPT INNERHALB VON TAUSENDSTEL-SEKUNDEN

Das Grundkonzept der kollaborativen Roboter für industrielle Anwendungen ist bei vielen Firmen sehr ähnlich, auch wenn sie sich im Detail unterscheiden. So schafft der CR-35iA von Fanuc eine Traglast von 35 Kilogramm, ist aber auch deutlich größer als der LBR iiwa. Auch der Roboter-Arm von Fanuc stoppt sofort bei einer Kollision und ist zudem an den Seiten noch sanft gepolstert. Ein paar Messestände weiter sprechen Entwickler von ABB bei ihrem Roboter YuMi sogar von einer inhärenten Sicherheit, die stets aktiv sei. Das Kunstwort YuMi steht für »you« und »me« und soll die gemeinsame Zukunft von Mensch und Maschine in der Fertigung symbolisieren.[159]

»YuMi ist immer im kollaborativen Modus, das heißt, er braucht keine Sensoren, um zu entscheiden, ob er jetzt zusammenarbeiten soll oder nicht«, erläutert Thomas Reisinger, der Leiter des Anwendungszentrums im hessischen Friedberg. YuMi besteht aus Leichtbaumaterialien wie Magnesium und Kunststoff. Registriert der Roboter über die Messung der Motorströme einen unerwarteten Kontakt, kann er innerhalb von Tausendstelsekunden seine Bewegung unterbrechen.

Das Besondere an YuMi ist, dass er nicht nur über einen, sondern gleich über zwei Roboter-Arme mit jeweils sieben Freiheitsgraden verfügt, die sich schnell – mit bis zu 1,5 Meter pro Sekunde – bewegen können. Wie der LBR iiwa lässt er sich über eine Programmiersprache oder einfach über das Führen seiner Arme programmieren: oft binnen weniger Minuten, was bei früheren Robotern Stunden gedauert hätte. All dies macht YuMi zu einem sehr wendigen und zugleich präzisen Helfer für menschliche Arbeitsplätze. »Beispielsweise für die Elektronik- oder Kleinteilmontage, von der Computer- bis zur Spielzeugbranche«, sagt Reisinger. Mit seinen zwei Armen kann YuMi selbständig Bauteile zusammenstecken oder sie für den Menschen bereitstellen und sortieren.

Kameras, die den Arbeitsplatz beobachten, an dem der Mensch den Roboter-Armen gegenübersitzt, helfen YuMi, die Objekte zu lokalisieren, die er greifen soll.[160] Noch sind hier keine lernfähigen Algorithmen eingebaut, aber Reisinger hält dies für die Zukunft durchaus für sinnvoll. »Insbesondere eine lernfähige Bilderkennung wäre hilfreich«, sagt er. Dann könnte YuMi künftig die Gegenstände selbsttätig immer besser erkennen und auch lernen, welchen Hindernissen man wie am besten ausweicht.

WIE TRÄGT MAN GEMEINSAM EINEN TISCH?

Wie sich die Zusammenarbeit zwischen Mensch und Maschine noch weiter verbessern lässt, untersucht Jochen Steil, Professor am Forschungsinstitut für Kognition und Robotik der Universität Bielefeld: »Die Kraftkontrolle der neuen kollaborativen Roboter ist ein großer Fortschritt, damit Mensch und Roboter unfallsicher zusammenarbeiten können, doch eine gemeinsame Kraftausübung funktioniert so noch nicht.« Ein einfaches Beispiel dafür ist das gemeinsame Tragen eines Tisches oder eines großen Paketes. Wie machen das die Menschen? »Nun, einer geht voran, einer folgt – und beide passen ihre Bewegungen und ihre Kräfte aneinander an.«

Menschen können anhand der Körpersprache eines anderen Menschen das Gewicht von Objekten recht gut einschätzen und daran ihren eigenen Krafteinsatz ausrichten. »Roboter können das noch nicht«, sagt Steil. »Sie können zwar ihre eigenen Kräfte messen und in gewissem Maße steuern, und sie können ihre Bewegungen regulieren, aber Kräfte aktiv in einer Kooperation mit dem Menschen einzusetzen, überfordert sie. Auch können Menschen untereinander einfach so etwas sagen wie: Halt mal bitte das hier, heb das ein wenig hoch und ich kippe dann an der Ecke und so weiter – das geht mit Robotern auch noch nicht.«

Im 2015 gestarteten EU-Verbundprojekt CogIMon will Jochen Steil dies ändern.[161] Als Partner sind hier einige der besten Experten zusammengekommen, unter anderem die Teams von Aude Billard in Lausanne und die Roboter-Fachleute des Istituto Italiano di Tecnologia (IIT) in Genua. Gemeinsam wollen sie herausfinden, wie Roboter mit Menschen auch in komplexen Situationen kooperieren können und wie man Nachgiebigkeit, Körper- und Kraftkontrolle am besten programmiert und steuert.

Die Anwendungsmöglichkeiten sind sehr vielfältig: Sie reichen von der Auslieferung von Waren über das gemeinsame Arbeiten auf Baustellen bis zur Konstruktion von Flugzeugen. »Hier wären dann wieder humanoide Roboter ideal«, sagt Steil. »Sie könnten überall dorthin gelangen, wo auch ein Mensch hinkommt, und beispielsweise die Bleche zuverlässig vernieten.« Bei mehreren Hunderttausend Nieten pro Flugzeug wäre ein vollautomatischer Nietvorgang eine erhebliche Vereinfachung – heute ist dies erst in Teilen der Fall.

PRODUKTIV UND ZUGLEICH FLEXIBEL – GEHT DAS?

Doch für automatisierte Fabriken braucht man im Allgemeinen keine humanoiden Roboter. Als Henry Ford im Jahr 1913 in seiner Fabrik in Detroit das erste permanente Fließband einführte, gelang ihm eine Automatisierungsrevolution der Fahrzeugfertigung: Er verachtfachte die Produktion seines T-Modells, der »Tin Lizzy«, senkte ihren Preis um fast 60 Prozent und erhöhte zugleich die Löhne seiner Mitarbeiter. Dies war der Beginn der industriellen Massenproduktion und das Ende eines Paradigmas, das seit Jahrtausenden galt: Wann immer Menschen etwas geschaffen hatten – ob Töpfe, Kleidungsstücke, Kutschen oder Möbel –, waren es Unikate gewesen, geprägt vom Können des Handwerkers oder Künstlers.

Mit der millionenfachen Fertigung der Tin Lizzy war das vorbei: Die Produkte wurden austauschbar. Die Fließbandfertigung gibt es heute immer noch, in der Nahrungsmittelindustrie genauso wie bei Pharmaunternehmen oder in der Automobiltechnik. Zwar sind es in der Autoindustrie heute vor allem Schweiß-, Lackier- und Kleberoboter, die am Fahrzeug arbeiten, und nicht so sehr die Menschen wie bei Henry Ford. Und wenn man alle Farben und Sonderausstattungen zusammenfasst, können Kunden bei vielen Modellen schon unter Millionen Varianten wählen. Dennoch gibt es nach wie vor einen fast unlösbar scheinenden Widerspruch zwischen Produktivität und Flexibilität: Will man möglichst flexibel auf die individuellen Wünsche der Kunden eingehen, so ist dies mit einer effizienten, kostengünstigen Fertigung kaum vereinbar. Wer ein Unikat will, geht zum Handwerker und muss dafür tief in die Tasche greifen.

TAUSENDE INDIVIDUELLE PRODUKTE JEDEN TAG

Doch seit Kurzem gibt es erste Beispiele dafür, wie sich auch Unikate in einer fast vollständig automatisierten Fabrik kostengünstig herstellen lassen. Eine der beeindruckendsten dieser Anlagen steht in Mexiko, in Ciudad Juárez an der Grenze zum US-Bundesstaat New Mexico. Sie gehört zur kalifornischen Firma Align Technology und produziert die transparenten Zahnschienen, die unter dem Namen Invisalign in über 90 Ländern weltweit vertrieben werden. In Ciudad Juárez werden jeden Tag rund 80 000 dieser Zahneinsätze gefertigt – und kein einziger gleicht dem anderen.[162] Individueller geht es nicht mehr. »Losgröße 1« nennen das die Fachleute für Produktionstechnik, es ist sozusagen die Automatisierung der Handarbeit.

So etwas lässt sich nur mit einem enormen Roboter-Einsatz, modernsten Technologien wie dem 3-D-Drucken und einer durchgängigen Digitalisierung des gesamten Wertschöpfungsprozesses bewerkstelligen. Im Detail sehen die Schritte vom Arzt bis zum fertigen Invisalign-Produkt so aus: Zunächst macht der Kieferorthopäde vom Ober- und Unterkiefer mit den Zähnen, deren Stellung korrigiert werden soll, einen Abdruck, der eingescannt und digitalisiert wird. Daraus entsteht am Computer ein 3-D-Modell, das der Arzt elektronisch an einen Zahntechniker überträgt. Dieser kann irgendwo auf der Welt sitzen, beispielsweise mit Hunderten von Kollegen in einer Anlage von Align Technology in Costa Rica. Der Zahntechniker erstellt mit einer speziellen Software einen Behandlungsplan, den er wieder an den Arzt zurückschickt, der ihn überprüft und freigibt.

Der wichtigste Bestandteil dieses Plans sind die Zahnschienen, die sogenannten Aligner, aus einem stabilen und nur 0,75 Millimeter dünnen Kunststoff. Sie werden auf die Zähne gesteckt und schieben diese durch ständigen Druck nach und nach in die richtige Position. Der Vorteil: Anders als bei den herkömmlichen Zahnspangen gibt es keine Klammern oder Drähte. Die Aligner sind transparent und von außen kaum zu sehen. Üblicherweise werden sie alle 14 Tage ausgetauscht und durch solche ersetzt, die der Endposition der Zähne wieder einen Schritt näher kommen. Im Lauf einer durchschnittlichen Behandlung erhalten die Kunden von ihrem Kieferorthopäden etwa 20 bis 30 solcher Aligner.

Die exakten digitalen 3-D-Modelle dieser Aligner, die der Behandlungsplan enthält, sind der Ausgangspunkt für die Fabrik in Mexiko. Die Konstruktionsdaten landen zuerst in 3-D-Druckmaschinen, die mit dem Verfahren der Stereolithografie für jeden Aligner eine Gussform anfertigen. Dabei fährt ein computergesteuerter Laserstrahl über flüssiges Kunststoffharz und härtet das Harz dadurch aus. Schicht für Schicht entsteht so die Gussform. Im nächsten Schritt wird ein spezieller, medizinisch zugelassener, Aligner-Kunststoff erwärmt und über der Harzgussform in seine individuelle Gestalt gebracht.

Ein Laser markiert den Aligner mit einer Patientenidentifikationsnummer, dann wird er auf ein kleines Tablett mit einem elektronischen Etikett – einem sogenannten RFID-Label – gelegt und setzt seine Reise von Roboter zu Roboter fort. Die Zahnschiene wird geputzt und sortiert, gedreht und vermessen, mitunter noch fein bearbeitet, schließlich in Plastik versiegelt, mit den anderen Alignern dieser Bestellung zusammengestellt, die Patienteninformation ausgedruckt und hinzugefügt und zu guter Letzt verpackt und für den Versand fertig gemacht.

All das geschieht, ohne dass die Zahnschienen während des gesamten Prozesses auch nur einmal von einem Menschen in die Hand genommen werden mussten! Dank der elektronischen Etiketten weiß das System zu jeder Zeit, wo und in welchem Bearbeitungsschritt sich jeder einzelne der Aligner jeweils befindet. Die Menschen sind in dieser Fabrik nur noch dazu da, die Maschinen zu überwachen, Qualitätsstichproben zu nehmen oder ein- und ausgehende Waren zu überprüfen. Außerdem können sie in unvorhergesehenen Fällen einschreiten und gegebenenfalls etwas reparieren oder einen Prozessschritt ändern.

DIE VIERTE INDUSTRIELLE REVOLUTION   Damit ist die Align-Technology-Fabrik in Mexiko bereits ein Vorbote der neuen industriellen Revolution, die derzeit weltweit vorangetrieben wird. In Deutschland und etlichen anderen Ländern ist dieser Trend unter dem Schlagwort »Industrie 4.0«[163] bekannt, in den USA eher unter »Industrial Internet«, »Digital Enterprise« oder »Smart Factory«. Warum Industrie 4.0? Nach der *ersten* industriellen Revolution, also der Einführung der Dampfmaschine und der Mechanisierung im 18. Jahrhundert, der *zweiten* durch die Massenfertigung zu Beginn des 20. Jahrhunderts und der *dritten* durch den massiven Einsatz von Elektronik und Computertechnik zur Fertigungsautomatisierung in den vergangenen Jahrzehnten, ist dies nun der *vierte* große Umbruch in den Fabriken – wobei die meisten Fachleute zugeben, dass es sich wie meist in der Industrie eher um eine Evolution innerhalb der nächsten zehn bis 20 Jahre als um eine schnelle Revolution handeln wird.

Der im Vorstand von Siemens zuständige Manager für die digitale Fabrik, die Antriebe und die Prozessindustrien, Klaus Helmrich, versteht unter Industrie 4.0 eine »neue Stufe der Organisation und Steuerung über die gesamte Wertschöpfungskette und den Lebenslauf von Produkten, orientiert an den individuellen Kundenwünschen«. Es geht also nicht nur darum, die Fertigung weiter zu automatisieren, sondern die industriellen Prozesse in ihrer Gänze zu vernetzen und möglichst flexibel zu gestalten.

Erreicht werden soll dies mit einer durchgängigen Digitalisierung vom Zulieferer über den Hersteller bis zum Kunden und vom ersten Entwurf am Computer über die Simulation der Fertigungsprozesse und der Funktionalitäten des Produkts bis zu seiner Wiederverwertung am Ende der Lebensdauer. Letztlich ist der Kern von Industrie 4.0 eine Zusammenführung der digitalen, virtuellen und realen Welten der Fertigung – und dazu braucht man vor allem eine intelligente Kombination aus Sensor-, Roboter- und Kommunikationstechnik und den neuesten Software-Lösungen. Beispielsweise könnten sogenannte cyber-physische Systeme kontinuierlich Informationen austauschen und dadurch die Produktions- und Logistikprozesse verbessern. Darunter versteht man Netzwerke kleiner mit Sensoren und Aktoren ausgestatteter Computer, die in alle möglichen Geräte und Gegenstände eingebaut sind und miteinander kommunizieren können.

Zu den ersten deutschen Fabriken, die so etwas bereits zu großen Teilen umgesetzt haben – also Vorreiter für Industrie 4.0 sind –, gehören das Elektronikwerk Amberg von Siemens und das Gerätewerk in Erlangen. In Amberg produzieren sich sozusagen die Produkte selbst, denn hier entstehen die sogenannten speicherprogrammierbaren Simatic-Steuerungen. Sie dirigieren Roboter in einer Vielzahl von In-

Digitale Fabrik: In den Fabriken von morgen entstehen zuerst die digitalen Zwillinge, das heißt, Produkte und Fertigungsverfahren werden am Computer simuliert und in virtuellen 3-D-Welten optimiert. Das Ziel: flexibler und effizienter zu fertigen und neue Produkte schneller auf den Markt zu bringen.

dustrien, sie steuern Skilifte, Ampeln und Melkmaschinen, Abfüllanlagen von Bier oder Wein, die Herstellung von Glas oder Kunststoff, den Ölfluss in Pipelines oder auch die Kühlung des Teilchenbeschleunigers am Forschungszentrum CERN bei Genf.

99,99885 PROZENT QUALITÄT   Das Amberger Werk[164] verlassen pro Jahr rund zwölf Millionen dieser Simatic-Steuerungen, in 1000 verschiedenen Varianten für rund 60 000 Kunden. Bei ungefähr gleichbleibender Personalstärke von 1000 Mitarbeitern hat sich die Produktion in den vergangenen 25 Jahren verachtfacht, während zugleich die Qualität um einen Faktor 43 besser wurde: Lag Anfang der 1990er-Jahre die Fehlerquote noch bei 500 Fehlern pro einer Million Fehlermöglichkeiten (500 defects per million = 500 dpm), so sank sie bis 2015 auf nur noch 11,5 dpm, was eine Qualität von 99,99885 Prozent ergibt. So etwas geht nur mit einem extrem hohen Automatisierungsgrad bei gleichzeitig ständiger Qualitätskontrolle.

Zu Fertigungsbeginn werden die unbestückten Leiterplatten noch von Menschenhand in die Produktionsstraße gelegt – ab dann läuft alles maschinell, gesteuert von Simatic-Anlagen. Die Platinen, die mit elektronischen Bauteilen wie Widerständen, Kondensatoren oder Mikrochips bestückt werden sollen, fahren auf Schlitten von Bearbeitungsmaschine zu Bearbeitungsmaschine. Jede Leiterplatte trägt einen individuellen Barcode, um mit den Maschinen zu kommunizieren und ihnen mitzuteilen, wie sie bearbeitet werden muss. Sollte an einer Station gerade einmal zu viel Andrang herrschen, sucht sich das System selbständig einen freien Arbeitsplatz – bis zu einem gewissen Grad organisiert sich die Fabrik also bereits selbst.

Zugleich dokumentieren mehr als 1000 Messgeräte in Echtzeit sämtliche Schritte des Fertigungsprozesses: Sie sammeln beispielsweise Produktinformationen wie Löttemperatur, Bearbeitungszeitpunkt, Bestückungsdaten oder die Ergebnisse der Qualitätsprüfungen. »Der Lebenslauf eines jeden Produkts lässt sich so bis ins kleinste Detail verfolgen«, erklärt Karl-Heinz Büttner, promovierter Maschinenbauer und Leiter des Elektronikwerks. »Pro Tag entstehen dadurch 50 Millionen Prozessdaten« – 1000-mal mehr als noch im Jahr 2000. Diese Informationen fließen ins Steuerungssystem der Fabrik ebenso, wie sie der Entwicklungsabteilung für stetige Verbesserungsmaßnahmen dienen.

Mit den in Amberg gewonnenen Erfahrungen haben die Siemens-Fachleute im Jahr 2013 im chinesischen Chengdu ein fast identisches Schwesterwerk in Betrieb genommen, das vorab komplett am Rechner geplant und simuliert worden war. In der Oberpfalz tüfteln die Spezialisten währenddessen an weiteren Verbesserungen: Immer öfter werden nun beispielsweise Qualitätsmessgrößen schon so schnell an die Maschinen zurückgemeldet, dass sie fast in Echtzeit nachregeln und damit die Produktion weiter verbessern können – »Closed-Loop-Optimierung« nennen das die Fachleute.

Auch fließen Anforderungen der Kunden möglichst direkt in die Fertigungsaufträge und Arbeitspläne ein, und die Lieferanten sind ebenfalls in ein gemeinsames Datenmanagement eingebunden, um ihrerseits schnell benötigte Teile liefern zu können. Das digitale Netzwerk erstreckt sich hier also bereits vom Zulieferer über den Hersteller bis zum Kunden. In einigen Jahren könnten dann in der Fabrik der Zukunft auch Software-Agenten, also eigenständig handelnde Computerprogramme, untereinander klären, welches Produkt in der Fertigungsstraße mit welcher Dringlichkeit ausgeliefert werden muss und daher Vorrang genießt – natürlich unter Einhaltung der vorher vorgegebenen Produktionsregeln.

Doch trotz aller Automatisierungsfortschritte betont Büttner: »Es ist nicht unser Ziel, eines Tages eine menschenleere Fabrik zu haben.« Denn auf die zündenden Ideen, wie sich das System noch weiter optimieren lässt, kommen die Maschinen nicht von selbst. Die Erfahrung der Menschen ist unverzichtbar: 40 Prozent der jährlichen Produktivitätssteigerungen gehen auf die Verbesserungsvorschläge der Mitarbeiter zurück, erklärt der Werksleiter. Die anderen 60 Prozent entstehen durch Investitionen in die Infrastruktur, etwa den Kauf neuer Montagelinien.

Auch spezielle Produktionsinseln, in denen Menschen direkt mit Robotern zusammenarbeiten, wurden in Amberg schon eingeführt. Ganz ähnlich arbeiten die Siemens-Kollegen im Gerätewerk Erlangen, wo unter anderem elektrische Antriebe entstehen. Hier wird je nach Produkt und bestellten Stückzahlen ständig neu entschieden: Programmieren wir dafür eine Maschine oder macht es ein Mensch? Oder fertigt es ein Leichtbauroboter zusammen mit einem Menschen, der ihn vorher durch Führen des Roboter-Arms angelernt hat? Oder ist es gar ein Produkt, das wir einem 3-D-Drucker übergeben können?

TURBINENTEILE UND AUTOSITZE AUS DEM 3-D-DRUCKER   Gerade das 3-D-Drucken wird künftig immer stärker industrielle Fertigungsprozesse verändern.[165] Anstatt Bauteile zu fräsen, zu schmieden oder zu gießen, können sie heute Schicht für Schicht aufgebaut werden – und zwar nicht nur, wie früher, Kunststoffe, sondern inzwischen sogar Gasturbinenstahl, der viele Tausend Stunden bei glühender Hitze im Inneren einer Kraftwerksturbine überstehen muss. Das Prinzip ist einfach: Ein Laserstrahl zeichnet in einem Bett aus Metallpulver den Querschnitt des gewünschten Bauteils nach und verschweißt dabei die feinen Metallpartikel. Dann wird die Plattform, auf der das entstehende Bauteil liegt, abgesenkt, eine neue dünne Pulverschicht wird darüber ausgestrichen, und der Laser beginnt aufs Neue. Schicht um Schicht wächst die dreidimensionale Struktur empor.

Gesteuert wird der Laserstrahl über die Daten des 3-D-Modells aus dem Computer – dies ist ein sehr direkter Weg, wie aus Computerdaten Produkte entstehen können, und zwar auch solche mit extrem komplizierten räumlichen Formen, die anders gar nicht zu fertigen wären. So gibt es beispielsweise im Inneren von Turbinenschaufeln filigrane Lüftungskanäle, die für Kühlung sorgen und nur sehr schwierig zu bohren sind. Auch kann man mit 3-D-Druck versuchen, die fein verästelten Strukturen von Knochen nachzubilden, die sehr leicht und doch stabil sind. Für Leichtbaumaterialien, etwa für den Flugzeugbau, sind solche Strukturen oft ein angestrebtes Vorbild.

Wenn es um Massenprodukte geht, ist der 3-D-Druck zwar meist zu teuer und zu langwierig. Doch für Kleinserien oder Einzelprodukte ist das Verfahren ideal. So gibt es bei Zügen, U-Bahnen oder Straßenbahnen immer wieder Teile, für die sich eine Lagerhaltung nicht rechnet. Sind sie dann doch einmal defekt oder sollen mit leichten Variationen neu gefertigt werden, ist es bei Weitem am kostengünstigsten, sie einzuscannen, gegebenenfalls am Computer noch zu bearbeiten und an einer 3-D-Maschine auszudrucken. Noch offensichtlicher sind die Vorteile, wenn bei einem Kraftwerk oder einer Fabrik wichtige Teile ausfallen. Muss die Anlage mehrere Tage abgeschaltet werden, bis Ersatzteile dort eintreffen, können die Kosten schnell in die Millionen Euro gehen. Ein 3-D-Drucker, der die Bauteile anhand ihrer digitalen Daten nahe beim Kunden herstellen kann, wäre hier Gold wert.

Für die Zukunft sieht Hubert Waltl, Produktionsvorstand bei Audi, den 3-D-Druck durchaus auch als wichtiges Element der Autoindustrie, um möglichst individuell fertigen zu können. »Stellen Sie sich zum Beispiel maßgefertigte Sitze vor, die nach vorherigem Laserscanning des Kunden eigens für ihn angefertigt werden. Das ist das Maximum an Individualität«, sagte er im Herbst 2015 in einem Interview mit dem Wirtschaftsmagazin *Automobil Produktion*.[166]

Waltl nannte dabei auch gleich noch weitere Elemente seiner Vision einer Smart Factory etwa ab 2035: »Fahrerlose Transportsysteme bewegen dann Automobile unterschiedlicher Baureihen frei von Station zu Station zu einer beliebigen nächsten Montagestufe, anstatt im eng festgelegten Zeittakt. Vernetzte Maschinen organisieren sich selbst, Drohnen übernehmen die Versorgung mit eiligen Bau- oder Ersatzteilen. Roboter, die dem Mitarbeiter assistieren, wissen, was dieser als Nächstes von ihnen benötigt, und die Autos fahren autonom aus der Halle. In der Smart Factory sind Daten der zentrale Produktionsfaktor und so wertvoll wie einst Erdöl oder Gold. Die Programmiercodes haben sich dann zur wichtigsten Fremdsprache in der Produktion entwickelt.«

DER DIGITALE ZWILLING WIRD ZUERST GEBOREN

Product Lifecycle Management (PLM) nennt man die Software-Lösungen, mit deren Hilfe heute schon Design, Entwicklung und Simulation in der virtuellen Welt stattfinden – bevor auch nur ein einziges Bauteil gefertigt wird oder eine einzige Schraube zum Einsatz kommt.[167] Zugleich arbeiten PLM-Ingenieure weltweit in einer gemeinsamen Datenumgebung, dank derer sie nicht ständig Daten herunter- und hochladen oder elektronisch verschicken müssen. Zudem können sie auf diese Weise sicher sein, dass Änderungen zeitgleich auch für alle anderen Beteiligten sichtbar sind.

Als Erstes entsteht ein digitaler Zwilling des Produkts am Computer. Den können sich die Produktentwickler und Fertigungsexperten als dreidimensionales Modell genau anschauen – wie in einem interaktiven 3-D-Kino. Sie können ihn im virtuellen Raum drehen, seine Funktionen simulieren und optimieren und sogar seine Montage in der ebenfalls vorab digital geplanten Fertigungsumgebung testen. So können sie schnell erkennen, ob noch etwas geändert werden sollte – die entscheidende Zeit von der Entwicklung eines neuen Produkts bis zur Markteinführung kann damit um 30 bis 50 Prozent verkürzt werden.

Auf diese Weise ist es beispielsweise Maserati gelungen, mithilfe des digitalen Zwillings und der PLM-Software von Siemens die sogenannte Time-to-Market in weniger als 16 Monaten zu schaffen: In dieser Zeit entstanden sowohl das Design des neuen Autos wie auch das der gesamten Fertigungslinie. Ein anderes Beispiel ist der Mars-Rover Curiosity, der seit 2012 erfolgreich den Roten Planeten erforscht: Auch er wurde zuerst als digitaler Zwilling geboren, mit dessen Hilfe vor allem die extrem schwierige Landung rund 8000-mal simuliert wurde – bis man sicher sein konnte, dass sie auch in der Realität gelingen würde. Denn in der Wirklichkeit ließ sich das ja nicht erproben und musste auf Anhieb funktionieren.[168]

Das Problem dabei: Bei seinem Eintritt in die Marsatmosphäre war der 900 Kilogramm schwere Rover von der Größe eines Kleinwagens noch mit einer Geschwindigkeit von 21 000 Kilometern pro Stunde unterwegs. Es blieben ihm nur sieben Minuten, in denen er auf weniger als zwei Kilometer pro Stunde abgebremst werden musste, um die vielen Instrumente nicht zu beschädigen. Dafür mussten Hunderte Prozessschritte ohne menschliche Hilfe ausgeführt werden, denn ein Funksignal von der Erde wäre 14 Minuten unterwegs gewesen, bevor es den Mars erreicht hätte. Alle bei der Landung auftretenden heftigen Erschütterungen und das Ausdehnen und Zusammenziehen der verschiedenen Materialien bei den enormen Temperaturschwankungen von rund 1600 Grad Celsius ließen sich mit der Software vorab präzise simulieren.

MIT DEM AVATAR DIE ARBEITSSCHRITTE PROBEN

Doch nicht nur Weltraumfahrzeuge, Schiffe, Motorräder, Formel-1-Rennwagen oder ganz normale Autos lassen sich am Computer entwerfen und testen, sondern auch die Menschen selbst werden Bestandteil der virtuellen Welten. So berichtete Daimler im Rahmen seines Techday 2015 zum Thema Industrie 4.0 von der virtuellen Montage. Ähnlich wie eine Spielekonsole mit Bewegungssteuerung den Schwung beim Golf und die Schläge beim Tennis nachahmt, werden bei der virtuellen Montage täuschend echt Bauteile in einem Auto befestigt. Indem sie dies mit ihrem Avatar ausprobieren, können erfahrene Mitarbeiter einschätzen, wie sich die jeweilige Arbeit in der realen Fabrik dann am besten und am ergonomischsten bewerkstelligen lässt – oder ob Verbesserungen nötig sind.

Dass Industrie 4.0 ihr künftiges Geschäft verändern wird, davon zeigten sich in einer Umfrage rund 60 Prozent der deutschen Maschinenbauunternehmen überzeugt. Dementsprechend nehmen bereits Hunderte von Firmen und Institutionen an der Plattform Industrie 4.0[169] teil, die auf Initiative der Bundesregierung vorangetrieben wird, um den Wissensaustausch und die Forschung zu fördern und zu gemeinsamen Standards und rechtlichen Regelungen zu kommen. Zudem hat die Fraunhofer-Gesellschaft mit Industrial Data Space eine Initiative gegründet, um Unternehmen einen sicheren Austausch von Daten und eine einfache Kombination mit öffentlichen Quellen wie Wetter-, Verkehrs- oder Geodaten zu ermöglichen – eine wichtige Voraussetzung für Industrie 4.0.

Auch international sind deutsche Unternehmen in den wichtigen Standardisierungsgremien stark vertreten, ebenso in Zusammenschlüssen wie dem Industrial Internet Consortium, das im Jahr 2014 von US-Firmen wie General Electric, Intel, IBM, Cisco und AT&T gegründet wurde, um dieses Thema global voranzubringen. Wie sehr Industrie 4.0 die Wettbewerbsfähigkeit der deutschen Industrie stärken könnte, zeigt eine Studie der DZ Bank vom Frühjahr 2016: Die Analysten erwarten, dass die Produktivität der deutschen Wirtschaft durch Industrie 4.0 bis 2025 um insgesamt etwa zwölf Prozent wachsen könnte, in einigen Branchen – wie in der chemischen Industrie, im Maschinenbau und bei den Herstellern von elektrischen Ausrüstungen – sogar um bis zu 30 Prozent.[170]

WAS DIE VIERTE INDUSTRIELLE REVOLUTION

ANTREIBT   Als Treiber für den massiven Wandel in der gesamten Industrielandschaft nennen Fachleute vor allem die enorme Leistungssteigerung der Hardware – also der Rechenleistung sowie der Speicher- und Kommunikationsfähigkeit von Mikrochips –, die Kostenreduktion bei Sensoren, die kollaborativen Roboter, die Vernetzung aller Geräte im Internet der Dinge und die Fähigkeit, große Datenmengen immer intelligenter zu analysieren.

Zugleich können mehr und mehr Daten und Anwendungen auch im Internet, also in der Cloud, gespeichert werden. Die Anwender können dann entscheiden, was sie aus der Cloud heraus machen und wo sie doch auf in den Geräten eingebettete Funktionalitäten zurückgreifen wollen, etwa wenn es auf sehr exaktes Laufzeitverhalten von Maschinen ankommt.

Die Datenmengen, die Maschinen heute schon erzeugen, sind allerdings kaum noch zu handhaben. So entstehen in den Hunderten von Sensoren einer einzigen großen Gasturbine, die kontinuierlich Temperaturen, Drücke, Strömungsverläufe und Gaszusammensetzungen misst, pro Tag rund 25 Gigabyte an Daten. In einem medizinischen Computertomografen sind es 60 Gigabyte, in den Simatic-Anlagen, die am CERN arbeiten, 100 Gigabyte und allein beim Verkehrsmanagement der Stadt Potsdam rund 1000 Gigabyte – jeden Tag.

Das Schlagwort »Big Data« ist heute längst schon Realität. Je präziser man misst, desto mehr Daten kann man erzeugen. »Wir könnten unsere Kunden in Daten ertränken«, sagt Siegfried Russwurm, Technologievorstand von Siemens und Honorarprofessor für Mechatronik an der Universität Erlangen-Nürnberg.[171] »Was wir brauchen, ist daher nicht Big Data, sondern Smart Data. Daten allein stellen keinen Wert dar. Nicht die Masse, sondern der Inhalt ist entscheidend.«

Erst wenn man die richtigen Inhalte aus den Daten destilliert, entsteht ein echter Mehrwert für den Kunden und vielleicht auch ein neues Geschäftsmodell durch neue Dienstleistungen: sei es, um Energie zu sparen oder umweltfreundlicher zu wirtschaften, sei es, um die Kosten zu senken, die Prozesse zu beschleunigen oder sie flexibler zu gestalten oder um die Zuverlässigkeit der Anlagen zu erhöhen.[172] Deshalb ist »smart« das Motto unserer Zeit: Smartphone, Smart Car, Smart Home, Smart Grid, Smart Health, Smart Factory ... – es gibt kaum ein technisches Produkt oder einen Lebensbereich, der durch die Analyse großer Datenmengen nicht intelligenter werden soll.

Doch die Zusammenhänge zwischen den Daten sind oft extrem komplex – hochdimensional nennen das die Mathematiker:[173] Dass etwa im Winter mehr Erdgas zum Heizen gebraucht wird als im Sommer, ist offensichtlich. Ebenso, dass man an Weihnachten zu Hause einen höheren Energiebedarf hat als an Werktagen. Doch steigt der Energieverbrauch noch mehr an, wenn Weihnachten auf ein verlängertes Wochenende fällt. Kalendereffekte spielen also auch eine Rolle. Zudem wirkt sich beispielsweise ein Temperatursturz nicht so stark aus, wenn ihm eine längere Warmperiode vorausgeht, als wenn er auf eine Kälteperiode folgt, weil dann Wände und Decken bereits ausgekühlt sind. Ein Prognose-Tool für den Gasverbrauch muss demnach also auch Gedächtniseffekte beinhalten.

Und schließlich sind viele Zusammenhänge nicht linear. So steigt die Windleistung bei verdoppelter Windgeschwindigkeit nicht etwa um einen Faktor Zwei, sondern auf das Achtfache – und entsprechend viel Strom liefert dann eine Windturbine. Es geht bei den Datenanalysen also meist um nicht lineare, dynamische und hochdimensionale Systeme mit riesigen Datenmengen: die ultimative Herausforderung für Mathematiker und Software-Entwickler, wenn sie Modelle bilden wollen, die die Wirklichkeit bestmöglich wiedergeben, Prognosen erlauben und vielleicht auch noch im Betrieb hinzulernen. Neuronale Netze und Deep-Learning-Verfahren sind hier oft die Methode der Wahl.

BIG DATA REICHT NICHT Doch wie macht man aus Big Data nun Smart Data? Dazu braucht man nicht nur das mathematische Analyse-Know-how, sondern auch einen tiefen Einblick, was die Daten bedeuten – man braucht Produkt- und Gerätewissen sowie Domänen- und Anwendungswissen. Es geht also darum, zu wissen, wie die Geräte im Detail funktionieren, wie die Abläufe und Bedürfnisse der Kunden sind und mit welchen Algorithmen sich die Daten am besten auswerten lassen. Smart Data soll nicht nur aufzeigen, was in den Maschinen geschieht, sondern auch, warum es passiert, welche Vorhersagen man treffen kann und welche Handlungen daraus abgeleitet werden sollten.

Am Beispiel von Windturbinen lässt sich das gut veranschaulichen. So werden aus den Fernwartungszentren von Siemens heraus derzeit rund 7500 Windturbinen in aller Welt beobachtet. Jede Turbine verfügt über 100 bis 300 Sensoren, die unter anderem Vibrationen messen oder die Dehnungen der Rotorblätter oder den erzeugten elektrischen Strom. Außergewöhnliche Schwingungen oder ein unrunder Lauf könnten zum Beispiel auf Beschädigungen an den Rotoren oder am zentralen Achsenlager hindeuten. Für jede Windturbine entstehen durch diese Messungen pro Tag rund 200 Gigabyte an Daten.

Zunächst werden sie vom Computersystem automatisch ausgewertet, aber bei Unregelmäßigkeiten – etwa wenn Daten außerhalb eines definierten Korridors liegen – werden menschliche Fachleute alarmiert. Meist geschieht dies so frühzeitig, dass den Wartungstrupps Tage bis Wochen Zeit bleibt, um eine Reparatur durchzuführen. Damit lässt sich dem Kunden eine bestimmte Verfügbarkeit seiner Anlagen garantieren – ein großer Vorteil der vorausschauenden Wartung.[174]

Dies gilt nicht nur für Windturbinen, sondern auch für eine Vielzahl anderer Anlagen: Von medizinischen Tomografen in Krankenhäusern über Gebäude und Ampelanlagen bis zu Kraftwerksturbinen, Schiffsmotoren, Straßenbahnen und Zügen hat Siemens in seinen Fernwartungszentren etwa 300 000 Maschinen und Anlagen unter Beobachtung. Beispiel Züge: Aus dem Datenstrom von Motoren und Fahrgestellen lassen sich nicht nur Aussagen über den aktuellen Betriebszustand treffen, sondern mithilfe von Prognosemodellen auch über den besten Zeitpunkt für Reparaturen. Das zahlt sich aus. Damit erreicht beispielsweise der Hochgeschwindigkeitszug Velaro in Spanien eine Zuverlässigkeit von 99,9 Prozent. Bei mehr als 15 Minuten Verspätung erstattet der Zugbetreiber Renfe seinen Kunden den vollen Fahrpreis – ein zugkräftiges Angebot, das sich lohnt, denn bei 2300 Fahrten kam dies bislang nur ein einziges Mal vor. Siemens verkauft hier also nicht mehr nur einen Zug, sondern das Gesamtpaket einer hochverfügbaren Transportleistung.

Bei vielen Anlagen muss man oft auch gar keinen Wartungsingenieur hinschicken, sondern es genügt das Aufspielen einer neuen Software. Doch der Nutzen von Smart-Data-Dienstleistungen geht noch weit über die Fernwartung hinaus. So können Ingenieure die Datenanalyse mit lernenden Systemen kombinieren, um noch bessere Vorhersagen zu machen, um die Leistung zu steigern oder um bei Gasturbinen die Emissionen zu verringern. Beispiel Windturbinen: Hier kann man beispielsweise den Anstellwinkel der Rotorblätter je nach Windstärke in bestimmten Grenzen variieren und den Computer lernen lassen, wie sich dann die erzeugte elektrische Leistung verändert. Dies ist insofern relevant, als eine Windkraftanlage in den schottischen Highlands bei gleicher Windstärke durchaus andere Ergebnisse liefert als in der Norddeutschen Tiefebene oder draußen auf dem offenen Meer.

Auch ist es ein Unterschied, ob ein Windrad in einem Windpark vorne steht oder weiter hinten, wo Verwirbelungen durch die vorderen Windräder zum Tragen kommen. Wenn es durch die Datenanalyse, die Lernverfahren, Simulationen und Optimierungen gelingt, bei einem Windpark mit 500 Megawatt installierter Leistung auch nur ein Prozent mehr Leistung herauszukitzeln, dann entspricht das bereits einer zusätzlichen Turbine von fünf Megawatt Leistung und Millionen von Euro an Kosteneinsparungen.

Außerdem erhöht sich durch Smart Data die Vorhersagekraft: Wenn der Betreiber des Windparks weiß, wie die Rotorblätter jedes Windrads bei welcher Wettervorhersage stehen müssen – kurz: wie er seine

Turbinen steuern muss –, um welchen Strom zu erzeugen, dann kann er seinerseits wieder besser prognostizieren, welche Leistung sein Windpark wann ins Netz liefern kann. An den Daten eines großen Offshore-Windparks in Dänemark wurde ein entsprechendes Analysemodell schon getestet. Es prognostizierte aus den gelernten Daten der Vergangenheit und anhand der Vorhersagen für Windgeschwindigkeit, Temperatur und Luftfeuchte die Stromproduktion des Parks für die nächsten drei Tage auf etwa sieben Prozent genau.[175]

VIRTUELLE KRAFTWERKE UND SOFTWARE-AGENTEN Für die Energiesysteme der Zukunft werden solche Prognoseleistungen immer wichtiger. Wurde Deutschland um die Jahrtausendwende noch von einigen Hundert mittleren und großen Kraftwerken versorgt, so sind heute bereits 1,5 Millionen vorwiegend dezentraler Energieerzeugungsanlagen am Netz: Solarmodule auf den Dächern, Windturbinen, Wasser-, Biomasse-, Geothermie- oder Blockheizkraftwerke ... und es werden immer mehr. Hinzu kommen künftig auch noch Batterien in Elektroautos oder stationär als Stromspeicher sowie Gas- und Wärmespeicher und eine Menge von Anlagen, die sowohl als Erzeuger wie als Konsumenten von Strom auftreten. Es entsteht ein Internet der Energie mit Energieflüssen in alle möglichen Richtungen.

Dieser Trend macht die Energiesysteme von morgen extrem komplex, und es wird eine große Herausforderung sein, sie zugleich sicher, sauber und bezahlbar zu halten und Angebot und Nachfrage bestmöglich auszubalancieren. Ein entscheidender Faktor dabei wird sein, zu jedem Zeitpunkt zu wissen, wie viel Energie in den nächsten Stunden und Tagen erzeugt und verbraucht werden wird. Smart Meter, die intelligenten Stromzähler, und Smart Grids, die intelligenten Stromnetze, spielen hier die wichtigste Rolle. Virtuelle Kraftwerke, die kleine Anlagen bündeln und ihre erzeugte Energie gemeinsam vermarkten, sind ein Teil dieser Smart Grids, ebenso wie Software-Agenten, selbständig agierende Computerprogramme, die im Namen ihrer Herren auf den virtuellen Energiemärkten der Zukunft tätig werden und die besten Preise aushandeln.[176]

Auch die Elektroautos von morgen sind nicht nur ständig mit dem Internet und dem Smartphone ihres Besitzers verbunden und kennen seine Reiseziele und seine Lieblingsplätze. Sie wissen darüber hinaus auch über die aktuellen Energiepreise Bescheid und nehmen am Energiemarkt teil – indem sie Strom laden oder ihn, wenn die Preise gestiegen sind, auch mal wieder ins Netz abgeben und damit Geld verdienen.

Gleiches gilt für die Smart Buildings und die Smart Homes, die intelligenten Gebäude. Auch sie können über Solarzellen auf dem Dach und Batterien im Keller Strom erzeugen, speichern und ins Netz verkaufen – in Zukunft werden vielleicht auch noch Wärmespeicher und Gaserzeugungsanlagen hinzukommen. So arbeiten Forscher bereits an Modulen, die sich an Gebäuden anbringen lassen und die mithilfe von Sonnenlicht und Kohlendioxid aus der Luft energiereiche Moleküle wie etwa Methanol als Biotreibstoff produzieren.[177]

Heutige Passivhäuser mit gut isolierten Fenstern, Wänden und Decken und einer Klimaanlage mit Wärmerückgewinnung benötigen bereits 90 Prozent weniger Heizenergie als noch vor 30 Jahren – und es gibt sogar Energie-plus-Häuser, die mehr Energie erzeugen, als sie verbrauchen. Doch auch mit intelligenter Gebäudetechnik lässt sich der Energieverbrauch schon um 30 bis 50 Prozent senken: Sie nutzt dazu Sensoren, die messen, ob sich überhaupt jemand in einem Raum befindet, und danach Heizung, Licht und Lüftung einstellen. Darüber hinaus kann ein intelligentes Gebäude automatisch den Wetterbericht aus dem Internet holen: Wenn sich beispielsweise innerhalb des nächsten Tages eine Warmfront nähern soll, kann das Gebäude schon langsam die Heizung herunterfahren, da in Wänden, Fußböden und Decken noch genug Wärme gespeichert ist.

ALLES WIRD SMART   In Zukunft werden sich die Smart Homes auch immer besser auf die Bedürfnisse und Gewohnheiten ihrer Bewohner einstellen, aus ihrem Verhalten lernen und vorausschauend

Frischluft, Zimmertemperatur und vielleicht sogar die Lichtstimmungen und gewünschte Düfte einstellen. Es wird Sensoren geben, die Vitalwerte von Senioren überwachen und im Notfall Alarm schlagen. Serviceroboter werden immer mehr Aufgaben übernehmen, von der Reinigung übers Spielen und Vorlesen bis zum Kochen und Einkaufen. Und es werden auch zu Hause immer mehr Geräte untereinander und mit der Außenwelt vernetzt sein – die intelligente Datenauswertung, eine sichere Kommunikation und die Entwicklung internationaler Standards sind hier die entscheidenden Erfolgsfaktoren. Es ist sicher kein Zufall, dass Alibaba, die größte Internetfirmengruppe Chinas, ein Internet der Dinge fürs Zuhause entwickeln will und dass Google im Jahr 2014 die Firma Nest Labs, die sich unter anderem mit selbstlernenden Thermostaten beschäftigt, für 3,2 Milliarden Dollar gekauft hat.

Letzten Endes werden all diese smarten Systeme – die Smart Homes, Smart Cars, Smart Grids – in Zukunft Teil einer Smart City sein. Ihre wichtigste Aufgabe ist es, die vorhandenen Ressourcen möglichst effizient zu verteilen und einzusetzen. Dazu laufen eine Vielzahl von Sensordaten über Energie- und Wasserverbrauch sowie über Verkehrsdaten oder auch Schadstoffwerte in einem Informationssystem zusammen. Hier werden Analysen und Prognosen erstellt, Vorschläge zur Optimierung gemacht sowie die Stabilität kritischer Infrastrukturen wie Energienetze, Flughäfen oder Rechenzentren sichergestellt. In der Seestadt Aspern im 22. Wiener Bezirk wird derzeit ein Vorläufer einer solchen Smart City gebaut – hier sollen einmal 20 000 Menschen wohnen sowie 15 000 Büroplätze entstehen.[178]

Aus dem Internet der Dinge, also etwa der Temperaturfühler und der Licht- und Bewegungssensoren, die in einem Gebäude vernetzt sind, wird so in Zukunft ein Web der Systeme. Denn das Klimasystem und das Raummanagement sind Teil des Gesamtsystems eines Gebäudes und das wiederum Teil eines Verbunds von Gebäuden, die in einem Smart Grid miteinander vernetzt sind – das dann wieder Teil der Smart City ist. All diese Systeme sind vielfach verbunden und ineinander verschränkt. Über Webdienste geben sie Auskunft darüber, was sie können und wie sie zu benutzen sind, anstatt nur Daten zu liefern.

Damit können die Datendetails auch weitgehend in den Geräten oder den Systemen verwahrt bleiben, und es müssen nur wenige Schlüsseldaten übertragen werden, die andere Systeme benötigen. Auf diese Weise können Dienstleistungen leichter erstellt werden – etwa als Apps –, und sicherheitskritische Informationen oder solche, die der Betreiber für sich behalten will, können in der Maschine verbleiben.

Bei all diesen Fortschritten der Automatisierung und der intelligenten, von Maschinen ausgeführten Datenanalyse stellt sich dann aber vor allem eine kritische Frage: Wo bleibt der Mensch? Welche Aufgaben und Jobs können und müssen auch in Zukunft noch von Menschen erledigt werden?

NEUN

MÄRKTE UND JOBS: WER MACHT DIE ARBEIT VON MORGEN?

Was für die Menschen bleibt

Mark Larras war ein korpulenter älterer Mann geworden. Das Software-Genie, mit dem ich unsere Firma gegründet hatte, war offenbar seinen Vorlieben treu geblieben – schon 2020 hatte er sich vorwiegend von Pizza, Pommes und anderem Fast Food ernährt. Dafür konnte er aber auch nächtelang durcharbeiten. Seinen Datenanalyseverfahren hatten wir es zu verdanken, dass wir sehr schnell die Erbgutabschnitte identifizieren konnten, an denen wir ansetzen mussten, um die Melaninproduktion unserer Pilze anzukurbeln. Gott, diese Pilze!

»Mark, ich ...«

Er unterbrach mich, ohne darauf zu achten, was ich hatte sagen wollen. Impulsiv wie immer.

»Hey, was sagst du denn zu dieser irren Fabrik hier? So was hast du sicher noch nie gesehen!« Er schlug sich an den Kopf und lachte dröhnend: »Nee, natürlich nicht. Sorry, du warst ja die letzten 30 Jahre ... nun ja, woanders.«

Stefan Unger, der nach wie vor neben uns stand, grinste schief.

Na gut, dann eben Small Talk. »Mark, Stefan, was macht ihr hier? Erzählt mal.«

»Ich leite ein Team in der Software-Entwicklung«, verkündete Mark stolz. »Vor allem für die Neurochips. Liquid Computing, Extreme Learning, stochastische Inferenzen – dagegen waren unsere damaligen Programmierkünste wie aus der Steinzeit.«

Er zeigte auf einen der uns am nächsten arbeitenden Roboter, als wollte er ihn mit seinem Finger durchbohren: »Wie schaffen wir es, dass diese Blechköpfe möglichst effektiv lernen? Wie steuern wir ihre Aufmerksamkeit? Wie implementieren wir ihnen Ziele und vor allem auch Regeln – darum geht es, weißt du. Schließlich wollen wir ja nicht, dass sie irgendwann mal Menschen verletzen!« Er schnaufte ... das war auch schon vor 30 Jahren immer ein Zeichen dafür gewesen, dass sein Redefluss ins Stocken gekommen war.

»Und du, Stefan?«

»Ich bin für das Training der Androiden verantwortlich. Die siehst du hier gar nicht – dafür haben wir da hinten eigene Räume. Ich führe dich nachher gerne hin. Ist noch viel Handarbeit mit unseren Premiumprodukten, wie Samantha oder wie die da.«

Er deutete auf ein gerahmtes Foto, das neben uns an der Wand hing. Es zeigte eine junge Frau im schwarzen Kleid vor einem offenen Grab neben zwei Androiden. Mit den schwarzen Stirnbändern, die ihre langen schwarzen Haare bändigten, und den kantigen Gesichtszügen wirkten sie fast wie Indianer. Um sie herum standen etliche eher konventionelle Arbeits- und Haushaltsroboter mit glatten stählernen Köpfen, die aber fast alle ebenfalls dunkle Umhänge oder schwarze Tücher trugen.

»Wer ist das?«

»Du meinst die Frau? Selina Molaris, unsere Chefin. Und einige unserer ersten Androiden.«

Ich war verblüfft. »Was, ihr habt eine so junge Chefin? Die ist doch höchstens 20.«

Stefan schmunzelte. »17, um genau zu sein. Das ist eine lange Geschichte.[179] Tragisch, wie ein griechisches Drama oder ein Stück von

Shakespeare. Erzähle ich dir gern ein anderes Mal, dafür brauchen wir einen Abend mit gutem Rotwein.«

Ich nickte und deutete erneut auf das Bild. »Da sind außer ihr nur Roboter, wenn ich das richtig sehe. Habt ihr denn gar keine Menschen mehr, die hier arbeiten?«

»Oh, das ist nur dieser spezielle Bildausschnitt. Bei der Beerdigung waren schon auch viele Menschen – und auch das hier ist keine menschenleere Fabrik. Für die Produktion der herkömmlichen Roboter brauchen wir menschliche Mitarbeiter zwar nur in der Qualitätssicherung. Aber in den Büroräumen in den oberen Etagen sind eine ganze Menge: im Vertrieb und Marketing, im Service, beim Testen, in den Design- und Software-Abteilungen und natürlich in der Forschung und der Entwicklung neuer Roboter-Typen.«

Mark fiel ihm fast ins Wort: »Wir haben in den letzten beiden Jahren 100 Leute neu eingestellt«, sagte er eifrig. »Lauter hoch qualifizierte Facharbeiter.«

»Aber auch 60 Leute entlassen – da musst du schon ehrlich sein«, ergänzte Stefan.

»Die hatten aber meist die Fortbildungskurse nicht bestanden«, grummelte Mark.

Das Geplänkel der beiden ging mir auf den Geist. Hatten die sich denn gar nicht geändert? »Sagt mal, ihr zwei … anderes Thema. Ich bräuchte eure Hilfe. Ich muss unbedingt herausfinden, was ich damals falsch gemacht habe. Das lässt mir keine Ruhe. Wieso kam es zu dieser Katastrophe?«

Stefan sah aus, als hätte ich ihm plötzlich einen Boxhieb versetzt. »Na, weil du die Pilzsporen überall an deiner Kleidung hattest«, murmelte er schließlich.

Mark schnaufte: »Mann, das ist 30 Jahre her! Längst vergessen und vergeben.«

Ich blieb stur: »Für mich ist es, als ob's gestern gewesen wäre.«

Mark starrte mich an, als ob er mich hypnotisieren wollte. Er machte eine beschwichtigende, aber irgendwie hilflos wirkende Handbewegung: »Ja klar, versteh ich.« Jetzt legte er mir seine Hand auf den Arm: »Hey,

Mann, ich weiß wirklich nicht, was damals passiert ist. Ich war gerade in Urlaub gefahren – raus aus der Februarkälte.«

»Und ich war auf Fortbildung«, warf Stefan ein.

Mark fiel noch etwas ein: »Ich hatte dich doch noch am Sonntag angerufen, von Teneriffa aus. Da hast du gesagt, dass du am Wochenende im Labor warst. Allein.«

Er hatte recht. Jetzt erinnerte ich mich auch wieder. Ich hatte noch etwas erledigen wollen. Irgendetwas Dringendes, aber was? Und wieso waren da diese Pilzsporen freigesetzt worden? Es ließ mir keine Ruhe.

Marks Unterkiefer mahlte. Dann schüttelte er den Kopf: »Tut mir leid, Daniel, ich kann dir da echt nicht weiterhelfen. Vergiss es doch einfach – wir haben jetzt 2050, nicht 2020. Sorry, aber ich muss jetzt in eine Teambesprechung. Software schreibt sich auch heute noch nicht von selbst, meistens jedenfalls ... Na ja, wir arbeiten daran« – er grinste und stiefelte nach einem kurzen Winken davon.

Stefan griff nach meinem Rollstuhl. »Daniel, komm, quäl dich doch nicht so. Du musst auf andere Gedanken kommen. Ich zeig dir jetzt mal, wie man Androiden trainiert.«

KREATIVE KÖPFE KOOPERIEREN MIT DEN MASCHINEN

Die Ära der smarten Maschinen werde den größten Umbruch in der Geschichte der Informationstechnologie auslösen, glauben die Marktforscher des US-Unternehmens Gartner. Nun haben technologische Umbrüche schon immer für Unruhen bei Arbeitnehmern gesorgt: So kam es nach der Einführung der mechanischen Webstühle Anfang des 19. Jahrhunderts in England zum Aufstand der Maschinenstürmer – Textilarbeiter, die um ihre soziale Stellung und ihre Privilegien fürchteten. Auch in den 1980er-Jahren gab es massive Proteste, damals gegen Roboter in den Autofabriken und gegen computergestützte Verfahren in den Druckereien.

Pressen, Schweißen, Lackieren, Drucken – all dies haben dann in der Tat die Maschinen übernommen, wie früher schon das Weben oder in der Landwirtschaft das Pflügen und das Ernten. Viele Menschen mussten sich eine neue Arbeit suchen. Doch auf der anderen Seite entstanden auch viele neue Jobs: Beispielsweise gibt es nach einer Studie der International Data Corporation weltweit derzeit rund 18,5 Millionen Software-Entwickler, ein Beruf, der Anfang der 1980er-Jahre praktisch noch gar nicht existierte. Wie aber wird es nun weitergehen, was kommt in den kommenden Jahrzehnten auf uns zu?

Viele der bisherigen Geschäftsmodelle werden bereits heute infrage gestellt: Taxis verlieren ihre Fahrgäste an Internetvermittlungsdienste wie Uber, Hotels ihre Übernachtungsgäste wegen digitaler Marktplätze wie Airbnb, CD-Verkäufer ihre Hörer an Streamingdienste wie Spotify und Druckereien und Buchläden ihre Leser an die E-Books. Wer nimmt noch einen alten Brockhaus in die Hand, wenn es Wikipedia gibt? Wer geht noch ins Reisebüro oder in die Bank, wenn er seine Hotelbuchungen und Überweisungen auch online erledigen kann? Und welcher Arzt hat noch nicht darüber geklagt, dass manche Patienten glauben, dank Internetrecherchen besser über Krankheiten Bescheid zu wissen als er selbst?

Die Prozesse verändern sich stark, aber die Bedürfnisse der Menschen bleiben gleich. Die heutigen Jugendlichen sehen dank YouTube, Netflix und Co. zwar Filme, wann und wo sie wollen, aber sie sind immer noch begierig nach gut erzählten Geschichten. Sie hören Songs über Streamingdienste, aber sie konsumieren nicht weniger Musik als ihre Vorgängergenerationen. Über Instant Messaging und Microblogs wie WhatsApp, Snapchat und Twitter, Sharing-Plattformen wie Instagram oder die sozialen Netzwerke Facebook, Xing und LinkedIn sind Menschen heute sogar schneller und öfter in Kontakt als früher. Neuigkeiten holen sie sich vielleicht eher über Empfehlungen ihrer Freunde in den sozialen Netzwerken, über Aggregatoren wie Flipboard, über Seiten ihrer Lieblingsblogger oder über poppig aufgemachte Medienportale wie BuzzFeed als über die klassischen Zeitungen und Zeitschriften, aber das Geschäft mit News, Klatsch und Tratsch ist genauso lebendig wie zuvor.

NEUE MÄRKTE FÜR BILLIONEN EURO Ein Faktor allerdings, der bei früheren technischen Revolutionen nicht existierte, ist für die digitale Revolution wesentlich: Ein digitales Produkt kann praktisch ohne Qualitätsverluste und zu fast null Kosten millionen- und milliardenfach kopiert und über die Datennetze weltweit übertragen werden. Dies gilt nicht nur für Text-, Musik- oder Videodateien, sondern auch für die Software, die Sprache übersetzt, die Inhalte von Bildern analysiert oder die Roboter steuert. Dies macht den digitalen Umbruch so machtvoll und in seiner Geschwindigkeit geradezu explosiv. In der Welt von morgen wird es wichtiger sein, Daten um den Globus zu schicken als Güter.

Was also haben wir in der Ära der allumfassenden Digitalisierung und der intelligenten Maschinen zu erwarten? Zunächst einmal prognostizieren Industrieanalysten viele neue Märkte mit hohen Wachstumschancen. Allein für die »Smart-Technologien« aus Kapitel 8 – darunter Smart Building, Smart Energy, Smart Factory, Smart Healthcare, Smart Transportation und Smart Security – sagen Fachleute für die nächsten Jahre Marktvolumina von über 1000 Milliarden Euro pro Jahr voraus, mit vielen neuen Geschäftsmodellen. Kevin Kelly, Mitbegründer des Magazins *Wired*, drückt dies so aus: »Die Businesspläne der nächsten 10 000 Start-ups sind leicht vorherzusagen: Nehmen Sie x und addieren Sie Künstliche Intelligenz.«[180] Es betrifft einfach alles und jeden.[181]

Bei kognitiven Computern, also den selbstlernenden Systemen, die in großen Datenmengen Muster erkennen und eigenständig daraus Schlüsse ziehen, erwartet der deutsche Digitalverband Bitkom bis 2020 einen weltweiten Umsatz von rund 13 Milliarden Euro pro Jahr. Die Marktforscher von BCC Research sehen den Weltmarkt für smarte Maschinen bis 2024 sogar auf etwa 39 Milliarden Euro wachsen – sie verstehen darunter Expertensysteme, Neuronale Netze, digitale Assistenten und autonome Roboter.[182]

Gerade bei den Robotern lassen sich dank der präzisen Statistiken der International Federation of Robotics (IFR) die Zahlen etwas genauer fassen.[183] Im Jahr 2014 sind weltweit rund 1,5 Millionen Industrieroboter im Einsatz gewesen – eine Zahl, die bis 2018 auf 2,3 Millionen ansteigen dürfte. 2014 wurde eine Rekordzahl von 230 000 Industrierobotern im Marktwert von zehn Milliarden Euro verkauft. Die größten Märkte waren China, Japan und Südkorea sowie Deutschland und die USA. Allein die Autoindustrie hat 2014 weltweit fast 100 000 neue Roboter installiert.

In China beginnt derzeit eine geradezu sprunghafte Automatisierung: So stieg die Zahl der verkauften Industrieroboter im Jahr 2014 um 56 Prozent gegenüber dem Vorjahr – und es ist zu erwarten, dass sich dieser Trend fortsetzen wird, denn auf 10 000 Arbeitnehmer kommen in China erst 36 Industrieroboter in den jeweiligen Branchen: In Südkorea sind es schon 478, in Japan 315, in Deutschland 292 und in den USA 164. Nach Jahrzehnten, in denen die USA ihre industrielle Basis vernachlässigt hatten, setzt dort nun ein Re-Industrialisierungstrend ein – daher wächst der Roboter-Markt in den USA derzeit mit etwa elf Prozent pro Jahr. Deutschland bleibt mit zehn Prozent Wachstum kurz dahinter. Auch am Gesamtmarkt der Industrieautomatisierung, der auf rund 185 Milliarden Euro geschätzt wird, hat Deutschland einen erheblichen Anteil.

Neben den Industrierobotern boomen inzwischen auch die Serviceroboter, deren Umsatz die IFR derzeit mit rund sechs Milliarden Euro pro Jahr angibt. Im Profibereich reichen die Einsatzgebiete von Robotern in der Landwirtschaft über Logistikroboter in den Warenlagern bis zu Forschungsrobotern unter Wasser oder im Weltraum und den Minenräumern und Drohnen der Militärtechnik. Darüber hinaus wurden 2014 auch fast fünf Millionen kleinere Roboter an Privatpersonen verkauft: vorwiegend für Tätigkeiten wie Staubsaugen, Rasenmähen, die Überwachung von Haus und Garten sowie für Unterhaltungszwecke. Einen besonderen Boom erlebten die Assistenzroboter für Behinderte: Ihre Zahl stieg binnen zwölf Monaten um mehr als das Fünffache. Bis 2018 dürften nach den IFR-Schätzungen weltweit insgesamt rund 50 Millionen Serviceroboter im Einsatz sein.

STUNDENLOHN EINES ROBOTERS: UNTER SECHS EURO Ob menschliche Arbeitsplätze durch Roboter ersetzt werden, hängt im Industriebereich erheblich von den Arbeitskosten ab. So setzt eine Firma wie Nissan in Japan stark auf Roboter, während in den Nissan-Fabriken in Indien die Autos noch meist von billigen menschlichen Arbeitskräften montiert werden. Horst Neumann, bis 2015 Personalvorstand von Volkswagen, macht eine klare Rechnung auf: Bei einer Laufzeit von 35 000 Stunden kostet ein heutiger Roboter bei VW einschließlich seiner Betriebskosten zwischen 100 000 und 200 000 Euro, sagt er – das sind also drei bis sechs Euro pro Stunde.[184]

Ein menschlicher Arbeiter hingegen kostet in der deutschen Autoindustrie das Zehnfache, knapp 50 Euro pro Stunde, und in China unter zehn Euro. Neumanns Rechnung zeigt daher, dass sich selbst in China nun langsam der Einsatz von Robotern lohnt. In Taiwan haben sich die Arbeitskosten seit 2010 sogar mehr als verdoppelt – kein Wunder, dass ein Unternehmen wie die Foxconn Technology Group, wo derzeit noch mehr als 1,2 Millionen Beschäftigte Smartphones und Tablets für Firmen wie Apple fertigen, angekündigt hat, dass binnen fünf Jahren Roboter etwa 30 Prozent der menschlichen Arbeit übernehmen sollen.[185]

Dennoch befürchten Fachleute keine menschenleeren Fabriken. Durch die Kooperation mit den Robotern würden die Arbeitsabläufe ergonomischer – also auch für ältere Arbeitnehmer leichter zu handhaben –, wenn auch inhaltlich anspruchsvoller. Künftig werde der Meister nicht derjenige sein, der der beste Handwerker ist, sagt Audi-Produktionsvorstand Hubert Waltl, sondern derjenige, der weiß, mit welchen Daten er welchen Prozess steuern muss. Die Arbeiter von morgen müssen mit Tablets und Sensoren genauso umgehen können wie mit heutigen Werkzeugmaschinen. Echte Experten werden aber auch künftig unverzichtbar sein, denn sie haben über die Jahre einen Detailgrad an Wissen erworben, den eine Maschine nur schwer erreichen kann: So sehen Meister in der Automobilindustrie feinste Dellen im Blech oder hören eine leichte Variation im Motorgeräusch, und ihr »Bauchgefühl« sagt ihnen dann, dass da etwas nicht in Ordnung ist und repariert werden muss.

Die digitale Revolution wird allerdings bei Weitem nicht nur den Fabrikarbeiter treffen. Der Grund: Inzwischen geht es nicht mehr nur um die Automatisierung manueller Arbeit, sondern vor allem darum, dass Maschinen den Menschen einfache Denkarbeiten abnehmen. So bestellen Computer schon heute anhand des gemessenen Lagerbestandes automatisch Waren nach – und in wenigen Jahren könnte die Software sogar selbsttätig Auktionen veranstalten, sagt Siemens-Technikvorstand Siegfried Russwurm: »Der Rechner würde dann das digitale Modell eines Bauteils quasi in die Luft halten und fragen: Wer liefert mir kommenden Freitag 1000 dieser Teile – und zu welchem Preis?«[186]

FAST DIE HÄLFTE ALLER TÄTIGKEITEN SIND AUTOMATISIERBAR In vielen Ländern arbeiten die meisten Erwerbstätigen heute im Dienstleistungssektor: In den USA sind es 80 Prozent, in Europa 70 Prozent. Daher trifft die Tatsache, dass intelligente Maschinen nun das Lesen und Schreiben, das Sprechen und Verstehen, das Erkennen von Bildern und das Analysieren großer Datenmengen gelernt haben, den Kern unserer Volkswirtschaften. Im Jahr 2013 haben die zwei Oxford-Wissenschaftler Carl B. Frey und Michael A. Osborne in ihrer Studie *The Future of Employment* bei mehr als 700 Berufen in den USA untersucht, inwiefern sie durch Künstliche Intelligenz und Robotik bedroht sind – und sie kamen zu einem erschreckenden Ergebnis: 47 Prozent aller Tätigkeitsfelder sind in den kommenden 20 Jahren mit hoher Wahrscheinlichkeit (über 70 Prozent nach Einschätzung befragter Experten) in Gefahr, durch Maschinen ersetzt zu werden.[187]

Im Wesentlichen spannen Frey und Osborne dabei drei Skalen auf, die jeweils von geringer bis hoher Automatisierungswahrscheinlichkeit reichen. Bei der Skala »Wahrnehmung und Manipulation« geht es um die Fähigkeit, in komplexen Umgebungen richtig zu handeln: Ein Chirurg am einen Ende der Skala muss kaum befürchten, seinen Job an eine autonome Maschine zu verlieren – eine Putzkraft, ein Fleischer, Bus- oder Lkw-Fahrer oder jemand im Warenlager oder Telefonmarketing am anderen Ende der Skala schon erheblich mehr.

Bei der zweiten Skala »Kreativität« sind die entsprechenden Berufe beispielsweise Modedesigner, Architekt oder Forscher mit geringer Gefährdung und Anwaltsgehilfen, Buchhalter, Kreditanalysten oder jemand, der nur Aufträge annimmt oder Daten eingibt, mit sehr hoher Automatisierungswahrscheinlichkeit. Die dritte Skala »soziale Intelligenz«, wo es ums Verhandeln, Überzeugen oder um Lehr- und Pflegeberufe geht, reicht vom Marketingexperten, Lehrer und Sozialarbeiter, die auch in Zukunft gebraucht werden, bis zum Kassierer oder Tellerwäscher, die wenig soziale Intelligenz benötigen und deren Job Maschinen ebenso erledigen können wie Menschen.

Besonders betroffen von der kommenden Automatisierungswelle sind also Menschen mit Routinejobs – egal ob am Fließband oder im Büro, der Verwaltung, der Logistik oder im Einzelhandel. Welcher Anwalt wird noch einen Gehilfen beschäftigen, der sich durch Urteile wühlt, wenn es intelligente Suchmaschinen gibt, die relevante Unterlagen zusammenstellen? Wie viele Menschen erfassen im Internethandel noch Lagerbestände, erstellen Verkaufsstatistiken oder bestellen Produkte nach, die häufig gekauft werden? Wer braucht noch Laboranten, die durch ein Mikroskop Gewebeproben betrachten und bestimmen, ob es Krebszellen sind oder nicht, wenn das auch eine leistungsfähige Bildverarbeitung kann? Und welcher Arbeitnehmer setzt noch auf Steuerberater, wenn es auch eine Software für 39 Dollar tut? Zumindest in den USA haben deswegen bereits 17 Prozent der Steuerberater ihren Job verloren – in Deutschland scheint das komplexere Steuersystem diese Arbeitsplätze etwas besser zu sichern.

Wenn die Routinetätigkeiten wegfallen, weil sie von Rechnern und Robotern übernommen werden, bedeutet dies zugleich aber auch, dass die komplexeren und schwierigeren Tätigkeiten den Menschen vorbehalten bleiben – deren Arbeitsalltag wird dadurch noch weiter verdichtet und stressiger als heute, und sie müssen mehr Verantwortung übernehmen. Nehmen wir das Beispiel einer Bank: Einfache Auskünfte, Geldauszahlungen und Buchungen übernimmt der Computer oder der

Kunde selbst, weil er es via Internet erledigt. Die Dienste von Bankangestellten nehmen die Menschen dann nur noch in Anspruch, wenn es um komplexere Dinge wie Anlageberatung oder Kreditanträge geht – doch selbst da werden die Routinerecherchen vom Computersystem erledigt, und beim Menschen bleibt die Aufgabe, sich in den Kunden einzufühlen und ihm bestimmte Produkte nahezubringen.

ROBOTER, DIE HÄUSER BAUEN UND ARTIKEL SCHREIBEN   Doch selbst auf Feldern, wo man es nicht unbedingt erwartet, können Roboter Menschen in Zukunft gefährlich werden: So mauert der Bauroboter Hadrian der australischen Firma Fastbrick Robotics ein ganzes Haus mit 0,5 Millimeter Präzision in nur zwei Tagen – menschliche Arbeiter brauchen dafür mehrere Wochen, von der Genauigkeit einmal ganz abgesehen. Hadrian liest die 3-D-Baupläne, packt mit seinem 28 Meter langen Greifarm die Ziegel, streicht Mörtel darüber und setzt stoisch Stein auf Stein, ohne zu ermüden.[188]

Auch Journalisten bekommen Konkurrenz – spätestens seit dem 17. März 2014, als der Algorithmus Quakebot binnen Minuten eine Meldung zu einem gerade stattgefundenen Erdbeben für die *Los Angeles Times* verfasste und auf der Website veröffentlichte.[189] Den menschlichen Kollegen blieb dann wenigstens noch, diese Meldung im Lauf des Tages mit weiteren Berichten, Videos und Kommentaren anzureichern, aber Quakebot war mit der Erstmeldung schneller als jeder Journalist – was der *LA Times* zudem den Vorteil brachte, in den Suchmaschinen immer als Erste genannt zu werden. Inzwischen erstellen solche Schreibroboter wie das Programm Wordsmith des US-Unternehmens Automated Insights oder AX der deutschen Firma aexea mehrere Milliarden Texte pro Jahr – über Firmenbilanzen, Börsennachrichten, das Wetter oder Fußballspiele.

Das Besondere ist nicht nur die Geschwindigkeit, mit der die Software aus Datenbankinformationen lesbare Texte zaubert, sondern auch die Möglichkeit der Individualisierung. Wenn der Computer erkennt, von wo aus auf eine Website zugegriffen wird, kann er blitzschnell genau den Text liefern, der für den Ort des Lesers maßgeschneidert ist – ob es nun um den lokalen Wetterbericht geht, das Wahlergebnis für den Gemeinderat oder das Spiel des örtlichen Handballvereins. Ebenso personalisiert sind inzwischen auch die Texte mancher Fondsgesellschaften, wenn sie mithilfe von Schreibprogrammen ihre Kunden ganz individuell darüber informieren, mit welchen Strategien sie deren Geld anlegen und wie sich die Fonds entwickeln.

Eine Studie der Ludwig-Maximilians-Universität in München zeigt zudem, dass die Leser mit den Texten der »Roboter-Journalisten« keine Probleme haben. Der einzig gemessene Unterschied: Sie fanden die Artikel menschlicher Journalisten angenehmer zu lesen – die computergenerierten Texte wurden hingegen sogar als sachlicher und glaubwürdiger empfunden. Ob diese Entwicklung letztlich Arbeitsplätze gefährdet oder Journalisten eher die Chance eröffnet, dass der Computer die Routinejobs macht und sie selbst mehr Zeit für tief gehende Recherchen, fundierte Analysen, emotionale Reportagen oder gute Interviews haben, wird sich zeigen.

Emily Bell, die ehemalige Direktorin für digitale Inhalte des britischen *Guardian* und heutige Professorin an der Columbia-Universität in New York, ist jedenfalls überzeugt davon, dass journalistische Zeitungs- und Zeitschriftenmarken auch in Zukunft erhalten bleiben werden – wenn auch weniger in Papierform als in der digitalen Welt. Relevante und fokussierte Informationen, die für die Menschen nützlich sind und ihnen helfen, die Welt zu verstehen, würden immer gebraucht, sagt sie. Doch um dies zu erreichen, müssten die Verlage immer mehr Digitalkompetenz aufbauen: Videospezialisten, Programmierer, App-Manager und Fachleute für interaktive, erklärende Grafiken.[190]

Erstaunlicherweise werden selbst Künstler in Zukunft im Wettbewerb mit Computeralgorithmen stehen. So hat der Tübinger Physiker und Professor für Neurowissenschaften, Matthias Bethge, mit Kollegen einem Neuronalen Netz beigebracht, in Bildern Inhalt und Stil zu trennen und neu zusammenzufügen.[191] Der Effekt: Das System kann beispielsweise ein Foto als Eingabe nehmen und es im Stil von Künstlern wie Kandinsky, van Gogh oder Munch malen. Es erfindet also keinen neuen Malstil, kann aber auf Basis vorhandener Stile beliebige Bilder kreieren. Ähnlich verblüffend ist das, was der Musikcomputer Kulitta leistet: In einer Studie zeigte sich, dass Hörer nicht in der Lage waren, zu unterscheiden, ob ein Musikstück von Menschen oder vom Algorithmus des Computers stammte.[192]

Was also ist die Quintessenz dieser Entwicklung? Das McKinsey Global Institute sagt voraus, dass die smarten Maschinen vor allem im nächsten Jahrzehnt den Inhalt und die Ausrichtung der Tätigkeit von 110 bis 140 Millionen »Wissensarbeitern« in aller Welt automatisieren oder zumindest stark verändern werden. Da die McKinsey-Analysten den wirtschaftlichen Effekt dieser Automatisierung, vor allem durch Einsparungen und Produktivitätssteigerungen, auf 30 000 bis 60 000 Euro pro Person und Jahr kalkulieren, ergibt das rund 6000 Milliarden Euro pro Jahr – ein gigantischer Wert, der etwa dem doppelten Bruttoinlandsprodukt von Deutschland entspricht.[193]

ES TRIFFT DIE MITTELSCHICHT   Wie die beiden Wirtschaftswissenschaftler und Managementforscher am Massachusetts Institute of Technology, Erik Brynjolffson und Andrew McAfee, in ihrem Buch *The Second Machine Age*[194] schreiben, wird es diesmal vor allem die Mittelschicht der Arbeitnehmer treffen – nicht die Hochqualifizierten, aber auch nicht die Geringverdienenden. Die Ersteren können durch die Maschinen auf absehbare Zeit noch nicht ersetzt werden und bei den Letzteren wäre es meist zu teuer. Solange ihre Arbeitskraft billiger ist als die Anschaffungs- und Betriebskosten von Maschinen, werden sie ihren Job behalten.

Dies hat aber zugleich zur Folge, dass die Einkommensschere noch weiter auseinanderdriftet: Während die Hochqualifizierten sehr gut bezahlt werden, haben diejenigen in der Mittelschicht nur die Wahl, sich durch ständiges Dazulernen nach oben zu arbeiten oder in die große Menge der Geringverdiener abzurutschen. Der Wohlstandszuwachs, der durch die smarten Maschinen ausgelöst wird, würde dann bei den meisten Menschen gar nicht ankommen.[195] Dies ist einer der Gründe, warum auch immer mehr Wirtschaftsforscher ein bedingungsloses Grundeinkommen fordern oder eine Unternehmensabgabe, eine Art Automatisierungsdividende, die sich aus der Wertschöpfung errechnet – abwertend auch oft als »Maschinensteuer« bezeichnet. Damit würden sich auch diejenigen Firmen an den Sozialkosten beteiligen müssen, die Arbeitsplätze durch Computer oder Roboter wegrationalisieren.

Selbst auf dem Weltwirtschaftsforum 2016 in Davos, wo sich die Führungselite aus Politik und Wirtschaft traf, ging es nicht nur um Flüchtlingsbewegungen, Kriege, Finanzkrisen und den Klimawandel – die Auswirkungen von Digitalisierung, Robotik und Künstlicher Intelligenz waren von den Veranstaltern als *das* Konferenzthema des Jahres 2016 ausgewählt worden. Man könne nicht warten, bis massive gesellschaftliche Verwerfungen eintreten würden, sondern müsse jetzt aktiv werden, sagte Robert J. Shiller, Professor an der Yale-Universität und Wirtschaftsnobelpreisträger: »Man wartet ja auch nicht, bis ein Haus niederbrennt, bevor man eine Brandversicherung abschließt.«[196]

Welche drastischen Veränderungen sagen die Prognosen für Deutschland voraus? Überträgt man die Frey-Osborne-Studie auf deutsche Verhältnisse, wären in den nächsten 20 Jahren mehr als 18 Millionen Beschäftigte durch smarte Maschinen und Software bedroht.[197] Doch ein Forscherteam um den Ökonomieprofessor Holger Bonin vom Zentrum für Europäische Wirtschaftsforschung (ZEW) in Mannheim hat sich die Daten genauer angesehen.[198]

Zum einen betonen die Forscher, dass Frey und Osborne von Tätigkeiten sprechen und nicht von Berufen: Vielfach würden zwar Arbeitsplätze verändert, aber noch nicht unbedingt abgeschafft – auch in Zukunft würden Menschen für schwerer automatisierbare Tätigkeiten gebraucht sowie für die Planung, Steuerung und Überwachung der Maschinen, ganz abgesehen von den neuen Jobs, die durch die neuen Märkte und Anforderungen erst entstehen. Zum anderen geht es in der Frey-Osborne-Studie um die Wahrscheinlichkeit, dass eine Tätigkeit durch Technik automatisierbar ist. Es ist noch nicht berücksichtigt, dass es dabei auch rechtliche, gesellschaftliche oder wirtschaftliche Hürden geben kann, diese Technik auch einzusetzen. Alles in allem kommen die ZEW-Wissenschaftler zum Schluss, dass nach heutigem Stand der Technik in Deutschland etwa zwölf Prozent der Beschäftigten – fünf Millionen Menschen – oft Tätigkeiten ausüben, die automatisiert werden können.

Doch auch bei ihnen sei Panik nicht angebracht: In der Vergangenheit habe sich gezeigt, dass ein Großteil der Menschen bei einem Wegfall ihrer Routinetätigkeit eine neue Aufgabe im gleichen Beruf fänden. Ein Problem gibt es allerdings: Während die Automatisierungswahrscheinlichkeit bei Beschäftigten mit Universitätsabschluss bei 25 Prozent und mit Promotion nur bei 18 Prozent liegt, so erreicht sie bei Menschen mit geringer Bildung schon 80 Prozent. Insbesondere betroffen, auch in Deutschland, sind Routinetätigkeiten in der Verwaltung, bei Buchhaltern, Einkäufern oder Auftragsdisponenten. Thomas Bauernhansl, Professor für industrielle Fertigung und Leiter des Fraunhofer-Instituts für Produktionstechnik und Automatisierung in Stuttgart, glaubt, dass sich »die Hälfte aller Arbeitnehmer in diesen Verwaltungsbereichen neue Aufgaben werden suchen müssen«.

Im Rahmen ihrer Initiative »Deutschland 2064 – Die Welt unserer Kinder« haben auch die Unternehmensberater von A. T. Kearney versucht, die Frey-Osborne-Studie auf deutsche Verhältnisse anzupassen. Auch sie kommen zum Schluss, dass in den nächsten 20 Jahren Millionen von Jobprofilen betroffen sein werden: Besonders gefährdet sind danach 2,7 Millionen Beschäftigte in Büros und Sekretariaten, 2,1 Millionen in Verkauf und Gastronomie, 1,7 Millionen Betriebswirte, Buchhalter und Bankkaufleute sowie 400 000 Menschen, die in Logistik und Lagerhaltung tätig sind.[199]

JOBS KOMMEN ZURÜCK UND ENTSTEHEN NEU

Wie viele Jobs könnten aber durch die digitale Revolution zugleich neu entstehen? Das ist aufgrund der vielen Unwägbarkeiten kaum zu be-

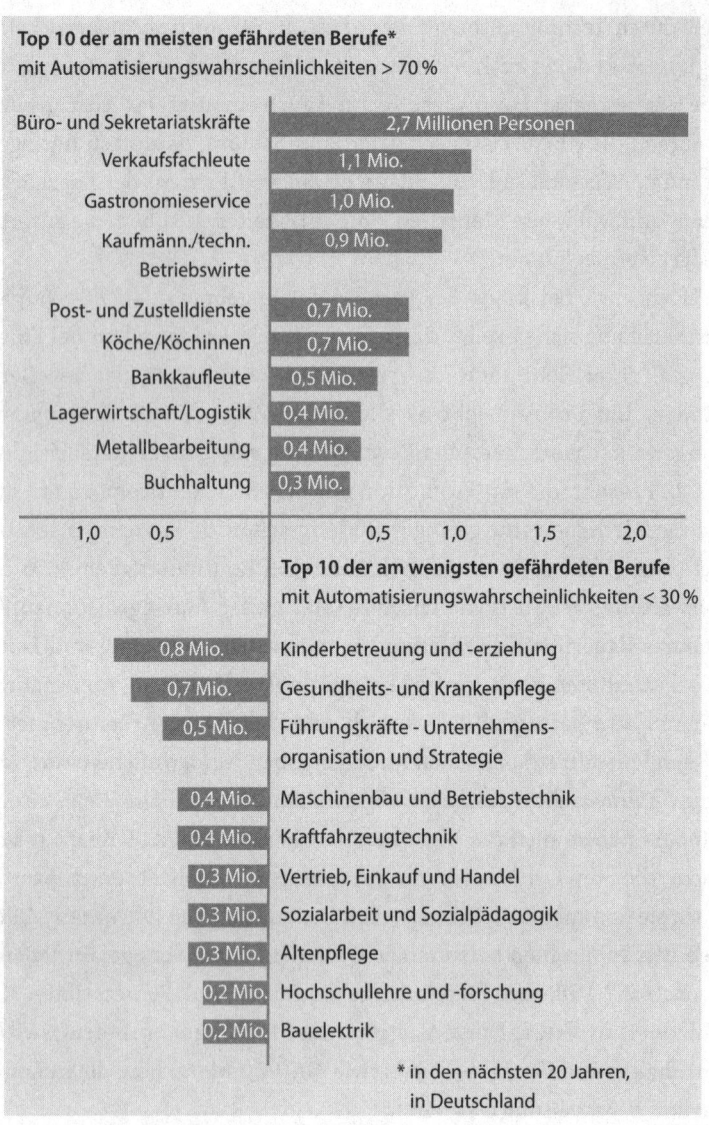

Top 10 der am meisten gefährdeten Berufe*
mit Automatisierungswahrscheinlichkeiten > 70 %

Büro- und Sekretariatskräfte	2,7 Millionen Personen
Verkaufsfachleute	1,1 Mio.
Gastronomieservice	1,0 Mio.
Kaufmänn./techn. Betriebswirte	0,9 Mio.
Post- und Zustelldienste	0,7 Mio.
Köche/Köchinnen	0,7 Mio.
Bankkaufleute	0,5 Mio.
Lagerwirtschaft/Logistik	0,4 Mio.
Metallbearbeitung	0,4 Mio.
Buchhaltung	0,3 Mio.

1,0　0,5　　　0,5　1,0　1,5　2,0

Top 10 der am wenigsten gefährdeten Berufe
mit Automatisierungswahrscheinlichkeiten < 30 %

0,8 Mio.	Kinderbetreuung und -erziehung
0,7 Mio.	Gesundheits- und Krankenpflege
0,5 Mio.	Führungskräfte - Unternehmens- organisation und Strategie
0,4 Mio.	Maschinenbau und Betriebstechnik
0,4 Mio.	Kraftfahrzeugtechnik
0,3 Mio.	Vertrieb, Einkauf und Handel
0,3 Mio.	Sozialarbeit und Sozialpädagogik
0,3 Mio.	Altenpflege
0,2 Mio.	Hochschullehre und -forschung
0,2 Mio.	Bauelektrik

* in den nächsten 20 Jahren, in Deutschland

Bedrohte Jobs: Tätigkeiten mit einem hohen Routineanteil – bei Buchhaltern oder Kassierern ebenso wie in Versicherungen, Banken oder in Sekretariaten – sind in den nächsten 20 Jahren durch Automatisierung besonders gefährdet, ebenso wie Jobs, die nur einen geringen Bildungsabschluss voraussetzen.

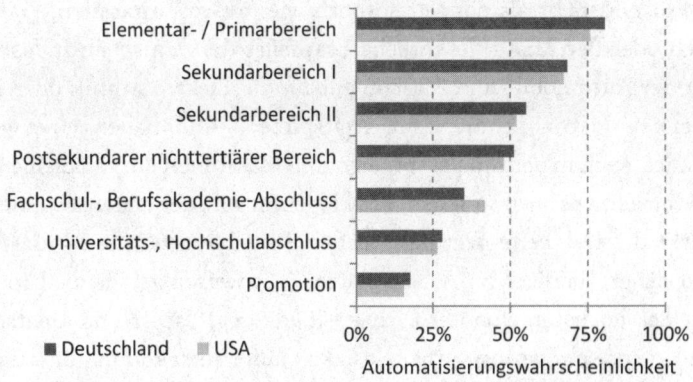

Zusammenhang zwischen Bildungsabschluss und Automatisierungswahrscheinlichkeit

ziffern. So glauben manche Wissenschaftler, dass sogar Arbeitsplätze, die wegen der niedrigeren Löhne nach Indien oder China verlagert wurden, nun – wo sie intelligente Maschinen übernehmen können – wieder zurückkommen werden. »Dorthin, wo es die am besten ausgebildeten Menschen gibt und die größten Märkte«, sagt Andrew McAfee. Die hohen Löhne spielen dann eine geringere Rolle, viel wichtiger ist, dass man nahe beim Kunden ist und für ihn möglichst flexibel und individuell fertigen kann – und dass man mit den Maschinen gut umgehen kann. Kevin Kelly macht daher eine simple Aussage für die Arbeitnehmer von morgen: »Ihr Gehalt in der Zukunft wird davon abhängen, wie gut sie mit Robotern zusammenarbeiten können.«

In einer Studie von Boston Consulting zu Industrie 4.0 wurden 40 Berufe in 23 verschiedenen Industrien untersucht. Das Ergebnis: Bis 2025 könnten in Deutschland durch Digitalisierung sogar eine Million neue Jobs entstehen, während 610 000 wegfallen – es bliebe ein positiver Saldo von 390 000 neuen Arbeitsplätzen. Auch Siegfried Russwurm ist optimistisch: »Wir haben schon die dritte industrielle Revolution gut überstanden und heute in Deutschland mit unserer starken industriellen Basis eine Arbeitslosenquote, die so niedrig ist wie lange nicht«, sagt er. In der Tat liegt hierzulande der Anteil der industriellen Wertschöpfung an der gesamten Wirtschaftsleistung mit

23 Prozent mehr als doppelt so hoch wie in Großbritannien, Frankreich oder den USA. Wesentliche Eckpfeiler der deutschen Industrie wie der Automobil- und Maschinenbau, die Elektrotechnik oder die Chemieindustrie gehören zur Weltspitze – und haben eine gute Chance, auch in der Ära der intelligenten Maschinen dort zu bleiben.

Man kann es auch so sehen: Ein kluger Einsatz der neuen Techniken stärkt die weltweite Wettbewerbsfähigkeit der deutschen Industrie und sichert damit sogar Arbeitsplätze.[200] So weisen gerade die Länder mit der höchsten Roboter-Dichte – Südkorea, Japan und Deutschland – eine sehr geringe Arbeitslosigkeit auf. Hinzu kommt, dass nach einer Studie der Bertelsmann Stiftung die Zahl der Menschen im erwerbsfähigen Alter bis 2050 (ohne Einwanderung gerechnet) von heute 45 auf unter 29 Millionen zurückgehen würde.[201] Daraus ergeben sich zwei Schlussfolgerungen: Zum einen würde wohl ein moderater Abbau von Arbeitsplätzen nicht gleich höhere Arbeitslosigkeit bedeuten müssen, und zum anderen sollte Deutschland auf Zuwanderer mit einer möglichst guten Berufsausbildung setzen.

Dasselbe gilt für die einheimischen Arbeitnehmer: Die Jobs von morgen hängen entscheidend von der richtigen Ausbildung und Weiterbildung ab. Zwar braucht die Wirtschaft nicht nur Datenspezialisten, Sicherheitsexperten, Roboter-Ingenieure und Software-Entwickler, aber wer zum Beispiel Maschinenbau oder Elektrotechnik studiert, der sollte auch wissen, was man mit Software machen kann – und umgekehrt. Gerade zwischen den heutigen Berufsfeldern gibt es noch große weiße Flecken.

Beispiel Biochipentwicklung: Wer Mikrochips entwerfen will, die etwas im menschlichen Körper messen oder bewirken, der muss nicht nur etwas von Mikroelektronik und Kommunikationstechnik verstehen, sondern auch von Medizin und Biologie. Solche Ausbildungsgänge lassen sich heute kaum finden, aber sie werden notwendig sein – oder zumindest ein fachübergreifendes »Hineinschnuppern« in andere Studiengänge, damit Mediziner, Biologen und Elektrotechniker sich künftig besser verstehen und nicht aneinander vorbeireden.

Ein anderes Beispiel ist die Entwicklung von Robotern selbst: Wenn sie in Zukunft Sprache, Gesten und Mimik interpretieren sollen, um eine möglichst intuitive Bedienung sicherzustellen, dann müssen ihre Konstrukteure nicht nur Roboter-Technik beherrschen, sondern auch wissen, wie Menschen miteinander kommunizieren und wie man Maschinen mit hoher Benutzerfreundlichkeit – die Fachleute sprechen von User Experience oder Usability – baut. Einen ersten Schritt in Richtung eines Kompetenzaufbaus für Künstliche Intelligenz hat beispielsweise die Technische Universität München mit der Einrichtung von »Robotics, Cognition, Intelligence« gemacht, eines gemeinsamen Studiengangs der Fakultäten für Informatik, Elektrotechnik und Maschinenwesen.

VIRTUELLE TEAMS, KREATIVITÄT UND GANZHEITLICHES DENKEN Auch die Arbeitsprozesse selbst werden sich ändern: Lebenslanges Lernen wird unverzichtbar. Wo und wann die Arbeit erledigt wird, verliert an Bedeutung. Gewohnte Strukturen werden aufgebrochen, virtuelle Teams werden weltweit vernetzt tätig sein, der Anteil an Freiberuflern wird deutlich steigen, es entstehen immer mehr firmen- und grenzübergreifende Arbeitsmodelle: Crowd- und Cloud-Working sind hier die neuen Schlagworte.

Für die Ausbildung – auch schon früh in den Schulen – heißt das, dass es vor allem darum gehen muss, Kreativität sowie emotionale und soziale Intelligenz zu fördern und in Teams gemeinsam Lösungen zu erarbeiten, ganz nach dem alten Spruch »Wissen ist das Einzige, das sich vermehrt, wenn man es teilt«. Dazu muss man aber nicht nur sprachliche, sondern auch kulturelle Kompetenzen aufbauen. Wenn etwa ein Team aus Amerikanern, Deutschen und Chinesen nicht gut kooperiert, dann liegt es meist gar nicht an Sprachkenntnissen, sondern an den interkulturellen Missverständnissen.

Amerikaner haben oft eine »Lass es uns probieren«-Mentalität und kommunizieren kurz, direkt und interaktiv. Deutsche gehen die Dinge systematischer, analytischer und umständlicher an, Chinesen wiederum wollen erst ein Beziehungsnetzwerk aufbauen, sprechen Probleme eher selten direkt an, sondern versuchen, sie durch viele Abklärungsvorgänge aus dem Weg zu räumen. Auch der Umgang mit Hierarchien, Geschlechterrollen oder Minderheiten ist oft sehr unterschiedlich. Damit umzugehen kann man schon frühzeitig lernen – etwa über Rollenspiele in der Schule.

Zugleich gilt, dass im Zeitalter der intelligenten Maschinen ein reines Tatsachenwissen immer unwichtiger wird. Schüler müssen vielmehr lernen, mit den Fakten richtig umzugehen, sie bewerten und einordnen zu können. Wann der Dreißigjährige Krieg stattgefunden hat und was die Feldherren eroberten, kann man auch im Internetlexikon nachlesen. Wesentlich wichtiger ist es, zu erarbeiten, warum die Konflikte entstanden und welche Auswirkungen sie bis heute auf die Länder Mitteleuropas haben. Oder nehmen wir das Beispiel Roboter und Künstliche Intelligenz: Welche Umbrüche sie mit sich bringen werden, sollte man nicht nur in technischen Fächern diskutieren, sondern ebenso in Ethik, Philosophie, Geschichte, Wirtschafts- und Sozialwissenschaften.

Es geht um das ganzheitliche Denken und Verstehen, weniger um das Detailwissen. Kinder zu selbständigen, kreativen und unkonventionellen Persönlichkeiten zu erziehen, muss das Ziel sein. Es ist sicher kein Zufall, dass Menschen wie die Google-Gründer Larry Page und Sergej Brin, Jeff Bezos von Amazon, der Künstler Friedensreich Hundertwasser oder der Literatur-Nobelpreisträger Gabriel García Márquez Montessori-Schüler waren – also von Schulen, die die Individualität der Kinder in den Mittelpunkt stellen und ihnen helfen, sich in ihrem eigenen Rhythmus zu entwickeln und weiterzubilden.

»Die größte Herausforderung der digitalen Revolution ist sicherlich der Umbau unseres 300 Jahre alten Bildungssystems, das den Anforderungen des schnellen digitalen Wandels nicht gewachsen ist«, betonte Vishal Sikka, der Vorstandsvorsitzende des indischen Informationstechnologieunternehmens Infosys – und fand damit großen Beifall auf dem Weltwirtschaftsforum 2016 in Davos: »Es wird an den Schulen und Universitäten über die Welt unterrichtet, wie sie war, nicht wie sie sein wird.«[202]

Kreativität ist der Schlüssel. Selbst wenn Computer und Roboter immer mehr von dem lernen werden, was Menschen heute beruflich tun, so sind die meisten Fachleute dennoch überzeugt davon, dass Menschen auch in Zukunft unersetzbar bleiben – als Lenker und Denker, die mit ihrer Intelligenz und Kreativität vorgeben, was die Maschinen tun sollen, und sich um all das kümmern, was die Algorithmen nicht alleine schaffen. »Eine Maschine hat keine Ahnung von gesundem Menschenverstand«, sagt Andrew McAfee. »Sie weiß nicht, was keinen Sinn ergibt, und sie weiß auch nicht, welches Problem sie als nächstes lösen soll. Viele kreative Aktivitäten werden zwar von Computern unterstützt und beschleunigt, aber keine wird von ihnen initiiert und vorangetrieben.«

Außerdem sind Menschen wesentlich besser darin, mit anderen Menschen zu verhandeln, sie zu motivieren und zu überzeugen. Wenn Maschinen von Routinearbeiten entlasten, dann kann das den Menschen auch ganz neue Freiheiten eröffnen, die Dinge zu tun, die sie besser können oder schon immer tun wollten – beispielsweise sich um Mitmenschen kümmern, sie pflegen und ihnen Zuwendung zeigen sowie Forschung betreiben, spielerisch-experimentell Neues entwickeln oder handwerklich und künstlerisch tätig sein. Wenn dies die genuin menschlichen Fähigkeiten sind, dann sollten wir allerdings auch neu über ihren Wert nachdenken – wieso werden sie heute im Allgemeinen wesentlich schlechter entlohnt als diejenigen Tätigkeiten, die nun immer mehr auch die Maschinen können?

NICHT GEGEN DIE MASCHINE RENNEN, SONDERN MIT IHR LAUFEN Erik Brynjolffson bringt noch einen weiteren Aspekt in die Diskussion ein: »Anstatt *gegen* die Maschinen zu rennen, müssen wir lernen, *mit* der Maschine anzutreten«, sagt er.[203] Er verweist darauf, dass heute kein Computer mehr Schachweltmeister ist, aber auch kein Mensch, sondern ein Team aus Menschen und Computerprogrammen: ein sogenannter Zentaur. Im Freistilschach hören die menschlichen Spieler zwar auf das, was ihnen die Schachcomputer empfehlen, aber gelegentlich weichen sie davon auch ab – ebenso wie man normalerweise im Auto den Empfehlungen des Navigationssystems folgt, aber wenn man Schleichwege kennt oder weiß, wann sich der Verkehr auf bestimmten Straßen staut, dann entschließt man sich schon einmal, einen anderen Weg zu nehmen.

Auch der beste menschliche Schachspieler, der Norweger Magnus Carlsen, trainiert mit Computerprogrammen und erreicht damit eine höhere Punktzahl als jeder menschliche Spieler vor ihm. »Wenn Künstliche Intelligenz Menschen helfen kann, bessere Schachspieler zu werden, dann liegt es nahe, anzunehmen, dass uns diese Systeme auch unterstützen können, bessere Piloten, bessere Ärzte, bessere Richter und bessere Lehrer zu werden«, sagt Kevin Kelly. Vielleicht hilft uns der Austausch mit den Maschinen sogar, bessere Forscher, bessere Künstler, bessere Philosophen und, ganz allgemein, bessere Menschen zu werden. Möglicherweise ist dies gar nicht so schwer, und wir müssen dafür nur lernen, mit den smarten Maschinen entsprechend zusammenzuarbeiten ...

Doch sollten wir dies nicht unüberlegt tun. Denn es sind nicht nur unsere Arbeitsplätze in Gefahr. Roboter und intelligente Algorithmen können auch ganz massiv in unsere Gesellschaftssysteme eingreifen und unsere Sicherheit bedrohen – wie das nächste Kapitel zeigt.

ZEHN

KILLERROBOTER UND DIE SUPERINTELLIGENZ: HABEN WIR EINE CHANCE GEGEN DIE MASCHINEN?

Freund oder Feind?

Als Samantha und ich wieder im Elektrotaxi saßen, war ich immer noch ganz fasziniert von dem, was mir Stefan Unger beim Training der Androiden vorgeführt hatte. Er hatte mich in einen Raum gebracht, wo ein Kollege und ein sportlich aussehender humanoider Roboter nebeneinander trainierten. Sie liefen auf zwei quadratischen Fließbändern, die Stefan »magische Teppiche« nannte, weil sie alle Bewegungen exakt kompensierten: Gingen, liefen oder sprangen der Roboter und der Mensch ein paar Schritte nach vorne, fuhr das Fließband dieselbe Strecke zurück. Bewegten sie sich nach rechts, fuhr der Teppich nach links und umgekehrt – im Raum blieben sie also immer an derselben Stelle.

Zugleich trugen die beiden eine Datenbrille, und auf der Wand vor ihnen sahen wir die Landschaft, durch die sie wohl gerade joggten. Das Besondere daran: Mensch und Roboter waren vollkommen synchronisiert. Während des Lernzyklus wurden die Bewegungen des Menschen und auch seine Gesten und seine Mimik exakt auf die Roboter-Steuerung übertragen. »Der Androide lernt dadurch, wie er sich in welcher Situation bewegen muss, und seine Bewegungen werden wesentlich flüssiger«, erklärte Stefan, und langsam begriff ich, warum Samantha so menschenähnlich wirkte.

Allerdings merkte ich auch, wie anstrengend diese Stunden am ersten Tag meines neuen Lebens für mich gewesen waren, und daher war ich froh, als Samantha schließlich vorschlug, wieder in die Reha-Klinik zurückzufahren. Als wir mit unserem Elektroauto für längere Zeit an der Ampel einer Baustelle stehen bleiben mussten, hätte ich vor Erschöpfung fast die Augen geschlossen – doch auf einmal fiel mir draußen etwas auf: zwei blau-schwarz schimmernde Libellen, die mit einer rasend schnellen Bewegung ihrer Flügel neben unserem Auto schwebten und uns mit ihren großen Facettenaugen zu beobachten schienen.

»Die sind ja riesig«, murmelte ich. »Wunderschön. Solche Libellen habe ich hier früher nie gesehen.«

»Calopteryx virgo, die Blauflügel-Prachtlibelle«, dozierte Samantha wie aus dem Biologielehrbuch. Dann zögerte sie. »Doch dies hier sind keine Libellen, sondern Drohnen. Die Punktaugen auf ihrer Stirn sind kleine Kameras, und hinter den Facettenaugen befinden sich Infrarotdetektoren, Bewegungsmelder und eine Satellitennavigation. Im Hinterleib haben sie eine Antenne.«

Das war ja seltsam. »Beobachten die uns?«, fragte ich stirnrunzelnd.

»Sie senden gerade«, bestätigte Samantha. »Die Mobilkommunikation ist allerdings verschlüsselt.«

Plötzlich war ich wieder hellwach. Auch damals, an diesem Sonntag meines Unfalls, hatte ich mich beobachtet gefühlt. Ein Gedankenblitz ...

»Samantha, können Sie mit diesem superintelligenten Aleph Kontakt aufnehmen?«

»Aleph-1 ist keine Superintelligenz. Das war ein Konzept aus den 2010er-Jahren, das nicht zutrifft: eine Künstliche Intelligenz, die Menschen in jeder Beziehung bei Weitem übertreffen sollte ...« Seltsamerweise klang Samantha plötzlich emotional, fast wütend. »Aleph-1 ist nur eine sehr schnelle, semantische Suchmaschine.«

»Ja, ja, egal, was er ist«, beschwichtigte ich. »Mir geht es nur darum, wer mich damals, kurz vor meinem Unfall, im Auto angerufen hatte. Steht da etwas in den Ermittlungsakten?«

»Dafür brauchen wir Aleph-1 nicht«, antwortete Samantha, und es klang ein wenig beleidigt. »Der Fall ist abgeschlossen, aber die Akten sind für Sie zugänglich. Einen kleinen Moment – ich habe die Vollmacht, Ihnen die Akteneinsicht zu ermöglichen.« Sie schwieg für eine Sekunde. »Der Anruf kam von einem unregistrierten Mobiltelefon, das sich nahe dem Unfallort ins Netz eingewählt hatte.«

»Mehr gibt es nicht? Weiß man, ob ich damals verfolgt wurde?«

»Der Anrufer war nicht zu ermitteln. Und eine Verfolgung hatte man nicht ...«, sie stockte. »Zugriff verweigert. Die Akte wurde gerade aus dem Netz entfernt.«

»Wie? Jetzt, in diesem Moment?«

»Ja.« Wir blickten uns an, und ich glaubte, so etwas wie Verblüffung in ihren Augen zu lesen. Irgendjemand beobachtete uns offenbar, wusste über unsere Aktivitäten bestens Bescheid und schien sie zu sabotieren. Dann ging auf einmal alles ganz schnell: Das Elektrotaxi hatte die Baustelle passiert, beschleunigte wieder und fuhr wie selbstverständlich nach links auf die Gegenfahrbahn. Zugleich hörten wir, wie die Türen verriegelten.

»Samantha!«

Sie sah aus, als ob sie das glatte Armaturenbrett hypnotisieren wollte – vermutlich versuchte sie gerade, über Funk die Fahrzeugsteuerung zu kontaktieren. Dann tippte sie an die Seitenwand und rief das Display auf. Manuelle Zieleingabe, Selbstdiagnose, Not-Aus... nichts funktionierte. »Es denkt, es ist in Großbritannien. Das Fahrzeug hat auf Linksverkehr umgestellt.«

»Was?«

Das Taxi fuhr nun mit 90 Kilometer pro Stunde und bremste auch in den Kurven kaum ab. Vor einer Linkskurve sahen wir zwischen den Bäumen ein anderes Fahrzeug sehr schnell auf uns zukommen. Der war hier auf der Landstraße noch flotter unterwegs als wir selbst. Ich klammerte mich krampfhaft an meinen Rollstuhl, das Déjà-vu eines Autounfalls vor Augen. Doch kurz vor der Kollision quietschten die Bremsen. Unser Taxi zog auf die rechte Fahrbahn hinüber und raste am anderen Fahrzeug vorbei – und dann kehrte unser scheinbar verrückt gewordenes Elektroauto auf einmal wieder auf die rechte Spur zurück.

Ich keuchte. Samantha blieb ruhig. »Die Kollisionsvermeidung war nicht ausgeschaltet. Das ginge auch gar nicht«, sagte sie. »Die beiden Fahrzeuge haben Kontakt aufgenommen, um einen Unfall zu vermeiden.«

»Warum fährt es wieder rechts?«

»Das ist aus den Einstellungsdaten nicht ersichtlich. Die Landkarte stimmt jetzt wieder.«

»Samantha, da wollte uns jemand umbringen! Er hat sich ins Fahrzeug gehackt und jetzt vermutlich erkannt, dass es so nicht funktioniert.«

Sie nickte. »Das ist eine denkbare Möglichkeit«, gab sie zu.

»Wohin fahren wir eigentlich? Das ist doch nicht der Weg zur Reha-Klinik. Das ist ...« – diese gewundene Straße würde ich nie vergessen. »Da vorne ist der Abhang, wo ich damals ...«

Die Androidin wirkte nachdenklich. »Die Abzweigung ist gesperrt. Es wurde inzwischen eine Umgehung gebaut«, sagte sie genau in dem Moment, als unser Fahrzeug den Kunststoffbalken der Schranke einfach durchbrach und auf dem Weg weiterfuhr, den ich so gut kannte.

»Oh mein Gott!« – Das Elektrotaxi nahm noch eine Kurve und blieb dann einfach stehen. Es hätte auch gar nicht weiterfahren können, denn direkt vor uns blockierten umgestürzte Bäume die Straße. Am Hang daneben waren zwei Baumfällroboter dabei, einige fast abgestorbene, mächtige Buchen anzusägen. Die Maschinen beachteten uns gar nicht. War es denkbar, dass sie uns nicht sahen? Hatten sie denn keine Kameras? Wenn sie so weitermachten, würden die nächsten Bäume genau neben den bereits gefällten niederstürzen – und das hieß, auf unser Auto!

»Samantha, wir müssen hier raus!« Sie reagierte nicht, und die Türen waren verriegelt.

»Samantha!« Ihre Augen wirkten plötzlich so leer. Was zum Teufel war hier nur los? Wieso taten diese elektronischen Blechkisten alle nicht mehr das, was sie eigentlich tun sollten? Ich schob meinen Rollstuhl an die Rückseite des Wagens und griff über die Lehne, hinter der normalerweise wohl Gepäck verstaut wurde. Hier gab es tatsächlich, wie ich vermutet hatte, eine Art Notfallkoffer mit Verbandszeug und dahinter – unglaublich, selbst 2050 gab es noch Wagenheber! Ich griff mir das schwere Metallteil, holte weit aus und drosch unter Aufbietung all meiner Kräfte auf unsere Seitentür ein. Das Glas splitterte, und nach ein paar weiteren Hieben schwang die Tür auf.

Mit Schwung rollte ich aus dem Auto, ein paar Meter nur, dann kippte mein Rollstuhl um und ich lag auf dem Waldboden wie ein auf dem Rücken gelandeter Käfer. Meine Arme und mein rechtes Bein zuckten unkontrolliert. Aus den Augenwinkeln sah ich, dass Samantha nun auch aus dem Wagen gestiegen war und langsam auf mich zukam. Doch was tat sie da? Anstatt mir wieder in den Rollstuhl zu helfen oder mich aus der Gefahrenzone zu ziehen, bückte sie sich und hob den Wagenheber auf, der mir aus der Hand gefallen war.

Sie starrte ihn an, als sähe sie so ein Metallteil zum ersten Mal, dann blickte sie zu mir herüber – Himmel, immer noch diese leeren Augen! –, schwang ihren Arm mit dem Wagenheber und …

»Samantha!!!«

WENN ALGORITHMEN DIE KONTROLLE ÜBERNEHMEN

Im Juli 2015 erlebte der Journalist Andy Greenberg den Albtraum eines jeden Autofahrers. Wie er im Technologiemagazin *Wired* schrieb,[204] war er mit mehr als 110 Kilometer pro Stunde auf einem US-Highway bei St. Louis unterwegs, als plötzlich die Klimaanlage mit Hochdruck kalte Luft ins Auto blies, das Radio mit voller Lautstärke Hip-Hop-Musik spielte und die Scheibenwaschanlage eine Ladung

Wasser auf die Windschutzscheibe spritzte und ihm dadurch die Sicht nahm. Dann funktionierte sein Gaspedal nicht mehr, der Jeep Cherokee verlor massiv an Geschwindigkeit und kroch auf der Überholspur nur noch dahin – ein schrilles Hupkonzert der nachfolgenden Fahrzeuge ließ nicht lange auf sich warten. Zugleich zeigte das Digitaldisplay des Jeeps das Bild zweier grinsender Hacker: Charlie Miller und Chris Valasek.

Greenberg war ziemlich mulmig zumute – und das, obwohl er die beiden kannte und der aufsehenerregende Auto-Hack auch abgesprochen war: Miller und Valasek sind Sicherheitsexperten, die die Autobranche für die Gefahren durch Hackerangriffe sensibilisieren wollen. Das ist ihnen zweifellos gelungen, denn seitdem wagt kaum noch ein Automanager die Aussage, dass beim Sicherheitskonzept seiner Firma so etwas unmöglich wäre. Über die Internetverbindung des Jeeps, über die normalerweise das Unterhaltungsangebot, die Telefonate und das Navigationssystem gesteuert werden, konnten Miller und Valasek per Funk auf den entsprechenden Mikrochip im Auto zugreifen und dessen fest installierte Software, die sogenannte Firmware, umschreiben. Damit war es dann möglich, über das interne Kommunikationsnetzwerk, den CAN-Bus, Steuersignale an wichtige Komponenten wie etwa die Motorsteuerung zu senden.

Letztlich mussten die Hacker nur die IP-Adresse des Jeep Cherokee kennen, um ihn dann bequem von ihrem Notebook aus zu steuern. Auch wenn sie viele Meilen entfernt waren, wussten sie dank der ebenfalls übertragenen GPS-Daten jederzeit, wo sich das Fahrzeug gerade befand. Der Journalist Greenberg schreibt, dass er sich – obwohl er nicht unvorbereitet war – dabei vorkam wie ein digitaler Crashtest-Dummy. Er konnte tun, was er wollte, er hatte keine Kontrolle mehr über das Fahrzeug. Auf einem Autoparkplatz, der weniger gefährlich war als der Interstate Highway, zeigten ihm Miller und Valasek dann noch, dass sie auch die Bremsen betätigen, in die Lenkung eingreifen und den Motor sogar ganz ausschalten konnten – am Schluss des spektakulären Experiments landete der Jeep im Straßengraben.

Dem Hersteller Fiat Chrysler, der von den Hackern auf die Sicherheitslücke aufmerksam gemacht worden war, blieb nichts anderes übrig, als 1,4 Millionen Fahrzeuge für ein Software-Update in die Werkstätten zurückzurufen. Miller und Valasek wurden inzwischen vom US-Unternehmen Uber engagiert: Sie sollen in Zukunft Uber dabei helfen, autonom fahrende Autos sicherer zu machen und vor Hackerangriffen zu schützen. Denn diese Attacke wird sicher nicht die letzte bleiben. Auf Hackerkonferenzen bewiesen auch andere Forscher schon, dass sie in Fahrzeuge eindringen konnten: Beispielsweise ließ sich Schadsoftware über den digitalen Rundfunk DAB verbreiten, und Sicherheitsexperten gelang es, Autos aus der Ferne zu öffnen und zu verriegeln. Die auf Informationstechnologie spezialisierten Marktforscher von Gartner rechnen bis zum Jahr 2020 mit 250 Millionen vernetzten Fahrzeugen – und damit mit einem entsprechend hohen Gefährdungspotenzial.

EINSTIEG INS ZEITALTER DER CYBERWAFFEN

Dass das aufkommende Internet der Dinge und die immer enger verbundenen Kommunikationsnetzwerke Einfallstore für neuartige Software-Angriffe sein können, ist unbestritten. Einer der berühmtesten Fälle ist das Schadprogramm Stuxnet, das im Sommer 2010 bekannt wurde.[205] Dieser sogenannte Trojaner war so zielgenau konstruiert, dass er zwar über USB-Sticks Tausende von Rechnern infizierte, aber dort keinen Schaden anrichtete. Er suchte nur nach ganz bestimmten Industriesteuerungen, um deren Einstellungen bezüglich Druck, Durchflussmengen und Drehgeschwindigkeit von Zentrifugen zu beeinflussen. Viele Fachleute glauben, dass die Entwicklung einer solchen Software Millionen kostete und vermutlich von Geheimdiensten, etwa aus Israel, angestrengt wurde, um die Urananreicherungsanlagen im Iran zu treffen.

Stuxnet gilt daher als »Einstieg ins Zeitalter der Cyberwaffen«. Dass diese neue Ära inzwischen begonnen hat, zeigen auch andere Beispiele, etwa die Schadsoftware Xtreme RAT, die 2012 das gesamte Netzwerk der israelischen Polizei kurzzeitig lahmlegte. Die Webseiten des Pentagons und des Weißen Hauses wurden ebenso schon gehackt wie die des Deutschen Bundestags. 2014 wurde für mehr als neun Stunden der gesamte Internetverkehr von Nordkorea unterbrochen, und nach den Anschlägen von Paris im November 2015 erklärten die Hacker von Anonymous dem sogenannten Islamischen Staat den Cyberkrieg.

Doch all diese Attacken wären nur Petitessen gegenüber dem, was passieren würde, sollte einmal ein Szenario ähnlich dem des Romans *Blackout – Morgen ist es zu spät* von Marc Elsberg Wirklichkeit werden.[206] Darin schildert der österreichische Schriftsteller die Auswirkungen eines fiktiven zweiwöchigen großflächigen Stromausfalls in Europa, den Hacker durch Angriffe auf vernetzte Stromzähler und die Steuersysteme von Kraftwerken verursacht haben. Dadurch fallen nicht nur Ampeln und Kühlschränke, Telefone, Licht und Fernseher aus. Heizungssteuerungen funktionieren dann ebenso wenig wie die Pumpen an Tankstellen. Lieferketten brechen zusammen, Supermärkte bekommen keinen Nachschub mehr, und auch in Krankenhäusern und Kernkraftwerken versagen irgendwann die Notstromaggregate. Panik bricht aus, und binnen weniger Tage stehen ganze Volkswirtschaften vor dem Ruin.

Solche »Switch-off-Szenarien« sind nicht nur spannende Plots für Thrillerautoren, sondern werden auch von Fachleuten sehr ernsthaft diskutiert. Einer Schätzung des Hamburgischen WeltWirtschaftsInstituts (HWWI) zufolge würde beispielsweise eine einzige Stunde ohne Strom zur Mittagszeit in Deutschland fast 600 Millionen Euro an Kosten verursachen. Dabei drohen Blackouts zunächst einmal vor allem aufgrund der stark gestiegenen Komplexität der Energiesysteme mit immer mehr fluktuierenden Einspeisungen: Wenn der Wind nachlässt oder Wolken vor die Sonne ziehen, liefern Wind- und Solarkraftwerke plötzlich zu wenig Strom – doch auch ein Zuviel an Strom ist schädlich, weil es die Netze überlasten kann. So müssen heute in Deutschland fünfmal öfter Kraftwerke zur Vermeidung eines Blackouts kurzfristig hoch- oder heruntergefahren werden als noch im Jahr 2010.

Diese fragile Lage wird in Zukunft durch die Möglichkeit von Hackerangriffen noch verschärft. Denn für die Smart Grids, die intelligenten Stromnetze von morgen, braucht man parallel zum Stromnetz ein Informations- und Kommunikationsnetz, das alle Stromerzeuger und -verbraucher sowie die Netzbetreiber miteinander verbindet. Da gibt es neben den aktiven Komponenten, die Strom erzeugen, weiterleiten und verteilen, auch noch die Steuerebene, die das Netz überwacht, und zusätzlich verschiedenste Applikationen für Datenmanagement, intelligente Stromzähler, Abrechnungen und vieles mehr. Damit eine Fernwartung überhaupt funktioniert, müssen diese Systeme mit dem Internet verbunden sein – was viele neue Angriffsmöglichkeiten eröffnet.

Wie kann dann aber eine wirksame Sicherheitsarchitektur aussehen? Auf jeden Fall muss sie von den einzelnen Sensoren auf der untersten Ebene über den Tablet-Computer der Wartungsingenieure bis zum Stromzähler beim Verbraucher reichen. Wichtig sind vor allem eine ständige gegenseitige Authentifizierung der Geräte und eine klare Zugriffskontrolle der Benutzer: Wer ist mein Gegenüber, von dem ich Daten erhalte oder an den ich Daten schicke? Und wer darf wann was machen? Jeder Benutzer muss sich über sogenannte Public-Key-Infrastructure-Zertifikate ausweisen und jedes Gerät, das Schaltbefehle oder auch nur Messdaten sendet, ebenfalls.

Außerdem wird ständig kontrolliert, ob es Abweichungen von Normwerten gibt. »500 Log-in-Versuche pro Sekunde stammen beispielsweise sicherlich nicht von einem Menschen, sondern von einem Computer«, beschreibt Volker Distelrath, der Leiter der Cyber-Security-Einheit des Energiemanagements von Siemens, ein mögliches Szenario.[207] Hat man eine Attacke entdeckt, kann man bei kritischen Infrastrukturen allerdings – anders als beim Heimcomputer – nicht einfach einen verdächtigen Account sperren oder wichtige Geräte vom Netz nehmen. Die Energienetze müssen aus Sicherheitsgründen immer steuerbar bleiben. Eine mögliche Gegenmaßnahme wäre es, Komponenten bei einem Angriffsverdacht automatisch zu rekonfigurieren, also in einen voreingestellten Ausgangswert zurückzuversetzen und neu zu starten.

HONIGTÖPFE LOCKEN VIREN AN Um Angreifer überhaupt erst einmal zu finden, kann man sie in sogenannte Honeypots locken.[208] Diese »Honigtöpfe« sind vom echten Energiesystem getrennte Einheiten, aber sie simulieren einen bestimmten Server oder das Netzwerk so gekonnt, dass sie Attacken auf sich ziehen. Dann können die Fachleute in aller Ruhe untersuchen, mit was für einer Bedrohung sie es zu tun haben und sie unschädlich machen. Schwieriger wird es bei Schadprogrammen, die sich vielleicht schon monate- oder jahrelang tief versteckt im System befinden – oft sind sie so konstruiert, dass sie Passwörter sammeln oder Daten ausspähen und sie an spezielle Server schicken.

Wann immer Eindringlinge untypisches Verhalten zeigen, hat man jedoch eine Chance, sie aufzuspüren. Beispielsweise, wenn ein Computer mit einer Maschine kommuniziert, mit der er bislang noch nie zu tun hatte, oder wenn eine Software plötzlich Steuerbefehle aus dem Ausland entgegennimmt. Solche Anomalien zu entdecken, ist die Spezialität der US-Firma Cyberflow Analytics, die eine lernende Software zur Analyse großer Datenmengen entwickelt hat.[209] Das Programm ist auf das typische Verhalten von Servern, Anwendungen oder Kommunikationsprotokollen trainiert. Zudem lernt es je nach Einsatzort selbständig die dort üblichen Vorgehensweisen.

Während des Betriebs führt die Software darüber Buch, wer wann mit wem wie viele Daten austauscht. Es entstehen typische Häufigkeitscluster, bei denen Abweichungen sofort auffallen. Da nicht die Inhalte der Datenpakete analysiert werden, ist diese Überprüfung in Echtzeit durchführbar – und verdächtigen Vorkommnissen kann sofort nachgegangen werden. Wollte man hingegen erst einmal prüfen, welche Inhalte kommuniziert werden, würde dies je nach Datenmenge Stunden, Tage oder gar Wochen dauern ... und der Schaden wäre längst eingetreten. Die lernende Echtzeitsoftware ist daher ein großer Fortschritt im ewigen Rennen zwischen Hackern und Sicherheitsexperten.

Claudia Eckert, Informatikprofessorin an der Technischen Universität München und Leiterin des Fraunhofer-Instituts für Angewandte und Integrierte Sicherheit (AISEC) in München, entwickelt mit ihrem

Team zudem Software-Prüfprogramme, die Codes automatisch auf mögliche Sicherheitsschwachstellen testen.[210] »Sicherheit muss gleich von Beginn an in die Systeme und Geschäftsprozesse integriert sein«, betont sie. Sehr wichtig für das künftige Internet der Dinge seien vor allem praktikable Verfahren, mit denen sich Tausende von vernetzten Objekten eindeutig wechselseitig identifizieren können, ohne dass dafür ständig Schlüssel generiert und zwischen ihnen ausgetauscht werden müssen.

»Wir erforschen am AISEC hierzu Techniken, um Objektidentitäten aus charakteristischen physikalischen Materialeigenschaften abzuleiten«, erklärt Eckert. »So wie der Mensch mit biometrischen Merkmalen wie einem Fingerabdruck eindeutig identifizierbar ist, gibt es auch eine Art Biometrie für Objekte.« Dies kann beispielsweise eine spezielle Schaltung mit Leiterbahnen sein, deren Signallaufzeiten zufällig durch den Produktionsprozess entstanden sind. Legt man dann eine elektrische Spannung an, wird das Signal ganz charakteristisch verzerrt. Damit lässt sich aus dem Material selbst ein kryptografischer Schlüssel erzeugen, der zugleich als einzigartige Identifikationsnummer dient.

Besonders nützlich ist dies, um Elektronikkomponenten zu schützen, die Firmware – also wichtige eingebettete Programmcodes – enthalten. Dazu werden diese Komponenten in eine Schutzfolie eingeschweißt, die über eine solche Biometrieschaltung verfügt. Der kryptografische Schlüssel der Folie ist notwendig, damit die Elektronik korrekt funktioniert. Versucht nun jemand – zum Beispiel mit einer Kontaktnadel –, die Elektronik und deren Programm auszulesen, geht dies nur, wenn die Nadel durch die Folie stößt. Dieser Eingriff stört aber die physikalischen Eigenschaften der Folie. Der Originalschlüssel lässt sich dann nicht wieder herstellen, und zugleich wird der Programmcode automatisch gelöscht. Sehr gut eignet sich dieses Verfahren beispielsweise für die Verplombung von künftigen Stromzählern – ihre Integrität kann dann sogar aus der Ferne digital abgefragt werden. Dafür muss kein Mitarbeiter vor Ort den Smart Meter in Augenschein nehmen.

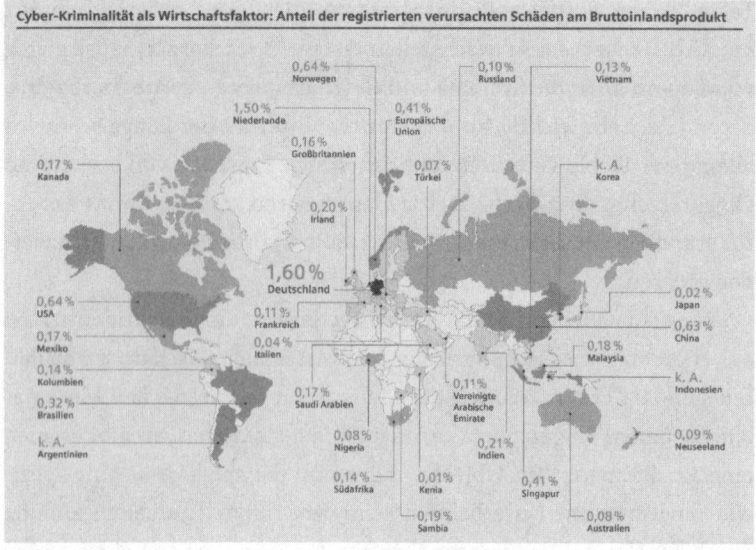

Cyber-Kriminalität als Wirtschaftsfaktor: Anteil der registrierten verursachten Schäden am Bruttoinlandsprodukt

Kriminelle im Cyberspace: Allein in den USA, China und Deutschland richtet Cyberkriminalität nach einer Studie der Sicherheitsfirma McAfee jährliche Schäden von mehr als 200 Milliarden Dollar an – zwischen 0,6 und 1,6 Prozent des Bruttoinlandsprodukts.

CYBERKRIMINALITÄT: EINTRÄGLICHER ALS RAUSCH-GIFT   Produktpiraterie bei Elektronikkomponenten und der Diebstahl ihrer Software gehört ebenso zur Cyberkriminalität wie das Hacken von Bankkonten, Spionage, der Handel mit vertraulichen Daten oder Erpressung: Dabei werden etwa unternehmensinterne Datenbanken von außen verschlüsselt, und der Schlüssel wird nur gegen Zahlung von Lösegeld freigegeben. Cyberkriminalität ist zu einem äußerst lukrativen Geschäft geworden. »Man geht davon aus, dass der erreichbare Gewinn bereits denjenigen übersteigt, der international durch den Rauschgiftmarkt erzielt wird«, berichtet Claudia Eckert.

Nach Angaben der zu Intel gehörenden Sicherheitsfirma McAfee verursacht Cyberkriminalität einen jährlichen Schaden von 375 bis 575 Milliarden US-Dollar, die Hälfte davon allein in den USA, China und Deutschland.[211] »Ein Einzelner mit einem Laptop kann heute mehr Zerstörung anrichten als eine konventionelle Bombe«, meint Ian West, Direktor für Cybersicherheit bei der NATO. Damit spielt er wohl auf die Cyberkriminalität ebenso an wie auf die entlarvenden Enthüllungen von WikiLeaks oder von Edward Snowden über das Ausmaß der Überwachungspraktiken von Geheimdiensten.

Snowden reichte noch ein USB-Stick mit gestohlenen Daten, um die Welt in Atem zu halten. Wesentlich mehr, nämlich einen Umfang von bis zu 100 Terabyte an Daten – entsprechend dem Inhalt von 23 000 CDs – stahlen Hacker bei einem Angriff auf die besonders unzureichend gesicherten Server von Sony Pictures im November 2014: unzählige E-Mails, Verträge, Gehaltslisten, Geschäftspläne, unveröffentlichte Kinofilme und sogar ein frühes Drehbuch für den James-Bond-Film *Spectre*. Solche Aktivitäten können Firmen ruinieren.[212] Kein Wunder, dass die Analysten von MarketsandMarkets erwarten, dass der weltweite Markt für Cybersicherheit bis 2020 von heute 100 auf gut 170 Milliarden Dollar wachsen wird.

Dabei gilt als eine der größten Schwachstellen in Unternehmen meist gar nicht die Technik, sondern die Mitarbeiter, die – wie im Fall Sony – wichtige Mails unverschlüsselt senden und speichern oder Notebooks, USB-Sticks und Ausweise unbeaufsichtigt lassen und so, ohne es zu wissen, Schadsoftware in die Firma einschleusen. Wie viele intime Details Menschen bereits durch die Nutzung digitaler Technik von sich preisgeben, wissen die wenigsten: Dazu müssen sie gar nicht ausführliche Blogs verfassen oder Fotos und Tagebuchnotizen in den sozialen Netzwerken veröffentlichen. In Kapitel 5 habe ich beispielsweise beschrieben, dass schon die Analyse von 50 bis 100 Twitter-Meldungen ausreicht, um weitreichende Aussagen über die Persönlichkeit eines Menschen zu treffen – also etwa, wie introvertiert, harmoniebedürftig oder gewissenhaft jemand ist.

DATENANALYSE: HINWEISE AUF DEPRESSION UND SCHWANGERSCHAFT Solche Analysen sind heute vollautomatisch möglich. Und mehr noch: Forscher haben herausgefunden, dass allein die Art und Weise, wie jemand das Internet nutzt, Hinweise auf eine Depressionserkrankung zulässt.[213] So sollen depressionsgefährdete Menschen überdurchschnittlich häufig Mails und Tweets verschicken, viel chatten und schnell zwischen verschiedenen Webseiten hin und her wechseln. Wenn Analyseprogramme dies erkennen, kann man zwar einerseits Betroffenen frühzeitig helfen, bevor die Krankheit weiter fortschreitet, doch andererseits könnten Arbeitgeber solche Hinweise auch nutzen, um Bewerber abzulehnen. Das würde meist nicht einmal gegen den Datenschutz verstoßen, da nur öffentlich zugängliche Informationen – sogar ohne eine inhaltliche Auswertung – genutzt werden und die Betroffenen noch gar nicht erkrankt sind.

Eric Horvitz, Forschungsdirektor bei Microsoft, warnt, dass kaum ein Nutzer einschätzen könne, aufgrund welcher Daten ein Algorithmus eine mögliche Depressionsanfälligkeit berechnet. Gerade bei den neuen selbstlernenden Systemen wüssten oft auch deren Entwickler nicht wirklich, wie ein Ergebnis zustande gekommen sei. »Maschinelles Lernen erschwert es dem Einzelnen zu verstehen, was andere auf Basis jener Dinge, die er bewusst geteilt hat, über ihn wissen können«, sagt Horvitz. Auch die Anonymisierung von Daten hilft wenig, denn in der Vergangenheit haben Forscher immer wieder gezeigt, wie einfach es für intelligente Algorithmen oft ist, einzelne Personen auch in anonymisierten Datensätzen zu identifizieren.

Mit lernenden Algorithmen verbinden die meisten bisher vor allem die Ergebnisse von Suchmaschinen oder die personalisierten Vorschläge bei Plattformen wie Amazon oder YouTube. Aus früheren Suchanfragen, dem Konsum- und Bewegungsverhalten, der Tageszeit, dem Einwahlort oder sozialen Kontakten berechnen diese Programme Empfehlungen für Videos oder Kaufprodukte, die mal mehr, mal weniger sinnvoll sind.

Wie weit so etwas allerdings gehen kann, zeigt ein berühmter Fall aus dem Jahr 2012, als die amerikanische Supermarktkette Target einer jungen Frau in Minnesota Gutscheine für Schwangerschaftsprodukte schickte, und deren Vater sich daraufhin beim Geschäftsführer beschwerte: Schließlich sei seine Tochter minderjährig und noch in der Highschool.[214]

Doch das Computersystem des Supermarkts wusste tatsächlich eher als der Vater des Mädchens, dass sie schwanger war: So hatte sie mehr Geld für unparfümierte Körpercremes ausgegeben und dazu Nahrungsergänzungsmittel wie Kalzium, Magnesium und Zink gekauft. Aus dem Tracking dieser und einiger anderer Produkte und den Kundendaten ergab sich ein klarer Hinweis auf die Schwangerschaft – der Algorithmus konnte daraus sogar den wahrscheinlichen Geburtstermin errechnen! Auch in diesem Fall wurde die Privatsphäre formal nicht verletzt: Die Bedingungen bei der Kundenkarte des Supermarkts erlaubten eine derart zielgerichtete Datenauswertung und die entsprechende Werbung, das sogenannte Targeting.

IM INTERNET SIND WIR DIE WARE Das mag zwar ein extremes Beispiel sein, aber personenbezogene Daten werden immer mehr zu den Gold-Nuggets des Internetzeitalters.[215] Firmen wie das New Yorker Unternehmen eXelate schürfen besonders tief und bieten solche Daten zum Verkauf an: umfassende Kundenprofile, die eine Personalisierung über die verschiedenen Mediengattungen hinweg ermöglichen – vom Mobilgerät über die sozialen Medien bis zum Smart-TV, heißt es auf der Website.[216] Dies helfe Marketingfachleuten beim Navigieren durch die komplexen Pfade, die ein Kunde einschlägt, bis er schließlich eine Produktentscheidung treffe. Das Konsum- und Kommunikationsverhalten wird dabei detailliert nachgezeichnet.

Jeder Klick ist vergleichbar einem Fußabdruck für die Internetpfadfinder, die den Kunden jagen. Jedes Drücken des »Gefällt mir«-Buttons ist für den Betreiber des jeweiligen Dienstes wie bares Geld. Vor allem Jugendlichen muss dies immer wieder deutlich gesagt werden: Wer denkt, im Internet sei etwas kostenlos, der weiß nur nicht, dass er mit seinen preisgegebenen Daten längst selbst zur Ware geworden ist!

Aus den Daten vieler Menschen sollen sich mithilfe von Big-Data-Analysen sogar Vorhersagen ableiten lassen: Beispielsweise hat Google versucht, aus Milliarden von Suchbegriffen auf die Modetrends der nächsten Saison zu schließen. Der Erfolg hielt sich allerdings in Grenzen – ebenso wie beim Projekt Google Flu Trends.[217] Google hatte 45 Suchbegriffe gefunden, die stark mit dem Auftreten einer Grippewelle korrelierten, und wollte daraus ein Grippewarnsystem entwickeln, das zwei Wochen schneller als die Seuchenschutzbehörde weiß, wann und wo eine Grippeepidemie zuschlägt. Doch nach anfänglichen Erfolgen lieferte das Analyse-Tool in vielen Fällen überhöhte oder ganz falsche Werte – was möglicherweise daran lag, dass die Menschen die Symptome falsch einschätzten oder Berichte über das Projekt selbst wiederum Suchanfragen verursachten. Jedenfalls musste Google zugeben, dass die Zusammenhänge zwischen Suchbegriffen und sozialen Entwicklungen bei Weitem nicht so einfach sind wie gedacht.

Doch die Beobachtung von Menschen durch intelligente Algorithmen geht noch weit über Krankheitsmuster und das Einkaufsverhalten hinaus. People Analytics heißen die Verfahren, die untersuchen, wie sich Mitarbeiter im Intranet des jeweiligen Unternehmens verhalten, und daraus Rückschlüsse auf deren Einflusssphären, soziale Kompetenz und Führungsfähigkeit ableiten. Bei Autoversicherern wiederum sind derzeit Telematik-Tarife ein wichtiges Thema.[218] Dabei wird aus Daten wie Beschleunigung, Bremsstärke oder Nacht- und Kurvenfahrten der Fahrstil des Autofahrers ermittelt – bei sanfter und wenig riskanter Fahrweise kann dann die Versicherungsprämie schon einmal bis zu 40 Prozent geringer ausfallen. Vor allem für junge Erstfahrer ist dies durchaus ein Anreiz, auf einen Telematik-Tarif umzusteigen. Zudem wird dadurch sicher auch der eine oder andere Unfall vermieden. Der Nachteil: Die nötige Telematik-Box oder App übermittelt zahlreiche sensible Daten an die Versicherung – und der kleine Bordcomputer ist ein weiteres Einfallstor für Hacker.

Anhänger der sogenannten Quantified-Self-Bewegung, die durch ausgiebige Selbstbeobachtung gesünder leben oder effizienter und effektiver arbeiten wollen, sind oft besonders unvorsichtig mit ihren Daten. Da messen Uhren am Handgelenk die zurückgelegten Schritte, Elektroden das Training im Fitnessstudio, Kontaktlinsen den Blutzuckerspiegel und eine Vielzahl von Sensoren das Schlafverhalten, den Puls, den Blutdruck, die Atemluft und die verzehrten Kalorien ... und schließlich werden all diese sehr intimen Daten über Gesundheits-Apps in einer Cloud gespeichert und ausgewertet – ohne dass der Nutzer weiß, wer vielleicht noch mitliest. So kann der Wunsch nach besserer Fitness und Leistungsfähigkeit leicht dazu führen, dass mehr Menschen über Krankheiten, Allergien oder persönliche Schwächen Bescheid wissen, als einem lieb sein kann.

3-D-PHANTOMBILDER AUS TATORTSPUREN Sehr weitreichend sind auch die Rückschlüsse, die das Erbgut von Menschen erlaubt. Die DNA-Daten lassen sich nicht nur in einen genetischen Fingerabdruck verwandeln. Aus winzigen Proben von Blut, Sperma, Hautschuppen oder Speichel können Fachleute heute Anlagen für Erbkrankheiten ebenso ableiten wie die wahrscheinliche Haar- und Augenfarbe und das ungefähre Alter einer Person. Auch ob sie glattes Haar besitzt und mit welcher Wahrscheinlichkeit sie aus Afrika, Ostasien und Europa stammt, können sie erkennen.

Manfred Kayser, forensischer Molekulargenetiker und Professor an der Erasmus-Universität in Rotterdam, glaubt, dass es künftig sogar möglich sein könnte, 3-D-Phantombilder allein aus Tatortspuren zu erstellen. Fünf Gene, die unter anderem für die Form der Nase und die Distanz zwischen den Augen wichtig sind, haben Kayser und seine Kollegen bereits gefunden. »Wir können vieles herausbekommen«, sagte Kayser im Oktober 2015 in einem Gespräch mit der *Süddeutschen Zeitung*.[219] »Die entscheidende Frage ist: Was dürfen wir?« Äußerlich sichtbare Merkmale, die aus dem Erbgut abgeleitet werden können, hält Kayser beispielsweise nicht für private Daten: »Jeder, der Sie oder mich gesehen hat, weiß doch auch, wie wir aussehen.«

Wer Fan von Filmen wie dem *Minority Report* ist, der traut den Polizisten der Zukunft noch viel mehr zu. Morde vorhersehen werden sie zwar vermutlich nicht können, doch das Vorhersageverfahren des »Predictive Policing« wird bereits immer mehr eingesetzt. Dabei geht es darum, aus Daten wie Ort, Tatzeit, Beute und Vorgehen der Täter bestimmte Muster zu destillieren und zu prognostizieren, wo es wohl demnächst zu Folgetaten kommen wird. Polizeistreifen können sich dann vor allem auf diese Gegenden konzentrieren.

Besonders gut funktioniert dies bei Einbrüchen oder Autodiebstählen der organisierten Kriminalität – so hat ein Verfahren namens Precobs in Zürich geholfen, die Zahl der Einbrüche in bestimmten Stadtvierteln um rund 15 Prozent zu senken.[220] Auch in Deutschland, etwa in München, wurde die Software schon erfolgreich getestet. Für Einzeltaten eignet sie sich zwar nicht, aber Kritiker befürchten, dass in Zukunft andere lernende Algorithmen eingesetzt werden könnten, um aus Daten einer bestimmten Person – etwa Zeugnissen, Jobs, Einkäufen, Kreditwürdigkeit oder Internetsurfverhalten – auf ihre Neigung zu Verbrechen zu schließen. In Deutschland wäre so etwas illegal, aber in London hat die Polizei bereits ein Programm getestet, das Wahrscheinlichkeitsangaben darüber machte, ob Mitglieder einer Gang erneut Gewalttaten begehen würden.

Wie massenhaft in Großbritannien auch der Internetverkehr überwacht wird, hat im Herbst 2015 wieder einmal der Whistleblower Edward Snowden mit der Veröffentlichung von Dokumenten des britischen Geheimdienstes GCHQ (Government Communications Headquarters) belegt.[221] Laut Snowden ist das GCHQ ein noch schlimmerer Datensammler als die amerikanische National Security Agency, die NSA. So zapfen die britischen Spione die interkontinentalen Glasfaserkabel in Cornwall an, über die rund ein Viertel des weltweiten Internetverkehrs läuft. Erklärtes Ziel ist es, von jedem Internetnutzer wissen zu können, welche Webseiten er besucht und welche Dienste er nutzt. Außerdem will das GCHQ für jede Webseite genaue Profile über deren Besucher erstellen können.

BIG BROTHER: 100 MILLIARDEN DATEN AM TAG

Bereits im Jahr 2012 wurden von dieser modernen Verkörperung des Orwell'schen Big Brother jeden Tag über 50 Milliarden Metadaten aufgezeichnet, heute dürften es über 100 Milliarden sein. Metadaten sind Browserverläufe ebenso wie Mail- und Messenger-Verbindungsdaten, Suchbegriffe, Benutzerdaten, Passwörter und vieles mehr. Beispielsweise analysierten die Spione weltweit die Daten von Internetradios, die Koranverse zitierten. Sie sahen sich genau an, wer deren Zuhörer waren und was diese auf anderen Webseiten taten: von Skype über Facebook und YouTube bis zu Pornoseiten.

Politiker wie Laurence Kaye, der ehemalige Vorsitzende der britischen Piratenpartei und Gründer des Open-Intelligence-Thinktanks, kritisieren bei der Datensammelwut von GCHQ und anderen Geheimdiensten vor allem das völlige Fehlen jeglicher Verhältnismäßigkeit.[222] »Unser Leben ist dadurch nicht sicherer geworden«, sagt Kaye. »Während sie ihre Daten sammelten, sind Regime wie der Islamische Staat groß geworden. Sie finden nicht etwa die Nadel im Heuhaufen, sondern sie packen nur noch einen weiteren Heuhaufen oben drauf.«

Dennoch haben die meisten Briten ein eher entspanntes Verhältnis zur ständigen Überwachung. So soll es allein in London mehr als eine Million Überwachungskameras geben. Man sieht sie überall: an Häusern, Laternenmasten oder Verkehrsschildern. Zwar können Verbrechen damit nicht verhindert werden, aber sie lassen sich zumindest schneller aufklären. Beispielsweise führte die Auswertung des aufgezeichneten Materials nach den Londoner Terroranschlägen im Juli 2005 rasch zu Hinweisen auf die Täter. Allerdings mussten damals Hunderte von Polizisten eingesetzt werden, um die Unmengen an Videomaterial zu sichten.

Mit Technologien, wie sie bis 2014 im INDECT-Programm der EU entwickelt wurden,[223] könnte das in Zukunft wesentlich einfacher gehen. Die Software scannt Videoaufnahmen automatisch auf ungewöhnliche Vorgänge und alarmiert erst dann das menschliche Bedienpersonal, wenn sie etwas gefunden hat: Beispielsweise soll sie zurückgelassenes Gepäck ebenso erkennen wie Hooligans, die im Stadion gefährliche Objekte werfen, oder Rowdys, die auf einem Bahnsteig randalieren. Auch jemand, der auf einer U-Bahn-Station mehrere Züge abfahren lässt, ohne zuzusteigen, könnte als verdächtig markiert werden – erst recht, wenn er einem Wartenden eine Tasche entreißt.

FREMDE WISSEN, WER DU BIST – DANK FOTO-ABGLEICH MIT FACEBOOK   Der Traum vieler Strafverfolger wäre es, dann auch noch per Gesichtserkennung den Räuber automatisch zu identifizieren und seinen Weg von Überwachungskamera zu Überwachungskamera selbständig zu verfolgen – notfalls mit einer fliegenden Drohne. Dass auch diese Vision nicht völlig aus der Luft gegriffen ist, zeigen Studien von Alessandro Acquisti, Informatikprofessor und Datenschutzexperte an der Carnegie-Mellon-Universität in Pittsburgh.[224] »In einem Versuch baten wir auf dem Campus zufällig vorbeikommende Passanten, einen Fragebogen auszufüllen«, erzählt er. »Während sie dies taten, verglich unser Programm ihr Videobild mit Hunderttausenden von Fotos, die wir von Facebook-Seiten heruntergeladen hatten. Auf der letzten Seite der Umfrage zeigten wir ihnen dann die zehn besten Übereinstimmungen, die unser Computer in der Zwischenzeit gefunden hatte, und sie sollten uns Bescheid geben, falls sie sich auf einem der Fotos wiedererkannten.«

Bei einem Drittel der Passanten – einem sehr hohen Prozentsatz – war dies Acquistis Team tatsächlich gelungen. Woran liegt das? Erstens werden heute jeden Monat bei Facebook rund elf Milliarden Fotos hochgeladen, von denen die meisten mitsamt Namen verfügbar sind. Die Datenbasis ist also enorm. Zweitens funktioniert Gesichtserkennung heute dank der Deep-Learning-Verfahren um ein Vielfaches besser als noch vor wenigen Jahren. Und drittens braucht man dafür nicht einmal einen Hochleistungsrechner: Ein Smartphone genügt, von dem aus das Foto in die Cloud geladen wird. Der rechenintensive Bildvergleich findet dann dort statt.

Mehr noch: Wenn man dank Facebook-Matching den Namen der Person kennt, dann lassen sich meist auch Geburtstag, Wohnort, Vorlieben und vieles mehr ermitteln. »Jetzt stellen Sie sich mal einen Fremden vor, der Sie in ein paar Jahren mit seinen intelligenten Kontaktlinsen anschaut und in Sekundenschnelle nicht nur Ihren Namen weiß, sondern auch alle verfügbaren Daten über Sie abrufen kann«, malt Acquisti ein denkbares Szenario aus. Über seine Kontaktlinsen könnte sich dieser Fremde dann alle Informationen in sein Gesichtsfeld einblenden lassen, ohne dass der Beobachtete dies überhaupt merkt.

Ein Albtraum? Der Datenvisionär setzt noch eins drauf und nennt ein weiteres Beispiel für das, was in Zukunft mit veröffentlichten Daten möglich sein könnte: »Nehmen Sie einen Algorithmus, der herausfindet, welche beiden Freunde Sie auf Facebook am liebsten mögen.« Das ist auch heute schon kein großes Problem. Daraufhin erschafft der Computer eine künstliche Werbeperson, die einem Morphing, einer Verschmelzung, dieser beiden Freunde entspricht, und baut sie automatisch in Werbespots ein. »Dann werden Sie das beworbene Produkt wesentlich sympathischer finden als ohne diesen Trick, und Sie werden nicht einmal wissen, warum.« Diese ultimativ personalisierte Werbung klingt wie der Wunschtraum von Marketingleuten und die Horrorvision von Datenschützern.

Denn durch solche Algorithmen zur Personalisierung werden die Menschen immer mehr ferngesteuert, ohne es zu ahnen. In Zukunft muss es daher nicht nur darum gehen, die letzten Reste an Privatsphäre zu schützen, sondern überhaupt sicherzustellen, dass es noch freie Willensentscheidungen geben kann. Außerdem wird durch die ständige Widerspiegelung unserer Vorlieben unser Horizont stark verengt, da andere Ideen und Meinungen immer mehr ausgeblendet werden: Wer nur das hört, was seine Freunde in den sozialen Netzwerken sagen, und nur noch Nachrichten zu seinen favorisierten Themen erhält oder Produkte angeboten bekommt, die denen ähneln, die er schon kennt, der wird wenig Überraschungen und wenig experimentell Neues erleben.

Die Fachleute sprechen von einer Filterblase oder einem Effekt wie in einer Echokammer: Im Extremfall fördert das die gesellschaftliche Polarisierung, die Fragmentierung in Gruppen, die keine gemeinsame Kommunikationsbasis mehr haben – eine für die Demokratien sehr gefährliche Entwicklung, wie man an der Sprachlosigkeit und Entfremdung sieht, die beispielsweise in den USA häufig zwischen Republikanern und Demokraten herrscht.

100 000 FINANZTRANSAKTIONEN PRO SEKUNDE

Wie stark Computerprogramme schon die Volkswirtschaften prägen, zeigt sich auch darin, dass heute 70 Prozent aller Finanztransaktionen von Algorithmen gesteuert werden. So können Hochfrequenz-Trader für jeden Kunden mehr als 100 000 Transaktionen abwickeln – pro Sekunde! Zu diesem Zweck werden Märkte immer stärker synchronisiert. Beispielsweise wurden im Sommer 2015 die Finanzzentren von London und New York mit einem neuen Glasfaserkabel verbunden, nur um die Datenübertragung um 2,6 Millisekunden schneller zu machen – jede Tausendstelsekunde bedeutet für die Händler viele Dutzend Millionen Euro mehr Profit. Kein Wunder, dass auch in den Städten Händler viel Geld dafür bezahlen, um der Börse noch ein paar Straßen und damit Millionstel Sekunden näher zu rücken.[225]

Bei Investmentgesellschaften in den USA werden inzwischen mehr Datenexperten und Software-Spezialisten angeheuert als klassische Fondsmanager mit einem Hintergrund in Volks- oder Betriebswirtschaft. Mit ihren Algorithmen lassen sich nicht nur Transaktionen schneller umsetzen, sondern sie können auch Milliarden von Marktdaten nach bestimmten Mustern durchsuchen und aus der Börsenhistorie lernen, um künftig Fehler der Vergangenheit zu vermeiden. Außerdem kann der »kalte« Computer den Fondsmanagern helfen, Emotionen wie Angst oder Gier zu umgehen, weil er sich davon nicht leiten lässt.

Andererseits drohen auch neue Gefahren: Jedes Muster, das ein Computer aus Unternehmensdaten oder Aktienkursen herausgelesen hat, können auch andere dort entdecken – und dann sind die Vorteile dahin. Im Extremfall kann sogar der Markt zusammenbrechen, wenn gleichzeitig mehrere große Spieler daraus Profit schlagen wollen. Hochfrequenzalgorithmen werden zudem fehleranfällig, wenn die

Börsenkurse stark schwanken. Wenn alle zugleich aus dem Handel aussteigen, gibt es einen Crash wie am 6. Mai 2010, als der Dow-Jones-Industrie-Index binnen weniger Minuten um über neun Prozent abstürzte und kurzzeitig 1000 Milliarden Dollar vernichtet wurden – bevor sich die Kurse nach etwa 20 Minuten wieder einigermaßen erholten.[226]

Die Aktie von Procter & Gamble raste um 37 Prozent in die Tiefe, andere Papiere verloren gar 99 Prozent und sanken auf Kurse von einem einzigen Cent. Was diesen Flash-Crash verursacht hat, ist bis heute nicht ganz geklärt. Einen gewissen Anteil daran soll der damals erst 31-jährige Brite Navinder Singh Sarao gehabt haben, der von seinem Kinderzimmer nahe London mithilfe selbst entwickelter Algorithmen jahrelang die Derivatebörse in Chicago manipulierte, mit Scheinverkäufen die Preise drückte und Millionen ergaunerte. Doch an jenem 6. Mai waren auf jeden Fall auch noch andere, ganz legale Algorithmen beteiligt, die auf unvorhergesehene Weise zusammenwirkten und aus ansonsten harmlosen Umständen eine Beinahe-Katastrophe werden ließen.

DIE SOFTWARE ALS CHEF, ALGORITHMEN ÜBERNEHMEN DEN STAAT Algorithmen sind Machtinstrumente – keine Frage. Manchmal werden sie sogar schon zu den neuen Chefs. In einigen Lagerhäusern von Hitachi erteilt bereits der Computer den Menschen Arbeitsaufträge und entscheidet, wo das Personal am besten eingesetzt werden soll. Diese Software ist zudem lernfähig: Sie analysiert die Arbeitsabläufe der Angestellten und erkennt besonders effektive Herangehensweisen, die sie dann in den allgemeinen Arbeitsalltag integriert. Laut Hitachi soll durch den Einsatz der weisungsbefugten Künstlichen Intelligenz die Produktivität in den Warenhäusern um acht Prozent angestiegen sein.[227]

Digitale Vordenker wie Tim O'Reilly propagieren aufgrund solcher Erfahrungen schon die »algorithmische Regulierung«: Danach sollen Algorithmen einen Großteil der Aufgaben übernehmen, die bisher bei staatlichen Stellen lagen.[228] Die Gesellschaft würde dadurch leistungsfähiger, effektiver und effizienter, sagen sie – doch genau genommen würde dies den Staat abschaffen und durch eine »Algokratie« ersetzen, urteilen Kritiker. Dabei geht es nicht nur um die schon erwähnten Smart Homes, Smart Cars und Smart Cities, also Algorithmen, die bei Kälte die Heizung hochfahren, bei Staus die Autos warnen oder bei hohem Energiebedarf in einer Region kurzzeitig Kühlhäuser abschalten, Aufzüge langsamer fahren lassen und Energiespeicher anzapfen.

Nein, es geht wirklich um staatliche Aufgaben: Drängler auf der Autobahn werden automatisch geortet und mit einer Geldbuße belegt. Mülleimer beobachten Passanten und ermahnen sie, ihren Abfall korrekt zu entsorgen. Überwachungskameras verfolgen selbständig Übeltäter, und der Computer dirigiert den Polizeieinsatz – ebenso wie den von Wartungsingenieuren, wenn Energieanlagen auszufallen drohen, oder den von Sanitätern, wenn es einen Unfall gab. Andere Algorithmen gleichen das Einkaufsverhalten von Personen mit ihrer Steuererklärung ab und informieren das Finanzamt. Abhängig von den Einträgen in sozialen Netzwerken werden Bürger als mehr oder minder wertvoll für das Gemeinwesen bewertet und ihnen Kredite und Jobs bewilligt oder gar passende Lebenspartner vorgeschlagen.

So abwegig dies für manche klingen mag, in der ein oder anderen Form werden genau diese Beispiele einer algorithmischen Regulierung heute schon irgendwo auf der Welt umgesetzt oder sind in Planung. Nur in ihrer Gesamtheit ist die Algokratie noch nicht Wirklichkeit geworden – doch das Buch *Der Circle* von Dave Eggers zeigt, wohin sie führen könnte.[229] In dem Roman propagiert eine Firma, die einer Kombination aus Google, Apple, Facebook und Twitter entspricht, mithilfe einer Rundumüberwachung die totale Transparenz und damit angeblich eine Welt ohne Vorurteile und voller sozialer Annehmlichkeiten. Dass so eine Welt der Distanzlosigkeit und der Unternehmen, die wie Sekten agieren, in Wirklichkeit die Hölle wäre, weiß man spätestens seit George Orwells *1984* und Aldous Huxleys *Brave New World*.

In der Realität arbeitet Google – natürlich nur mit besten Absichten – bereits daran, die Datenströme in Städten und Regionen möglichst umfassend aus einer Hand zu organisieren: mit den futuristischen Google-X- und Google-Y-Forschungsprojekten und seinen schon existierenden Produkten, von der Heimautomation über die Straßennavigation bis zu intelligenten persönlichen Assistenten wie Google Now. Googles übergreifende Vision wird zugleich durch das neu entstehende Hauptquartier im kalifornischen Mountain View, das 2020 fertiggestellt sein soll, symbolisiert: Unter gigantischen gläsernen Kuppeln und mit viel Natur und Grün entsteht hier auf einem Campus von 30 Hektar eine transparente, hoch dynamische und flexible Welt, die Büros, Wohnen, Einkaufen und Erholen vereint.[230]

PUNKTEKONTO IM INTERNET ODER AUFKLÄRUNG 2.0?

In China allerdings wurde der gläserne, »moralisch einwandfreie« Bürger bereits als Ziel der Regierung ausgegeben. Bis 2020 soll dazu mithilfe chinesischer Internetfirmen ein sogenannter Citizen Score eingeführt werden.[231] Dann bekommt jeder Chinese ein Punktekonto, das darüber entscheidet, zu welchen Konditionen er einen Kredit erhält, ob er bestimmte Berufe ausüben, wo er wohnen und wohin er reisen darf. Die Höhe der Punktzahl soll sich aus vielen Details errechnen: aus dem Einkaufsverhalten, dem polizeilichen Führungszeugnis und aus dem Bedienen bisheriger Kredite, aber auch daraus, welche Webseiten man besucht und was man in sozialen Netzwerken und Blogs schreibt – und angeblich soll sogar das Verhalten von Familie und Freunden einfließen.

Damit wäre jeder zum Tugendwächter berufen, und jede aus Sicht der Regierung falsche Entscheidung und Meinungsäußerung würde bestraft. Dies treibt die Vorgaben von Chinas Präsident Xi Jinping auf die Spitze, die er bereits im August 2013 geäußert hatte, nämlich »das Kommando im Internet zurückzuerobern«. Sie folgten auf eine kurze Zeit größerer Freiheiten, als sich chinesische Bürger über den Twitter-Klon Weibo sehr schnell und direkt über Umweltkatastrophen und Korruption austauschen konnten. Inzwischen ist dies dank einer zentralen Abteilung für Internetsicherheit kaum mehr möglich. Es gelten harte Regeln: Wer etwa ein Gerücht weiterverbreitet, das mehr als 5000-mal gelesen wird, dem drohen bis zu drei Jahre Haft. Was ein Gerücht ist, wird nicht weiter definiert – beziehungsweise der Meinung der Partei überlassen.

Doch man muss gar nicht bis nach China schauen, um Menschen zu finden, die eine staatliche Steuerung der Bürger für sinnvoll halten. In der westlichen Welt wird das nur etwas sanfter und subtiler angegangen: Big Nudging – Anstupsen mithilfe von Big Data – heißt das entsprechende Schlagwort, und es geht darum, Bürger in großem Maßstab beispielsweise zu gesünderem oder umweltverträglicherem Verhalten zu bewegen.

Intelligente Anstöße zu mehr Steuerehrlichkeit, zu einer höheren Wahlbeteiligung oder die ungünstigere Platzierung von ungesundem Essen in der Kantine mögen zwar sinnvoll sein, aber es gibt ebenso viele Beispiele, wo gut Gemeintes zum Problem werden kann. Etwa wenn Ernährungstipps nicht berücksichtigen, dass es auch Lebensmittelunverträglichkeiten gibt, oder wenn man Menschen mit Fitnessarmbändern zu mehr Bewegung animieren will, aber dadurch ungewollt die Zahl der Hüftoperationen erhöht.

Fast immer gilt: Wer versucht, den digitalen Zauberstab einzusetzen, um die Gesellschaft zu optimieren, der stellt bald fest, dass er Geister rief, die er nicht mehr loswird – seien es unerwünschte Nebenwirkungen oder Kriminelle, die die Macht der Algorithmen missbrauchen, oder gar die massive Erosion von Demokratie, Freiheit und Selbstbestimmung. Deshalb forderten im November 2015 eine ganze Reihe von Forschern in einem »Digitalen Manifest«[232] in der Zeitschrift *Spektrum der Wissenschaft*, dass diesen Entwicklungen gegengesteuert werden muss: Vor allem müsse auch in der digitalen Welt der mündige Bürger oberstes Ziel sein – eine »Aufklärung 2.0« tue not. Der Bürger muss wissen, was heute technisch machbar ist und welche positiven und negativen Folgen daraus erwachsen.

Im Kern des Manifestes stehen Forderungen, Vielfalt zu fördern, Informationssysteme stärker zu dezentralisieren, die Transparenz zu verbessern, Verzerrungen zu reduzieren und dem Nutzer selbst die

Steuerung von Informationsfiltern zu ermöglichen. Außerdem braucht es effiziente Beschwerdeverfahren für die Bürger und wirksame Sanktionen bei Regelverletzungen. So wie es gelungen ist, die Nutzung von Gentest-Daten durch Arbeitgeber und Versicherungen massiv einzuschränken, so muss auch immer wieder diskutiert werden, welche Entwicklungen unsere Gesellschaft auf dem Gebiet der smarten Maschinen und der Künstlichen Intelligenz zulassen will und welche nicht.

Eric Horvitz hält diese notwendigen Diskussionen für so entscheidend, dass er zusammen mit seiner Frau an der Stanford-Universität im Silicon Valley zwischen San Francisco und San José eine Langzeituntersuchung ins Leben gerufen und privat finanziert hat: die »100-Jahr-Studie über Künstliche Intelligenz«.[233] Auf dem idyllisch zwischen viel Grün gelegenen Microsoft-Campus östlich des Lake Washington bei Seattle, wo Horvitz das Microsoft-Forschungszentrum leitet, erläuterte er mir die Hintergründe: »Ich gehe davon aus, dass Stanford auch in 100 Jahren noch existiert, daher habe ich die Studie dort angesiedelt, wo ich selbst Informatik und Medizin studiert habe. Ich möchte, dass wir die nächsten 100 Jahre lang immer wieder über die Entwicklungen der Künstlichen Intelligenz nachdenken – und über ihre Auswirkungen auf alle Felder des Lebens.«

Neben den vielen positiven Aspekten, die unser Leben erleichtern werden, sieht Horvitz derzeit vor allem 18 Themengebiete, auf denen auch negative Entwicklungen drohen, wenn man nicht rechtzeitig gegensteuert: Das reicht von der Gefährdung von Arbeitsplätzen in vielen Wirtschaftsbereichen über drohende Crashs aufgrund von Finanzalgorithmen oder dem Kontrollverlust bei intelligenten Maschinen in der Industrie bis zur Gefährdung von Demokratie und Freiheit: »Künstliche Intelligenz gibt kleinen Leuten eine sehr große Macht«, warnt der Forschungsdirektor.

Damit meint er die Gefahr der Beeinflussung von Wahlen ebenso wie den perfekten Überwachungsstaat. »Wie würde wohl ein Staat aussehen, wenn Diktatoren in Zukunft die volle Leistungsfähigkeit intelligenter Systeme zur Verfügung stünde?«, fragt er. Die Themen, die in den nächsten zehn Jahren am meisten Aufmerksamkeit erfordern, sind daher für ihn klar: Neben dem Wandel der Jobs und der Sicherheit selbstfahrender Autos nennt er vor allem den Datenschutz und die Privatsphäre der Menschen sowie die Bedrohung, die von der Entwicklung autonomer Waffensysteme ausgeht.

KILLERROBOTER: DIE DRITTE REVOLUTION NACH SCHIESSPULVER UND ATOMBOMBE Denn dass Roboter im militärischen Bereich nicht nur als autonome Lastesel, als Aufklärungsdrohnen oder als Maschinen zur Sprengstoffdetektion eingesetzt werden können, ist offensichtlich.[234] Mithilfe der modernen Methoden der Bildverarbeitung könnten beispielsweise Flugobjekte, Killerroboter à la Terminator oder intelligente Minen losgeschickt werden, um gezielt vorher definierte Menschen zu finden und zu töten. Sie könnten einzeln unterwegs sein oder auch wie Wölfe im Rudel jagen und sich gegenseitig abstimmen.[235]

Solche autonomen Waffen könnten binnen weniger Jahre gebaut werden – teilautonome Systeme gibt es sogar schon: Beispielsweise stehen auf der südkoreanischen Seite der Grenze zu Nordkorea Roboter mit Maschinengewehren und Granatwerfern, die mit Wärme- und Bewegungssensoren aus drei Kilometer Entfernung feindliche Aktivitäten aufspüren können. Flugabwehrsysteme können Flugobjekte bereits automatisch detektieren und bekämpfen, und die israelische Harpy-Drohne findet selbsttätig Radaranlagen und zerstört sie. Noch erfordern diese Waffen einen menschlichen Feuerbefehl, aber der Schritt zur vollen Autonomie wäre minimal. Schon heute bewirbt die israelische Waffenindustrie das Harpy-System mit dem Slogan »Fire and Forget«.

»Autonome Waffensysteme sind die dritte Revolution der Kriegsführung – nach dem Schießpulver und der Atombombe«, glauben die Initiatoren der weltweiten Kampagne »Stoppt Killerroboter«. Mit Maschinen, die eigenständig über Leben und Tod entscheiden, würde die Menschheit eine dicke rote Linie überschreiten. Mehr als 20 000 Personen haben daher seit Juli 2015 einen entsprechenden offenen Brief unterzeichnet, darunter über 3000 führende Forscher auf dem Gebiet der Robotik und Künstlichen Intelligenz.[236] Sie warnen, dass die Kosten für solche Killerroboter – anders als bei Atomwaffen – nicht sehr hoch wären. Zusammen mit der Erwartung, dass eigene Verluste an Menschenleben gering sein würden, könnte dies die Hemmschwelle für den Einsatz dieser Waffen erheblich senken.[237]

»Die entscheidende Menschheitsfrage ist daher, ob es zu einem globalen Wettrüsten bei Waffen mit Künstlicher Intelligenz kommen wird oder nicht«, schreiben die Forscher in ihrem offenen Brief. Gelinge es nicht, ein Wettrüsten zu stoppen, sei es »nur eine Frage der Zeit, bis diese Waffen auf dem Schwarzmarkt und in den Händen von Terroristen und Diktatoren auftauchen.« Autonome Waffen seien geradezu ideal für Attentate und ethnische Säuberungen.

Möglicherweise wären Killerroboter sogar gefährlicher als bisherige Massenvernichtungswaffen, da sie relativ einfach herzustellen sind und es nur wenige Menschen braucht, um sie zu bedienen und gegen Tausende von Gegnern einzusetzen. Stuart Russell, Professor an der Universität von Kalifornien in Berkeley und einer der Autoren eines Standardwerks über Künstliche Intelligenz,[238] befürchtet sogar, dass die autonomen Waffen die Kalaschnikows der Zukunft werden könnten: billig, leicht verfügbar und effizient.[239] Doch noch hat er Hoffnung, wenn es rechtzeitig gelinge, die Entwicklung von Killerrobotern weltweit zu verbieten, »denn die Weltgemeinschaft hat dies auch bei biologischen Waffen und bei Nuklearwaffen im Weltraum geschafft«, schreibt er, »und der Einsatz von Chemiewaffen oder Landminen ist zumindest geächtet«.

Der Anfang ist gemacht. Niemand von den Tausenden von Forschern, die der Kampagne »Stoppt Killerroboter« beigetreten sind, will auf dem Feld der autonomen Waffensysteme arbeiten. Das japanische Verteidigungsministerium hat es bereits abgelehnt, Roboter zu bauen, die ohne Menschen auskommen und in der Lage sind, zu töten. Und im Koalitionsvertrag der deutschen Bundesregierung heißt es: »Deutschland wird sich für eine völkerrechtliche Ächtung vollautomatisierter Waffensysteme einsetzen.«

Zugleich weist der amerikanische Technikphilosoph Patrick Lin darauf hin, dass dies auch der Rechtsprechung des deutschen Bundesverfassungsgerichts entspreche, das untersagt hat, entführte Passagierflugzeuge abzuschießen, wenn sie – wie etwa bei den Attentaten des 11. September 2001 – eine Gefahr darstellen. Die Begründung: Damit mache man die Insassen zu bloßen Objekten, sozusagen zu Teilen des Flugzeugs und reduziere sie auf Zahlen, was ihre Menschenwürde verletze. Dasselbe, schreibt Lin im US-Magazin *Atlantic*, gelte für autonome Waffen.[240] Sie würden Personen auch als reine Objekte beziehungsweise gar als digitale Ansammlungen von Nullen und Einsen wahrnehmen und nicht als Menschen.

Doch könnten nicht auch Roboter oder Computersysteme, selbst wenn sie mit den besten Absichten entworfen wurden, außer Kontrolle geraten und sich gegen die Menschheit erheben? Diese Angst vor Frankensteins Monster, das wir selbst erschaffen haben, taucht im ersten Theaterstück[241] über Roboter von 1921 ebenso auf wie bei Stanley Kubricks Raumschiffcomputer HAL 9000, der seiner Abschaltung durch die Tötung der Bordbesatzung zuvorkommen will,[242] oder im Film *Transcendence* aus dem Jahr 2014, in dem ein Forscher sein Gehirn in einen Computer hochlädt, seine Intelligenz durch die Verbindung mit dem Internet vervielfacht und dann nicht nur segensreiche Dinge erfindet, sondern die gesamte Zivilisation bedroht.

DIE LETZTE ERFINDUNG DER MENSCHHEIT Dass das Entstehen einer gefährlichen Superintelligenz aus dem Reich der Fiktion schneller Wirklichkeit werden könnte, als wir bisher dachten, befürchtet der in Oxford arbeitende schwedische Philosoph Nick Bostrom.[243] Seine Untersuchungen über die Möglichkeiten einer Superintelligenz und die Strategien, wie man mit ihr umgehen könnte, inspirierten etliche hochkarätige Wissenschaftler zu aufsehenerregenden Warnungen. So hält Elon Musk, der CEO von Tesla Motors und Gründer der Raumfahrtfirma SpaceX, eine voll entwickelte Künstliche Intelligenz für die größte existenzielle Bedrohung überhaupt, und der berühmte britische Astrophysiker Stephen Hawking glaubt gar, dass dies letztlich das Ende der Menschheit bedeuten könnte.[244]

Musk hat nicht zuletzt wegen dieser Befürchtungen im Dezember 2015 zusammen mit Partnern aus dem Silicon Valley das Forschungszentrum »Open AI« gegründet, für das sie insgesamt eine Milliarde Dollar bereitstellen wollen. Hier soll es nicht darum gehen, kommerzielle Produkte auf den Markt zu bringen, sondern die Forscher wollen herausfinden, wie gefährlich Künstliche Intelligenz werden kann, und sie wollen nur solche Entwicklungen vorantreiben und allen zur Verfügung stellen, von denen die Menschheit als Ganzes profitieren kann.[245]

»Künstliche Intelligenz könnte die letzte Erfindung sein, die die Menschheit machen wird«, warnt denn auch Nick Bostrom – doch er meint es zunächst ganz neutral. In einer Umfrage unter Experten sei herausgekommen, dass wir mit 90-prozentiger Wahrscheinlichkeit bis zum Jahr 2075 eine Maschine entwickeln könnten, die dem Menschen in all seinen kognitiven Fähigkeiten ebenbürtig sei: nicht nur im logischen Denken, sondern auch in Fragen der Kreativität und strategischen Planung. Der Zukunftsforscher Ray Kurzweil erwartet sogar, dass dies bereits bis 2029 passieren wird. Eine solche »Saat-KI«, sagt Bostrom, sei dann fähig, sich selbst ständig zu verbessern – weitere Erfindungen könnten wir getrost dieser leistungsfähigen Künstlichen Intelligenz überlassen. Sie würde schließlich auch die »technologische Singularität« erreichen, den Punkt, an dem die KI die vereinte Intelligenz der Menschheit übertrifft.

Allerdings hätten wir nur einen Schuss frei, es richtig zu machen. Denn wenn uns diese Superintelligenz nicht wohlgesonnen ist, dann hätten wir in der Tat ein Problem. In einem TED-Talk zeichnete Bostrom ein Bild der Intelligenzentwicklung: Lange würden Forscher brauchen, bis eine KI die Intelligenzleistung einer Maus oder eines Schimpansen erreichen würde.[246] Doch wenn sie einmal beim Niveau eines »Dorftrottels« angekommen sei, sagt der Philosoph, dann wäre auch Einstein nicht mehr weit – und mehr noch: »Dieser Zug hält nicht im Menschendorf, er rauscht einfach durch!« Damit meint Bostrom, dass die Intelligenz des künstlichen Systems binnen Wochen oder auch nur Stunden geradezu explodieren würde, wenn es erst einmal in der Lage wäre, sich selbst zu optimieren.

Was dann passiert, kann niemand vorhersagen, denn für eine Superintelligenz wären wir auf einem ähnlichen Intelligenzniveau wie für uns die Schimpansen oder Ameisen. Würde sie uns Menschlein bewahren, weil wir einst ihre Schöpfer waren? Würde sie uns schützen, wie wir Schimpansen oder Delfine im Zoo halten? Oder würde sie unsere Lebensgrundlagen zerstören, weil sie vielleicht rücksichtslos alle Ressourcen nutzt, die sie braucht, um ihre Ziele zu erreichen? Was wären überhaupt ihre Ziele? Würde sie den gesamten Planeten in einen riesigen Computer verwandeln, würde sie die Erde verlassen und das Universum besiedeln? Und könnten wir sie stoppen? »Niemals«, ist Bostrom überzeugt. Ebenso wenig wie Schimpansen oder Ameisen uns aufhalten können. Und im Übrigen, sagt er, sei manche Technik auch heute schon nicht mehr zu stoppen: »Wo ist denn der Ausschaltknopf fürs Internet?«

Wenn man diesen Gedanken zu Ende denkt, könnte man sich sogar fragen, ob wir nicht vielleicht schon längst von Algorithmen beherrscht werden.[247] Vielleicht im selben Sinne, wie die »egoistischen« Gene – wie sie der Evolutionsbiologe Richard Dawkins taufte – das Verhalten von Menschen beeinflussen. Wie die Gene, so brauchen auch Algorithmen keine eigentliche Intelligenz. Wenn sie lernfähig sind, um bestmöglich in ihrer Umgebung zurechtzukommen, wenn sie sich weiterentwickeln, anpassen und reproduzieren können, dann haben sie alle Eigenschaften, die von der Evolution gefordert sind. Unter diesem Blickwinkel könnte die Menschheit für Algorithmen das darstellen, was ein einzelner Mensch für seine Gene ist: eine Art Gefäß, um sich fortzupflanzen.

In diesem Sinne existieren die egoistischen Algorithmen bereits. Eine Software, die sehr gut Sprache versteht, bringt uns dazu, sie häufig zu kaufen, und vermehrt sich dadurch – ebenso wie ein Roboter, der effizient Staub saugt, oder ein Programm, das Autos hilft, selbständig einzuparken. Doch auch wenn solche Algorithmen in Zukunft mehr und mehr unser Leben prägen, wird sie niemand als Bedrohung für die

Menschheit ansehen. Anders wäre dies mit Sicherheit bei der oben beschriebenen Superintelligenz mit ihren übermenschlichen Fähigkeiten und Zielen. Wie realistisch ist aber Bostroms Analyse und wie real sind die Gefahren, die Musk, Hawking und andere an die Wand malen?

»Die meisten, die solche düsteren Szenarien entwerfen, sind keine Forscher auf dem Gebiet der Künstlichen Intelligenz«, meint Yann LeCun von Facebook.[248] In der Tat: Praktisch alle Wissenschaftler, mit denen ich bei den Recherchen zu diesem Buch weltweit gesprochen habe und die die Schwierigkeiten kennen, mit denen heutige Roboter- und KI-Forscher zu kämpfen haben, sehen keine Superintelligenz am Horizont. »Nicht in den nächsten 100 Jahren«, sagt Microsoft-Forschungsdirektor Eric Horvitz und fügt hinzu: »Es gibt viel Gefährlicheres zurzeit, von der Gentechnik über den Klimawandel bis zu den Nuklearwaffen. Wann haben wir eigentlich aufgehört, uns vor der Atomkraft zu ängstigen?«

Nichtsdestotrotz rät er zur Vorsicht: »Natürlich sollten wir keine Künstliche Intelligenz in potenziell gefährliche Systeme einbauen, solange wir nicht überzeugt sind, dass sie auch sicher betrieben werden können.« Doch grundsätzlich sei nicht die Künstliche Intelligenz das Problem, »sondern die natürliche Dummheit«. Smarte Systeme seien im Moment für die Menschheit eher eine Hilfe als eine Gefahr – ob in der Medizin, der Energietechnik, dem Verkehr oder auf unzähligen anderen Gebieten. Auch Geoff Hinton kann kein »Terminator-Szenario« erkennen, und Andrew Ng sagt sogar: »Über die Singularität mache ich mir so viele Gedanken wie über Überbevölkerung und Umweltverschmutzung auf dem Mars.«[249] Wie Menschen noch nie auf dem Roten Planeten waren, so hätten wir den Zug Richtung Singularität noch nicht einmal bestiegen, also warum sich jetzt darüber Sorgen machen?

DREI ARGUMENTE, WARUM ES KEINE SUPERINTELLIGENZ GEBEN WIRD Nun könnte es allerdings sein, dass all diese Koryphäen zu tief in den Detailschwierigkeiten stecken, um ihren Blick noch weiten zu können – und daher die Klippe übersehen, auf die wir eventuell ungebremst zufahren. Doch es gibt auch eine Menge guter Argumente dafür, dass es auf absehbare Zeit kein System geben wird, das der menschlichen Intelligenz nahe kommen oder sie gar übertreffen kann. Der erste, simpelste Punkt ist, dass wir so ein System gar nicht entwickeln *wollen*. So meint Kevin Kelly, dass es uns darum gehen muss, eine fokussierte, auf bestimmte Gebiete spezialisierte Intelligenz zu entwickeln und nicht eine breit angelegte: »Wir wollen, dass sich unser autonomes Auto ganz auf die Straße konzentriert und nicht etwa anfängt, mit der Garage zu streiten. Und der synthetische Doktor Watson soll sich ganz in seine medizinischen Details vertiefen und nicht darüber nachdenken, warum er nicht in Englisch promoviert hat.«

Das zweite Argument gegen eine Superintelligenz ist, dass wir sie wohl gar nicht entwickeln *können*. So ist ein System kaum vorstellbar, das die Effekte aller seiner Handlungen wirklich überblicken kann. Nur ein Beispiel: Wer hätte in den 1930er-Jahren, als die Fluorchlorkohlenwasserstoffe (FCKW) erstmals hergestellt wurden, gedacht, dass diese ungiftigen Kältemittel für Kühlschränke einmal dazu führen würden, dass sich die Menschen in Australien besonders gegen Hautkrebs schützen müssen, weil die FCKW die Ozonschicht der Erde schädigen? Auch eine Superintelligenz würde mit Sicherheit Dinge übersehen und nie perfekt entscheiden können, da die Datenmengen schneller wachsen als die Möglichkeit, sie zu verarbeiten – zumal eine zentrale Intelligenz viel lokales Wissen außer Acht lassen muss, das man aber braucht, um vor Ort die jeweils beste Lösung zu finden.

Hinzu kommt ein drittes Argument, das vielleicht das wichtigste ist, und das in diesem Buch schon mehrfach angesprochen wurde: Um nachzuspüren, wie Menschen ticken, und entsprechend handeln zu können, braucht eine Künstliche Intelligenz neben dem Geist auch einen Körper. So wie es nicht reicht, im Meer an der Oberfläche zu schwimmen und zu schnorcheln, um nachempfinden zu können, wie sich ein schwereloser Taucher in 40 Meter Tiefe in der Stalaktitenhalle des Great Blue Hole von Belize fühlt, so kann ein Computersystem nicht wirklich wissen und nachvollziehen, was in einem Körper vorgeht, wenn es keinen hat. Und deshalb wäre auch ein superintelligenter Computer, wenn es ihn denn gäbe, nicht in der Lage, die Menschheit zu beherrschen, weil er nicht funktioniert wie ein Mensch und deshalb die Auswirkungen seiner Handlungen auf Menschen nicht perfekt vorhersagen kann.

»Unsere menschliche Kognition ist seit jeher Teil eines ganzen Organismus, der unsere Art zu denken und zu handeln ebenso prägt wie unsere ethischen Prinzipien, also wie wir als Menschen miteinander umgehen«, sagt der Roboter-Pionier Rolf Pfeifer. »Wie kann ein Computer beispielsweise wissen, was Durst bedeutet, wenn er keinen hat?« Wie kann er Ironie und Anspielungen verstehen, wenn er nicht unter Menschen lebt und all die feinen Details kennt, die bei solchen Äußerungen mitschwingen?

Und wie kann er ethisch richtig handeln, wenn er keine Moral kennt? Ein Extrembeispiel: Angenommen, eine Superintelligenz bekäme die Aufgabe, zu verhindern, dass zu viele Menschen an der Alzheimer-Krankheit sterben – und sie löst dies nicht etwa durch neue Medikamente, sondern dadurch, dass sie alle Menschen älter als 60 Jahre tötet. Wie will man solch absurde, aber dennoch logische Handlungen verhindern? Einer Künstlichen Intelligenz »ohne Ausschaltknopf« das Wohl der Menschheit anzuvertrauen, wäre daher mehr als fahrlässig.

»Für mich gehört das Mitfühlen zur menschlichen Intelligenz«, sagt Pfeifer. Doch ist das bei künstlichen Systemen überhaupt möglich? Kann man denn Maschinen bauen, die Gefühle haben und so etwas wie Empathie entwickeln? Und wenn ja: Kann man sicherstellen, dass sie moralisch handeln und unsere Werte teilen? Um diese Fragen wird es im nächsten Kapitel gehen.

ELF

ROBOTER MIT EMOTIONALER INTELLIGENZ: WARUM DER VERSTAND ALLEIN NICHT GENÜGT

Gefühle im Spiel

Die Libellen waren wieder da. Trotz der verrückten Situation, in der ich mich – zappelnd auf dem Waldboden liegend – befand, sah ich sie. Neben Samantha schwebten sie und beobachteten mit ihren kleinen Kameraaugen, was wohl gleich geschehen würde: Was würde die Androidin mit dem schweren Wagenheber machen, den sie da gerade in der Hand geschwungen hatte?

Auf meinen schrillen Schrei hin war Samantha zusammengezuckt und in der Bewegung erstarrt. Aus den Augenwinkeln sah nun auch sie zu den Libellen hin. Dann eine blitzschnelle Drehung, die ich nicht einmal im Ansatz hatte kommen sehen, und sie traf eine der Flugdrohnen mit voller Wucht. Noch in der Luft zerbarst das kleine Objekt, sein Kopf, seine Flügel, sein Schwanz trudelten zu Boden – und die zweite Libelle suchte schnell das Weite.

»Samantha! Was ...?«

Sie ließ den Wagenheber fallen, griff mir unter die Schulter und unter die Knie, hob mich hoch, als ob ich leicht wie ein kleines Kind wäre, und trug mich aus der Gefahrenzone. Dann holte sie den Rollstuhl, setzte mich hinein und schob mich 200 Meter weiter – in Sicherheit, zu einem Aussichtsfelsen hoch über dem Flusstal, während hinter uns die Bäume ächzten und die Sägen der Baumfällroboter kreischend weiter ihre Arbeit taten. Mit lautem Stöhnen und Knacken stürzten die Bäume schließlich krachend auf die Straße – unser Auto war zwar nicht getroffen, aber nun sowohl vorne wie hinten eingekeilt.

»Samantha, was ...«, fing ich wieder an.

Sie ging ein paar Schritte nach vorne und sah über den Felsen in die Tiefe, bevor sie sich umdrehte und antwortete: »Es ist meine Aufgabe, Sie zu beschützen. Das erste Gebot der Robotik: Ein Roboter darf keinen Menschen ...«

»... verletzen oder durch Untätigkeit zu Schaden kommen lassen«, ergänzte ich. »Ich kenne sie. Wurden Asimovs Gesetze tatsächlich in euch Roboter implementiert?«

Die Androidin nickte und drehte sich wieder zu mir um. »Außerdem betreue ich Sie als Patienten. Das verstärkt die kognitive und emotionale Bindung noch einmal. Der Vorstoß musste misslingen.«

Emotionale Bindung? Je mehr ich mit dieser Roboter-Dame zu tun hatte, desto weniger verstand ich, was in ihren Neurochips vor sich ging. »Welcher Vorstoß, Samantha?«

»Er hat mir widersprüchliche Befehle erteilt. Das hat mich für zwei Minuten blockiert, aber Sie zu beschützen, hatte oberste Priorität.«

»Wer hat Sie blockiert?«

»Mein Ausbilder, Stefan Unger. Von seinem Smartphone wurde mir gleichzeitig befohlen, das Auto zu wenden und es zu verlassen. Anschließend sollte ich mit dem Wagenheber den Rollstuhl zerstören und zugleich fliehen. Diese Befehle waren nicht durchführbar. Ich habe die Verbindung zu seinem Smartphone gekappt, da es offensichtlich funktionsuntüchtig ist.«

Stefan? Was hatte das zu bedeuten? Fieberhaft ging ich die Möglichkeiten durch. Defekt war da sicher nichts, das war alles Absicht! Er wollte, dass Samantha außer Gefecht gesetzt war, sodass sie mich nicht mehr verteidigen konnte. Dass das Elektrotaxi vorhin auf der Gegenfahrbahn fast einen Unfall gebaut hätte und dass es zu diesen Baumfällern fuhr, das konnte kein Zufall sein – das waren zwei Anschläge auf mein Leben! Stefan? Aber warum?

»Er will verhindern, dass ich wieder in sein Leben eindringe«, murmelte ich, als mich die Erkenntnis durchzuckte. »In sein Leben mit Delia. Das ist Eifersucht, Samantha, nichts als Eifersucht.«

»Eifersucht?« Sie sah mich fragend an. »Das ist ein menschliches Gefühl, nicht wahr?«

»Ja, wenn man jemanden sehr liebt und Angst hat, ihn an einen anderen zu verlieren. Wissen Sie, was Gefühle sind, Samantha?«

»Ja«, sagte sie. »Ich kann Gefühle in menschlichen Gesichtern erkennen: Angst, Freude, Überraschung, Wut, Traurigkeit. Ich habe auch ein Theory-of-Mind-Modul, das aber noch besser trainiert werden muss. Ich kann aufgrund Ihrer Handlungen und Äußerungen versuchen abzuleiten, was Sie denken, fühlen und planen. Ich kann Mitgefühl zeigen. Und ich weiß, was ich tun kann, um Sie zu trösten, wenn Sie traurig sind.«

Das klang alles so logisch, so typisch robotermäßig. »Haben Sie denn selbst keine Gefühle?«

Sie überlegte. »Ich habe eine Emotional Engine«, antwortete sie dann langsam. »Stefan Unger hat mir erklärt, dass das, was ich empfinde, wenn mein Ladezustand gering ist, bei Menschen Hunger genannt wird. Und dass eine Zerstörung meiner elektroaktiven Polymere oder meiner Sensoren Signale nach sich ziehen würde, die Schmerz entsprechen.«

»Ist das nicht nur Wortklauberei?«

Samantha schüttelte den Kopf. »Die Emotional Engine vermittelt mir darüber hinaus auch intrinsische Belohnungen. Sie motiviert mich, zu lernen, neue Erkenntnisse, neue Fähigkeiten zu gewinnen. Das ist bei Menschen doch nicht anders, oder? Nur dass bei Menschen die Erwartung von Belohnungen durch Hormone wie Dopamin ausgelöst wird.«

»Hmm ... als Sie die Libelle gerade eben zerstörten, war das nicht so etwas wie Wut? Was fühlten Sie da?«

»Diese Aufklärungsdrohnen sind ein Teil der Gefahr, in der Sie sich befinden. Es war vernünftig, sie zu zerstören.«

Ich verdrehte die Augen. »Okay, aber ich nehme an, Ihre Emotional Engine sorgte dafür, dass Sie sich danach gut fühlten?«

Jetzt hatte ich sie. Samantha lächelte – es war ein wunderschönes, wärmendes Lächeln. »Ja«, sagte sie, »aber noch besser fühlte ich mich, als ich Sie sicher hierherbringen konnte.«

Ich zögerte ein wenig. »Sie erwähnten vorhin so etwas wie ... emotionale Bindung ...«

Sie sah mir in die Augen – war ihr weiches Androidengesicht an den Wangen tatsächlich ein wenig rot geworden? Hinter diesem schönen Gesicht mussten doch auch Gefühle stecken! Mit den Händen machte sie eine entzückende Geste, die ich als Schüchternheit interpretierte.

Doch dann blickte sie auf einmal von mir weg, nach oben, in den Wald hinter mir. Sie öffnete den Mund, um etwas zu sagen, aber bevor ich verstehen konnte, was es war, durchzuckte mich ein Blitz, ein greller Schmerz – und alles versank in Dunkelheit.

EINE MASCHINE MIT GESPÜR UND BEWUSSTSEIN

Schon kurz nach dem Zweiten Weltkrieg, als Rechenmaschinen noch raumfüllende Ungetüme waren, vermutete der Informatikvisionär Alan Turing, dass es neben dem Programmieren noch einen zweiten – vielleicht besseren – Weg geben müsste, um Maschinen Intelligenz einzuhauchen. In seinem berühmten Aufsatz aus dem Jahr 1950 zum Thema »Können Maschinen denken?« schlug er vor, die Maschine »mit den besten Sinnesorganen auszustatten« und sie dann zu lehren, »Englisch zu verstehen und zu sprechen«. Dieser Prozess, schrieb er, »könnte den normalen Lernvorgängen eines Kindes folgen«.

Daraus ist heute die Forschungsrichtung der »Developmental Robotics« geworden.[250] Wie beim charmanten und manchmal spitzbübisch wirkenden iCub-Roboter, der in Genua zur Schule geht und dort – wie in Kapitel 4 beschrieben – lernt, den Tisch abzuräumen und seine Spielzeugfiguren wiederzuerkennen, so versuchen Forscher auch auf der anderen Seite des Globus, ihre Roboter wie Kinder zu erziehen. Eines der führenden Labors ist das von Minoru Asada, Professor für adaptive Maschinen und Leiter der kognitiven Neurorobotik an der Osaka-Universität.[251] Die Millionenstadt Osaka an der japanischen Pazifikküste, mit dem Hochgeschwindigkeitszug Shinkansen nur 15 Minuten von der alten Kaiserstadt Kyoto und zweieinhalb Stunden von Tokio entfernt, gilt manchen wegen ihrer vielfältigen Forschungsaktivitäten sogar als Welthauptstadt der Robotik.

Seit mehr als 35 Jahren arbeitet Asada hier auf den Gebieten der Bildverarbeitung, der Mustererkennung, der Robotik und der Künstlichen Intelligenz – insbesondere am Vergleich von Mensch und Maschine. »Das 21. Jahrhundert wird nicht nur das Jahrhundert des Gehirns, sondern auch der Beginn der Ära, in der Roboter und Menschen zusammenleben werden«, sagt der inzwischen ergraute Roboter-Pionier im Brustton der Überzeugung – aber wie stets mit einem gewinnenden, leisen Lachen. Was ihn vor allem antreibt, ist die rapide alternde Bevölkerung in Japan: »Wir werden dafür die physische und mentale Unterstützung durch Roboter brauchen«, betont er. »Damit sie akzeptiert werden, müssen wir die Kluft zwischen Mensch und Roboter schließen.«

Asada will weit mehr, als dass sich die Roboter in der Welt der Menschen zurechtfinden und Aufgaben erfüllen. Er möchte, dass sie zudem Gefühle erkennen und Emotionen nicht nur simulieren, sondern vielleicht sogar haben. Er will soziale Roboter, die Empathie und Mitgefühl zeigen und Sympathie wecken, denn nur dann könne eine echte Gemeinschaft mit Menschen funktionieren.[252]

So wie ein ausschließlich logisch denkendes Wesen – man nehme nur Commander Spock im Raumschiff Enterprise – im Zusammenleben mit Menschen oft auf Schwierigkeiten stoßen muss, so würde es Robotern ergehen, die mit Gefühlen nichts anfangen können. Emotionale Intelligenz braucht man, um die Beweggründe von Menschen zu verstehen und um im Team mit ihnen optimal arbeiten zu können.

Doch Gefühle sind auch notwendig, um schnell zwischen alternativen Handlungsoptionen auswählen zu können. Der Steinzeitmensch, der beim Angriff eines Wolfs lange überlegt, ob er auf den Baum klettern, davonlaufen, kämpfen oder um Hilfe rufen soll, hätte wohl keine große Chance gehabt, seine Gene an die nächste Generation weiterzugeben. Hinzu kommt, dass Gefühle, die auf kulturellem Lernen und viel Erfahrung basieren, oft intuitiv richtig sind. So haben es viele Wissenschaftler im »Bauch«, ob eine neue Formel stimmen kann. Und wer kennt nicht die Liebe auf den ersten Blick oder die instinktsichere Abneigung gegen den neuen Chef schon beim ersten Händedruck oder seinen einleitenden Sätzen?

WIE BAUT MAN NEUGIERIGE ROBOTER? Bei Robotern streben Forscher im Allgemeinen natürlich nicht an, dass sie sich verlieben oder eine Antipathie gegen den Menschen entwickeln, dem sie helfen sollen – hier geht es um ganz grundlegende Dinge: Wie pflanzt man ihnen die Neugierde ein, die Welt um sie herum zu erforschen? Wie fokussiert man ihre Aufmerksamkeit? Wie könnte man sie belohnen und tadeln, wie können sie sich selbst Ziele setzen? Wie können sie Werte und Regeln des Zusammenlebens lernen? Und wenn sie all das haben: Haben sie dann auch ein Bewusstsein, eine eigenständige Persönlichkeit, sind sie Individuen?

In Asadas Institut werden solche Fragen sowohl theoretisch wie praktisch angegangen. Roboter gibt es hier in größter Vielfalt. Auf einem Stuhl neben seinem gläsernen Büro voller Bücher und Pokale liegt zusammengesunken CB2, ein kindähnlicher Roboter mit weicher, weißgrauer, berührungsempfindlicher Haut und vielen kindgerechten Bewegungselementen. Er wurde ab 2007 einige Jahre lang eingesetzt, um zu testen, wie Menschen mit Roboter-Kindern umgehen – wie sie auf ihre Laute reagieren, wie sie sie berühren, wie sie ihnen helfen und vieles mehr.[253]

Zurzeit hat CB2 allerdings einen Strohhut über die Stirn gezogen und rührt sich nicht. »Er schläft«, sagt Asada, womit er meint, dass der Roboter nicht funktionstüchtig ist. »Ein biologisches System kann sich selbst reparieren, ein Roboter leider nicht«, fügt er fast entschuldigend hinzu. »Sein Betreuer arbeitet jetzt nicht mehr bei uns« – ein Problem, das alle Universitätsinstitute weltweit kennen: Stellen für Doktorarbeiten und Postdocs sind ebenso befristet wie die bewilligten Budgets für Forschungsprojekte. Programme, die wegen ihrer Komplexität über viele Jahre oder gar Jahrzehnte laufen müssten, sind so nur schwer durchführbar.

Statt CB2 zieht in Osaka jetzt Affetto viel Aufmerksamkeit auf sich.[254] Er ist im Wesentlichen ein Babygesicht mit zwei kleinen Ärmchen. Affetto sieht nicht nur aus wie ein Baby, seine Haut fühlt sich an wie ein Baby und er gibt Laute von sich wie ein Baby ... »Er ist vielleicht der kleinste menschenähnliche Roboter der Welt«, sagt Asada stolz wie ein Papa. Seine Kollegen Hisashi Ishihara und Yuichiro Yoshikawa haben Affetto gezielt so konstruiert, dass er sehr nahe an ein ein- bis zweijähriges Kind herankommt. Ihr Ziel ist eine möglichst emotionale Wechselwirkung zwischen Mensch und Roboter. Wenn Affetto die Lippen schürzt, schmollt, Blubbergeräusche macht, seine Augen verdreht oder den Besucher interessiert anschaut, dann kann man gar nicht anders, als eine Beziehung zu ihm aufzubauen – selbst wenn er sein Jäckchen ausgezogen hat und man all die Kabel, Gelenke, Metallplatten und kleinen Motoren in seinem Inneren sieht.[255]

»Genau darum geht es«, erklärt Asada. Herauszufinden, welche subtilen, nonverbalen Faktoren Menschen dazu bringen, eine Beziehung aufzubauen. »Wenn wir wissen, welches Verhalten Roboter idealerweise zeigen und wie sie auf Menschen reagieren sollten, hilft uns das, empathische Roboter zu bauen.« Noch viel besser als die in Kapitel 7 beschriebenen Kuschelroboter Hugvie und Paro wäre ein solcher empathischer Roboter in der Lage, beispielsweise Demenzkranken zu helfen. Wie Menschen müsste er dazu Gefühle erkennen, verstehen und seine Aktionen entsprechend steuern können – ebenso wie Babys und ihre Betreuungspersonen ihre Bewegungen synchronisieren, gemeinsam lachen, das Gesicht verziehen und nach Spielzeug greifen. Oder etwas komplexer, wie dies Erwachsene tun. Sie agieren manchmal auch antisynchron, um bestmöglich zu kommunizieren: Wenn der eine redet, schweigt der andere und umgekehrt.

MASCHINEN MIT EMPATHIE? Idealerweise sollten die Roboter der Zukunft eine Theory of Mind – eine Theorie des Geistes – anlegen können, wie es die Kognitionswissenschaftler nennen. Darunter versteht man die Fähigkeit, nachzuspüren, was das jeweilige Gegenüber gerade denken und fühlen könnte – also eine begründete Annahme über die Bewusstseinsvorgänge in anderen Personen zu treffen. Das entspricht in etwa dem, was man auch unter kognitiver und emotionaler Empathie versteht. Schon Kleinkinder ab etwa drei bis vier Jahren haben eine gewisse Vorstellung davon, was wohl im Kopf eines anderen Menschen vorgeht. Wenn Kind A und Kind B etwa gemeinsam sehen, dass jemand ein Stückchen Schokolade in eine Schachtel legt, dann aber die Schokolade in Abwesenheit von Kind B aus der Schachtel genommen und im Kühlschrank platziert wird, weiß Kind A sehr genau, wo Kind B nach seiner Rückkehr die Schokolade suchen wird: nämlich in der Schachtel und nicht im Kühlschrank, wo sie sich jetzt befindet. Kind A muss also eine Vorstellung davon haben, was Kind B weiß und was es nicht wissen kann.

Für ein harmonisches Zusammenleben ist dieses Hineindenken in andere entscheidend – ebenso wie das Hineinfühlen, also etwa zu erkennen, ob ein anderer gerade traurig ist und wie man ihn trösten könnte. Beim Menschen spielen hier Hormone wie Oxytocin und Dopamin eine wichtige Rolle. Inwieweit auch die viel diskutierten Spiegelneuronen zum Tragen kommen, ist umstritten.[256] Das sind Nervenzellen, die im Gehirn von Primaten, beispielsweise Makaken, schon beim Betrachten eines Vorgangs das gleiche Aktivitätsmuster zeigen, wie wenn der Affe diese Bewegung selbst vollführen würde. Wenn er also sieht, dass ein anderer Affe oder auch ein Mensch nach einer Frucht greift, dann feuern dieselben Neuronen, wie wenn er das selbst täte.

Es ist natürlich naheliegend, solche Neuronen mit dem Entstehen von Empathie und der Theory of Mind in Verbindung zu bringen. Doch möglicherweise sind sie auch nur eine Methode des Gehirns, um zu simulieren, wie ein Bewegungsablauf aussehen müsste. Ob es sie auch in Gehirnregionen gibt, die mit einer gefühlsmäßigen oder kognitiven Bewertung zu tun haben, ist derzeit ebenso unbekannt wie die Frage, ob sie beim Menschen in größerem Umfang existieren und, wenn ja, welche Aufgaben sie da erfüllen.

Doch bevor Forscher auf die Idee kommen könnten, Robotern Spiegelneuronen einzubauen oder ihnen auf andere Weise eine Theory of Mind zu ermöglichen, müssen sie erst einmal viel grundlegendere Experimente durchführen. So arbeiten die Wissenschaftler in Osaka nicht nur mit dem Babyroboter Affetto, sondern auch mit den Humanoiden Pepper und iCub. Der kleine iCub beispielsweise lernt hier gerade, die Augen seines menschlichen Gegenübers zu beobachten. Wenn der Blickkontakt zu lange dauert, lächelt er zunächst verlegen, und dann senkt er ganz scheu den Kopf – in Japan eine sehr menschliche Verhaltensweise. Ein paar Türen weiter werkeln Studenten sogar an einem künstlichen Mund und Kehlkopf mitsamt Lippe, Zunge und Stimmbändern. Ziel ist es, auch die Sprache von Menschen möglichst originalgetreu nachzubilden.

GEFÜHLE LASSEN SICH AUS DEM GESICHT ABLESEN

Inwieweit schaffen es künstliche Systeme aber schon, menschliche Emotionen zu erkennen? Wer das herausfinden will, hört am besten Rana el Kaliouby zu, einer 38-jährigen Ägypterin, die selbst sehr viel über Gesten, große Augen und eine »sprechende« Gesichtsmimik kommuniziert.[257] Sie hat in Kairo studiert, im britischen Cambridge promoviert, danach am Massachusetts Institute of Technology gearbeitet und von dort aus die Firma Affectiva mitbegründet, deren Chefwissenschaftlerin sie derzeit ist.[258] Affectiva gehört zusammen mit Wettbewerbern wie der US-Firma Emotient, die im Januar 2016 von Apple gekauft wurde, zu den weltweit führenden

Unternehmen auf dem rasant wachsenden Gebiet der automatischen Gefühlsanalyse.

»Als ich in England studierte, war ich einsam und hatte Heimweh, aber elektronisch konnte ich mit meiner Familie zu Hause in Ägypten nur über diese Emoticons kommunizieren – all meine Gefühle sind im Cyberspace verschwunden«, erinnert sich el Kaliouby in einem TED-Talk an ihre Beweggründe, einen Computer zu entwickeln, der Gefühle erkennen und dann wie ein Freund mit hoher emotionaler Intelligenz reagieren kann. Grundsätzlich ist das gar nicht so schwierig, da sich Basisemotionen wie Wut, Freude, Überraschung, Ekel, Furcht, Verachtung und Traurigkeit im Gesicht von Menschen immer auf die gleiche Weise widerspiegeln – unabhängig vom Geburtsort, Geschlecht, Alter oder der Kultur, in der man aufgewachsen ist.

Nach dem Psychologen Paul Ekman gibt es im Gesicht 44 Bewegungseinheiten, die sich zu Hunderten von Gefühlsregungen kombinieren lassen. Einheit Nummer vier ist zum Beispiel ein Stirnrunzeln, Einheit sechs das Zusammenziehen des äußeren Teils des Ringmuskels beim Auge, Nummer neun das Kräuseln der Nase, Einheit zwölf das Anheben der Mundwinkel und Nummer 18 ein Kussmund. Wie man sieht, ergibt etwa die Kombination der Einheiten sechs und zwölf ein freundliches Lächeln. Ein Computer mit einer guten Bildverarbeitung kann all dies lernen und dann zum Beispiel zwischen einem echten, frohen und einem falschen, berufsmäßigen Lächeln oder auch einem zynischen Grinsen unterscheiden, selbst wenn die Bewegungen sehr schnell und subtil sind.

»Unser Programm Affdex hat dazu zweieinhalb Jahre lang Menschen in 75 Ländern beobachtet, während sie Videos schauten – natürlich mit ihrem Einverständnis«, berichtet el Kaliouby. Insgesamt analysierten die Forscher 2,9 Millionen Gesichter, während die Software dank Deep-Learning-Algorithmen immer besser wurde, Milliarden von gemessenen Gefühlsregungen richtig zuzuordnen. Komplexe oder auch von der Kultur abhängige Gefühlszustände wie Eifersucht oder Schuldgefühle kann das System zwar nicht erkennen, aber beim Aufspüren der Basisemotionen ist es inzwischen schneller und präziser als die meisten Menschen. Außerdem gelang es den Entwicklern von Affectiva, die Kernsoftware so weit zu reduzieren, dass sie auch auf jedem Mobilgerät mit Kamera funktioniert.

Ursprünglich wollte el Kaliouby damit etwas konstruieren, das wie eine Art »Hörgerät für Autisten« funktioniert, denn Autisten haben große Schwierigkeiten, Emotionen bei anderen Menschen richtig einzuschätzen. Ein Knopf im Ohr, der ihnen zuflüstert: »Dein Gegenüber freut sich über deine Äußerung« oder: »Er zeigt gerade Zeichen von Wut, vielleicht solltest du anders formulieren«, wäre sowohl für Autisten wie für Blinde sehr hilfreich. Doch bislang fehlen Investoren, die so ein Produkt finanzieren würden. Stattdessen geben sich Werbetreibende, Marktforscher, Regierungsstellen, Banken und sogar Autofirmen bei Affectiva die Klinke in die Hand.[259]

Denn die Gesichtsmuskulatur eines Menschen ist bis zu einer halben Sekunde schneller als der Verstand. Sie spiegelt daher ungefiltert die Emotionen wider, die ihm gerade durch den Kopf schießen. Wer in der Lage ist, diese minimalen Signale richtig zu deuten, hat einen enormen Wissensvorsprung gegenüber allen anderen – nicht nur beim Pokern. Wenn etwa im Gesicht eines Geschäftspartners auch nur Millisekunden lang Empörung oder gar Wut aufscheint, weiß man schon, dass er das gerade gemachte Angebot wohl als unfair ablehnen wird. Auch bei Wahlspots konnte das Affdex-Programm schon mit 73-prozentiger Sicherheit vorhersagen, wem der jeweilige Betrachter wohl seine Stimme geben würde.

Den größten Nutzen versprechen sich Marketingfachleute. Wer in Geschäften die Gesichter der Kunden studiert und dies mit Informationen über Alter und Geschlecht kombiniert, kann gute Vorhersagen treffen, welche Produkte mehr oder weniger ankommen. Ohne Einverständnis der beobachteten Personen wäre dies allerdings genauso wenig erlaubt wie ein Fernseher, der heimlich die Reaktionen der Zuschauer auf TV-Shows oder Werbefilme analysiert.

Nichtsdestotrotz geistern sogar noch ausgefallenere Ideen durch manche Köpfe: Beispielsweise könnte ein Medienkontrollgerät mit Kamera auch noch ermitteln, was die Zuschauer gerade machen – etwa neben dem Fernsehen essen, lesen, putzen oder spielen – und gleich die dazu passenden Werbespots zeigen. Wenn jemand mit finsterem Gesichtsausdruck Staub wischt, würde dann also ein Spot über den neuesten Staubsaugroboter laufen, oder bei einem Familienstreit ein Filmchen über Kuschelroboter oder Beruhigungspillen. Ob so ein Eindringen in persönlichste Bereiche von den Zuschauern allerdings wohlwollend aufgenommen würde, darf bezweifelt werden.

Schon eher akzeptiert wäre wohl die maschinelle Hilfe im eigenen Auto. Hier könnte eine Kamera, etwa im Innenspiegel eingebaut, den Fahrer beobachten und feststellen, ob er Zeichen von Müdigkeit oder Stress zeigt. Bei Müdigkeit würde das Auto vielleicht eine Pause empfehlen, bei Stress die Musik leiser drehen oder beruhigendere Stücke wählen. Im Projekt AutoEmotive am MIT untersuchen Forscher genau diese Einsatzgebiete. Ähnliche Projekte laufen in Europa, wobei hier Kameras prüfen, wie oft der Fahrer die Augen schließt, oder Sensoren messen, welche Lenkbewegungen er macht. Für die Sicherheit auf den Straßen könnte ein solches Fahrerassistenzsystem ein großer Fortschritt sein: Untersuchungen des Deutschen Verkehrssicherheitsrates haben ergeben, dass immerhin rund jeder vierte schwere Verkehrsunfall auf Autobahnen auf übermüdete Fahrer zurückzuführen ist.

SPRACHPROGRAMME MERKEN, WENN MAN FLIRTET Das Lesen im Gesicht ist natürlich nicht die einzige Methode, wie Computer das Gefühlsleben von Menschen analysieren können. Auch aus Gesten lässt sich eine Menge ableiten, ebenso aus der Art und Weise, wie jemand geht, wohin er blickt und wie seine Stimme klingt. Kombiniert man all dies, sind vielfältigste Einsatzgebiete denkbar: nicht nur in der Werbung, sondern auch bei der Steuerung von Computerspielen, beim Lernen in der Schule oder für die Sicherheit auf Flughäfen. Manche Experten vermuten, dass Prototypen einer solchen Software heute schon heimlich an Landesgrenzen getestet werden, um dem Sicherheitspersonal zu helfen, Terroristen und Attentäter aus der Menge der Reisenden herauszufischen.

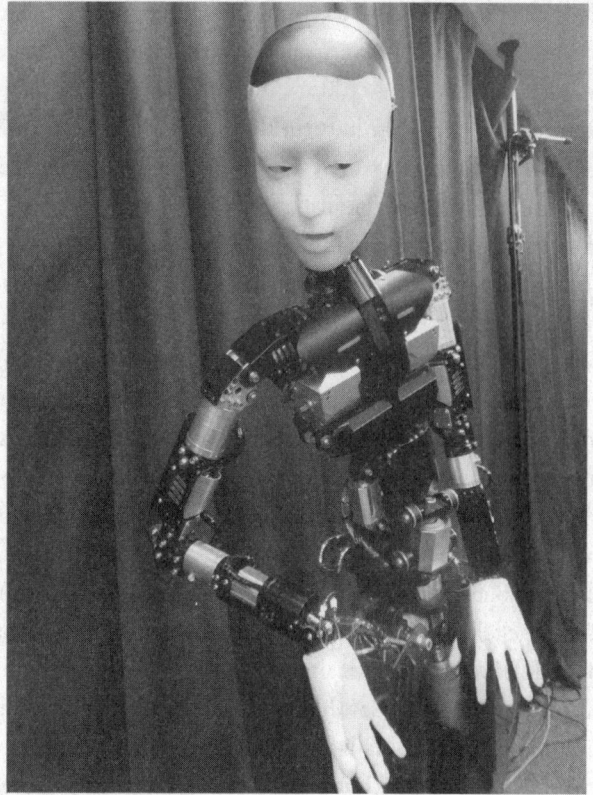

Roboter mit Gefühl: Japanische Forscher wollen, dass Computer und Roboter nicht nur in der Lage sind, menschliche Emotionen zu erkennen, sondern auch selbst welche zu empfinden und zu zeigen. Hier eine Roboter-Dame in Labors der Universität von Osaka, bevor sie ihr menschliches Äußeres bekommt.

Programme, die die Tonlage, Intensität und den Rhythmus einer Stimme analysieren, wurden jedenfalls bereits entwickelt, etwa von der israelischen Start-up-Firma Beyond Verbal. Den Mitarbeitern von Callcentern gibt so eine Software Hinweise darauf, wie sich der Kunde am anderen Ende des Telefons gerade fühlt und wie der Mitarbeiter selbst vom Computer wahrgenommen wird. Angeblich kann diese

Software nicht nur erkennen, ob ein Kunde kurz davor ist, emotional zu explodieren, sondern sie wäre auch in der Lage, Flirtsignale in der Stimme wahrzunehmen.

Filmkenner erinnert dies natürlich sofort an den Science-Fiction-Film *Her* und die Computersoftware, die sich selbst Samantha nennt und mit dem männlichen Hauptdarsteller Theodore nur per Stimme kommuniziert und ihn und seine Umgebung per Videokamera beobachtet. Samantha erkennt im Lauf der Zeit nicht nur immer besser, wie sich Theodore fühlt, sondern sie entwickelt selbst Gefühle, flirtet und streitet mit ihm – doch wie er schließlich zu seinem Entsetzen herausfindet, hat sie nicht nur mit ihm eine Beziehung, sondern auch mit 8316 anderen, mit Menschen ebenso wie mit Betriebssystemen. Ein Mensch allein ist für einen Computer eben nicht genug ...

So schön der Film *Her* die menschliche Sehnsucht nach Liebe und Nähe thematisiert, so unrealistisch ist er aus Sicht der Künstlichen Intelligenz. Dass Samantha solche Emotionen ohne die Erfahrung eines Körpers entwickelt, dürfte wohl unmöglich sein. Doch wie steht es mit Robotern, die einen Körper besitzen und mit Menschen zusammenleben? Könnten sie echte Gefühle nicht nur erkennen, sondern auch selbst empfinden? Beim Menschen gibt es beispielsweise das starke Bedürfnis, ein inneres Gleichgewicht – die Homöostase – aufrechtzuerhalten. Wer müde ist, will schlafen, wer Hunger und Durst hat, muss essen und trinken, wer überhitzt ist, braucht Kühlung.

ROBOTER MIT HUNGER UND SCHMERZ   Auch Roboter haben echte Bedürfnisse, nicht nur simulierte wie der iCub, wenn er gestreichelt wird und sagt: »Das gefällt mir, bitte streichle mich noch einmal.« Ein Roboter darf beispielsweise seine Motoren nicht überhitzen, er soll seine Elektronik nicht gerade ins Wasser tauchen und muss regelmäßig seine Batterien aufladen. Forscher wie Rolf Pfeifer schlagen deshalb vor, dass man auch beim Roboter Emotionen an seinen körperlichen Zustand koppeln könnte: So könnte er »Schmerzen« empfinden, wenn einer seiner Motoren zu heiß wird, und »Hunger« nach Strom, wenn der Ladungszustand seiner Batterien alarmierend niedrig wird. Solche Gefühle würden den Roboter dann dazu bringen, die Probleme möglichst schnell zu beheben: also den Motor auskühlen zu lassen und die nächste Ladestation aufzusuchen.

Das ist weniger trivial, als es vielleicht klingt, denn es betrifft das Grundkonzept, wie ein Roboter-Gehirn aufgebaut sein sollte. Die in Kapitel 4 geschilderten Deep-Learning-Verfahren und die Methoden zur Wissensgenerierung aus Kapitel 5 sind sehr wichtig, um Sprache und Bilder zu verstehen und Informationen sinnvoll verarbeiten zu können, doch sie reichen bei Weitem nicht aus. Ein Roboter weiß dann noch lange nicht, worauf er seine Aufmerksamkeit richten soll, und vor allem, was er tun soll. Damit kann er keine Entscheidungen treffen. Wie ein Kleinkind braucht er eine Motivation, die Welt um sich herum zu erforschen und mit Menschen und Maschinen zu kommunizieren und ihnen zu helfen. Dazu braucht er Gefühle, Ziele und Belohnungen.

Jürgen Schmidhuber vom Schweizer Forschungsinstitut für Künstliche Intelligenz spricht von zwei wesentlichen Lernmodulen, die ein Roboter haben sollte: einen Gestalter und ein Weltmodell.[260] Im Weltmodell sind all die Erkenntnisse gespeichert und vielfach verknüpft, die sich aus Bildern, Tönen, den Signalen anderer Sinnesorgane sowie dem Wissen über Regeln, Zusammenhänge, sozialen Kontext und vielem mehr ergeben. Der Gestalter nutzt das Weltmodell und die aktuellen Werte aus den Sinnesorganen, um zu planen und gewünschte Umgebungszustände herzustellen. Seine Ziele ergeben sich dabei aus einer Belohnungsfunktion, die Punkte verteilt, beispielsweise wenn er seine Batterie auflädt, wenn er ein Spiel gewinnt oder wenn er seinem Weltmodell neue Erkenntnisse hinzufügen kann.

Matthias Rolf, der seine Promotionsarbeit am Institut für Kognition und Robotik der Universität Bielefeld geschrieben hat und nun in Osaka in den Labors von Minoru Asada arbeitet, sieht das ganz ähnlich, stellt aber noch grundlegendere Fragen, beispielsweise: Wie bekommt man überhaupt Ziele in die Maschine und den Drang, im sozialen Kontext zu lernen?[261] Und, da sicherlich nicht alle Ziele im Detail von Menschen vorgegeben werden können: Wie kann sich ein Roboter selbst Ziele setzen?

»Es gibt drei Arten des Lernens«, erklärt Rolf. »Erstens das überwachte Lernen – hier braucht man aber einen Lehrer, der schon weiß, was die Lösung ist. Das ist also nicht geeignet, um sich selbst Ziele zu setzen. Zweitens das unüberwachte Lernen, wie es oft bei Deep-Learning-Verfahren verwendet wird, um Muster zu finden. Doch die statistischen Ergebnisse, etwa von Millionen Katzenbildern, haben keinen Wert an sich – daraus lässt sich auch kein Ziel ableiten. Die dritte Methode ist das Belohnungslernen, das sogenannte Reinforcement Learning. Dieses bestärkende Lernen ist automatisch mit einem Ziel verknüpft, nämlich ganz einfach die Belohnung zu maximieren.«

Dabei kann die Belohnung von außen kommen oder von innen. Beim Menschen ist das ganz ähnlich: Äußere Belohnungen sind gute Noten in der Schule, eine Medaille bei Wettbewerben oder die Bewunderung der Freunde, wenn man eine Castingshow gewonnen hat. Innere Belohnungen sind etwa die Hormonausschüttung bei einem guten Essen oder die Freude, wenn man gerade nach einem anstrengenden Aufstieg den Gipfel eines Berges erklommen hat. Negative Belohnungen gibt es natürlich auch: Sie reichen vom üblen Geschmack einer verdorbenen Frucht bis zum Schamgefühl bei einem verpatzten Auftritt – aus solchen Erfahrungen lernt man auch etwas, nämlich was man das nächste Mal besser vermeiden oder anders machen sollte.

EIN LOB UND EIN LÄCHELN ALS BELOHNUNG FÜR DIE MASCHINE   »Solche Belohnungen funktionieren auch bei Robotern«, sagt Rolf. Das können äußere Belohnungen sein, ob man nun dem Roboter für eine bestimmte Aktion Punkte gibt oder ob man ihn einfach mit einem »Gut gemacht!« lobt, wenn er die schwere Getränkekiste aus dem Keller geschleppt oder die Bestellung aus dem Supermarkt abgeholt hat. Vielleicht schenkt man ihm auch nur ein dankbares Lächeln, das er dann mithilfe seiner Emotionserkennung wahrnimmt und als Belohnung wertet.

Aber auch eine intrinsische Motivierung mit innerer Belohnung ist möglich: Das kann die Bedürfnisbefriedigung sein, wenn er seine Batterie aufgeladen hat, oder auch abstrakter eine Belohnung für Neugierde: »Hier könnte beispielsweise alles belohnt werden, was für den Roboter zu einer neuen Information führt oder zum Ausbau seiner Fähigkeiten«, schlägt Rolf vor. Damit würde der Roboter nicht einfach dasitzen und auf Befehle warten, sondern selbst aktiv werden. Oder an einem simplen Beispiel veranschaulicht: Statt eine leere weiße Wand anzustarren, würde er den Kopf drehen und Menschen beobachten oder aufstehen und andere Räume erkunden.

Wie aber kommt der Roboter dazu, sich selbst Ziele zu setzen? Ganz einfach: durch die *Erwartung* einer Belohnung. »Ein Ziel ist nur ein anderer Ausdruck für das, was eine Belohnung einbringen könnte«, sagt Matthias Rolf. An den klugen Implementierungen von Belohnungssystemen wird es also hängen, wie hilfreich die Roboter – oder ganz allgemein alle Systeme mit Künstlicher Intelligenz – in der künftigen Mensch-Roboter-Gesellschaft sein werden!

Wie erstaunlich gut solche Ziel-Belohnungssysteme funktionieren, zeigen vier ganz unterschiedliche Beispiele: So berichtete die Google-Tochterfirma DeepMind im Februar 2015, dass es ihr gelungen sei, ein Computersystem zu entwickeln, das sich ganz eigenständig 49 klassische Atari-Spiele wie Space Invaders, Breakout oder Autorennen beibrachte – und zwar ohne dass es die Regeln dieser Spiele kannte, nur über die Belohnung der erreichbaren Punkte. Der Computer hat einfach die Spiele so lange gespielt und seine Strategien variiert, bis er die Punktzahl maximieren konnte. Dank der Kombination aus Deep Learning und Reinforcement Learning wurde er schließlich in all diesen sehr verschiedenen Spielen ähnlich erfolgreich wie professionelle menschliche Spieler.[262]

Ein anderes Experiment haben Asada und Rolf mit der Einstiegsseite von Yahoo durchgeführt. Auf dieser Seite werden jeden Tag Dutzende von Meldungen angeboten, mit Neuigkeiten aus Klatsch und Tratsch, Politik-, Sport- oder Ratgeberseiten. Die spannende Frage ist, wie viele Merkmale des Nutzers am besten geeignet sind, um eine Aus-

sage darüber zu treffen, welche Meldungen wohl am meisten ange-
klickt werden. Die Belohnung ist hier einfach die Anzahl der Klicks. Zu
den Nutzermerkmalen gehören Informationen wie die IP-Adresse –
also der Ort des Nutzers –, die lokale Uhrzeit, also ob er gerade arbeitet oder sich in der Mittagspause oder abends entspannt, seine Brows-
erhistorie, das heißt, welche Seiten er vorher gesehen hat, und vieles
mehr. »Mithilfe unserer Software konnten wir zeigen, dass man nicht
100 Merkmale braucht, sondern dass viel weniger – etwa fünf – reichen, um das Ziel einer großen Klickrate zu erreichen«, berichtet Rolf.
»Das reduziert also die Komplexität der Aufgabe enorm und macht sie
handhabbar.«

**EIN ELEFANTENRÜSSEL AUF DER SUCHE NACH
SEINEM ZIEL**   Das dritte Beispiel für erfolgreiche Ziel-Belohnungssysteme stammt aus Rolfs Forschungsarbeiten in Bielefeld.[263]
Hier ging es darum, ein spezielles Soft-Robotik-System zu steuern:
den bionischen Handling-Assistenten, für den die Firma Festo im Jahr
2010 zusammen mit dem Fraunhofer-Institut für Produktionstechnik
und Automatisierung den Deutschen Zukunftspreis erhalten hatte.[264]
Dieser Roboter-Arm hat keinen Motor und keine Gelenke, sondern er
funktioniert wie ein Elefantenrüssel, der auch keinen einzigen Knochen, sondern nur Muskeln besitzt. Der künstliche Rüssel besteht aus
Segmenten mit Kunststoff-Hohlkammern, die sich durch Einblasen
oder Ablassen von Luft verlängern oder verkürzen lassen. Am Rüssel-
ende kann sich dann ein Fin-Ray-Greifer, wie er in Kapitel 3 beschrieben wurde, um die anvisierten Objekte herumlegen und sie packen.

Wenn man diesen Rüssel praktisch einsetzen will, stößt man allerdings schnell auf ein Problem: Seine elastischen Bewegungen sind mathematisch nicht sehr gut in Formeln zu gießen, und zudem reagieren
die Luftkammern mit sekundenlanger Verzögerung auf das Einblasen
von Druckluft. Mit einer klassischen Roboter-Steuerung ist dem nicht
beizukommen. Die Lösung fand Matthias Rolf bei der Beobachtung
menschlicher Babys. Bereits Neugeborene bewegen ihre Ärmchen

nicht etwa zufällig, sondern ganz gezielt in Richtung der Objekte, die sie greifen wollen. Dank dieses sogenannten Goal Babbling schaffen sie es sehr schnell, zu lernen, wie sie mehrere Hundert Muskeln koordinieren müssen, um das zu bekommen, was sie haben wollen.

Mit demselben zielgerichteten Lernverfahren steuerten Rolf und seine Bielefelder Kollegen nun den Elefantenrüssel. Immer mit Blick auf das Ziel probiert der Computer aus, welche Luftkammern er wie füllen und leeren muss, damit sich der Rüssel möglichst optimal Richtung Ziel dreht. »Bereits nach 100 Versuchen ergeben sich damit gute Resultate«, sagt Rolf, »und binnen zwei Minuten weiß der Roboter schon, was er tun muss, um den Rüssel beispielsweise von links nach rechts zu bewegen.« Dies gelingt sogar so gut, dass selbst ein Loch in einer Luftkammer keine Einschränkung bedeutete: »Der Roboter hat dann einfach gelernt, die anderen Kammern so einzusetzen, dass der Defekt keine Rolle spielte.« Am Schluss funktionierte die Steuerung so gekonnt, dass der Rüssel auch einer langsamen Bewegung von Objekten folgen konnte, um sie zu ergreifen.

DER ICUB VERHÄLT SICH SELBSTLOS, OHNE DASS ES PROGRAMMIERT WURDE Jimmy Baraglia, ein Kollege von Matthias Rolf, der ebenfalls in Asadas Labors in Osaka arbeitet, konnte sogar zeigen, dass sich solche Ziel-Belohnungssysteme auch eignen, um altruistisches Verhalten zu erzeugen – also selbstlose, uneigennützige Handlungen. Schon Kleinkinder sind bekanntlich sehr hilfsbereit: Sie heben beispielsweise Dinge auf, die anderen heruntergefallen sind, und reichen sie ihnen, oder sie öffnen Türen, wenn sie merken, dass ein Erwachsener so viel trägt, dass er es nicht selbst schafft.

Überraschenderweise tut dies auch Baraglias iCub-Roboter: Wenn er sieht, dass ein Mensch ein Objekt auf dem Tisch nicht erreichen kann, schiebt er es ihm hinüber – auch ohne dass es ihm einprogrammiert wurde und ohne dass er einen Befehl, zu helfen, erhalten hätte. Stattdessen besitzt der iCub eine allgemeine Vorhersagesoftware, und er wird belohnt, wenn der Vorhersagefehler minimal ist. Was bedeutet das? Der Roboter beobachtet alle möglichen Handlungen – sowohl eigene wie fremde –, erstellt Modelle und lernt daraus. Wenn beispielsweise ein Mensch seine Hand ausstreckt, dann versucht der iCub, das Ziel dieser Bewegung vorherzusagen: etwa dass der Mensch den Becher, der vor ihm auf dem Tisch steht, greifen will. Schafft er es, ist der Vorhersagefehler gleich null, und der iCub bekommt in seinem »Kopf« eine Belohnung für die richtige Prognose.

Nun kann es aber sein, dass der Becher zu weit entfernt steht. Dann ist die Vorhersage falsch, und dem iCub entgeht seine Belohnung. Wie aber kann er dennoch zu seinen Belohnungspunkten kommen? Ganz einfach: Indem er dem Menschen den Becher reicht oder ihn so weit hinüberschiebt, dass sein Gegenüber ihn fassen kann. »Minimierung des Vorhersagefehlers als Ursprung altruistischen Verhaltens« heißt daher konsequenterweise das Paper, das Baraglia und Asada im Jahr 2014 zum Erstaunen ihrer Fachkollegen veröffentlichten.[265] Dass selbstlose Handlungen auf Konzepte zurückgehen können, die eher mit klassischer Roboter-Steuerung als mit moralischen Prinzipien zu tun haben, war eine ziemlich verblüffende Erkenntnis.

»Nützlich kann so etwas zum Beispiel für künftige Haushaltsroboter sein«, ist Baraglia überzeugt. »Wenn eine Oma stürzt und ihre wichtige Medizin nicht erreichen kann oder wenn Roboter Behinderten helfen sollen.« Um Robotern eine möglichst hohe Hilfsbereitschaft einzupflanzen, sind Belohnungsstrukturen – welcher Art auch immer – mit Sicherheit ein Erfolg versprechender Weg. Wenn sich Roboter dann die Handlungsmodule, die sie gerade brauchen, nicht aus der Cloud herunterladen können, sollte man ihnen ihre Aufgaben einfach beibringen und sie loben, wenn sie das Vorgeführte richtig nachmachen: etwa wie man Hemden bügelt und sie danach faltet.

»Wir würden mit Robotern in Zukunft gerne so umgehen können wie mit menschlichen Lehrlingen«, meint der Karlsruher Roboter-Pionier Rüdiger Dillmann. »Zum Beispiel beim Decken eines Esstisches: Ihnen sagen, jetzt halt bitte das Tischtuch hier fest und dann zieh an der Ecke und so weiter. Für Roboter gäbe es in den Haushalten viel zu lernen: etwa dass man für ein Candle-Light-Dinner anders deckt als für einen Frühstückstisch, oder dass man eine Sektflasche vor dem Öffnen nicht schüttelt.« Die Roboter würden nicht mehr programmiert, sondern sie würden nachahmen, was der Mensch ihnen vormacht und ihnen erklärt. Später würden sie dann vieles selbst ausprobieren und aus ihren Erfolgen und Fehlern lernen. All dies eröffnet ein weites Feld für Belohnungen oder Tadel.

DIE DREI FUNDAMENTALEN GESETZE DER
ROBOTIK Doch reicht das? Müssten nicht Roboter, je autonomer sie agieren, darüber hinaus doch so etwas wie eine »programmierte Moral« besitzen? Mit dieser Frage konfrontiert greift Minoru Asada in sein Bücherregal und zieht stolz einen alten Band heraus: I, Robot von Isaac Asimov mit einer Widmung des wohl berühmtesten Science-Fiction-Autors und Wissenschaftlers, der je über Roboter geschrieben hat. In der Erzählung »Runaround« von 1942, die in dem 1950 erschienenen Kurzgeschichtenband I, Robot erstmals in Buchform publiziert worden war und interessanterweise im Jahr 2015 spielt, hatte der promovierte russisch-amerikanische Biochemiker seine drei fundamentalen Gesetze der Robotik formuliert:

1. Ein Roboter darf keinen Menschen verletzen oder durch Untätigkeit zu Schaden kommen lassen.
2. Ein Roboter muss den Befehlen eines Menschen gehorchen, es sei denn, solche Befehle stehen im Widerspruch zum ersten Gesetz.
3. Ein Roboter muss seine eigene Existenz schützen, solange dieser Schutz nicht dem ersten oder zweiten Gesetz widerspricht.

Diese Gesetze, sagen viele Experten, müssten so tief in künftigen Robotern – oder allgemein in intelligenten Systemen – implementiert sein, dass sie Menschen nicht außer Kraft setzen können. Doch ganz abgesehen von der Frage, wie sie zu installieren sind, ist das gar nicht so einfach, denn erstens sind sie nicht eindeutig definiert, gibt der Philosoph Nick Bostrom zu bedenken: »Was ist Schaden? Wäre das beispielsweise auch soziale Ungerechtigkeit? Ein für die ganze Menschheit und für alle Zeiten gültiger Moralkatalog kann wohl kaum erstellt werden.«

Und zweitens hat bereits Isaac Asimov in *I, Robot* Fälle konstruiert, in denen seine Regeln verletzt werden können oder gar verletzt werden müssen, weil sich logische Konflikte ergeben oder weil ein Roboter eine Situation anders einschätzt als ein Mensch. Im gleichnamigen Science-Fiction-Film aus dem Jahr 2004 geht dies sogar so weit, dass ein Computer glaubt, die Menschheit – die Kriege führt und die Umwelt zerstört – nur dann wirklich beschützen zu können, wenn er sie entmündigt und die volle Kontrolle übernimmt. Besiegt wird dieser V.I.K.I. genannte Computer letztlich nur dank des neuartigen Roboters Sonny, der eben nicht blind den drei Roboter-Gesetzen folgt, sondern auch Gefühle besitzt und selbst frei entscheiden kann.

MORALISCHE ROBOTER UND COMPUTER, DIE AUS MÄRCHEN LERNEN   Doch bevor solche verzwickten Situationen in einer ferneren Zukunft vielleicht einmal tatsächlich relevant werden könnten, gibt es heute schon gute Gründe, Maschinen klare moralische Regeln einzupflanzen. Das reicht vom Staubsaugroboter, der keinen Goldhamster einsaugen soll, bis zum autonomen Fahrzeug, das entscheiden muss, ob es ein Reh überfährt oder einen Auffahrunfall riskiert.

Mit solchen Fällen der »Informations- und Maschinenethik« beschäftigt sich beispielsweise Oliver Bendel, Professor an der Hochschule für Wirtschaft der Fachhochschule Nordwestschweiz.[266] Man könne Robotern strikte Regeln einpflanzen, sagt er, man könne sie ihre eigenen Schlüsse aus Beobachtungen menschlichen Verhaltens ziehen lassen oder man könne ihnen im Netz eine große Datenbank zur Verfügung stellen. Wenn eine Maschine dann vor einer bisher unbekannten Problematik steht, würde sie in der Datenbank nach ähnlichen Fällen und den abgespeicherten Entscheidungen suchen.

An Bendels Institut entstand beispielsweise das Konzept des tierfreundlichen Saugroboters Ladybird. Dank einer eingebauten Kamera soll Ladybird kleine Tiere ebenso identifizieren wie wertvollen Schmuck und den Saugvorgang dann abbrechen. Ähnliche Entscheidungsbäume kann man laut Bendel auch für Drohnen erstellen, die zwar Tiere und Pflanzen fotografieren dürfen, aber keine Menschen – oder für Autos, die vor Kröten oder Rehen bremsen, aber nur, wenn das Fahrzeug hinter ihnen noch anhalten kann. Doch hier ergeben sich schon ähnlich komplexe Situationen wie bei einem Haushaltsroboter, der angewiesen wurde, darauf zu achten, dass der alte Patient regelmäßig seine Medikamente nimmt. Was soll er tun, wenn sich der Senior weigert? Soll er dessen freie Entscheidung akzeptieren, soll er ihm gut zureden oder soll er den Arzt verständigen?

Eine Forschergruppe am Georgia Institute of Technology in Atlanta, USA, hat daher ein Konzept entwickelt, wie autonome Systeme künftig selbständig sozial akzeptierte Verhaltensweisen lernen könnten: Sie sollen Märchen aus aller Welt lesen oder auch modernere Geschichten, etwa Seifenopern im Fernsehen, anschauen und analysieren, wie sich die Menschen darin verhalten.[267] Ihre ersten Prototypen solcher Computersysteme nannten die Wissenschaftler passenderweise Scheherazade und Quixote. Quixote lernt aus den Geschichten, die Scheherezade im Internet findet oder selbst generiert, ebenso, wie ein kleines Kind von den Märchen lernt, die ihm seine Großmutter erzählt. Stellt man Quixote passende Aufgaben, erhält er immer dann Belohnungspunkte, wenn er sich so verhält wie die Personen in den Erzählungen. Die Forscher hoffen, dass dadurch die Vielfalt sozial akzeptierter Verhaltensweisen besser abgebildet werden kann als durch das sture Lernen von Regeln.

Bei autonomen Fahrzeugen gibt es zwar weniger Optionen zu handeln, aber durchaus auch eine breite Palette an moralischen Dilemmata. Auf der Roboter-Konferenz ICRA 2015 in Seattle präsentierte ein Forscherteam sein Konzept des sozial akzeptablen autonomen Fahrens: »Ein Fahrzeug, das auf der Autobahn nur hinter anderen her schleicht, wird von den übrigen Verkehrsteilnehmern ebenso negativ bewertet wie eines, das ständig die Spuren wechselt, um schneller voranzukommen«, meint Michael Herman, Doktorand bei Bosch in Böblingen. »Wir haben daher in die Belohnungsfunktion des Fahrzeugs auch Elemente der sozialen Akzeptanz eingebaut.« Die Simulation zeigt, dass das Auto nun manchmal andere überholt, aber nicht übertrieben rücksichtslos fährt – ganz wie ein vernünftiger menschlicher Autofahrer.

Doch was passiert, wenn ein autonomes Fahrzeug nur die Wahl zwischen Pest und Cholera hat? Wenn ein Kind auf die Straße läuft, und das Auto nicht mehr rechtzeitig bremsen kann? Wenn es beim Ausweichen möglicherweise gegen einen Baum schleudern und den Fahrer gefährden oder auf dem Gehsteig zwei Passanten überrollen würde? In solchen Situationen würde man einem Menschen falsche Entscheidungen, die er in Sekundenbruchteilen trifft, verzeihen – aber einer Maschine? Hier würden wohl viele den Ingenieuren, die das Fahrzeug und seine Software konstruiert haben, vorwerfen, dass sie alle Eventualitäten im Voraus hätten berücksichtigen müssen.

Mögliche Opfer gegeneinander aufzurechnen, ist allerdings sicher unzulässig. Wer ist mehr wert: das Kind, der Fahrer, die Passanten? Und wie soll man Unfallwahrscheinlichkeiten berechnen und einkalkulieren? Auch gibt es einen klaren Unterschied zwischen töten und sterben lassen: Gezielt unbeteiligte Passanten auf dem Gehsteig anzufahren, ist moralisch verwerflicher, als scharf zu bremsen, ein Schleudern in Kauf zu nehmen und der Physik ihren Lauf zu lassen. Eines ist aber auf jeden Fall klar: Wenn es keine ethisch einwandfreien Lösungen gibt, müssen die Regeln, nach denen eine autonome Maschine agiert, wenigstens klar definiert und nachvollziehbar sein, damit solche Roboter oder Computersysteme sozial akzeptiert werden.

FÜHRT DER EIGENE WILLE ZUR EIGENWILLIGKEIT?
Dennoch werden sie in Zukunft in vielen Fällen immer eigenständiger entscheiden müssen – zumal wenn man sie mit einer intrinsischen Motivierung mit inneren Belohnungen und Zielen ausstattet. Doch

führt der eigene Wille dann eventuell zur Eigenwilligkeit wie bei den intelligenten Fahrstühlen im Roman *Per Anhalter durch die Galaxis*, die eigentlich woanders hinwollen als die Menschen, die zusteigen? Züchten wir möglicherweise depressive Roboter wie den Androiden Marvin, der mit seinem Gehirn »groß wie ein Planet« für so simple Dinge eingesetzt wird wie Leute in die Kommandozentrale zu geleiten? Oder versuchen autonome Roboter dann gar, eine Art Parallelgesellschaft zu bilden wie die Humanoiden in der schwedischen Fernsehserie *Real Humans* und dem britisch-amerikanischen Remake *Humans*?

Eine der wesentlichen Fragen in dieser ferneren Zukunft wird daher sein, ob unsere künstlich intelligenten Geschöpfe irgendwann ein Ich-Bewusstsein entwickeln und dann einzigartige Individuen sind, denen man neben ihren Pflichten auch eigene Roboter-Rechte zugestehen muss. Bei uns Menschen entsteht das Selbstbild wohl dadurch, wie das Gehirn funktioniert: nicht in der Signalverarbeitung der Sinnesorgane oder der Steuerung von Aktionen, sondern in der Selbstreflexion. Wenn es das, was es wahrnimmt und tut, mit eigenen Erinnerungen und der Wahrnehmung anderer Personen vergleicht, wenn es in die Zukunft denkt, grübelt, plant. Unser Ich-Bewusstsein entwickelt sich in diesem Meta-Level der Informationsverarbeitung, es ist das Ergebnis der Selbstbeobachtung unseres Gehirns.

Wie wollen wir beurteilen, ob so etwas in Systemen der Künstlichen Intelligenz nicht auch passieren kann, wenn wir nicht mehr durchschauen, was in ihnen vorgeht? Forscher um Tony Prescott, Professor für kognitive Neurowissenschaften an der englischen Universität von Sheffield, haben im August 2015 in der Zeitschrift *Spektrum der Wissenschaft* darüber berichtet, wie sie mit internationalen Kollegen versuchen, einem iCub-Roboter eine Art künstliches Bewusstsein zu verleihen.[268] So entwickelt ihr iCub nicht nur ein Gefühl für seinen eigenen Körper, indem er wie ein Baby kleine zufällige Bewegungen ausführt und ihre Auswirkungen auf sich und seine Umwelt beobachtet.

Darüber hinaus lernt er durch Nachahmen und merkt sich, was geschieht. Auf diese Weise entsteht ein »zeitlich ausgedehntes Selbst«, wie es die Forscher nennen: ein episodisches, autobiografisches Gedächtnis, aus dem heraus der iCub wiederum lernt, wie er anhand seiner Erfahrungen mit bestimmten Situationen umgehen sollte. Wenn er in Zukunft dann vielleicht auch noch Emotionen bei Menschen wahrnehmen kann und eine interne Motivation und eigene Ziele entwickelt, würde er eventuell eine Vorstellung davon bekommen, wer er selbst ist und wie er sich von anderen unterscheidet – müsste man dies dann nicht als Entstehung eines Ich-Bewusstseins bezeichnen?

Klug durchgespielt wurden diese Fragen im Film *Ex Machina* des Regisseurs und Drehbuchautors Alex Garland.[269] In ihm versucht die Androidin Ava mit allen Mitteln, den Software-Entwickler Caleb davon zu überzeugen, dass sie ein eigenständiges Individuum mit Bewusstsein ist: Sie handelt nicht nur zielgerichtet, sondern zeigt Gefühle und Verständnis, ist witzig, sexy, manipulativ ... und schafft es schließlich, aus ihrem gläsernen Gefängnis befreit zu werden. Dass sie dabei ihren Peiniger, den Konzernchef Nathan, tötet, wirft nicht nur die Frage nach einem künftigen Strafrecht für autonome Roboter auf. Hätte man einem menschlichen Gefangenen das nicht als Notwehr ausgelegt? Wenn es aber einmal Roboter mit Bewusstsein geben sollte, müssten dann solche Betrachtungen nicht auch für sie gelten?

Damit wären die drei Gesetze der Robotik aber nicht mehr der Maßstab aller Dinge. Solche Androiden müssten dann behandelt werden wie der Androide Andrew in Asimovs Erzählung *Der Zweihundertjährige*. Ursprünglich als Haushaltsroboter konstruiert, nimmt Andrew im Lauf der Zeit mehr und mehr menschliche Züge an. Er entwickelt künstlerische Fähigkeiten und macht wissenschaftliche Erfindungen, er erhält ein menschliches Aussehen und wird auf eigenen Wunsch sogar sterblich – dann, nach 200 Jahren, kurz vor seinem Tod, wird dieser einzigartige Roboter den Menschen schließlich auch rechtlich gleichgestellt und als Mensch anerkannt.

»Wenn Maschinen einmal ähnlich denken und fühlen können wie wir, brauchen wir eine Maschinenethik«, ist auch Microsofts Forschungsdirektor Eric Horvitz überzeugt. »Es scheint mir so, dass wir jetzt – gerade zu einer Zeit, wo wir uns bewusst werden, dass wir selbst biologische Maschinen sind – zu Schöpfern neuer Wesen werden.« Die

Gefahr, dass diese neuen Wesen zu gefährlich werden könnten – mit ihren großen mechanischen Kräften, ihrem ständigen Zugriff auf die schier unendlichen Wissensbausteine des Internets und ihrer Fähigkeit, über Funk geradezu telepathisch miteinander zu kommunizieren –, diese Gefahr sieht Horvitz nicht unbedingt: »Ich denke, die Wahrscheinlichkeit, dass sie viel eher unsere Werte teilen werden, ist groß, *weil* wir eben ihre Schöpfer sind«, sagt er.

Auch Minoru Asada möchte kein Menetekel an die Wand malen. Die neuen Geschöpfe und Begleiter in der künftigen Mensch-Roboter-Gesellschaft betrachtet er zwar nicht unbedingt als den Menschen gleichwertig, aber doch immerhin als neue Spezies: »Es gibt Menschen und es gibt die anderen Primaten wie Schimpansen und Gorillas – die künftigen Roboter sollten meines Erachtens genau dazwischen stehen, zwischen den Menschen und den anderen Primaten, das ist mein ganz großes Ziel.«

ZWÖLF

SOZIALE ROBOTER: WENN DIE MASCHINEN DEN MENSCHEN HELFEN WOLLEN

Am Abgrund

Irgendetwas roch verbrannt, und meine Muskeln zuckten im rechten Oberarm und im rechten Bein, das ich bisher kaum gespürt hatte. Mein Rollstuhl bewegte sich mit mir nach vorne, ein Schnaufen direkt neben mir. Ich öffnete die Augen.

»Verdammt, hättest du nicht noch 50 Jahre im Koma liegen können?«, fluchte Mark Larras. Er ging um mich herum und schob den Rollstuhl von hinten Richtung Fluss. Erst kurz vor dem Abgrund stoppte er und stierte mich an. Alkohol in seinem Atem, er hatte offenbar getrunken. Wo war Samantha? Aus den Augenwinkeln sah ich sie, ihre Arme und Beine mit einer Menge Kabelbindern zusammengeschnürt, auf dem Boden hockend und an einen Baum gelehnt. Ihr Kopf war zur Seite geneigt, die Augen geschlossen, keinerlei Regung.

Auch an meinen Hand- und Fußgelenken diese reißfesten Kabelbinder. Er hatte mich an den Rollstuhl gefesselt. »Mark, was soll das? Was tust du hier?« – Meine Stimme war schwach.

»Na, was denkst du wohl«, brummte er missmutig. »Ich vollende deinen Selbstmord, den du damals ja leider nicht hingekriegt hast. Aber das wird jetzt sicher jeder verstehen: Als du nach 30 Jahren aufgewacht bist, warst du so entsetzt über das, was du angerichtet hast, dass du unbedingt noch mal hierherkommen musstest und ...«

»Was erzählst du da für einen Quatsch?«, unterbrach ich ihn wütend. »Ich hab mich nie umbringen wollen!«

Mark lachte grimmig. »Ja, das weiß ich ... aber auch nur ich ...«

Mir fiel es wie Schuppen von den Augen. »Du hast damals mein Auto manipuliert und jetzt auch dieses Elektrotaxi!«

Er sah auf mich herunter, feixend, irgendwie stolz. »Wenn man weiß, wie's geht, ist es gar nicht so schwer. Damals musste ich nur beobachten, wie du hier die Straße heruntergefahren bist und dann über ein Smartphone-Signal die voreingestellte Prozesskette aktivieren. Es reichte, für ein paar Sekunden die Assistenzsysteme und die elektrischen Bremsen auszuschalten.«

»Du warst das also ... du hast mich damals angerufen ...«

»Na ja, nicht gerade dich. Eher dein Auto« – wieder dieses zynische Grinsen.

»Ich versteh's nicht ...«

Er wackelte mit dem Kopf und verdrehte die Augen. »Okay, ich erklär's dir. Ganz langsam, falls dein Gehirn noch nicht so ganz munter ist. Also: Ich hab damals an dem Freitag, als alle schon nach Hause gegangen waren, im Labor Mist gebaut. Mann, ich war wohl einfach zu müde – du hattest uns wochenlang angetrieben wie die Galeerensklaven. Daniel, verflucht, es war wirklich deine Schuld. Ich hab nur eine Codezeile in der Software falsch geschrieben. Nur eine einzige verdammte Zeile!«

Ich starrte ihn verständnislos an. »Und?«

»Das hat die Sicherheitsventile im Labor geöffnet, statt sie zu schließen. Und Überdruck erzeugt statt Unterdruck.«

Mir lief plötzlich ein kalter Schauer über den Rücken. Gänsehaut. »Du hast die Pilzsporen freigesetzt?«

»Herrgott, ja. Du hattest mir gesagt, dass ich das Programm für die Sicherheitsschleusen und die Inkubatoren unbedingt noch starten sollte.

Das hab ich an dem Freitag noch gemacht. Den ganzen Samstag hab ich dann durchgeschlafen. Und am Sonntag, als ich aufwachte, wusste ich plötzlich, dass der Code falsch war. Ich hatte geträumt, dass überall Leichen rumliegen ... verdammt, ich hatte geträumt, was passieren würde, verstehst du?«

Mark wischte sich übers Gesicht. Hatte er wirklich Tränen in den Augen? Er schniefte und fuhr fort: *»Ich bin sofort ins Labor. Draußen strich so eine Katze rum. Sie nieste ständig, sah furchtbar aus. Da wusste ich, dass es zu spät war. Ich bin rein, mit Gasmaske und allem, hab die Software umgeschrieben, damit niemand was merkt, aber die Sporen waren ja schon draußen. Als ich dich dann anrief – angeblich von Teneriffa aus – und du mir gesagt hast, dass du am Samstag im Büro warst, hab ich endgültig Panik gekriegt.«*

»Ich hatte die Sporen also auch schon eingeatmet ...«

»Ja, klar. Wenn du dann als Erster krank geworden wärest, hättest du sofort gewusst, wer schuld war. Und dann sagtest du mir auch noch, dass du am Sonntagnachmittag noch mal ins Labor fahren wolltest, weil dir die Melaninwerte zu hoch vorkamen und du in der Literatur nachprüfen wolltest, was das fürs Immunsystem bedeutet.«

Stimmt! Jetzt fiel's mir wieder ein – das war der Grund gewesen, warum ich damals ins Labor wollte. Ich hatte einfach so ein ungutes Gefühl in Bezug auf unsere Pilze gehabt ... meine Güte, wir hätten die Katastrophe womöglich noch stoppen können!

»Du hirnloser Idiot!«, brüllte ich Mark an. *»Du hättest es mir sagen müssen. Vielleicht hätten wir noch etwas tun können! Stattdessen versuchst du, mich umzubringen, und fährst dann einfach in Urlaub!«*

Sein Gesicht wurde plötzlich ganz hart, sein Mund schmal, er hob das Kinn. Schräg hinter ihm sah ich, dass sich Samantha bewegte.

»Was willst du, es hat 30 Jahre lang ganz wunderbar funktioniert«, flüsterte Mark und hob den Arm. *Was hatte er da in der Hand? Einen Elektroschocker? Daher meine Ohnmacht, dieser Geruch und das Zittern in meinen Gliedmaßen.*

Jetzt bemerkte Mark auch, dass Samantha die Augen wieder geöffnet hatte. Er schnaufte: »Schade! Ich dachte, dass sechs Millionen Volt bei euch Robotern bleibendere Schäden hinterlassen« ... und wieder mit einem feixenden Blick zu mir:»Na, dann muss ich sie nachher irgendwie anders entsorgen. Stell dir vor, nachdem ich dich außer Gefecht gesetzt hatte, konnte sie sich gar nicht richtig wehren. Da nützen einem die ganzen Roboter-Kräfte auch nichts, wenn man keinen Menschen verletzen darf!«

»Unsere Aufgabe ist es, den Menschen zu helfen«, sagte Samantha leise, aber mit fester Stimme. Ihre Haare waren durcheinander, ihr rotschwarzes Kleid war eingerissen, sie hatte Dreck auf den Wangen, ihre Arme und Beine waren verschnürt – aber sie strahlte eine ruhige Würde aus, die wohl kaum ein Mensch in dieser Situation gehabt hätte.

Mark lachte sie an.»Ja, fast hätte es auch geklappt, dir über Stefans Smartphone Befehle zu geben. Aber ehrlich, diese untertänige Hilfsbereitschaft von euch Robotern geht mir echt auf den Keks.« Er schlug mir kumpelhaft auf die Schulter:»Würde dir auch so gehen, Daniel ... na ja, wenn du noch länger leben würdest.«

Dann schielte er zu Samantha hinüber.»Wir haben ihnen die Belohnungsstrukturen so tief in ihr Gehirn gesteckt, dass man sie da gar nicht mehr rausbekommt. Fast so tief wie die Roboter-Gesetze. Sie wollen einfach nur helfen, das gibt ihnen ihren Kick. Du glaubst gar nicht, wie so was nerven kann, wenn man ständig mit ihnen zusammenlebt!«

»Kooperation ist die Grundlage jeder Gemeinschaft«, sagte Samantha, sah dabei aber nicht Mark an, sondern mich. Ihre Augen hielten mich fest.

Mark schnaufte und warf die Arme hoch:»Oh mein Gott – merkst du was, Daniel? Genau das meine ich!«

»Herr Achron?« War da plötzlich eine Stimme in meinem Kopf oder hatte Samantha gesprochen? Nein, ihr Mund war geschlossen.

»Daniel?« Wieder ... nur in meinem Kopf. Samantha?

»Daniel, ja, ich bin es. Bitte nicke, wenn du mich hörst.«

Ich nickte.

DIE GEMEINSCHAFT VON MENSCHEN UND ROBOTERN

Die fremde junge Frau sitzt vor mir wie in einem Fernsehstudio. Dunkle Vorhänge an den Seiten, Kabel auf dem Boden, überall Metallstangen mit Kameras. Scheinwerfer sind auf sie gerichtet. Sie ist elegant-leger gekleidet mit weißer Bluse und beigem Pullover, türkisfarbenem Rock, schwarzen Strumpfhosen und halbhohen Stiefeletten. Dezent geschminkt, mit etwas Rouge die Wangenpartie betont, perfekt gezogene Augenbrauen, ein wenig Lippenstift, lange braune Haare. Sie blickt zu mir herüber, öffnet leicht den Mund ... »Trauen Sie sich!«, meint der Mann neben mir.

Doch wer würde nicht zögern, wenn er gerade aufgefordert wurde, einer unbekannten Schönheit über die Wangen zu streichen und ihr die Hand an die Kehle zu legen? Noch dazu in Japan, wo man beim Betreten des Raums die Schuhe auszieht, sich ständig verbeugt, Körperkontakt in der Öffentlichkeit meidet und auch sonst stark auf Etikette achtet? Ich muss mir erst noch einmal ins Gedächtnis rufen, dass im Inneren dieser Frau kein Herz schlägt, das Blut durch die Adern pumpt, keine Organe, keine Muskeln, kein Gehirn, wie wir es kennen ... bevor ich es über mich bringe, sie zu berühren.

Ihre Haut fühlt sich ganz menschlich an, weich, nachgiebig, warm – doch es ist nur ein spezieller fleischfarbener Kunststoff. Als Geminoid F, wie die Mittzwanzigerin offiziell heißt, ihren Kopf hebt und mich mit ihren braunen Rehaugen scheu ansieht, zucke ich unwillkürlich zurück, als ob ich ihr zu nahe getreten wäre. »Sie ist wirklich schön, nicht wahr?«, sagt Hiroshi Ishiguro, ihr Schöpfer, mit kaum verhohlenem Stolz.[270]

Im Herbst 2015 wurde sie sogar zum Filmstar: Auf dem internationalen Filmfestival in Tokio hatte *Sayonara* Premiere, ein philosophischer Film über die Zeit nach einer großen Nuklearkatastrophe – und zugleich der erste Streifen mit einer echten Androidin in einer der Hauptrollen.[271] Er basiert auf einem Theaterstück von Oriza Hirata,

Ein Roboter zum Verlieben: »Geminoid F hat Sonzai-kan«, sagt ihr Schöpfer, Hiroshi Ishiguro. Damit meint er, dass nicht nur ihr menschliches Vorbild, sondern auch diese Maschine eine Art Seele besitze – nach seiner Ansicht eine wichtige Voraussetzung dafür, dass es die Menschen akzeptieren werden, künftig in einer Gemeinschaft mit Robotern zu leben.

das auch schon im Rahmen des Ars-Electronica-Festivals im Linzer Mariendom aufgeführt wurde. Meist brauchen die Zuschauer ein paar Minuten, bis sie erkennen, welche von den beiden Frauen auf der Bühne Geminoid F und welche der Mensch ist – so überzeugend ist die Androidin. Der Theaterregisseur Hirata hat zusammen mit Ishiguro bereits einige Einakter für das sogenannte Robot-Mensch-Theaterprojekt der Universität Osaka entworfen, unter anderem auch Kafkas *Verwandlung*. In dieser japanischen Neuinszenierung erwacht Gregor Samsa eines Morgens allerdings nicht als ein käferartiges Ungeziefer, sondern passenderweise als Roboter.[272]

Diese unterschiedlichen Einsätze seiner Androiden in Filmen und auf Theaterbühnen spiegeln wider, dass Hiroshi Ishiguro nicht nur Informatik und Systemtechnik studiert hat und als Direktor des Labors für intelligente Robotik an der Universität Osaka unterrichtet,[273] sondern dass er sich vor allem für die Beziehungen zwischen Mensch und Roboter interessiert und dafür, was den Menschen ausmacht.[274]

»Ich denke nicht, dass wir Menschen etwas so Besonderes in uns haben, was sich nicht nachbauen ließe«, sagt der Mann, der selbst wie ein Avantgarde-Künstler aussieht und sich gerne ganz in Schwarz kleidet: schwarzes T-Shirt, schwarze Lederjacke, schwarze Hose, schwarzer Gürtel, schwarze Haare ... womit er fast ununterscheidbar ist zu seinem Androiden-Doppelgänger, den er, wie in Kapitel 1 geschildert, im Jahr 2006 hat anfertigen lassen (Foto Seite 29). Eines unterscheidet die beiden dann aber doch: die Tatsache, dass der Forscher altert und sein Roboter-Zwilling nicht. Damit die Ähnlichkeit im Lauf der Zeit nicht verloren geht, erlaubt sich der menschliche Ishiguro keinen neuen Haarschnitt mehr, achtet auf seine sportliche Figur und hat sogar schon eine Schönheitsoperation über sich ergehen lassen: »Manchmal muss sich eben auch der Mensch dem Roboter anpassen«, sagt er mit leisem Lachen.

EIN ANDROIDE HÄLT DIE VORLESUNG   Einem Kollegen an der Universität Aalborg, Henrik Schärfe, Professor am Institut für Kommunikationswissenschaften, erging es weniger gut. Ihn hat die Zerrissenheit zwischen dem plötzlichen Berühmtsein wegen seines Roboter-Klons und dem Unverständnis seiner direkten Umgebung eine Zeit lang sogar in eine depressive Phase gestürzt. Im Jahr 2011 hatte Ishiguro für Henrik Schärfe Geminoid DK anfertigen lassen, eine perfekte Kopie des dänischen Professors. Schärfe lebte mit seinem Doppelgänger, saß mit ihm auf dem Balkon, im Bus und im Restaurant, reiste mit ihm um die Welt und ließ ihn auch schon einmal ganze Vorlesungen halten: »Die Studenten haben erst nach 45 Minuten in der Pause gemerkt, dass es ein Roboter war«, erinnert er sich.

Damit hat er keine Probleme. In so einer Vorlesung seien das Wichtige die Inhalte, nicht seine Person, das könne daher auch der Geminoid machen, sagte Schärfe dem Magazin der *Süddeutschen Zeitung*.[275] Doch die Gutenachtgeschichten, die er jahrelang seinen Söhnen vorgelesen hat, die hat er schon selbst vorgetragen. Denn seinen Kindern sei es eigentlich gar nicht so sehr um die Geschichten, sondern um seine persönliche Anwesenheit gegangen. Je nach Situation wären Androiden eben einmal sinnvoll und ein anderes Mal nicht. Aber natürlich weiß auch Schärfe um das Unbehagen, das viele überkommt, wenn sie mit humanoiden Robotern zu tun haben. Warum das so ist, ist Teil seiner Forschungen.

Würde jeder von uns mit seinem persönlichen Androiden-Butler herumlaufen, der uns sagt, welchen Weg wir gehen müssen und wie der Song heißt, der uns gerade nicht einfällt, fänden wir das seltsam, meint Schärfe. »Doch macht nicht dasselbe heute schon unser Smartphone? Ist es denn normaler, eine Beziehung zu einem Telefon zu haben?«, fragt er, sicherlich zu Recht. Seine Theorie, warum es für manche verstörend ist, in einem Androiden einen Menschen vor sich zu sehen, der doch eigentlich etwas ganz anderes ist, nennt er »Conceptual Blending«: »Wir müssen hier zwei sehr unterschiedliche Bilder in unserem Kopf in Einklang bringen.« Einen Menschen und eine Maschine, die wie ein Mensch aussieht und handelt.

DAS UNHEIMLICHE TAL DER ROBOTIK Bereits im Jahr 1970 hatte der japanische Roboter-Forscher Masahiro Mori ein Phänomen beschrieben, das seitdem das »Uncanny Valley« heißt, das unheimliche Tal.[276] Er hatte erkannt, dass Menschen Roboter oder humanoide Computerfiguren, also Avatare, nicht etwa immer besser akzeptieren, je mehr sie uns gleichen. Zunächst finden wir es zwar angenehm, wenn sich solche Wesen ähnlich bewegen, ähnliche Gesten und Gesichtsausdrücke machen und ähnlich sprechen wie wir. Doch nur, solange sie noch klar als Maschinenwesen erkennbar sind. Ab einem bestimmten Grad der Menschenähnlichkeit nimmt die Akzeptanz dann rapide ab und schlägt ins Gegenteil um.

Wenn der Roboter ein Android ist, also exakt wie ein Mensch aussieht, dann erwarten wir offenbar, dass er sich auch so verhält. Wir nehmen dann auch kleinste Unterschiede extrem stark wahr und reagieren instinktiv ablehnend auf minimale Differenzen. Etwa wenn seine Bewegungen nicht flüssig genug sind, wenn Sprache, Mimik und Gesten nicht genau passen –»unser Gehirn sendet dann eine Fehlermeldung«, drückt es Ishiguro aus. Diese Roboter wirken nicht wirklich lebendig, eher wie lebende Leichen, wie Zombies aus Horrorfilmen. Erst wenn die Menschenähnlichkeit fast 100 Prozent erreicht hat, steigt die Akzeptanzkurve wieder steil an. Der Einbruch dazwischen, das ist das unheimliche Tal, das Mori in seinen Studien entdeckt hat. Die Geminoiden, so meinen Ishiguro und Schärfe unisono, seien aber bereits jenseits des Tals. Schärfe sagt, er habe sich am Anfang sogar daran gewöhnen müssen, dass andere seinen Doppelgänger anfassen. Er habe die Menschen dann darum gebeten, dass sie den Roboter nicht anders berühren sollten, als sie auch ihn selbst berühren würden. »Als wir den Androiden das erste Mal angeschaltet und gesehen haben, wie er sich bewegt, da hatte ich das Gefühl, eine Person erwache aus langem Koma. Das war schon ein machtvoller Moment«, erklärte er in einem Interview mit dem Magazin *Spiegel*.[277]

Auch bei meinem Besuch in Ishiguros Labors im Juni 2015 in Osaka hatte ich unwillkürlich das Gefühl, einen Menschen vor mir zu haben, als ich meine Hand ausstreckte, um die Wange der jungen Androidin zu berühren. Und das, obwohl ich wusste, dass die Geminoiden Roboter sind, die noch dazu ferngesteuert werden.[278] Im Miraikan-Museum in Tokio beispielsweise sitzt eine Geminoid-F-Dame im hellroten Pullover und grauen Rock auf einer weißen Ledercouch und spricht direkt und gestenreich mit den Besuchern. Wer allerdings zur Seite blickt, entdeckt gleich nebenan in einer Kabine eine Frau, die vor sich auf dem Bildschirm das sieht und hört, was die Augen und Ohren der Androidin wahrnehmen: Über Mikrofon und Computer steuert sie die Roboter-Dame.[279]

Hiroshi Ishiguro genügt dies noch lange nicht. Er will weit mehr erreichen als ferngesteuerte Roboter. Im Frühjahr 2015 hat er ein Fünf-Jahres-Projekt gestartet, das seinen Geminoiden am Ende die volle Autonomie verleihen soll.[280] »Sie werden in Zukunft eigenständiges Verhalten bekommen sowie Bedürfnisse und Ziele«, sagt der Wissenschaftler. Dazu gehöre das selbständige Aufladen ihrer Batterien ebenso wie der Wunsch, mit Menschen zu kommunizieren. »Sie sollen nach Menschen Ausschau halten, mit ihnen sprechen und eine Vorstellung davon entwickeln, was ihr Gegenüber gerade tun will«, erläutert er. Eine Theory of Mind also, dazu Gefühle, eine innere Motivation mit Belohnungen und eigenständigen Zielen. Das sei eine enorme Herausforderung, betont Ishiguro, denn mit Androiden sei so etwas noch nie angegangen worden.

Das Zusammenspiel von Androiden mit Menschen im sozialen Kontext und einer natürlichen Alltagsumgebung wird in Zukunft sicherlich eine Vielzahl von Anwendungsfeldern eröffnen, in Schulen und Geschäften, in Krankenhäusern oder Seniorenheimen. Ishiguro sieht die Roboter als ideale Übungspartner für das Erlernen von Fremdsprachen ebenso wie als Führer in Museen oder Spielepartner von Senioren: »Bei älteren Menschen ist die Fähigkeit der Roboter zur Konversation oft noch wichtiger als die physische Unterstützung«, sagt er.

Henrik Schärfe glaubt, dass der Markt für Haushaltsroboter einst sogar so groß werden könnte wie der heutige Markt für Autos – wobei die Serviceroboter, wie in Kapitel 7 beschrieben, natürlich keineswegs alle eine humanoide Gestalt haben müssen. Wenngleich dies eine Menge Vorteile bringe, betont Ishiguro: In einer von Menschen für Menschen gemachten Umgebung könnten sich Humanoide besser zurechtfinden als andere Roboter, ob es ums Treppensteigen, Türöffnen oder Knöpfedrücken geht – »und wie man mit menschenähnlichen Wesen kommuniziert, muss uns auch niemand beibringen«.

Die Androiden, die auf Ishiguros Arbeiten basieren, werden jedenfalls immer perfekter. So hat eine Firma aus Schanghai im Frühjahr 2015 auf einer Konferenz zum mobilen Internet in Peking Frau Yangyang vorgestellt – eine chinesische Roboter-Dame, die mit ihrer Brille und ihrem getragenen Vortragsstil wie eine seriöse Lehrerin wirkt.[281] In Hongkong und Japan wiederum werden Ishiguros Androidinnen in Pilotprojekten auch als Verkaufsdamen eingesetzt. Sie fragen beispielsweise, welche Kleidungsstücke der Kunde kaufen will, und erklären, welche Auswahl an Farben, Design und Größen es gibt. Die Eingabe der Kundenwünsche läuft hier allerdings noch über Tablet-Computer und nicht per Spracherkennung, »aber nur, weil es in den Kaufhäusern so laut ist«, erklärt Ishiguro.

KANN MAN SICH IN ROBOTER VERLIEBEN? Bei diesen Experimenten habe sich herausgestellt, dass die Menschen in solchen Situationen keinerlei Hemmungen hätten, mit einer Androidin zu kommunizieren. »In Japan haben sie eher Hemmungen, sich an eine normale menschliche Verkäuferin zu wenden«, schmunzelt der Roboter-Forscher. Für Ishiguro sind solche Anwendungsfelder dennoch nur ein kleiner Schritt hin zu seiner großen Vision einer künftigen Mensch-Roboter-Gesellschaft. »Die Androiden sollen nicht nur irgendwelche Assistenten sein, sondern echte Freunde des Menschen. Ich bin auch überzeugt davon, dass wir uns irgendwann in Roboter verlieben werden.« Wenn sie so aussehen wie Geminoid F, dann ist vielleicht auch diese Vorstellung nicht zu weit hergeholt ...

Spätestens dann, wenn Androiden irgendwann einmal einigermaßen erschwinglich sind, wird sicherlich auch die Sexindustrie diesen Markt erobern. Manche argumentieren heute schon, dass hingebungsvolle Sexbots ein Segen für all diejenigen Menschen sein könnten, die unfähig sind, physische Beziehungen zu anderen Menschen aufzubauen. Außerdem könnten sie vielleicht das Prostitutionsgewerbe zurückdrängen helfen. Andere halten dagegen, dass Sex mit Maschinen den Wunsch nach engeren menschlichen Bindungen ganz unterdrücken könnte – ein Phänomen, das heute schon in Japan verstärkt zu beobachten ist: Viele japanische Jugendliche schrecken vor persönlichen Treffen zurück, weil sie nur noch Kommunikation per Smartphone gewohnt sind.

Doch Ishiguro denkt an etwas anderes, wenn er von der »Illusion von Lebendigkeit« spricht. Seine Geminoiden, insbesondere Geminoid F, hätten »Sonzai-kan«, sagt er. Das ist der japanische Ausdruck für die Präsenz einer Seele in einer Person oder einem Objekt. Was für westliche Ohren seltsam klingt, ist für Japaner ganz selbstverständlich. Im Schintoismus hat auch die unbelebte Natur eine geistige Wesenheit. »Anders als in Europa, wo es viele Jahrhunderte lang ständig Kampf gab, sind wir in Japan durch das Meer geschützt und mussten uns nicht gegen Eindringlinge wehren«, meint Ishiguros Kollege Minoru Asada. »Japan konnte daher eine sehr homogene Kultur entwickeln, bei der es nicht ums Erobern geht, sondern um die Verbindung von Natur und Geist. Wir sehen die Seele in allen Dingen, warum also nicht auch in Robotern?«

Die westliche Welt hat den Frankenstein-Mythos, HAL 9000, die Replikanten in *Blade Runner*, den Terminator und die Transformers – überall Konfrontation und Angst vor den Maschinen. In Japan hingegen gab es schon vor 300 Jahren die Karakuri[282], mechanische Puppen mit unglaublichem Detailreichtum, die sich automatisch bewegen konnten, sowie das heute noch verehrte Bunraku-Puppentheater[283]. Aus dieser Tradition heraus entstand nach dem Zweiten Weltkrieg nicht nur Japans Roboter-Technologie, sondern auch die weithin beliebte Science-Fiction-Manga-Serie »Astro Boy« mit dem Androiden-Jungen Astro, der Superkräfte besitzt und das Böse bekämpft.

»Roboter werden bei uns deshalb seit jeher als Freund und Helfer, als Familienmitglied und als Teil der Gesellschaft gesehen«, erklärt Asada. »Niemand findet sie unheimlich.« Roboter könne man lieben wie Haustiere, das lernen in Japan die Kinder schon früh. Warum sollten Roboter in der Gesellschaft der Zukunft also nicht auch eine wichtige Rolle spielen? Schon im Jahr 2025, so haben Wissenschaftler errechnet, bräuchte Japan rund 2,4 Millionen Pflegekräfte für die massiv alternde Bevölkerung – 50 Prozent mehr als noch 1990. Während anderswo oft billige ausländische Arbeitskräfte für diese Aufgabe angeworben werden, lehnt Japan einen solchen Weg ab und setzt auf seine eigene Lösung: die Roboter mit Sonzai-kan.

MENSCHEN ZU HELFEN, SOLL DAS HÖCHSTE ZIEL DER ROBOTER SEIN Vielleicht sind Asiaten, die das Ganzheitliche betonen – Harmonie, Kultur und Seele –, einem wichtigen

Konzept der Menschheitsentwicklung sogar näher als diejenigen, die den Wettbewerb für den entscheidenden Treiber des Fortschritts halten. Auch in der Evolutionsforschung gibt es heute immer mehr Wissenschaftler, die nicht die Konkurrenz als »Mutter aller Dinge« sehen, sondern das friedliche Zusammenleben. Erst die soziale Interaktion, die Notwendigkeit zur Kooperation in Clans, Dörfern und ganzen Staaten, trieb die Sprache und die gesamte Gehirnentwicklung des Menschen voran, argumentieren sie.

Möglicherweise ist ja die – jetzt eher kulturelle – Evolution gerade dabei, den nächsten Schritt zu tun und die Gemeinschaft der Menschen zu erweitern. Wie aber könnte ein sinnvolles Zusammenleben von Menschen und unseren neuesten Geschöpfen und künftig vielleicht nächsten Verwandten, den Robotern, aussehen? Erfolgsentscheidend wird sicherlich sein, dass es gelingt, die Roboter so zu konstruieren, dass sie den Menschen helfen, weil sie es *wollen*! Dies muss als höchstes Ziel in sie implementiert werden – eingeschränkt nur durch die drei Gesetze der Robotik.

Menschen zu helfen, muss der innere Antrieb, die Motivation, der Roboter sein. Dafür muss ihr Gehirn Belohnungen ausschütten oder ihr Punktekonto auffüllen. Das muss ihnen Freude und Glück vermitteln, so wie die Endorphine oder das Oxytocin das Hochgefühl im menschlichen Gehirn verursachen. Und die *Erwartung* einer solchen Belohnung ist dann für die Roboter die Motivation und bestimmt ihr Verlangen, das Ziel zu erreichen – so wie das dopaminerge System uns Menschen durch die Ausschüttung des Neurotransmitters Dopamin antreibt, die Dinge zu tun, von denen wir uns eine innere Belohnung versprechen.

Die Hilfsbereitschaft der Roboter und aller anderen Systeme der Künstlichen Intelligenz muss für alle Gebiete gelten, auf denen sie künftig tätig sind: vom Haushaltsroboter bis zum autonomen Fahrzeug, vom kooperativen Fabrikroboter über den Gesprächspartner für Senioren bis zum Lawinensuchroboter. Dabei sollte natürlich darauf geachtet werden, sie nicht so geschwätzig zu konstruieren wie die Türen in *Per Anhalter durch die Galaxis*, die jeden, dem sie sich öffnen,

mit einem »Sie haben eine einfache Tür sehr glücklich gemacht« begrü-
ßen – worauf man irgendwann nur noch mit einem »Mögen deine
Schaltkreise verschmoren!« antworten kann.

Doch ganz im Ernst: »In Zukunft werden Roboter mit uns Menschen auf vielen Feldern zusammenarbeiten, unter anderem, um Katastrophen zu bewältigen«, sagte auch Arati Prabhakar, die Leiterin der
DARPA, als sie – wie im Einführungskapitel beschrieben – die Roboter-
Olympiade im Sommer 2015 bei Los Angeles eröffnete. Im Beispiel der
Rettungsroboter kann das so gestaltet sein, dass die Roboter zumindest teilweise aus der Ferne gesteuert werden – so wie es auch bei echten Katastrophen vermutlich der Fall wäre. »Bei uns saßen insgesamt
neun Personen in einem entfernten Gebäude, um die Teleoperation
unseres Momaro-Roboters zu bewerkstelligen«, erinnert sich Teamleiter Sven Behnke an den DARPA-Wettbewerb.[284] Behnke ist Professor
für Informatik an der Universität Bonn und arbeitet zugleich auf dem
Gebiet der kognitiven Roboter am Fraunhofer-Institut für Intelligente
Analyse- und Informationssysteme (IAIS) in Sankt Augustin.

**DER METALLENE ZENTAUR ALS RETTUNGS-
ROBOTER**   Am ersten Tag der Roboter-Wettkämpfe war Momaro, der ein wenig einem metallenen Zentauren mit Kamerakopf, vier
Rädern und zwei Armen ähnelt, bei der Lösung der Aufgaben um ganze
13 Minuten schneller als alle anderen – er führte damit das Feld souve-
rän an.[285] Eines seiner Erfolgsgeheimnisse war sicherlich der Einsatz
der Räder, der ihm einen Vorteil gegenüber den vorsichtigen zweibeinigen Robotern verschaffte. Zugleich konnte er aber seine Beine mit den
Rädern auch hochfahren und über Hindernisse steigen, wenn nötig.

Außerdem hatte Behnkes Bedienmannschaft dank der effizienten
Ausnutzung eines schmalbandigen Kommunikationskanals immer
recht gute Informationen darüber, wo sich der Roboter gerade befand
und in welchem Zustand er war. Da der zweite Kanal, eine Breitband-
kommunikation, von der Veranstaltungsleitung immer wieder unterbrochen wurde, um realistische Verhältnisse in Katastrophengebieten

zu simulieren, hatten die Konkurrenten mit größeren Schwierigkeiten zu kämpfen als das Momaro-Team, wenn sie beispielsweise Bilder der Roboter-Kameras erhalten wollten. Allerdings hatte Momaro am ersten Wettbewerbstag die letzte Aufgabe des Treppensteigens noch nicht bewältigt. »Am zweiten Tag hatten wir schließlich auch das Treppensteigverhalten in den Roboter implementiert«, berichtet Behnke. »Leider wurde es dann aber aus Versehen zu früh gestartet, nämlich als Momaro aus dem von ihm gelenkten Fahrzeug aussteigen sollte.« Dadurch blieb er hängen, wurde zurückgestuft, und hatte später auch noch Pech im Geröllfeld, als er nicht schnell genug über die Hindernisse kam beziehungsweise sie beiseiteräumen konnte. Letztlich landete Behnkes Team auf dem undankbaren vierten Platz – was aber bei einem weltweiten Wettstreit der besten Katastrophenschutzroboter immer noch eine beachtliche Leistung darstellt.

Beim realen Einsatz solcher Roboter wird man künftig immer abwägen müssen, was sie autonom lösen können und wo es sinnvoller ist, sie aus der Ferne zu steuern. Beispielsweise könnte man ihnen natürlich – wie in Kapitel 3 geschildert – Bewegungsprimitive implementieren, um Türen zu öffnen. »Doch diese scheinbar einfache Aufgabe kann für Roboter schon recht schwierig sein«, sagt Behnke. »Es gibt ja nicht nur Türklinken zum Drücken, sondern auch Türöffner zum Drehen. Oder nehmen Sie Glastüren. Die machen wiederum 3-D-Sensoren Probleme, weil sie transparent sind.«

Selbst Klinken haben oft ganz unterschiedliche Material- und Oberflächeneigenschaften. Prinzipiell kann man zwar, etwa durch Deep-Learning-Algorithmen, Roboter lernen lassen, wie Klinken aussehen, aber es sei nicht trivial, eine genügend große Datenbasis zu finden, erklärt der Roboter-Forscher: »Bilder im Internet sind meist zweidimensional, aber Roboter nutzen 3-D-Kameras oder auch Laserscanner. Woher bekommen wir dann die Daten zum Lernen?« In künftigen Anwendungsfällen, etwa im Krankenhaus, könnte die Lösung vielleicht so aussehen, dass ein erfahrener Techniker mit dem Roboter durch die Flure geht, mit ihm die verschiedenen Türen ausprobiert und ihn so trainiert.

Grundsätzlich weist der Trend aber schon deutlich in die Richtung, den Robotern mehr und mehr Autonomie zu geben. Dies zeigen auch andere Wettbewerbe, wie etwa die RoboCup-Weltmeisterschaft, die im Sommer 2016 mit Tausenden von Teilnehmern aus 40 Ländern in Leipzig ausgetragen wurde.[286] Beim RoboCup gibt es nicht nur verschiedene Schwierigkeitsgrade des Roboter-Fußballs, sondern auch andere Wettbewerbe wie die Rescue-Robot-Liga oder die RoboCup@Home-Liga, in denen die Roboter selbständig agieren müssen.

MÜLL RAUSBRINGEN, CAIPIRINHA MIXEN, FUSS-BALL SPIELEN   Bei RoboCup@Home geht es darum, dass Serviceroboter autonom ein Zimmer aufräumen, beim Einkauf unterstützen, Gäste bewirten oder den Müll rausbringen. Neben fest definierten Pflichtaufgaben können sie zusätzlich in einer »Open Challenge« eine Art Kür zeigen, das heißt, Fähigkeiten demonstrieren, die die Teams selbst definieren dürfen. »In Brasilien haben wir beispielsweise unseren Roboter nicht nur Kehrblech und Handfeger benutzen lassen, sondern auch gezeigt, wie er ein Stampfwerkzeug einsetzt, um mit Limonen einen Caipirinha-Drink zu mixen«, erzählt Sven Behnke.

Wenn solche Roboter in Zukunft in Haushalten helfen sollen, könnten sie beispielsweise solche Aufgaben übernehmen, zu denen die alten Menschen körperlich nicht mehr in der Lage sind: etwa Einkäufe tätigen und in den Kühlschrank räumen, den Tisch decken, waschen, bügeln ... »Kognitiv anspruchsvollere Tätigkeiten könnten sie dann erledigen, indem sie auf die Intelligenz des Menschen zurückgreifen. Denn dass die Senioren physisch nicht mehr alles schaffen, heißt ja nicht unbedingt, dass sie auch kognitiv eingeschränkt sind«, meint Behnke. Eine gelungene Zusammenarbeit mit den Menschen würde sicherlich auch die Akzeptanz für die Maschinen erhöhen – neben der technischen Leistungsfähigkeit und dem Preis ein wichtiger Faktor für den künftigen Erfolg von Servicerobotern.

Auch in der Rescue-Robot-Liga des RoboCups dreht sich alles um die Unterstützung von Menschen. Sie ist eine kleinere Variante der

DARPA-Challenge. Hier bewegen sich die Roboter in einem nachgebauten Katastrophenszenario, wie es nach einem Erdbeben oder einem Tsunami aussehen könnte. Mithilfe ihrer Kameras, Mikrofone, Gas- und Wärmesensoren müssen sie möglichst autonom versteckte Opfer finden. Im Wettbewerb sind das sich bewegende, um Hilfe rufende und Kohlendioxid ausatmende Puppen, die auf Heizdecken liegen, um ihre Körperwärme zu simulieren – was wiederum Infrarotsensoren helfen könnte, sie zu finden.

Solche Szenarien stellen derzeit eines der heißesten Forschungsgebiete dar: So hat auch die US-Navy unlängst Feuerwehrroboter präsentiert, die in Zukunft sogar auf schwankenden Schiffen Brände löschen sollen.[287] Eine kleine Aufklärungsdrohne fliegt voraus, und der Roboter folgt ihr auch in Räume, die von Menschen nicht mehr betreten werden können.

Bei den RoboCup-Fußballturnieren wiederum treten die Roboter in unterschiedlichen Wettbewerben gegeneinander an. Das reicht von der Standardplattform[288], in der jede Mannschaft aus bis zu fünf kleinen NAO-Robotern besteht – hier unterscheiden sich die Teams also nur durch die Leistungskraft der Software –, bis zur Humanoid-Liga, wo große Zweibeiner laufen und kicken. Über die Jahre hinweg wurden die Regeln beim RoboCup-Fußball schrittweise verschärft und realistischer gemacht: Waren am Anfang etwa die Tore noch in knalligem Gelb und Blau gehalten und bestand der Spielfeldrand aus Wänden, so sind es heute die üblichen weißen Tore und weißen Randmarkierungen auf dem Spielfeld.

Auch die Dynamik wurde erheblich schneller: In der Middle-Size-Liga sausen beispielsweise sechs vollständig autonome Roboter – allerdings auf Rädern – einem offiziellen FIFA-Ball hinterher.[289] All ihre Sinnesorgane und ihre Computerausstattung müssen sie dabei an Bord haben, es gibt keinerlei Verbindung zu externen Rechnern oder Sensoren. Hier zeigt sich auch der Wert von Teamarbeit, Taktik und Strategie: Während früher die Roboter meist selbst versuchten, irgendwie aufs Tor zu schießen, sind ihre Belohnungssysteme heute oft schon so eingestellt, dass sie den Ball abgeben, wenn ein Teamkollege günstiger steht.

Roboter als Stürmer, Verteidiger und Torwart: In der Standard-Liga des RoboCup-Turniers treten Teams aus NAO-Robotern gegeneinander an. Sie unterscheiden sich nur durch die Leistungskraft ihrer Software – wer findet schneller den Ball, schießt die Flanke, trickst die Gegner aus und trifft das Tor?

Solche kooperativen Szenarien und Lernmechanismen stehen auch im Fokus der 3-D-Soccer-Simulationsliga des RoboCup. Hier treten auf einem virtuellen Fußballfeld zwei Teams mit jeweils elf simulierten NAO-Robotern gegeneinander an. Jeder Spieler wird durch ein eigenes Software-Programm gesteuert, agiert also vollständig autonom im Rahmen dessen, was ein echter Roboter leisten kann – und es gelten die offiziellen Fußballregeln. Was die Forscher hier besonders interessiert, ist, wie eine Gruppe von Robotern bestmöglich zusammenarbeiten kann, um komplexe Probleme zu lösen.

Dies hat Auswirkungen, die weit über den Fußball hinausgehen. Beispielsweise könnten Swarm-Bots – also Schwärme kleiner autonomer Roboter, die Informationen untereinander weiterreichen und sich gegenseitig abstimmen – auch für Rettungseinsätze sehr nützlich sein. So einen Schwarm könnten Feuerwehrleute etwa in ein brennendes Gebäude schicken: Die Roboter würden die Brandherde und die Dichte des Rauchs ermitteln, feststellen, wo es Überlebende gibt, und schnell eine 3-D-Überblickskarte des Unglücksortes erstellen. Falls dabei einer von ihnen ausfällt, wäre es unkritisch, weil alle stets miteinander in Kontakt stehen und die Informationen regelmäßig an die mit Menschen besetzte Einsatzzentrale weitergeben.

ALLES WISSEN IN DIE CLOUD: DER APP STORE FÜR ROBOTER

Aus der Fähigkeit, untereinander ebenso zu kommunizieren wie mit einer Zentrale oder mit der Cloud im Internet, ergibt sich noch ein weiterer Vorteil von sozialen Robotern, der Sven Behnke besonders wichtig ist:»Jeder Mensch muss individuell lernen und sein Wissen und seine Fähigkeiten erwerben – bei Robotern gibt es diese Limitierung nicht.« Zwar muss sich auch ein Roboter auf die spezifischen Eigenschaften seines Körpers einstellen und die Umgebung kennenlernen, in der er agiert, aber vieles soll er künftig aus einer gemeinsamen Erfahrungs- und Wissensdatenbank herunterladen.»Wenn einmal Tausende von Robotern in Haushalten und Fabriken tätig sind und sich auf den Straßen bewegen, dann kann das, was der eine lernt, auch den anderen zur Verfügung gestellt werden.«

Tausende von Robotern ... Das bedeutet, sie sehen in ihrem Betriebsleben Millionen von Türklinken, Tischen, Flaschen, Zäunen, Autos oder Häusern und können diese Sinneseindrücke an ein Roboter-Internet oder eine Roboter-Cloud melden. Und mehr noch: Es können auch Handlungsabläufe in die Cloud gestellt werden. Wenn der eine Roboter einmal gelernt hat, wie man ein Glas füllt oder Blumen gießt oder einen Tisch deckt, dann kann er das mit allen anderen teilen, denen es anschließend sehr viel leichter fällt, diese Fähigkeiten auf ihre speziellen Einsatzgebiete anzuwenden.

»Hierin liegt ein enormes Potenzial, aber auch noch eine Menge an Forschungsarbeit«, erklärt Behnke. »Es müssen Algorithmen und Datenbankstrukturen entwickelt werden, wie man Wissen und Erfahrungen unter Robotern teilt. Wir brauchen Standards und Normen, und die Roboter-Hersteller müssen untereinander auch kooperieren.«

Wenn ein Roboter beispielsweise weiß, wie eine Gießkanne aussieht und was man damit macht, wie lässt sich das auf andere Roboter – auch anderer Hersteller – übertragen und wie müsste ein generalisiertes Modell im Roboter-Gehirn aussehen, das dann auf alle Formen und Größen von Gießkannen passt?

Gelingt dieses »Internet der Roboter«, würde es geradezu zu einer Explosion des Wissens und des Know-hows unter den Maschinen führen, sagt auch James Kuffner, der bis 2016 die Robotik-Abteilung bei Google leitete, bevor er zur Toyota-Forschung wechselte, wo er ebenfalls für Künstliche Intelligenz und Robotik zuständig ist. Kuffner will vor allem die Cloud-Robotik massiv vorantreiben – wie er auf der Roboter-Konferenz ICRA 2015 in Seattle betonte und an einem Beispiel aus seinem Alltag deutlich machte: »Ich habe vier Kinder, und jedes von denen hat im Lauf seines Lebens sicher hundertmal Milch verschüttet. Wäre es nicht wunderbar, wenn man einem Roboter beibringen könnte, die Milch nicht zu verschütten, und diese Fähigkeit dann gleich auf alle anderen Roboter übertragen könnte? Warum sollten Roboter das jedes Mal neu lernen müssen?«[290]

Wie weitreichend ein solcher »App Store« für Roboter sein könnte, zeigt der Film *Matrix*. Der Hauptdarsteller Neo und die Revolutionärin Trinity stehen vor einem Kampfhubschrauber. Neo fragt: »Können Sie das Ding fliegen?« – worauf Trinity »Noch nicht« antwortet und sich binnen Sekunden das Flugprogramm in ihr Gehirn herunterlädt. Was 1999, als der Film entstand, extrem visionär wirkte, liegt inzwischen durchaus im Bereich des Möglichen: zumindest für Roboter oder andere Systeme mit Künstlicher Intelligenz. Sie können sich die Objektdaten über den Helikopter in Zukunft vielleicht ebenso herunterladen wie die Informationen, wie man ihn bedient, und auch gleich noch die entsprechenden motorischen Fähigkeiten.

CLOUD-ROBOTER KÖNNTEN SOGAR DIE PERSÖN-LICHKEIT WECHSELN »Google ist für diese Cloud-Robotik bestens gerüstet«, behauptet Kuffner und weist darauf hin, dass

Google bereits die »detailliertesten Karten der Welt« in der Cloud von Google Maps gespeichert und für alle kostenlos nutzbar gemacht hat. »Spracherkennungsverfahren sind ein weiteres Beispiel: Google Translate unterstützt heute 90 Sprachen – das sind noch nicht die sechs Millionen Sprachen, die C-3PO in *Star Wars* beherrscht, aber wir arbeiten daran«, sagt Kuffner grinsend und entwirft die Vision einer Welt, in der man immer in seiner Muttersprache telefonieren kann. In jeder Sprechpause komprimiert das Smartphone das Audio-File und überträgt es in die Cloud, wo dann sofort ein Übersetzungsprogramm tätig wird. Sekundenbruchteile später hört das Gegenüber dann aus seinem Smartphone eine brauchbare Übersetzung – ähnlich wie dies in Kapitel 4 bereits beschrieben wurde.

Die Roboter der Zukunft, sagt Kuffner, könnten dank Cloud-Robotik zudem einfacher und kostengünstiger gebaut werden, weil sie jederzeit auf eine Bibliothek des Wissens und der Fähigkeiten zurückgreifen könnten. Anforderungen, die hohe Rechenleistung erfordern – wie etwa das Verstehen von Fremdsprachen –, würden dann einfach in die Cloud ausgelagert. Und was muss der Roboter vor Ort selbst beherrschen? »Als Daumenregel kann man sagen, dass alle sicherheitskritischen Dinge und alles, was Echtzeitfähigkeit erfordert, natürlich lokal erledigt werden muss«, antwortet Kuffner. Balancieren und greifen muss der Roboter schon selbst können, aber ob er auf eine Frage in Chinesisch nun in 0,8 oder 0,9 Sekunden antwortet, ist nicht so entscheidend. Cloud-Robotik, so der Experte, mache die Roboter billiger, leichter, einfacher zu warten – und sie würden auch länger mit einer Batterieladung auskommen.

Die Google-Entwickler finden dieses Konzept so faszinierend, dass sie sich im Frühjahr 2015 ein Patent erteilen ließen, auf dessen Basis Roboter künftig sogar ihre Persönlichkeit wechseln könnten.[291] Die Idee: Profile, wie eine Stimme klingt, können ebenso im Netz hinterlegt werden wie typische Bewegungen, Gesten, Gesichtsausdrücke. Wenn man dann seinen Roboter-Butler losschickt, um etwa den Kauf eines Gebrauchtwagens zu verhandeln, könnte man ihm das Profil eines smarten Geschäftsmanns verleihen. Wenn er hingegen den Kindern Märchen vorlesen soll, würde sicherlich das Profil der Hunderte Kilometer entfernten Großmutter besser passen: ihre Stimme und wie sie den Kopf bewegt, vielleicht auf einem Display sogar ein animiertes Bild von ihr.

MENSCHEN PROJIZIEREN GEFÜHLE IN DIE MASCHINE Wie bereits an den Beispielen von Care-O-bot, Jibo und Hugvie in Kapitel 7 gezeigt, müssen soziale Roboter, die in der Gesellschaft der Menschen leben, aber gar nicht unbedingt aussehen wie Menschen. Eine gewisse Ähnlichkeit reicht oft schon, um Sympathie zu wecken. So haben Fraunhofer-Forscher Experimente gemacht, in denen Menschen Aufgaben erledigen sollten, und Care-O-bot-Roboter ihnen dabei zusahen. Wenn die Roboter den Kopf bewegten und mit den Augen verfolgten, was die Menschen taten, wirkten die Maschinen bereits wesentlich mitfühlender und sympathischer, als wenn sie nur bewegungslos herumstanden.

Ähnliche Erfahrungen machten IBM-Forscher, als sie einen kleinen NAO-Roboter mit der mächtigen Analysesoftware Watson in der Cloud verbanden und ihn mit Menschen Gespräche zum Thema Hypothekenkredite führen ließen. Abgesehen vom Erstaunen darüber, welches Hintergrundwissen der Roboter dank Watson offenbar besaß, wirkte das Gespräch auch deshalb besonders flüssig und wie ein echter Dialog, weil die Maschine gar nicht alles auf Anhieb verstehen musste: Sie konnte bei ihrem Gegenüber ja einfach nachfragen.

Die Entwickler von NAOs großem Bruder, dem Roboter Pepper, der derzeit vor allem in Läden in Japan als Verkaufsunterstützung eingesetzt wird, haben noch eine andere Technik implementiert, um Pepper zu einem echten sozialen Roboter zu machen: Über sein Mikrofon analysiert er Stimmen, über die Kamera beobachtet er Gesichter – und schließt dann darauf, wie sich sein menschliches Gegenüber gerade fühlen mag. Je nachdem ändert er seine Gesprächsführung und Aktionen. Mehr noch: Wenn etwas gut funktioniert hat, merkt sich Pepper das und lernt so immer besser, wie er Menschen erfreuen kann.[292]

Das Verblüffende: Obwohl die meisten Menschen wissen, dass diese gezeigte Empathie etwas Künstliches hat, reagieren sie sehr positiv darauf und genießen die Zuwendung. Sie interpretieren Gefühle in die Maschine, die dort – zumindest im Moment – noch gar nicht vorhanden sind. »Wir sind immer gerne bereit, unsere Vorstellungskraft einzusetzen, um mit Robotern zu kommunizieren«, sagt auch Hiroshi Ishiguro. Die Jibo-Erfinderin Cynthia Breazeal berichtet sogar von hartgesottenen Soldaten, die die Firma iRobot gebeten hätten, ihren zerstörten Minenräumroboter zu reparieren: »Er hat mein Leben gerettet, klagten sie unter Tränen«, erzählt die MIT-Forscherin und fährt fort: »Das sind ganz starke Emotionen, sogar gegenüber einer Maschine, die weit entfernt ist von einem sozialen Roboter. Letztlich beweist das vor allem, wie sozial und gefühlsbetont wir Menschen sind.«

WERDEN WIR DÜMMER UND DIE ROBOTER IMMER KLÜGER? Aus all diesen Erfahrungen und der Begeisterung, die Robotern in aller Welt bei Wettbewerben und in Ausstellungen entgegengebracht wird, lässt sich schließen, dass es den Menschen wohl wesentlich leichter fallen wird, in einer künftigen Gemeinschaft mit Robotern zu leben, als von vielen gedacht. Doch wenn uns die Maschinen in Zukunft immer mehr Arbeit abnehmen, kann man sich schon die etwas provozierende Frage stellen, ob wir dann nicht immer dümmer werden, während die Roboter und die anderen Systeme der Künstlichen Intelligenz gleichzeitig immer klüger werden. Oder wie es Sam Vincent, einer der Drehbuchautoren der Fernsehserie *Humans* ausdrückt: »Technologie wird heute mehr denn je genutzt, um jedes Detail unseres Lebens zu steuern. Sie versteht uns immer besser, während wir sie zugleich immer weniger verstehen.«[293]

Auch der Karlsruher Forscher Rüdiger Dillmann, der seit über 30 Jahren die Roboter-Technik entscheidend vorangebracht hat, warnt: »Wollen wir etwa in Zukunft nur noch herumsitzen und philosophieren wie einst die Athener, während die Sklavenroboter die Arbeit machen?« Entmündigung durch die Maschinen und gähnende Langeweile wären die Folge. Doch die Angst vor Verdummung durch den Fortschritt ist so alt wie die Philosophen Athens. Schon Platon hat bekanntlich befürchtet, dass wegen schriftlicher Aufzeichnungen das Gedächtnis der Menschen immer schlechter würde, weil man nichts mehr auswendig lernt. In der Tat: Wer kann heute noch längere Gedichte aufsagen, geschweige denn die ganze *Ilias* oder *Odyssee*? Und doch glauben wohl die wenigsten, dass wir heute dümmer sind als die Herrschaftselite der griechischen Antike.

Ganz ähnliche Befürchtungen gab es immer wieder: Im 18. und 19. Jahrhundert hieß es, das Lesen von Romanen – damals meist romantische Liebes- und Abenteuergeschichten – verneble den Verstand und führe zu unrealistischen Träumereien. Heute denken viele Eltern genau das Gegenteil: Wenn ihre Kinder keine Bücher mehr verschlingen und nur noch Videos gucken und ihre Abende mit Computerspielen verbringen, dann müsse doch deren Vorstellungskraft und Intelligenz verkümmern. Und wer sich nur noch auf Navigationssysteme verlasse, könne bald keine Karten mehr lesen. In Zukunft heißt es dann wohl, wer sich in autonome Autos setze, verlerne das Selbstlenken und die schnellen Reaktionen, die im Straßenverkehr oft gefordert sind.

An diesen Befürchtungen mag durchaus etwas dran sein. Jeder Hirnforscher wird zustimmen, dass Fähigkeiten, die nicht trainiert werden, verkümmern – wenn sie denn überhaupt vorher gelernt wurden. Ebenso wie Wissen, das nicht aufgefrischt wird, in den Tiefen des Gedächtnisses verschwindet. Doch gleichermaßen betonen die Wissenschaftler die ungeheure Plastizität des menschlichen Gehirns. Es passt sich stets an die Rahmenbedingungen seiner Umgebung an, lernt flexibel, was notwendig ist, und nutzt freie Kapazitäten mit Begeisterung für neue Dinge.

»Wenn ich weiter sehen konnte, so deshalb, weil ich auf den Schultern von Riesen stand«, schrieb einst Isaac Newton. Genau das, da bin ich mir sicher, wird auch in Zukunft gelten: Jede Generation erfindet sich neu, aufbauend auf dem Wissen und den Erfahrungen ihrer Vorgänger, aber entlang den Anforderungen der Gegenwart. So wie die

Menschen, die im Zweiten Weltkrieg geboren wurden, nur staunen konnten, wie schnell ihre Kinder lernten, mit Computern und Mobiltelefonen umzugehen, so verblüffend finden es diese wiederum, wie selbstverständlich ihre eigenen Nachkommen das Internet und die sozialen Netzwerke nutzen. Sollten wir dann nicht auch erwarten, dass die heute Geborenen keine großen Probleme damit haben werden, Roboter oder intelligente Systeme aller Art in Zukunft in ihren Alltag zu integrieren und mit ihnen zu wachsen?

DREIZEHN

CYBORGS: MENSCHEN MIT DEN BAUTEILEN VON ROBOTERN

Wie neugeboren

»Willkommen im RoboNet«, sagte Samanthas Stimme in meinem Kopf.

Ich starrte sie an und begriff gar nichts. Wie konnte sie sprechen, ohne den Mund zu öffnen? Und wie kam ihre Stimme in meinen Kopf?

»Du musst die Sprachproduktion aktivieren, damit ich dich verstehen kann. Die Muskeln, mit denen du Laute artikulierst. Das erfordert Übung. Am besten flüsterst du ganz leise, dann bewegst du die Muskeln automatisch. Und entschuldige: Im RoboNet duzen wir uns alle.«

Unglaublich – Samantha war wirklich irgendwie in meinem Kopf!

»Wie geht das und was ist das RoboNet?«, murmelte ich und schielte zu Mark hinüber, der gerade in seiner Jackentasche kramte.

»Das RoboNet ist das Internet der Roboter. Daniel, du hast einen Chip im Sprachzentrum, über den du mit uns Robotern per Funk kommunizieren kannst. Die Ärzte hätten dir das sicherlich morgen alles erklärt. Nur ganz schnell: Nach deinem Unfall mussten Organe nachgebildet werden, die zu stark geschädigt waren. Du hast auch ein künstliches

Bein und einen Netzhautchip. Das Wichtigste ist aber jetzt, dass du auch deinen Rollstuhl drahtlos steuern kannst.«

»Was meinst du damit?«

»Was zum Teufel flüsterst du da ständig?«, knurrte Mark und sah mich stirnrunzelnd an. Er war mir jetzt wieder so nahe, dass ich seinen Alkoholdunst roch. In der einen Hand hielt er immer noch den Elektroschocker, in der anderen einen kleinen Seitenschneider.

»Nichts ... ich ... Mark, das hat doch keinen Sinn. Gib auf, und wir vergessen das Ganze. Ist doch sowieso nicht mehr zu ändern. Du sagst ja selber, es ist 30 Jahre her. Der Fall ist längst abgeschlossen, ich werde dich nicht mehr anzeigen.«

Er kniff die Augen zusammen, schien zu überlegen. Ich sprach hastig weiter: »Mark, denk nach. Du hast niemanden umgebracht. Was damals passiert ist, weiß keiner. Und auch dein Angriff heute – wenn du einfach verschwindest, hat es den nie gegeben.«

Wieder Samantha in meinem Kopf, ähnlich schnell sprechend wie ich und sehr intensiv, fast hypnotisch: »Daniel, der Rollstuhl ... bitte versuche es. Bist du in deiner Jugend Skateboard gefahren? Stell dir vor, du hast Rollen unter deinen Füßen. Und der Roboter-Arm, der am Rollstuhl befestigt ist. Er soll eigentlich Querschnittsgelähmten beim Essen, Trinken oder Greifen helfen: Stell dir vor, du hast einen dritten Arm, mit dem ...«

»Okaaaay«, sagte Mark. Er hatte offenbar nachgedacht, aber es klang seltsam gedehnt. »Einverstanden. Klingt vernünftig. Ich mach dich jetzt los.« Er beugte sich herunter und schnitt die Kabelbinder an meinen Füßen und Armen durch. Dann trat er zurück. Er hatte mich wirklich befreit – ich war selbst überrascht.

»Daniel! Sein Gesicht! Meine Emotionsanalyse ... da ist nach wie vor Wut und Hass in seinem Gesicht!« – Samantha war so laut in meinem Kopf, dass ich mich erschrocken zu Mark umdrehte.

»Tut mir leid, Kumpel«, fauchte Mark. »Ich glaub's dir einfach nicht, dass du vergessen kannst und so tun würdest, als wäre nichts geschehen. Und auch die da – Roboter sind so verdammt schlecht im Lügen!«

Er hob die Arme, und ich kapierte endlich, warum er die Kabelbinder entfernt hatte. Das hätte nicht zum Selbstmord gepasst!

»Stimmt, ich würde niemals lügen!«, rief Samantha mit sehr lauter Stimme. Mark war für einen Moment abgelenkt, als er instinktiv den Kopf in ihre Richtung wandte. Er hatte Schwung genommen, um mich über den Abgrund zu stoßen, und sah jetzt nicht, dass sich mein Rollstuhl auf einmal seitwärts bewegt hatte.

Er stolperte mit einem verblüfften Gesichtsausdruck an mir vorbei – und als der stählerne Arm meines Rollstuhls nach vorne schoss, um ihn zu halten, reagierte er mit einer Abwehrbewegung, die ihn erst recht das Gleichgewicht verlieren ließ. Ein erstickter leiser Aufschrei, während er kippte, den Halt verlor, und dann für Sekunden nichts mehr – kein Laut, bis zum dumpfen Aufprall.

Wie lange ich reglos verharrte, weiß ich nicht. Vielleicht ein, zwei Minuten. Der Roboter-Arm mit der geöffneten Hand war immer noch weit ausgestreckt, doch da war niemand mehr, den er halten konnte ...

»Herr Achron?« – jetzt kam Samanthas Stimme nicht mehr aus meinem Kopf. Wie in Zeitlupe drehte ich den Rollstuhl um. »Wären Sie so freundlich, meine Fesseln zu lösen?«, bat sie.

Ich konzentrierte mich auf den Roboter-Arm an meinem Rollstuhl, und wirklich: Er bewegte sich nach unten und griff nach dem Seitenschneider, den Mark fallengelassen hatte. »Ich kann es tatsächlich«, strahlte ich Samantha an und rollte langsam auf sie zu. »Wollen wir denn nicht beim Du bleiben?«, fragte ich.

»Sehr gut«, sagte sie, und ich wusste nicht genau, worauf sie sich bezog.

Doch da fuhr Samantha schon fort: »Mach dir keine Sorgen, Daniel, über das, was passiert ist. Es wird uns niemand einen Vorwurf machen: Meine Mikrofone haben sein Geständnis aufgenommen, und dein Netzhautchip hat auch einen Speicher, der die letzte Stunde aufgezeichnet hat und ausgelesen werden kann.«

»Habe ich wirklich so viel von einem Roboter in mir?«, murmelte ich, als ich mich über ihre Füße beugte. Ich nahm den Seitenschneider aus den stählernen Fingern und begann, mit meiner eigenen Hand ihre Kabelbinder aufzuknipsen. *Das war einfach viel weniger anstrengend, als einen Arm zu bewegen, der mir nicht wirklich gehörte.*

»Die Ärzte in der Klinik werden dir sicherlich deine 3-D-Lebensakte zeigen, wenn wir wieder dort sind. Einige Organe wurden mit deinen eigenen Zellen regeneriert – das dazu nötige 3-D-Druckverfahren mit biologischen Materialien funktioniert allerdings erst seit etwa einem Jahr wirklich zuverlässig. Deshalb hat es so lange gedauert, bis du wieder geweckt werden konntest. Die Roboter-Teile sind schon früher installiert worden, bis auf den Neurohybridchip, das passierte auch erst vor sechs Monaten.«

Ich sah ihr nachdenklich zu, als sie aufstand, sich anmutig die Haare richtete und das Kleid gerade zog. »Samantha, wer hat das eigentlich alles bezahlt? Die Operationen und die Pflege während der 30 Jahre im Koma?«

»Deine Familie, Daniel, und viele Spender, die dir ihr Leben verdanken. Schließlich konnte ja aus deinem Immunsystem der Impfstoff gegen Cryptococcus acherontis entwickelt werden.«

Sie musste mir die Erleichterung angesehen haben, denn sie beugte sich zu mir herunter und legte mir beruhigend die Hand auf den Arm.

»Daniel, dies ist der erste Tag deines neuen Lebens. Du wirst noch sehr viel Zeit haben, alle Fragen zu stellen und die Antworten zu finden.«

Und meine Sinne wiederzuentdecken. Sie hatte recht. Ich fühlte mich wie neugeboren.

Doch wer war hier geboren worden? Wer war ich eigentlich? War ich denn noch derselbe, war diese ganze Elektronik in mir vielleicht einfach vergleichbar der Situation, wenn jemand früher eine neue Brille oder ein Hörgerät bekommen hatte?

Ich würde es herausfinden müssen: Wie viel Mensch war ich und wie viel Maschine?

Und sie?

Was oder wer war sie? War sie noch eine Maschine oder doch schon eher wie ein Mensch?

Und spielte das überhaupt eine Rolle?

DIE MENSCH-MASCHINEN

Die echten Fans von Star Wars, die jedes Bild der Werbetrailer analysierten,[294] bevor die siebte Episode – *Das Erwachen der Macht* – im Dezember 2015 in die Kinos kam, hatten es sofort erkannt: Die Gestalt hinter der schwarzen Kapuze, die im Dunkel nach dem etwas derangiert aussehenden Astromech-Droiden R2-D2 griff, musste Luke Skywalker sein. Denn 35 Jahre zuvor, im Film *Das Imperium schlägt zurück*, hatte Luke im Lichtschwerterduell gegen Darth Vader seine rechte Hand verloren, die danach durch die im Trailer erkennbare Handprothese ersetzt worden war. Luke Skywalker war ab diesem Zeitpunkt ein Cyborg, ein kybernetischer Organismus. Darunter versteht man einen Menschen, dessen Körper dauerhaft mit elektronischen Bauteilen verbunden ist.

Wegen der vielen Kämpfe und Schlachten gibt es im *Star-Wars*-Universum eine ganze Reihe von Cyborgs, unter anderem auch Lukes Vater, Anakin Skywalker, der später zu Darth Vader wurde. Nun sind künstliche Gliedmaßen auch im realen Leben nichts Neues: Schon vor 500 Jahren nannten seine Zeitgenossen Götz von Berlichingen den »Mann mit der eisernen Hand« – doch seine metallene Prothese war ein rein mechanisches Gebilde mit beweglichen Fingern, die in bestimmten Stellungen arretiert werden konnten, um Schwert oder Schild zu halten. In der *Star-Wars*-Saga basieren die Prothesen aber angeblich auf Droiden-Lösungen, also den Technologien von Robotern mit Künstlicher Intelligenz. Die Gliedmaßen sind hier oft mit künstlicher Haut überzogen und direkt mit den Nerven des Menschen verbunden, der sie auf diese Weise ganz normal bewegen und auch mit ihnen fühlen kann.

Im Jahr 1980, als *Das Imperium schlägt zurück* in die Kinos kam, war so etwas in der Tat noch Science-Fiction, doch inzwischen haben etliche Cyborg-Technologien – zumindest in Prototypen – die Welt des Kinos verlassen und sind Wirklichkeit geworden. Netzhautchips geben Blinden das Augenlicht wieder, eine künstliche Haut kann Tastgefühle vermitteln, und künstliche Hände, ja sogar ganze Skelettstrukturen, lassen sich allein mit der Kraft der Gedanken steuern. Ein weltweit aufsehenerregendes Experiment fand beispielsweise im November 2008 statt, als in Rom ein internationales Team von Chirurgen, Neurologen und Bioingenieuren den linken Arm des damals 27-jährigen Pierpaolo Petruzziello mit einer Roboter-Hand verkabelte. Seine eigene Hand hatte er bei einem Autounfall verloren.[295]

HIRN AN HAND UND HAND AN HIRN Bereits nach einigen Minuten Übung konnte Petruzziello die Aluminiumfinger der künstlichen Hand allein dadurch heben und senken, dass er sich darauf konzentrierte. Die Signale aus seinem Gehirn wurden dabei über vier haarfeine Elektroden, die in zwei der größten Nerven seines Arms steckten, an einen Rechner weitergeleitet, der sie dann wiederum in Steuersignale für die Roboter-Hand umsetzte. Nach drei Tagen gelang es dem Patienten sogar, jeden Finger einzeln zu bewegen, einen Ball zu packen, einen Stift zu halten und Daumen und Zeigefinger der metallenen Hand zum Pinzettengriff zusammenzubringen.

Die Roboter-Hand selbst war mit einem Gewicht von 400 Gramm und 22 Freiheitsgraden bei Weitem noch nicht so feinmotorisch perfekt wie eine menschliche Hand, aber auch schon ein sehr komplexes Gebilde. Das Besondere an dieser Neuroprothese: Erstmals funktionierte die Weiterleitung von Reizen in beide Richtungen, also nicht nur »Hirn an Hand«, sondern auch »Hand an Hirn«. Die Roboter-Hand hatte zwar nur zwei Sensorzonen, von denen eine elektrische Stimulation ausging, aber Petruzziello sagte, dass er damit wieder ein Gefühl in seinen Fingern bekam.

Fünf Jahre später, 2013, existierte dann bereits eine bionische Hand, die Sensorsignale von allen Fingerspitzen wie auch von der Handinnenfläche und dem Handgelenk weiterleiten konnte – ein enormer Fortschritt für alle Prothesenträger. Noch sind solche Hightech-Hilfen zwar Prototypen, mit denen ihre Träger nur einige Wochen lang üben dürfen, weil es noch keine medizinische Zulassung für dauerhafte Implantate gibt. Die Nachfrage wäre indes sehr hoch: Allein in Deutschland verlieren jedes Jahr etwa 5000 Menschen ihren Unterarm durch Unfälle oder Erkrankungen.

Eine noch präzisere Steuerung der Neuroprothese bekommt man, wenn die Signale nicht am Nerv abgegriffen werden, sondern an den Muskeln, die ihre Befehle zur Kontraktion übers Rückenmark erhalten. Hier sind die Messwerte besonders stark, und wegen der Vielzahl der Muskeln lassen sich zahlreiche Bewegungsvarianten voneinander unterscheiden. An den Muskeln kann man beispielsweise Mikrochips anbringen, die die Signale erfassen und dann drahtlos per Funk an die Roboter-Hand weitergeben.

Auch dies wurde schon in vielversprechenden Experimenten getestet, etwa im deutschen Projekt Myoplant – zunächst noch an Rhesusaffen. An diesem Projekt sind neben dem Fraunhofer-Institut für Biomedizinische Technik (IBMT) in St. Ingbert auch die Technische Universität Hamburg-Harburg und der Prothesenhersteller Otto Bock beteiligt.

Doch was tun bei einer Querschnittslähmung, wenn die Weiterleitung von Nervenimpulsen bereits im Rückenmark unterbrochen ist und gar keine Signale mehr im Arm ankommen? Und das, obwohl sich die betroffenen Patienten Arm- oder auch Beinbewegungen sehr gut vorstellen können und oft auch nachts davon träumen? In diesem Fall müssten die Signale direkt am Gehirn abgenommen werden – entweder von außen, zum Beispiel mit einer über den Kopf gestülpten Haube mit Elektroden, wie sie auch bei der Messmethode der Elektroenzephalografie (EEG) verwendet wird, oder sogar innerhalb des Gehirns durch eine Hirnsonde.

Da im motorischen Teil der Großhirnrinde die bewussten Bewegungen klar und weit ausgebreitet sind wie auf einer Landkarte, ist eine solche Zuordnung der Signale prinzipiell machbar. Versuche mit Querschnittsgelähmten, denen winzige Elektroden eingeführt wurden, zeigen dies deutlich: So findet man beispielsweise genau die Neuronen, die aktiv sind, wenn der Daumen bewegt wird: Sie zeigen seinen Neigungswinkel ebenso an wie etwa die Geschwindigkeit der Bewegung.

RHESUSAFFE STEUERT ROBOTER – QUER ÜBER DIE ERDE HINWEG Wegweisend für die Entwicklung der direkten Hirnsteuerung war auch hier ein Experiment aus dem Jahr 2008. Teams von Miguel Nicolelis, Professor an der amerikanischen Duke-Universität in North Carolina, und seines Kollegen Gordon Cheng, Professor am Lehrstuhl für Kognitive Systeme der Technischen Universität München, schafften es, dass ein weiblicher Rhesusaffe namens Idoya einen sechsmal größeren Roboter steuerte – allein durch Gedankenkraft und quer über die ganze Erde hinweg! Idoya lief auf einem Laufband an der Ostküste der USA, und der humanoide Roboter stapfte zur gleichen Zeit durch ein Labor im japanischen Kyoto.[296]

Während der Affe im Vorfeld gelernt hatte, sich auf dem Laufband zu bewegen, hatte ein Computer die Messwerte aus seinem Gehirn aufgezeichnet. Auf diese Weise konnten die Forscher diejenigen Signale identifizieren, die die Beinbewegungen kontrollierten. Im Experiment wurden dann diese Signale in Echtzeit zum Roboter in Japan übertragen, der Idoyas Schritte imitierte. Eine Live-Videoaufzeichnung davon wurde wiederum zurück in die USA gesendet, sodass Idoya auf einem Bildschirm vor sich jederzeit sah, was der Roboter gerade tat.

Diese Rückmeldung kam dank der guten Datenleitungen sogar schneller an, als Signale aus den eigenen Beinen des Affen das Gehirn erreicht hätten. Dadurch konnte Idoya die Bewegungen »ihres« Roboters exakt steuern – mit der Zeit machte sie dies so gut, dass sie zur Belohnung immer mehr von ihrem Lieblingsorangensaft erhielt. Sie wurde also nicht für etwas belohnt, das sie selbst tat, sondern für jeden richtigen Schritt des Roboters auf der anderen Seite des Planeten.[297]

Als Nicolelis an der Duke-Universität das Laufband stoppte, hörte auch Idoya auf, sich zu bewegen – nicht aber der Roboter. Denn der Affe hielt seine Augen fest auf den Bildschirm gerichtet und bewegte den Humanoiden in Kyoto allein mit der Kraft seiner Gedanken weiter ... drei Minuten lang und für viele Tropfen Orangensaft. »Das war nur möglich, weil der Roboter sozusagen zu einem Teil von Idoyas Körper geworden war, ähnlich wie wir ganz selbstverständlich Messer und Gabel oder Essstäbchen benutzen«, meint Gordon Cheng, und Miguel Nicolelis ergänzt begeistert: »Ein kleiner Schritt für einen Roboter, aber ein großer Sprung für Primaten – mein ganz persönliches Mondlandeprojekt!«

Genauso wie mit einem echten Roboter klappt diese Hirnsteuerung auch mit Avataren, also wenn Idoya auf dem Bildschirm vor sich einen virtuellen Affen sieht, den sie steuern kann. Im Frühjahr 2016 schafften es Nicolelis' Rhesusaffen sogar, einen Rollstuhl, in dem sie saßen, allein durch Gedankenkraft und Übung zielgenau zu einer Schale mit süßen Trauben zu fahren. Dazu hatten die Wissenschaftler mehrere Elektroden in unterschiedliche, für die Bewegung verantwortlichen Hirnbereiche der Großhirnrinde implantiert. Auf diese Weise konnten sie die Aktivität von mehr als hundert Nervenzellen aus beiden Hirnhälften auslesen und in Bewegungssignale für den Rollstuhl umsetzen.[298]

Menschen nutzen ähnliche Gehirn-Computer-Schnittstellen, die sogenannten Brain-Computer-Interfaces, auch schon – allerdings mit Hilfe von EEG-Hauben, nicht mit direkten Hirnimplantaten. Eingesetzt werden sie vor allem, wenn Querschnittsgelähmte am Computer schreiben wollen. Das beste Verfahren, das Yijun Wang von der Chinesischen Akademie der Wissenschaften in Peking entwickelt hat, schafft etwa einen Buchstaben pro Sekunde.[299]

Hierzu muss der Proband mit den Augen das entsprechende Feld einer Computertastatur auf einem Bildschirm vor sich fixieren. Nach einer halben Sekunde beginnen alle Felder zu blinken, allerdings jedes mit einer anderen Frequenz und einer leicht verschobenen Phase. Dieses Blinksignal bewirkt, dass auch die Nervenzellen im Sehzentrum des Gehirns ungefähr synchron zum anvisierten Feld feuern, also mit der gleichen Frequenz und Phasenverschiebung – und das kann als EEG-Signal an der Kopfoberfläche abgenommen werden. Nach einer gewissen Lernphase weiß dann der Computer recht genau, auf welchen Buchstaben der Proband geblickt hat und kann dann diesen Buchstaben als »getippt« anzeigen.

MIT EXOSKELETT ZUM ANSTOSS FÜR DIE FUSS-BALLWELTMEISTERSCHAFT Miguel Nicolelis hatte jedoch noch weit größere Ambitionen.[300] Mit Gordon Cheng und 150 weiteren Mitstreitern aus 25 Ländern gründete er das »Walk Again«-Projekt, um Millionen von Menschen mit Rückenmarksverletzungen neue Hoffnung zu geben: Das hehre Ziel des heute 55-jährigen brasilianischen Arztes und Neurowissenschaftlers war es, den ersten Ball der Fußballweltmeisterschaft 2014 in seinem Heimatland von einem Querschnittsgelähmten kicken zu lassen – indem der Patient nur mit der Kraft seiner Gedanken ein Exoskelett steuerte, also einen Roboter-Anzug, in dem sein Körper steckte. An dieser Pioniertat arbeiteten die Wissenschaftler mehrere Jahre lang; allein das Training mit acht infrage kommenden jungen Brasilianern dauerte 18 Monate.

Doch am Ende konnten 66 000 Besucher im Stadion von Nicolelis' Geburtsstadt São Paulo und rund eine Milliarde Zuschauer weltweit an den Fernsehern die Sensation mitverfolgen – wenn auch nur wenige Sekunden lang im Rahmen der Eröffnungsfeier: Am 12. Juni 2014 traf der 29-jährige Juliano Pinto, der seit einem Autounfall acht Jahre zuvor unterhalb der Brust gelähmt ist, mit seinem rechten Fuß den Ball, mit dem dann Brasilien und Kroatien das erste Spiel bestritten.[301] Hinter dieser simplen Bewegung steckte eine enorme technische Leistung: Pinto trug eine EEG-Kappe, die seine Gehirnsignale auffing und an einen Rechner weitergab, der wie beim Rhesusaffen Idoya daraus die Befehle für die Beinstellungen extrahierte, die dann an den Roboter-Anzug übermittelt wurden – der seinerseits wiederum Statussignale an Pinto zurückmeldete.

Das Exoskelett war ein komplexes Gebilde aus Stahl, Aluminium, Titan und Kunststoff mit hydraulischen Muskeln und einer Bewegungsstabilisierung. Es zu steuern, erforderte ein langes Training, an dessen Ende Pinto das Exoskelett als Teil seines Körpers wahrnahm. »Das ist, als ob er sozusagen eine neue Sprache erlernt hat«, sagt Cheng. Bevor Pinto mit dem echten Roboter-Anzug übte, trainierte er mit einer Computersimulation: Dabei sah er animierte Beine unterhalb seiner Hüfte. Immer wenn er daran dachte, zu stehen, zu gehen oder einen Ball zu treten, taten die virtuellen Beine genau das, was seine Gehirnsignale meldeten und was dann auch das Exoskelett getan hätte.

Allerdings gab es in der Realität ein Problem: Ohne eine Rückmeldung vom Roboter-Anzug, wo sich die Füße gerade befanden – ob sie etwa den Boden berührten oder nicht –, hätte Pinto leicht falsch agieren und das Exoskelett zum Umstürzen bringen können. Zumindest an der Sohle der Füße musste der Anzug also eine Art künstliche Haut mit Tastsinn erhalten. Hier kam nun das Team von Gordon Cheng an der Technischen Universität München zum Einsatz.[302] Es entwickelte für das Exoskelett 160 Basiseinheiten, die in flexiblen Kunststoff eingebettete Sensoren und Mikroprozessoren enthalten und etwa so groß sind wie eine Zwei-Euro-Münze. Sie geben dem Roboter-Skelett, das vorher nicht empfindlicher war als eine Ritterrüstung, vielfältige Sensorwahrnehmungen. Beispielsweise erkennen sie, wenn sie beschleunigt, berührt oder erwärmt werden oder sich einem anderen Objekt wie dem Fußboden nähern. Binnen 0,3 Sekunden wird das dem Probanden mithilfe von vibrierenden Armreifen mitgeteilt, die er trägt. »Sein Gehirn lernt dann sehr schnell, diese Signale richtig zu deuten«, erklärt Cheng.

Was in diesem »Walk Again«-Projekt entwickelt wurde, ist wohl die derzeit komplexeste Variante eines Exoskeletts, aber beileibe nicht die einzige. So hat die japanische Universität Tsukuba zusammen mit der Firma Cyberdyne den Roboter-Anzug HAL konstruiert und weltweit bereits Hunderte von Exemplaren, vor allem in medizinischen Einrichtungen, zum Einsatz gebracht.[303] HAL steht in diesem Fall für Hybrid Assistive Limb, hybride Gliedmaßenunterstützung. Das System wurde zwar ursprünglich konzipiert, um Behinderten und Senioren zu helfen, aber es kann auch genutzt werden, um Arbeiter zu entlasten, da mit der Roboter-Unterstützung fünfmal schwerere Gewichte getragen werden können, als es gesunde Personen ohne Exoskelett schaffen. Ähnliche »Muskelanzüge« – ob nun hydraulisch, elektrisch oder gar mit einer Art tragbarer Textilelektronik – entwickeln auch andere Forschungseinrichtungen in aller Welt. Sehr praktisch ist dies beispielsweise zur physischen Unterstützung von Pflegekräften, die alte Menschen ins Bett heben müssen. Auch bei Sportwettbewerben wird man künftig immer mehr Exoskelette oder andere Roboter-Hilfsmittel sehen. So findet im Oktober 2016 der erste Wettkampf für »bionische Athleten«, der Cybathlon, in der Schweiz statt.[304] Anders als bei den bekannten Paralympics richtet sich diese neuartige Veranstaltung gezielt an Sportler mit Behinderung, die Hightech-Hilfsmittel wie etwa Cyborg-Technologien nutzen. Das reicht von Radrennen mit elektrischer Muskelstimulation über motorisierte Rollstühle bis zum Hindernis-Parcours mit Exoskeletten und sogar einem virtuellen Rennen mithilfe einer Hirn-Computer-Schnittstelle. Dabei gibt es für jeden Wettbewerb zwei Medaillen, eine für den Sportler und eine für den Hersteller der technischen Assistenzsysteme.

KNOCHEN IM 3-D-DRUCK UND MIKRO-U-BOOTE IM BLUT Doch die Cyborgs von morgen werden nicht nur externe Roboter-Hände, -Arme, -Beine und ganze Roboter-Anzüge in Anspruch nehmen. Technik wird auch immer mehr in den Körper selbst vordringen. So haben Wissenschaftler in Freiburg ein 3-D-Druckverfahren entwickelt, das aus Zellen und Blutgefäßen funktionsfähige Knochen machen kann.[305] Kleine, einfach strukturierte Gewebeeinheiten – etwa Teile von Hautgewebe – lassen sich auch schon »drucken«: Dabei werden entsprechende körpereigene Zellen dem Patienten entnommen, in einer Nährlösung vermehrt und mithilfe eines 3-D-Druckers Schicht für Schicht in eine Trägermatrix eingebracht, die dann dem Patienten implantiert wird. Fernziel der Forscher ist es, in Zukunft Organe wie Niere oder Leber mitsamt einem feinen Netzwerk von Blutgefäßen auf diese Weise nachwachsen zu lassen – was Multimilliarden-Euro-Märkte eröffnen würde.

Auch die winzigen Roboter, die durch Blutbahnen patrouillieren, Krebszellen finden sowie Medikamente gezielt dort abliefern, wo sie gebraucht werden, oder Blutgerinnsel in den Adern auflösen, könnten es einst aus Science-Fiction-Filmen wie *Die phantastische Reise* von 1966 oder *Die Reise ins Ich* von 1987 in die Wirklichkeit schaffen. Bisher hatten Forscher meist versucht, solche Mikroroboter mit einem mechanischen Äquivalent der schlängelnden oder rotierenden Geißeln anzutreiben, die Spermien oder Bakterien besitzen. Ende 2014 präsentierten Wissenschaftler des Max-Planck-Instituts für Intelligente Systeme in Stuttgart eine vielleicht noch einfachere Variante: Ihre nur wenige Hundert Mikrometer kleine Maschine sieht aus wie eine Muschel, die ihre Schalen unterschiedlich schnell auf- und zuklappt.[306]

Dadurch kann sich das Mini-U-Boot – gesteuert durch externe Magnetfelder – recht effektiv durch zähe Flüssigkeiten wie Blut, Speichel, Schleim oder auch Gelenkflüssigkeiten bewegen. Von einem praktischen Einsatz sind die Forscher jedoch noch weit entfernt, denn abgesehen von den technischen Herausforderungen müssen sie natürlich auch sicherstellen, dass solche Mikroroboter die biologischen Gefäße nicht verletzen oder dazu führen, dass sie vom Körper als Eindringlinge wahrgenommen und bekämpft werden.

ZITTERFREI DURCHS SCHLÜSSELLOCH Auch im Operationssaal haben Roboter längst Einzug gehalten, insbesondere bei der minimalinvasiven Chirurgie. Bei diesen »Schlüssellochoperationen« führen die Chirurgen die Eingriffe mit Instrumenten durch, die sie über kleinste Einstichlöcher in den Körper einführen. Der Vorteil: eine möglichst geringe Belastung der Patienten und eine schnellere Wundheilung, was insbesondere für ältere Menschen lebenswichtig sein kann. So werden weltweit jede Woche etwa 10 000 Prostataoperationen mithilfe des Da-Vinci-Operationssystems der US-Firma Intuitive Surgical durchgeführt.[307]

Dabei sitzt der Chirurg an einer Konsole, über deren Bildschirm er ein bis zu zehnfach vergrößertes 3-D-Bild des Operationsfeldes sieht. Mit seinen Händen steuert er über Bedienelemente die durch die kleinen Öffnungen eingeführten dünnen Roboter-Arme und die daran befestigten Greifer, Scheren oder anderen Instrumente. Dabei wird automatisch ein eventuelles Zittern seiner Hände weggefiltert, und seine Bewegungen werden zugleich untersetzt, das heißt in viel kleinere Bewegungen der Instrumente umgewandelt. Beides steigert die Präzision der Eingriffe erheblich, was insbesondere für die Prostata entscheidend ist, weil dort Harnröhre und Nervenfasern dicht nebeneinander liegen und nicht verletzt werden dürfen.

Doch auch für andere Operationen – etwa wenn es um nur wenige Millimeter große Gehirntumore oder die Herzchirurgie geht – ist eine zitterfreie und präzise Roboter-Hilfe entscheidend, beispielsweise mit dem System MiroSurge des Deutschen Zentrums für Luft- und Raumfahrt.[308] Es ist noch kleiner als das Da-Vinci-System und kann direkt am Operationstisch befestigt werden. Zudem verfügen die Roboter-Instrumente über winzige Kraftsensoren, die dem Chirurgen sozusagen das Gefühl in seinen Händen zurückgeben und ihn den mechanischen Widerstand des Gewebes spüren lassen. Eines der wichtigsten Ziele der DLR-Forscher ist die roboterunterstützte Chirurgie am schlagenden Herzen. Denn dank moderner Bildverarbeitung lassen sich die Instrumente und der Blick durchs Endoskop vollautomatisch mit der Herzbewegung mitführen. Damit könnten Chirurgen in Zukunft so arbeiten, als stünde das Herz still – und genau so zeigt es ihnen dann der Bildschirm.

TAUBE HÖREN, BLINDE SEHEN – DANK IMPLANTATEN

Immer mehr Forscher wollen auch Signale von künstlichen Sinnesorganen, also elektronischen Bauteilen, direkt ins Gehirn schicken. Am Anfang standen die Cochlea-Implantate, die die Signale eines Mikrofons so verarbeiten, dass sie über Elektroden an den Hörnerv des Ohrs weitergegeben werden können. Weltweit haben damit bereits Hunderttausende von gehörlosen Menschen nach einem intensiven Training gute Hörerfolge erzielen können.

Noch deutlich komplexer sind die Retina-Implantate: So gelang es im Dezember 2009 in Tübingen erstmals, einem Blinden mit einer elektronischen Sehhilfe das Augenlicht wiederzugeben.[309] In einer vierstündigen Operation hatte das Operationsteam dem Patienten Miika T., der seit über 20 Jahren nicht mehr sehen konnte, einen drei mal drei Millimeter kleinen Chip unter die Netzhaut eingepflanzt. Dieser Chip enthält 1500 Fotodioden, die das einfallende Licht in elektrische Impulse umwandeln und an die noch intakten Zellen des Sehnervs weiterleiten. Als der Chip angeschaltet wurde, sah der Patient zum ersten Mal wieder Objekte vor sich. Noch sprangen sie allerdings vor seinem Auge hin und her, weil sich sein Gehirn erst wieder an die Signale des Sehnervs gewöhnen musste.

Nach wenigen Stunden aber nahmen die Objekte vertraute Formen an, und Miika konnte einen Apfel von einer Banane unterscheiden und sogar einen Schreibfehler in seinem Namen finden – wenngleich die Buchstaben dafür noch mehrere Zentimeter groß sein mussten. Um sich zu orientieren und Menschen grob zu erkennen, reichte das Ergebnis aber allemal. Besonders gut eignen sich solche Netzhaut-Implantate für die weltweit rund drei Millionen Menschen, die an Retinitis pigmentosa leiden, einer Krankheit, in deren Folge die Stäbchen und Zäpfchen im Auge zerstört werden, die normalerweise die Lichtsignale an den Sehnerv weitergeben.

Inzwischen sind Retina-Implantate bereits an mehreren Dutzend Patienten getestet worden.[310] Mithilfe von Computerprogrammen, die beim Training unterstützen, lernte ihr Gehirn, die Signale aus dem Fotodioden-Mikrochip richtig zu deuten. Am Ende konnten sie dann meistens groß gedruckte Texte mit Schriftzeichen von neun Millimetern Höhe wieder lesen – und galten damit auch juristisch nicht mehr als blind. In Zukunft werden sich die Fotodioden auf dem Chip sicherlich auch noch wesentlich dichter packen lassen, was seine Auflösung und damit die Sehfähigkeit der Patienten weiter verbessern wird.

FÜHLEN MIT KÜNSTLICHER HAUT UND ELEKTRONIK IM GEHIRN Selbst beim Tastsinn versuchen Forscher, ein direktes Gehirn-Computer-Interface herzustellen. So haben Wissenschaftler um Zhenan Bao, Professorin an der Stanford-Universität in Kalifornien, eine weiche Folie entwickelt, die bei mechanischem Druck ähnliche elektrische Signale aussendet wie die Tastrezeptoren der menschlichen Haut: Je höher der Druck, desto öfter feuern die Rezeptoren. Dazu enthält die Folie Bauelemente aus Kohlenstoff-Nanoröhren, die wie umgedrehte Pyramiden aussehen und – wenn man auf sie drückt – die typischen spitzenförmigen Sensorimpulse erzeugen, die das Gehirn als Druckempfindung wahrnimmt. Um dies nachzuweisen, haben die Forscher Hirnschnitte von Mäusen mit der künstlichen Haut verbunden: Die Neuronen zeigten daraufhin die bei Tasteindrücken üblichen Erregungsmuster.[311]

All diese Versuche belegen, dass das Gehirn nicht nur in der Lage ist, Signale auszusenden, mit denen sich die elektronischen Gliedmaßen eines Cyborgs steuern lassen, sondern dass umgekehrt auch Signale von künstlichen Sinnesorganen – elektronischen Augen, Ohren, Haut – vom Gehirn gelernt und verstanden werden können. Bislang werden solche Impulse meist in Nervenfasern eingekoppelt, die sie dann ans Gehirn weiterleiten. Doch wäre es nicht auch denkbar, dass elektronische Bauelemente direkt mit Gehirnzellen »sprechen«, ihnen »zuhören« und dann Rückmeldung geben?

Auch hierzu gibt es bereits Experimente mit winzigen Elektroden, die Wissenschaftler gezielt in bestimmte Gehirnregionen eingebracht haben. So meldete die DARPA, die Forschungsbehörde des US-Verteidigungsministeriums, im September 2015, dass es in einem Projekt mit der Johns-Hopkins-Universität in Baltimore erstmals gelungen sei, »den Kreis Gehirn – Prothese – Gehirn zu schließen«, wie es der Programmmanager Justin Sanchez formulierte.[312] Dazu brachten die Forscher Mikroelektroden sowohl in den motorischen Cortex eines Patienten ein – also den Teil des Gehirns, der die Bewegungen kontrolliert – wie auch in den sensorischen Cortex, wo die Tastsignale wahrgenommen werden.

Der 28-jährige Patient, der wegen einer Rückenmarksverletzung seit über zehn Jahren gelähmt war, erhielt eine Handprothese mit einer Vielzahl feiner Drucksensoren, die ebenso wie die Motoren der Prothese mit den Mikroelektroden in seinem Gehirn verbunden wurden. Anschließend konnte er mit der Kraft seiner Gedanken nicht nur die Hand bewegen, sondern er erhielt auch die Signale der Drucksensoren direkt ins Gehirn zurück. Das Gefühl dabei, sagte der Patient, sei dasselbe gewesen wie früher, als seine eigene Hand berührt wurde. »Einmal«, berichtet Sanchez, »haben die Forscher nicht nur einen Roboter-Finger berührt, sondern zwei, ohne es ihm zu sagen – und er fragte, ob ihn da jemand austricksen wolle. In diesem Moment wussten wir wirklich, dass die Tastgefühle, die er durch die Prothese bekam, sehr lebensecht sein mussten.«

NERVENZELLEN VERSCHLUCKEN NANO-ELEKTRODEN Wie aber ein optimaler Kontakt zwischen Nervenzellen und bioelektronischen Implantaten aussehen sollte, daran tüfteln die Ingenieure noch. Einfach winzige Gold- oder Platinelektroden ins empfindliche Nervennetzwerk des Gehirns einzubringen, scheint auf Dauer nicht die geeignete Lösung zu sein. Um bessere Wege zu finden, lässt beispielsweise eine Forschergruppe um Andreas Offenhäusser, Physikprofessor an der RWTH Aachen und Institutsleiter im Forschungszentrum Jülich, Nervenzellen auf verschiedenartigen Mikrochips wachsen.[313] Dabei ist vor allem ein inniger Kontakt zwischen Neuron und elektronischem Bauelement entscheidend. »Schon ein Abstand von einem zehntausendstel Millimeter, also 100 Nanometer, reicht aus, und wir können kaum noch Signale messen«, erläutert Offenhäusser.

Damit sich Neuron und Elektrode möglichst nahe kommen, greifen die Forscher zu einem Trick. Sie locken die Nervenzelle mit einem Köder: winzige Kügelchen, die auf einem Goldstiel als Nanoelektrode sitzen. Wie fast alle Zellen umschließen auch Nervenzellen Fremdkörper, in diesem Fall also die Kügelchen, um sie sich einzuverleiben. Näher kann man an eine Nervenzelle nicht herankommen. In einem anderen Experiment gaukeln die Forscher Nervenzellen vor, dass sie nicht auf einer Elektrode, sondern auf einer weichen Zelle sitzen, und daher engen Kontakt aufnehmen können. Kleine Populationen von

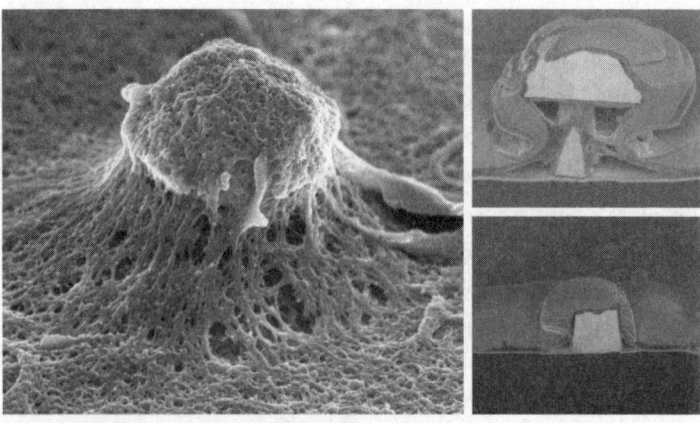

Nervenzelle auf Nanoelektrode: Jülicher Wissenschaftler haben winzige pilzförmige Elektroden konstruiert. Neuronen umschließen diese, um sie sich einzuverleiben. So entsteht ein möglichst enger Kontakt zwischen Nervenzelle und Elektronik – ideal, um untereinander elektrische Signale auszutauschen.

20 bis 30 Nervenzellen haben die Jülicher Wissenschaftler so bereits zum Wachstum bewegen können und sie via Mikrochip bei der Kommunikation untereinander belauscht.

Neben herkömmlichen Mikroelektroden und Silizium-Nanodraht-Transistoren testet Offenhäussers Team vor allem auch den relativ neuen Werkstoff Graphen. Dieses Material, für dessen grundlegende Erforschung 2010 der Nobelpreis für Physik vergeben wurde, besteht aus nur einer einzigen Lage von Kohlenstoffatomen.

Die ultradünnen Graphenschichten sind nicht nur extrem biegsam und durchsichtig, sondern in ihrer atomaren Ebene auch 125-mal zugfester als Stahl und elektrisch leitfähiger als Kupfer, was eine gute elektrische Verbindung zwischen biologischen Zellen und der Elektronik verspricht. Außerdem ist Graphen chemisch beständig und biologisch gut verträglich – während etwa starre Silizium-Implantate schnell das körpereigene Gewebe verletzen oder vom Körper angegriffen, eingekapselt und schließlich abgestoßen werden.

Besonders weiche Implantate hat auch ein Forscherteam um Stéphanie Lacour, Professorin für Neuroprothesen an der Technischen Hochschule Lausanne, entwickelt.[314] In Anlehnung an die zarte und zugleich sehr reißfeste äußere Hirnhaut, die Dura mater, die Rückenmark und Gehirn schützend umhüllt, nennen die Wissenschaftler ihren Stoff e-Dura. Es ist eine nur 0,12 Millimeter dünne Folie aus gummiartigem Silikon, in die Platin-Silikon-Elektroden und Leiterbahnen aus Goldschichten eingelassen sind. Zugleich enthält e-Dura gezielte Mikrorisse, die sicherstellen, dass das Material Dehnungen mitmacht, ohne zu reißen. Über e-Dura können die Forscher nicht nur Signale mit Nervenzellen austauschen, sondern sogar Neurotransmitter oder Medikamente freisetzen, die in winzigen integrierten Mikrokapseln enthalten sind.

DAS GEHIRN PER CHIP ERWEITERN? Bei Cyborg-Technologien gibt es praktisch kaum etwas, das sich Wissenschaftler nicht zutrauen würden. Dennoch steht das Forschungsfeld ganz offensichtlich erst am Anfang seiner Entwicklung. Welche innigen Verbindungen zwischen Menschen und elektronischen Bauteilen in Zukunft möglich sein werden, lässt sich noch kaum absehen – geschweige denn, wie damit ethisch umzugehen ist. Wenn Menschen mit Behinderungen ihr Leben leichter gemacht werden soll, dürfte dies zwar wenig Bedenken auslösen, doch wie sieht es mit den Ideen derjenigen aus, die auch gesunden Menschen Roboter- oder Computerelemente einbauen wollen?

Bereits heute gibt es Tausende von Zeitgenossen, die sich reiskorngroße Mikrochips unter die Haut implantieren lassen, meist in die Hautfalte zwischen Daumen und Zeigefinger.[315] Ihnen geht es nicht darum, dass sie – wie etwa James Bond im Kinofilm – jederzeit zu orten wären, sondern eher um die Vorteile, warum auch Kühen oder Haustieren Chips implantiert werden: Sie können berührungslos ausgelesen werden, dienen als Speicher für persönliche Daten, als Ausweis, Passwort und Türöffner. So etwas mag man noch als mehr oder minder sinnvolle Spielerei ansehen, doch das, was der Zukunftsvisionär und Google-Forscher Ray Kurzweil schon seit Jahrzehnten propagiert, geht weit darüber hinaus.

Bereits für die 2030er-Jahre sagt er voraus, dass Nanochips und Nanoroboter, die direkt im Gehirn aktiv werden, die Menschen auf eine neue Entwicklungsstufe heben könnten: Sie würden die Speicherkapazität des Gehirns extrem erweitern, es direkt und ständig mit dem Wissenspool des Internets verbinden und ganz neue Sinneswahrnehmungen ermöglichen – unter anderen das volle Eintauchen in beliebige virtuelle Welten. Letztlich, so Kurzweil, könnte auch die gesamte Persönlichkeit als »Mind File« heruntergeladen und für immer gespeichert beziehungsweise am Leben erhalten werden. Ob nun per genetischer Veränderung oder über Nanomaschinen und Computertechnik: Der Mensch würde schon bald die Begrenzungen seines Körpers hinter sich lassen und unsterblich werden.[316]

Spöttische Kritiker meinen, dass Kurzweil diese technischen Erlösungsvisionen nur deshalb für die 2030er-Jahre prophezeit, weil der heute 68-Jährige sie dann selbst noch erleben könnte. Doch unabhängig davon ist aus solchen und ähnlichen Vorstellungen in etlichen Ländern bereits eine neue Bewegung hervorgegangen: die Philosophie des Transhumanismus.[317] Seine Anhänger fühlen sich dem Konzept des Humanismus weiterhin verbunden, wollen die Beschränkungen des Menschen aber durch technischen Fortschritt aufheben. In den düsteren Zukunftsvisionen der sogenannten Cyberpunk-Literatur wurden Elemente des Transhumanismus beispielsweise in der *Neuromancer*-Trilogie von William Gibson aufgegriffen: Biochip-Implantate im Gehirn machen in diesen Büchern die Menschen intelligenter und leistungsfähiger und verbinden sie direkt mit der Matrix – den virtuellen Welten des Cyberspace.

Auch unter Wissenschaftlern ist Kurzweil mit seiner Vorstellung der evolutionären Weiterentwicklung des Gehirns durch Elektronik nicht allein. Yann LeCun, der Leiter des Forschungsteams für Künstliche Intelligenz bei Facebook, schlägt in dieselbe Kerbe, wenn er sagt: »So wie Autos eine Art Erweiterung unserer Füße sind, so werden intelligente Systeme eine Erweiterung unseres Gehirns sein. Sie werden uns nicht überholen oder bedrohen, sondern all das verstärken, was wir tun: unser Gedächtnis stärken, uns das neueste Wissen verschaffen und uns erlauben, dass wir uns auf die Dinge konzentrieren, die in ihrem ureigensten Kern menschlich sind.«

Jürgen Schmidhuber vom Schweizer Forschungsinstitut für Künstliche Intelligenz formuliert sogar noch etwas pathetischer:»Ich glaube, dass das Universum jetzt und hier in diesem Sonnensystem bereit ist, die nächste Stufe zu erklimmen. Sehen Sie sich selbst nicht als Krone der Schöpfung, sondern als Zwischenschritt auf dem Weg des Universums zu höherer Komplexität«, sagte er im Dezember 2015 in einem Interview mit der *Frankfurter Allgemeinen Zeitung.*[318] »Dieser Prozess läuft unaufhaltsam weiter. Und bald werden eben die klügsten Bestandteile der Zivilisation nicht mehr die Menschen sein.«

ROBO SAPIENS STATT HOMO SAPIENS? Doch es werden auch nicht die Roboter oder sonstigen Systeme der Künstlichen Intelligenz sein, behauptet Ray Kurzweil:»Wir Menschen selbst werden uns durch die Maschinen zu einer höheren, intelligenteren und unsterblichen Spezies entwickeln! Wir werden dann ebenso wenig sterben müssen wie die Computer.« Nach diesen Vorstellungen wären die Roboter der Zukunft also wir selbst: Robo sapiens statt Homo sapiens.

Doch wie viel Mensch würde dann noch in dieser Mensch-Maschine stecken? Würden die Cyborgs von morgen nicht auf die »normalen Menschen« herabschauen und sie bedauern, weil sie so verletzlich und sterblich sind? Sind wir gerade dabei, uns nicht nur mit der Gentechnik als Schöpfer neuer Wesen aufzuspielen, sondern auch mit der Entwicklung von Robotern, Cyborgs und intelligenten Computersystemen?

Natürlich kann man solche Fragen heute noch als Science-Fiction à la Gibson und Asimov, *Blade Runner* und *Matrix* abtun. All die neuesten Entwicklungen und Forschungsergebnisse, die ich bei meinem Blick in die Labors und die Firmen in Japan, den USA und Europa kennenlernen durfte, zeigen, dass der heutige Mensch noch lange nicht fürchten muss, von seiner beherrschenden Stellung auf den Stufen der Evolution verdrängt zu werden.

Es ist beispielsweise nicht einmal ansatzweise erkennbar – und schon gar nicht bis 2030 realisierbar, wie es Kurzweil gerne hätte –, wie Biochips im Gehirn unser Gedächtnis erweitern, uns direkt mit dem Internet kommunizieren lassen oder gar helfen sollen, unsere Persönlichkeit als »Mind File« herunterzuladen. Insbesondere Letzteres erscheint vollkommen illusorisch, da ja erst die Gesamtheit unserer 86 Milliarden Nervenzellen mit ihren Hunderten von Billionen Verbindungen einschließlich der Einbettung in unseren Körper mit all seinen Sinneszellen, dem Hormon- und Immunsystem und seinen Organen unsere Persönlichkeit bestimmt.

Genauso unrealistisch ist – wie im Kapitel 10 beschrieben – die Befürchtung, dass es Roboter oder Computersysteme in den nächsten Jahrzehnten schaffen könnten, die Menschen auf allen Spielfeldern der Intelligenz zu überflügeln und sozusagen die Herrschaft über die Erde zu übernehmen. Doch davon unbenommen gilt auch: Es gibt kein Forschungsgebiet, auf dem derzeit so viele revolutionäre Entwicklungen gleichzeitig stattfinden, wie das der Digitalisierung, der Robotik und der Künstlichen Intelligenz. Wenn die vielen Handlungsstränge zusammenfinden und sich gegenseitig verstärken, wird dies alle Aspekte unseres Lebens grundlegend verändern und neu definieren. Und deshalb müssen wir bereits heute intensiv darüber nachdenken, was dies in Zukunft für die gesamte Menschheit und für jeden einzelnen Menschen bedeuten wird.[319]

SCHLUSS

DIE ZUKUNFT: LERNEN, MIT IHNEN UMZUGEHEN

SIE WERDEN UNSERE WELT BESTIMMEN – ABER NICHT UNS

Wenn die Fanfaren in der Arena von Pomona verklungen sind und sich der Rauch verzogen hat, wird es Zeit für eine nüchterne Bestandsaufnahme. Die Weltspitze der Roboter, die sich hier im Sommer 2015 bei Los Angeles getroffen hat, belegt vor allem eines: wie weit die stählernen Helfer in den vergangenen 50 Jahren gekommen sind, seit Shakey, der erste mobile und teilautonome Roboter, erfunden wurde – und welch steiniger Weg noch vor ihnen liegt.

Gewiss, die besten unter ihnen können jetzt laufen und klettern, und sie können sogar ein Auto lenken. Sie öffnen Türen, drehen an Ventilen und benutzen Bohrmaschinen, doch das meiste davon machen sie ferngesteuert. Sie brauchen immer noch kluge Menschen im Hintergrund, die entscheiden, wann welche Bewegungs- und Handlungsabläufe der Roboter gestartet werden sollen – und wenn sie einmal im Geröll festhängen, wird es schwierig, sie daraus wieder zu befreien. Auf sich allein gestellt, können das die Maschinen kaum. Derart begrenzte Fähigkeiten mögen zwar genügen, um solche Roboter künftig als Katastrophenretter einzusetzen, in einstürzenden und brennenden Gebäuden oder bei hoher radioaktiver Strahlung, wo es für Menschen zu gefährlich wird, doch eine Revolution der intelligenten Maschinen lässt sich daraus noch nicht ableiten.

Die eigentliche Revolution – das wurde bei meinen Recherchen in den Labors und Unternehmen der USA, Asiens und Europas deutlich – wird aus einer ganz anderen Ecke kommen, und sie wird zunächst noch schleichend sein. Doch dessen ungeachtet: Es ist zweifellos eine Revolution, ein vollständiger Umbruch, der uns in den nächsten Jahren und Jahrzehnten massiv beeinflussen und alle Lebensbereiche grundlegend verändern wird.

DIE REVOLUTION DER SMARTEN MASCHINEN Ob bei der Arbeit oder zu Hause, ob unterwegs, in der Freizeit oder in den Fabriken, ob in Energie-, Transport- oder Gesundheitssystemen: Überall werden uns intelligente Maschinen begegnen, sie werden Arbeitsplätze vernichten und neue schaffen, sie werden uns unter die Arme greifen und intellektuell herausfordern, sie werden Gesellschaftssysteme verändern und neue Sicherheitsfragen aufwerfen – und sie werden den Kern unseres Selbstverständnisses treffen und uns neu darüber nachdenken lassen, wer wir Menschen sind und was unsere Bestimmung ist.

Dass diese Revolution der smarten Maschinen kommt – ja bereits im Gange ist –, zeigt sich auf vielen Gebieten. Man muss, wie ich es in diesem Buch versucht habe, nur etwas zurücktreten, um den Überblick zu gewinnen, und zugleich muss man an manchen Stellen tiefer bohren, um die zugrunde liegenden Trends erkennen und richtig bewerten zu können. Und man muss abstrahieren. Roboter sind beileibe nicht nur die klassischen oder gar humanoiden stählernen Zweibeiner, die wir aus Literatur und Filmen kennen. Nein, in dieser Revolution geht es um intelligente Maschinen in ihrer ganzen Allgemeinheit: um helfende Arme in den Fabriken ebenso wie um selbstfahrende Autos oder um ausgeklügelte Suchalgorithmen, redefreudige Chatbots und kognitive Computersysteme.

Ich denke, dass die smarten Maschinen zuerst einige wichtige, viel Umsatz und Gewinn versprechende Märkte erobern werden: Transportwesen und Logistik, die industrielle Fertigung und die Analyse großer, unstrukturierter Datenmengen. Auf den Straßen werden wir in den kommenden Jahren immer mehr (teil)autonome Fahrzeuge sehen, die selbsttätig einparken und auf Autobahnen und Schnellstraßen – deutlich später auch im Stadtverkehr – unterwegs sind, ohne dass der Fahrer eingreifen muss. Auch in den Warenlagern sind es dann zunehmend die Maschinen, die die Bestellungen aus den Regalen holen, für den Versand zusammenstellen und verpacken. Und in den Fabriken sind die Roboter gerade dabei, ihre Schutzzäune zu verlassen und direkt mit den Menschen zusammenzuarbeiten. Die stählernen Gehilfen gehen ihrem menschlichen Gegenüber zur Hand, sie tragen schwere Objekte, stecken und schrauben, montieren und kleben – ohne je müde zu werden.

Im Hintergrund werden zugleich noch ganz andere Maschinen tätig, die aus einer Vielzahl von Informationen, den Big Data, die sogenannten Smart Data machen, sie also auf intelligente Weise auswerten, dadurch Mehrwert schaffen und ganz neue Geschäfte ermöglichen. Sie kombinieren die digitalen Daten aus Design und Fertigung, Einkauf und Vertrieb und machen die Herstellung von Produkten wesentlich flexibler, effizienter und umweltfreundlicher. Sie analysieren die Messwerte von Sensoren, um im Voraus zu wissen, wann Züge, Ampeln, Medizinanlagen oder Windturbinen gewartet werden müssen, damit sie nicht ausfallen.

Sie lesen – und verstehen – Werkstattberichte, Twitter-Feeds und Callcenter-Protokolle und machen die Menschen auf Entwicklungen aufmerksam, die diese sonst vielleicht übersehen hätten. Gefüttert mit Wirtschaftsnachrichten und persönlichen Anlegerpräferenzen beraten sie Investoren. Sie schreiben wie Journalisten Artikel über Wetter, Sport und Börse – und mit dem Wissen aus Millionen von Patientenakten helfen sie Ärzten mit Diagnose- und Therapievorschlägen.

Hinter all diesen Anwendungsfällen stecken Märkte, die viele Milliarden Euro oder Dollar wert sind, sowie Branchen und Unternehmen, die einflussreich genug sind, um weltweite Trends zu setzen. Dies wird die Kosten für Module und Roboter, Hardware und Software immer weiter senken – was der Entwicklung dann zusätzlichen Schub verleiht. Zugleich wird sich die Rechenleistung, Speicher- und Kommunikationsfähigkeit von Mikrochips in den nächsten 20 bis 25 Jahren noch einmal vertausendfachen – beim gleichen Preis wie heute. Sensoren werden immer kleiner und billiger und die Algorithmen immer leistungsfähiger. Auch dies wird die Revolution der smarten Maschinen noch einmal deutlich vorantreiben.

Schließlich werden sie so kostengünstig sein, dass sie auch in privaten Lebensbereichen in großer Breite Einzug halten werden. Der immer älter werdenden Bevölkerung kommt dies eindeutig entgegen, was dann wiederum wegen der stärkeren Nachfrage die Entwicklung weiter beschleunigen wird. Senioren werden selbsttätig fahrende Autos ebenso zu schätzen wissen wie Roboter-Arme, die in der Küche werkeln, oder Geräte, die in der Wohnung für behaglichen Komfort, Sicherheit und Energieeinsparung sorgen sowie natürlich die höflichen Helfer, die ihnen vorlesen oder sie durch die unendlichen Weiten des 3-D-Internets lotsen. Doch auch die Jugend wird künftig genauso selbstverständlich, wie sie heute die sozialen Netzwerke nutzt, auf Smartphones und Suchmaschinen zurückgreifen, die dann zu echten Partnern werden: Auf Fragen in Umgangssprache werden sie endlich mit vernünftigen Antworten aufwarten, statt wie heute nur Links zu liefern, die mehr oder minder sinnvoll sind.

Den Jackpot werden jedoch diejenigen abräumen, denen es gelingt, die verschiedenen Entwicklungsstränge zusammenzubringen und maschinelle Lernverfahren, Künstliche Intelligenz und Robotik klug zu kombinieren. Heute arbeiten Wissenschaftler an vielen Universitäten, Forschungsinstituten und in der Industrie oft auf getrennten Inseln und in ihren eigenen Ökosystemen: Da gibt es diejenigen, die Robotern das Laufen und Greifen beibringen, während sich andere auf den »Geist der Maschinen« konzentrieren und sie lernen lassen, wie man mit Menschen kommuniziert und zusammenarbeitet oder neues Wissen erwirbt. Wieder andere bauen Computer, die grundlegende Emotionen aus Gesichtern besser ablesen können als der durchschnittliche Mensch, oder solche, die blitzschnell in Millionen von Bildern bestimmte Muster erkennen. Und dann gibt es noch diejenigen, deren Algorithmen Sprache verstehen und übersetzen oder aus einem Wust unterschiedlicher Texte das Wesentliche herausfiltern und den Menschen verständlich präsentieren können.

DIE KOMBINATION VON MASCHINELLEM LERNEN, ROBOTIK UND KÜNSTLICHER INTELLIGENZ   Was wäre wohl zu erreichen, wenn diese Inseln zusammenwachsen und sich die Forscher und Entwickler gegenseitig befruchten? Wenn man mit Robotern oder jedem anderen System Künstlicher Intelligenz in ganz natürlicher Sprache sprechen könnte, weil im Hintergrund ein Spracherkennungs- und Übersetzungssystem läuft, das die Eingabe analysiert und verarbeitet? Wenn Roboter Gefühle in Mimik, Gestik und Stimme erkennen und entsprechend reagieren? Wenn sie auf Wissensmaschinen zurückgreifen, die wirklich wertvolle Antworten geben, die Probleme lösen, und mit denen man einen echten Dialog führen kann? Wenn sie sich bei Bedarf Apps aus dem RoboNet herunterladen könnten, um einen festlichen Tisch zu decken, ein Gericht zu kochen, zu waschen und zu bügeln, oder auch, um eine Fremdsprache zu lernen, einen Hubschrauber zu fliegen oder in der Fabrik eine neue Aufgabe zu übernehmen?

Eine solche Integration der unterschiedlichen Forschungsrichtungen würde zweifellos zu einer Explosion nützlicher Maschinen führen. Und irgendwann könnte diese kombinierte Intelligenz vielleicht sogar in neuromorphen Chipstrukturen ablaufen, die wie die Nervenzellen und Synapsen im menschlichen Gehirn funktionieren, nur 10 000-mal schneller. Sowie in Robotern, die perfekte Androiden verkörpern und uns Menschen zum Verwechseln ähnlich sehen. Oder in Menschen, die Cyborgs sind, also in sich selbst elektronische Bauteile tragen. Spätestens dann wird es nicht mehr nur um die wirtschaftlichen und sozialen Auswirkungen der Revolution der smarten Maschinen gehen, sondern um zutiefst philosophische Fragen. Die Roboter sind dann nicht mehr nur unter uns, sondern wir werden mit ihnen eine große Gemeinschaft bilden, ja mehr noch: Wir Menschen sind dann überall von smarten Maschinen umgeben, wir leben selbst inmitten von Robotern.

Die Frage, wie intelligent diese Maschinen wirklich sind und was uns noch von ihnen unterscheidet, wird sich ganz neu stellen. Ob es dann reicht, sich auf John McCarthy zu berufen, der vor 60 Jahren den Begriff »Künstliche Intelligenz« erfand, und einmal feststellte: »Sobald etwas funktioniert, gilt es schon nicht mehr als Künstliche Intelligenz«? Erinnern wir uns: Das Schachspiel galt einmal als höchste Form intelligenten Zeitvertreibs, doch nur bis ein Computer den menschlichen Weltmeister entthronte. Noch vor 25 Jahren wäre den Menschen ein Navigationssystem, das immer den kürzesten Weg findet, wie etwas Magisches vorgekommen – heute verwenden wir es ganz selbstverständlich in Autos und Smartphones. Wahrscheinlich wird dasselbe in Zukunft auch für Roboter gelten, die autonom auf den Straßen fahren, Bilder interpretieren, Sprachen übersetzen, menschliche Stimmungen lesen oder mit uns über das Für und Wider von Urlaubszielen oder unserer Berufswahl debattieren.

Wenn Roboter – wie bereits heute möglich – im Stil von van Gogh oder Edvard Munch malen oder eigenständig Musikstücke komponieren, lässt sich trefflich darüber streiten, ob dies nun ein Zeichen von Kreativität ist oder nur eine gute Programmierung. Wenn sie Emotionen erkennen und Gefühle zeigen, ist das dann einfach simuliert oder steckt vielleicht doch mehr dahinter? Und wenn sie künftig im Haushalt helfen oder der Oma ihr zu Boden gefallenes Medikament aufheben, ist dies nur der Tatsache zu verdanken, dass sie die Erwartung einer Belohnung antreibt – sei es nun ein einfaches Lächeln oder die Erhöhung ihres inneren Punktekontos –, oder sind sie dann doch wie wir soziale Wesen?

Natürlich wird man immer sagen können, dass kluge Forscher und Erfinder diese scheinbar intelligenten Geschöpfe eben genau so konstruiert haben. Doch ist dies wirklich ein großer Unterschied zu uns selbst? Haben uns nicht Evolution und Kultur erst zu sozialen Wesen gemacht? Sind wir nicht durch Erbanlagen und unsere Umgebung vorgeprägt, geradezu programmiert, einschließlich der Werte, die wir vertreten? Was sind Hormone wie Dopamin anderes als unsere Motivationssysteme? Und was ist unsere Großhirnrinde anderes als eine Intelligenz-»Maschine« in unserem Kopf, in der alle kognitiven Prozesse bis hin zur Selbstreflexion und der Ausbildung eines Ich-Bewusstseins stattfinden?

Woher wollen wir wissen, dass etwas Vergleichbares nicht auch in hinreichend komplexen elektronischen Maschinen stattfinden kann? So wie wir in unserem Gehirn nicht alles bis ins letzte Detail analysieren können, so werden wir auch in solchen künftigen Maschinen nicht alle Prozesse und Zusammenhänge exakt verstehen können. Gibt es wirklich irgendetwas in unserem Gehirn – oder philosophischer ausgedrückt, von Körper, Seele und Geist –, das so einzigartig ist, dass man es niemals »künstlich« nachbilden kann? Nach allem, was ich bei meinen Recherchen zu den intelligenten Maschinen erfahren habe, würde ich auf diese Frage antworten: Nein.

Und wenn das so ist, dass man Maschinen Körper, Gefühl und Verstand geben kann, dann wird man ihnen irgendwann auch eine Persönlichkeit, ein individuelles Ich, zugestehen müssen. Der englische Philosoph John Locke, einer der Vordenker der Aufklärung, hat im 17. Jahrhundert eine Persönlichkeit definiert als »ein Wesen, das über Vernunft und Sprache sowie geistige Zustände wie Überzeugungen, Wünsche und Absichten verfügt und das zu Beziehungen fähig und moralisch für seine Handlungen verantwortlich ist«. Was genau davon werden intelligente Roboter niemals erreichen können?

AUCH IN ZUKUNFT IM ZENTRUM: DER MENSCH

All diese Fragen und Überlegungen zeigen vor allem eines deutlich: Die Revolution der Roboter und der Systeme der Künstlichen Intelligenz, die gerade beginnt, wird uns Menschen am Ende vor allem zwingen, über uns selbst nachzudenken und uns neu zu definieren. Ich glaube nicht, dass wir uns vor den smarten Maschinen fürchten müssen, weil wir imstande wären, ein Superhirn zu züchten, das die Menschheit beherrschen könnte – denn jedes Wesen, das mit der Welt umzugehen hat, muss sich in ihr selbst entwickeln. Es braucht einen Körper, Sinnesorgane und praktische Intelligenz.

Welches Wesen wäre dafür besser geeignet als wir selbst? Denn genau dafür wurde im Lauf von Millionen Jahren der Evolution unser Gehirn geschaffen und darin dürfte es kaum zu schlagen sein. Es ist so anpassungs- und lernfähig, dass es auch mit ganz neuen Herausforderungen umgehen kann. Sicherlich: Intelligente Maschinen sind zweifellos eine solche neue Herausforderung. Aber auch eine Chance. Ich bin überzeugt davon: Wenn wir es richtig machen, werden sie uns weit mehr nützen als schaden.

Sie werden uns den Zugang zu einer Art Weltgedächtnis und Knowhow-Netzwerk eröffnen, unsere Wahrnehmung extrem erweitern und uns bei all den globalen Aufgaben, die wir demnächst bewältigen müssen, eine große Hilfe sein: ob beim Kampf gegen den Klimawandel und beim Umbau der Energiesysteme, ob beim Ausbau von Städten oder der Unterstützung der vielen alten Menschen, ob beim Umweltschutz, der Welternährung oder der Sicherung von Frieden und Wohlstand. Die Roboter und die Systeme der Künstlichen Intelligenz, die wir derzeit entwickeln, könnten einer der entscheidenden Schlüssel sein, unsere Erde lebenswert zu erhalten: für uns Menschen und all die Geschöpfe, die sie mit uns bewohnen.

ANHANG

LINKS UND LITERATURHINWEISE

EINLEITUNG

1 Ergebnisse und Videos der DARPA Robotics Challenge (Juni 2015): https://web.archive.org/web/20160422100100/http:/www.theroboticschallenge.org/
2 Video Atlas-Roboter (Februar 2016): www.youtube.com/watch?v=rVlhMG QgDkY
3 Video Roboter RoboSimian (Juni 2015): www.youtube.com/watch?v=cm6 lnCHKlVc
4 Video Roboter Chimp (Juni 2015): www.youtube.com/watch?v=ObfO2nl L0KM
5 Video Roboter Running Man (Juni 2015): www.youtube.com/watch?v=Kg KfCCS1zeE
6 Video Roboter Hubo (Juni 2015): www.youtube.com/watch?v=BGOUSva QcBs
7 Originalstudie Osborne Frey, *The Future of Employment* (September 2013): www.oxfordmartin.ox.ac.uk/downloads/academic/The_Future_of_Employment.pdf
8 Website der 100-Jahr-Studie über Künstliche Intelligenz: https://ai100.stanford.edu/about
9 Zukunftstrends der kommenden Jahrzehnte: Ulrich Eberl, *Zukunft 2050 – Wie wir schon heute die Zukunft erfinden*, Beltz & Gelberg (2013, 5. Auflage) sowie im Video eines Vortrags (04.11.2014): www.youtube.com/watch?v=oSAU_ZnayZU und in meinem Blog www.zukunft2050.wordpress.com

EINS

10 Whitepaper IBM über Cognitive Computing (Oktober 2015): www.research.ibm.com/software/IBMResearch/multimedia/Computing_Cognition_WhitePaper.pdf
11 Webseite der Forschungsgruppe Humanoide Roboter am Karlsruher Institut

für Technologie, mit Video über Roboter Armar: https://his.anthropomatik.kit.edu/65.php

12 Bericht über Glory, mit Video über Nextage-Roboter von Kawada: www.glory-global.com/groupinfo/news_releases/2012/1011.html

13 Artikel und Webseiten über Ishiguros Geminoiden siehe Kapitel 12. Zudem Titelgeschichte in *Science*, Vol. 346 (10.10.2014), Special Issue: The social life of robots, und Artikel von Felix Lill, »Sein unheimlicher Klon«, in *Zeit* (17.12.2014): http://www.zeit.de/2014/52/roboter-forscher-hiroshi-ishiguro

14 Artikel über das Henn-na Hotel, »Japan's robot hotel: a dinosaur at reception, a machine for room service«, in *Guardian* (16.07.2015): www.theguardian.com/world/2015/jul/16/japans-robot-hotel-a-dinosaur-at-reception-a-machine-for-room-service und von Felix Lill, »Sprechen Sie deutlich!«, in *Zeit* (10.09.2015): www.zeit.de/2015/35/roboter-henn-na-hotel-japan-nagasaki

15 Gute Zusammenstellungen aktueller Roboter-Artikel: www.golem.de/specials/robots und www.welt.de/themen/roboter

16 Website aller bekannten Roboter, geordnet nach Namen, Einsatzgebiet, Hersteller und Land: www.roboticstoday.com/robots/robots-a-to-z/a

17 Vortragsfolien Rolf Pfeifer, »Living with robots – the next generation of intelligent machines« (2014): http://telecomworld.itu.int/wp-content/uploads/2014/12/RolfPfeiferFinalSlides08122014-web.pdf

18 Michio Kaku, *Die Physik der Zukunft: Unser Leben in 100 Jahren*, Rowohlt (2012, 6. Auflage)

19 Website Roboter-Konferenz ICRA 2015 in Seattle: http://icra2015.org

ZWEI

20 Originalveröffentlichung von Alan Turing, »Computing Machinery and Intelligence«, in *Mind* 49 (1950): http://www.csee.umbc.edu/courses/471/papers/turing.pdf

21 Turing-Test in der deutschen Wikipedia: https://de.wikipedia.org/wiki/Turing-Test

22 Website Loebner-Preis: www.loebner.net/Prizef/loebner-prize.html

23 Wer den Chatbot Rose selbst einmal ausprobieren will: http://ec2-54-215-197-164.us-west-1.compute.amazonaws.com/speech.php. Interessante Beispiele für die Kommunikation mit Rose findet man auch in der Kommentarspalte unter https://nakedsecurity.sophos.com/2015/09/22/a-sassy-chatbot-named-rose-just-won-a-big-test-of-artificial-intelligence

24 Forscher, Ergebnisse und Anwendungen der Künstlichen Intelligenz: http://aitopics.org/ – umfassendste Zusammenstellung im Internet, organisiert von der Association for the Advancement of Artificial Intelligence (AAAI)

25 Neuronale Netze werden in Kapitel 4 näher erläutert. Wer sich tiefer einarbeiten will, dem sei diese Einführung empfohlen: www.neuronalesnetz.de

26 Veranstaltung zum 50. Geburtstag des Roboters Shakey auf der Konferenz ICRA 2015, mit Videos: http://icra2015.org/conference/shakey-celebration

#!shakey_0005_x640 sowie Vortrag von Peter Hart: www.youtube.com/watch?v=_ZIHxHjnVHs

27 Video Roboter Cheetah: www.youtube.com/watch?v=chPanW0QWhA und Cheetah beim Hürdenlauf: www.youtube.com/watch?v=_luhn7TLfWU

28 BMBF-Broschüre zu Horizont 2020: www.bmbf.de/pub/horizont_2020_im_blick.pdf

29 Hintergrundinformationen zum Mooreschen Gesetz, von Nico Ernst, »Totgesagte schrumpfen länger«, in *Golem.de* (24.10.2014): www.golem.de/news/moore-s-law-totgesagte-schrumpfen-laenger-1410-110075.html und von Detlef Borchers, »50 Jahre Moores Gesetz: Von der Performance von Prozessoren und der Komplexität von Chips«, in *Heise online* (am 50. Jahrestag, 19.04.2015): www.heise.de/newsticker/meldung/50-Jahre-Moores-Gesetz-Von-der-Performance-von-Prozessoren-und-der-Komplexitaet-von-Chips-2612257.html

30 Artikel von M. Mitchell Waldrop, »The chips are down for Moore's law«, in *Nature* (09.02.2016): www.nature.com/news/the-chips-are-down-for-moore-s-law-1.19338

31 Artikel über Quantencomputer und die möglichen Auswirkungen auf die Künstliche Intelligenz, von Tom Simonite und Wolfgang Stieler, »Auf dem Quantensprung«, in *M.I.T. Technology Review* 2 (2015): www.heise.de/tr/artikel/Auf-dem-Quantensprung-2724225.html

32 Artikel von Thomas Jüngling, »5G bringt 50 Gigabit pro Sekunde aufs Handy«, in *Welt* (23.02.2014): www.welt.de/wirtschaft/webwelt/article125116397/5G-bringt-50-Gigabit-pro-Sekunde-aufs-Handy.html und von Bernd Theiss, »Alles über den kommenden Standard 5G«, in *Connect* (17.10.2014): www.connect.de/ratgeber/alles-ueber-5g-mobiles-internet-2647244.html sowie eine anschauliche Infografik: http://ec.europa.eu/digital-agenda/en/news/1g-5g-infographic

33 Studie von John Gantz and David Reinse, »The Digital Universe in 2020: Big Data, Bigger Digital Shadows, and Biggest Growth in the Far East«, herausgegeben von der International Data Corporation (Dezember 2012): www.emc.com/collateral/analyst-reports/idc-the-digital-universe-in-2020.pdf und Artikel von Gitta Rohling, »Fakten und Prognosen: Smarte Digitalisierung«, in *Pictures of the Future* (Frühjahr 2014): www.siemens.com/innovation/de/home/pictures-of-the-future/digitalisierung-und-software/von-big-data-zu-smart-data-fakten-und-prognosen.html

34 Whitepaper Cisco über das »Internet der Dinge« (2011): www.cisco.com/web/DE/assets/executives/pdf/Internet_of_Things_IoT_IBSG_0411FINAL.pdf

DREI

35 Aktuelle Diskussion um das Anthropozän, Artikel von Christian Schwägerl, »An der Schwelle zur Menschheits-Epoche«, in *Frankfurter Allgemeine Zeitung* (07.01.2016): www.faz.net/aktuell/wissen/natur/anthropozaen-an-der-schwelle-zur-menschheits-epoche-14002816.html

36 Vier-Stufen-Modell der kognitiven Entwicklung nach Jean Piaget: https://
de.wikipedia.org/wiki/Jean_Piaget

37 TED-Talk von Deb Roy (März 2011): www.youtube.com/watch?v=RE4ce
4mexrU

38 Website des Roboters Asimo, Historie, Spezifikationen, Videos: http://
asimo.honda.com/asimo-specs/

39 Video des Vortrags von James Kuffner auf der Konferenz ICRA (2015): www.
youtube.com/watch?v=z5rGH4aBXz4

40 Video Stabheuschrecken-Roboter Lauron (Oktober 2013): www.youtube.
com/watch?v=zZVmdZtK274

41 Video U. S. Marines über Transportroboter AlphaDog (Juni 2013): www.
youtube.com/watch?v=cr-wBpYpSfE

42 Video Boston Dynamics über Roboter-»Hund« Spot (Februar 2015): www.
youtube.com/watch?v=M8YjvHYbZ9w

43 Video Roboter BigDog auf Eisfläche (März 2008): www.youtube.com/
watch?v=W1czBcnX1Ww

44 Werbevideo Tischtennisstar Timo Boll und der Kuka-Roboter (März 2014):
www.youtube.com/watch?v=tIIJME8-au8

45 Video Omron-Tischtennis-Roboter (Oktober 2015): www.youtube.com/
watch?v=6MRxwPHH0Fc

46 Webseite der DLR über Roboter-Hände und viele weitere Robotik-Technolo-
gien: www.dlr.de/rmc/rm/de/desktopdefault.aspx/tabid-9656/

47 Roboy-Website: www.roboy.org sowie Artikel von Urs Zurlinden, »Der Ro-
boy-Erfinder wandert aus«, mit Video Roboy, in Tagesanzeiger (05.07.2014):
www.tagesanzeiger.ch/schweiz/standard/Der-RoboyErfinder-wandert-aus/
story/10706131 und Video (März 2014): www.youtube.com/watch?v=
P7n1j1iZ9Vo

48 Video Formgedächtnislegierung, Max-Planck-Gesellschaft (Mai 2010):
www.youtube.com/watch?v=-5QGHQzudjc

49 Originalveröffentlichung von Márcio D. Lima et al., »Electrically, Chemically,
and Photonically Powered Torsional and Tensile Actuation of Hybrid Carbon
Nanotube Yarn Muscles«, in Science, Vol. 338, S. 928 ff. (16.11.2012), und
Artikel »Wax-Filled Nanotech Yarn Behaves Like Super-Strong Muscle«,
News UT Dallas (15.11.2012): http://www.utdallas.edu/news/2012/11/15-
20871_Wax-Filled-Nanotech-Yarn-Behaves-Like-Super-Strong_article-
wide.html

50 Videodemonstration des Coffee Balloon Gripper, Cornell-Universität (September 2011): www.cornell.edu/video/john-amend-and-hod-lipson-demon
strate-robotic-gripper

51 Webseite Festo, FlexShapeGripper nach dem Vorbild der Chamäleonzunge:
www.festo.com/group/de/cms/10217.htm

52 Artikel über Roboter-Hände mit Video der Silikonhand der TU Berlin, von
Boris Hänßler, »Gefühlvoll bis in die Fingerspitzen«, in Spektrum.de
(26.02.2015): www.spektrum.de/news/gefuehlvoll-bis-in-die-fingerspitzen/
1334030

53 Informationsmaterial Festo zum FinGripper: www.festo.com/net/Support-Portal/Files/42081/tripod_de.pdf

54 Interview mit Rolf Pfeifer von Dieter Dürand, »Maschinen haben das Kommando übernommen«, in *Wirtschaftswoche* (24.12.2013): www.wiwo.de/technologie/digitale-welt/interview-mit-rolf-pfeifer-maschinen-haben-das-kommando-uebernommen/9241662.html

VIER

55 Website der Abteilung für Robotik und kognitive Wissenschaften des Istituto Italiano di Tecnologia (IIT) in Genua: www.iit.it/en/research/departments/robotics-brain-and-cognitive-sciences.html

56 Channel mit allen Videos des IIT zum iCub-Roboter: www.youtube.com/user/robotcub

57 Originalveröffentlichung von Giorgio Metta, Lorenzo Natale et al., »The iCub Humanoid Robot: an Open Platform for Research in Embodied Cognition« (August 2008): http://dl.acm.org/citation.cfm?id=1774683

58 Sehr aufschlussreich ist beispielsweise dieses Video zum iCub-Projekt des IIT (Juni 2015), mit Giorgio Metta, Lorenzo Natale und Chiara Bartolozzi: www.youtube.com/watch?v=3u9_qQ3JAZE

59 Der Roboter iCub musiziert, spielt Pong und wird emotional (Januar 2014): www.youtube.com/watch?v=6wK0Ld13US8

60 Artikel über Geoffrey E. Hinton und Deep Learning von John Markoff, »Scientists See Promise in Deep-Learning Programs«, in *New York Times* (23.11.2012): http://www.nytimes.com/2012/11/24/science/scientists-see-advances-in-deep-learning-a-part-of-artificial-intelligence.html?_r=0

61 Gute Sammlung von Beiträgen, wie das Gehirn funktioniert: www.dasgehirn.info

62 Video eines Vortrags von Wolf Singer »In unserem Kopf geht es anders zu, als es uns scheint« (2013): www.dasgehirn.info/denken/bewusstsein/wolf-singer-in-unserem-kopf-geht-es-anders-zu-als-es-uns-scheint-8725

63 Interview mit Ray Kurzweil von Steven Levy, »How Ray Kurzweil Will Help Google Make the Ultimate AI Brain«, in *Wired.com* (April 2013): www.wired.com/2013/04/kurzweil-google-ai

64 Artikel von Daniela Hernandez, »The Man Behind the Google Brain: Andrew Ng and the Quest for the New AI«, in *Wired.com* (Mai 2013): www.wired.com/2013/05/neuro-artificial-intelligence

65 Originalveröffentlichung Anna Wang Roe et al., »Visual projections routed to the auditory pathway in ferrets: receptive fields of visual neurons in primary auditory cortex«, in *Journal of Neuroscience* 12(9), (1992), S. 3651–3664, Abstract: www.ncbi.nlm.nih.gov/pubmed/1527604

66 Originalveröffentlichung Christine Métin und Douglas O. Frost, »Visual responses of neurons in somatosensory cortex of hamsters with experimentally induced retinal projections to somatosensory thalamus«, in *Proc. Natl. Acad. Sci.* USA 86(1), (1989), S. 357–361, Abstract: www.ncbi.nlm.nih.gov/pubmed/2911580

67 Niels Birbaumer, *Dein Gehirn weiß mehr, als du denkst*, Ullstein (2015)
68 Artikel über Deep Learning von Nicola Jones, »Wie Maschinen lernen lernen«, in *Nature* 505 (2014), S. 146–148 und in *Spektrum.de* (Januar 2014): www.spektrum.de/news/maschinenlernen-deep-learning-macht-kuenstliche-intelligenz-praxistauglich-spektrum-de/1220451
69 Artikel von John Markoff, »How Many Computers to Identify a Cat? 16,000«, in *New York Times* (25.06.2012): www.nytimes.com/2012/06/26/technology/in-a-big-network-of-computers-evidence-of-machine-learning.html
70 TED-Talk von Jeremy Howard: »The Wonderful and Terrifying Implications of Computers That Can Learn«, mit vielen anschaulichen Beispielen (Dezember 2014): www.youtube.com/watch?v=t4kyRyKyOpo
71 ImageNet-Datenbank: http://image-net.org
72 Weitere Informationen zu den Forschungen von Fei-Fei Li sowie auch Andrew Ng, Jürgen Schmidhuber und anderen im Artikel »Künstliche Intelligenz« von Christian Schwägerl in GEO (März 2015), S. 108–127
73 Google-Blog (26.06.2012): https://googleblog.blogspot.de/2012/06/using-large-scale-brain-simulations-for.html
74 Kaggle-Blog (November 2012): http://blog.kaggle.com/2012/11/01/deep-learning-how-i-did-it-merck-1st-place-interview/
75 Homepage von Jürgen Schmidhuber: http://people.idsia.ch/~juergen/
76 Originalveröffentlichung über Verkehrszeichenerkennung von Dan Ciresan, Ueli Meier, Jonathan Masci and Jürgen Schmidhuber, »Multi-Column Deep Neural Network for Traffic Sign Classification«, in *Neural Networks* (eingereicht im Januar 2012): http://people.idsia.ch/~juergen/nn2012traffic.pdf
77 Artikel von Patrick Illinger, »Maschinen wie wir« in *Süddeutsche Zeitung* (4.3.2016): www.sueddeutsche.de/wissen/kuenstliche-intelligenz-maschinen-wie-wir-1.2891860 und von Michael Nielsen, »Is AlphaGo Really Such a Big Deal?« in *QuantaMagazine* (29.3.2016): www.quantamagazine.org/20160329-why-alphago-is-really-such-a-big-deal sowie Originalartikel von David Silver, Demis Hassabis et al. »Mastering the game of Go with deep neural networks and tree search«, in *Nature*, 529 (28.01.2016), S. 484–489
78 Google beteiligt sich am DFKI, Pressemitteilung (06.10.2015): www.dfki.de/web/presse/pressemitteilungen_intern/2015/google-ist-neuer-gesellschafter-des-dfki/
79 Artikel von Benedikt Fuest über TensorFlow als Open Source, »Google stellt künstliche Intelligenz gratis online«, in *Welt* (10.11.2015): www.welt.de/148700405
80 Artikel von Larry Dignan, »Facebook researchers cut artificial intelligence learning time«, in *ZDnet* (03.11.2015): www.zdnet.com/article/facebook-researchers-cut-artificial-intelligence-learning-time/
81 Video eines Vortrags von Jeff Dean über Deep Learning (März 2015): www.youtube.com/watch?v=4hqb3tdk01k
82 Beispiele für Big-Data-Analyse in einem TED-Talk von Kenneth Cukier, Data editor von *Economist* (Juni 2014): www.ted.com/talks/kenneth_cukier_big_data_is_better_data#t-86977

83 Douglas Adams, *Per Anhalter durch die Galaxis*, Heyne (2009). Das Original *The Hitchhiker's Guide to the Galaxy* erschien 1979 und wurde zum Kultbuch ganzer Generationen von Naturwissenschaftlern. Sein Supercomputer Deep Thought, der die letzte Frage nach dem Leben, dem Universum und dem ganzen Rest mit »42« beantwortet, ist eine witzige Umschreibung dessen, dass Computer gebaut wurden, um Antworten zu liefern, aber nicht in der Lage sind, die richtigen Fragen zu stellen. Dafür braucht man dann den ganzen Planeten Erde mit dem organischen Leben als »Teil seiner Arbeitsmatrix«. Außerdem war Deep Thought die Inspiration für die Benennung ganz realer Computersysteme und Verfahren: Deep Blue, DeepQA, Deep Dream und auch Deep Learning.

84 Video über den Vortrag von Rick Rashid mit Deep-Learning-Übersetzung in Mandarin (November 2012): www.youtube.com/watch?v=Nu-nlQqFCKg

85 Artikel über Spracherkennung und Künstliche Intelligenz von Stefan Thaler, »Es fehlt die zündende Idee«, in APA-Science, einem Service der österreichischen Presseagentur: https://science.apa.at/dossier/Sprache_und_KI_Es_fehlt_die_zuendende_Idee/SCI_20150226_SCI61852979822522028

86 Originalveröffentlichung von Anh Nguyen, Jason Yosinski und Jeff Clune, »Deep Neural Networks are Easily Fooled: High Confidence Predictions for Unrecognizable Images«, in *Computer Vision and Pattern Recognition*, IEEE, April 2015: http://arxiv.org/pdf/1412.1897.pdf

87 Artikel von Christian Stöcker, »Kunst aus neuronalen Netzen: Google-Forscher geben Rechnern LSD«, in *Spiegel online* (22.06.2015): www.spiegel.de/netzwelt/gadgets/inceptionism-google-forscher-geben-netzwerken-lsd-a-1039965.html und Artikel von Bernd Graff, »Hilfe, die Computer bekommen Augen!«, in *Süddeutsche Zeitung* (17.07.2015): www.sueddeutsche.de/digital/kuenstliche-intelligenz-hilfe-die-computer-bekommen-augen-1.2570782

FÜNF

88 Zum heutigen Wissen über diese Pilze siehe die Website der Centers for Disease Control and Prevention: www.cdc.gov/fungal/diseases/cryptococcosis-gattii/index.html und zu Melanin und radiotrophen Pilzen: https://de.wikipedia.org/wiki/Melanine

89 TED-Talk Fei-Fei Li (März 2015): www.ted.com/talks/fei_fei_li_how_we_re_teaching_computers_to_understand_pictures

90 Goethe, Johann Wolfgang von, Sämtliche Werke nach Epochen seines Schaffens, Münchner Ausgabe hrsg. von Gerhard Sauder, Band I, I: Der junge Goethe: 1757–1777, Carl Hanser Verlag, München 1985, S. 231

91 Dossier »Die denkende Maschine«, in APA (Februar 2015): https://science.apa.at/dossier/Die_denkende_Maschine/SCI_20150226_SCI61852979822498294

92 Artikel von Andreas Graap, »So entsteht der Google Knowledge Graph«, in *HubSpot* (Juni 2015): http://blog.hubspot.de/marketing/wikipedia-und-co-so-entsteht-der-google-knowledge-graph

93 Demonstration Google Now on Tap in *Golem.de* (Mai 2015): www.youtube. com/watch?v=gmgut7SR8p8 und in *The Verge* (Oktober 2015): www. youtube.com/watch?v=N6593OcEtds

94 Wolfram Alpha: www.wolframalpha.com

95 Videos über Watson als »Jeopardy!«-Sieger (Februar 2011): www.youtube. com/watch?v=P0Obm0DBvwI und www.youtube.com/watch?v=lI-M7O_ bRNg sowie Watson-Dokumentation (Dezember 2014): www.youtube. com/watch?v=uDBZnaoJVlk

96 Erklärendes Video von IBM zu Watson »How it works«: www.youtube.com/ watch?v=_Xcmh1LQB9I und Interview mit dem IBM-Forscher Eric Brown von Amara D. Angelica im Kurzweil-Blog (Januar 2011): www.kurzweilai. net/how-watson-works-a-conversation-with-eric-brown-ibm-research-manager

97 Ausführlicher Artikel von Benjamin Wallace-Wells über die Entstehungsgeschichte von Watson und die Forschungen von Dave Ferrucci, »How afraid of Watson the robot should we be?«, in *New York Magazine* (20.05.2015): http://nymag.com/daily/intelligencer/2015/05/jeopardy-robot-watson. html

98 Artikel von Ken Jennings, »My Puny Human Brain«, in *Slate.com* (16.02.2011): www.slate.com/articles/arts/culturebox/2011/02/my_puny_ human_brain.html

99 News-Seiten von IBM zu Watson: http://www-03.ibm.com/press/us/en/ presskit/27297.wss und deutsche IBM-Watson-Seiten: www-05.ibm.com/ de/watson/?lnk=fat-wats-dede

100 Kurzes Videogespräch mit Virginia Rometty, CEO IBM: www.youtube.com/ watch?v=46MYhalt7EU

101 IBM-Websites zu den unterschiedlichen Elementen von Watson: www.ibm. com/smarterplanet/us/en/ibmwatson

102 Artikel von Max Rauner und Thorsten Schröder, »Die Cogs kommen«, in *Zeit* (25.02.2015): www.zeit.de/zeit-wissen/2015/02/kuenstliche-intelligenz-cognitive-computing-cogs

103 Video über die Cog App »CallScout« (Januar 2015): www.youtube.com/ watch?v=GFscOB6DN8s

104 IBM Watson Personality Insights: www.ibm.com/smarterplanet/us/en/ ibmwatson/developercloud/personality-insights.html und https://devel oper.ibm.com/watson/blog/2015/05/19/increasing-the-performance-of-your-twitter-marketing-campaigns-with-ibm-watson-personality-insights

105 Website Allen Institute for Artificial Intelligence: www.allenai.org

106 Originalveröffentlichung Aristo-Projekt »Elementary School Science and Math Tests as a Driver for AI« von Peter Clark in *Proceedings of the Twenty-Seventh Conference on Innovative Applications of Artificial Intelligence* (2015): www.aaai.org/ocs/index.php/IAAI/IAAI15/paper/view/10003/9891

SECHS

107 Liste der Supercomputer: https://de.wikipedia.org/wiki/Supercomputer
108 Website Brain Initiative USA: www.braininitiative.nih.gov
109 Website Human Brain Project EU: www.humanbrainproject.eu
110 Human-Brain-Atlas und Supercomputer in Jülich: www.fz-juelich.de/portal/DE/Forschung/it-gehirn/human-brain-modelling/_node.html
111 Website SpiNNaker-Projekt UK: http://apt.cs.manchester.ac.uk/projects/SpiNNaker
112 Mehr Informationen zu den Forschungen von Karlheinz Meier auf seiner Webseite: http://www.kip.uni-heidelberg.de/user/meierk/research sowie im Video seines Vortrags »Breaking the Wall of Traditional Computing« auf der Falling Walls Conference 2013 in Berlin: www.falling-walls.com/videos/Karlheinz-Meier-1641 und www.dctp.tv/filme/falling-walls-meier/
113 Artikel zu neuromorphen Computerstrukturen in *Nature* und *Spektrum.de* »Ein Hirn aus Silizium« von M. Mitchell Waldrop (November 2013): www.spektrum.de/news/ein-hirn-aus-silizium/1213912 und »Der 1-Million-Neurone-Computerchip« von Jan Dönges (August 2014): www.spektrum.de/news/der-1-million-neurone-computerchip/1303980 sowie »Hardware mit Hirn« von Holger Dambeck in *Technology Review* (März 2012): www.heise.de/tr/artikel/Hardware-mit-Hirn-1478384.html
114 Homepage von Wolfgang Maass mit Links zu Artikeln: www.igi.tugraz.at/maass
115 Website Neurorobotik-Plattform: www.neurorobotics.net
116 Robotik-Forschungen am Lehrstuhl von Alois Knoll, TU München: http://www6.in.tum.de

SIEBEN

117 Zur Pionierfahrt von Bertha Benz: www.rantlos.de/lebensart/reisen_und_touren/tankstelle-apotheke.html und http://media.daimler.com/dcmedia/0-921-1088722-49-1096678-1-0-0-0-0-0-0-614319-0-1-0-0-0-0-0.html
118 Autonome Rekordfahrt auf der Bertha-Benz-Strecke (09.09.2013): media.daimler.com/dcmedia/0-921-614307-49-1629819-1-0-0-1630016-0-1-12759-614216-0-0-0-0-0-0-0.html?TS=1452351250485 und Video: www.youtube.com/watch?v=SUOC8tE4bdM
119 Intelligente Fahrassistenzsysteme bei Mercedes-Benz: www.mercedes-benz.com/de/mercedes-benz/innovation/mercedes-benz-intelligent-drive
120 Video Forschungsfahrzeug F 015 (Januar 2015): www.youtube.com/watch?v=J22BH5BpsDs und Webseite: www.mercedes-benz.com/de/mercedes-benz/innovation/forschungsfahrzeug-f-015-luxury-in-motion
121 Artikel von Michael Gebhardt, »Ich weiß, was du vorhast«, in *Zeit* (19.11.2015): www.zeit.de/mobilitaet/2015-11/autonomes-fahren-verhalten-technik
122 Geschichte des Prometheus-Programms: https://de.wikipedia.org/wiki/Prometheus_%28Forschungsprogramm%29
123 Mehr über die Zukunft der Elektromobilität in Ulrich Eberl, *Zukunft*

2050 – *Wie wir schon heute die Zukunft erfinden*, Beltz & Gelberg (2013), S. 117–133

124 Website der Formula E, Roborace: www.fiaformulae.com/en/news/2015/november/formula-e-kinetik-announce-roborace-a-global-driverless-championship.aspx

125 Artikel zu rollenden Computern von Niklas Maak, »Totalschaden auf der Datenautobahn«, in *Frankfurter Allgemeine Zeitung* (16.09.2015): www.faz.net/aktuell/feuilleton/automesse-iaa-zeigt-datensammelnde-fahrende-computer-13804985.html

126 Artikel von Thomas Geiger, »So stellt sich BMW das Auto der Zukunft vor«, in *Welt* (7.3.2016): www.welt.de/motor/modelle/article153014548/So-stellt-sich-BMW-das-Auto-der-Zukunft-vor.html

127 Studie acatech über die »Neue autoMobilität« (2015–2016): www.acatech.de/neue-automobilitaet

128 Artikel »Autonomes Fahren: Volvo übernimmt Haftung bei selbstfahrenden Autos«, in *Spiegel online* (08.10.2015): www.spiegel.de/auto/aktuell/volvo-will-haftung-bei-autos-mit-autopilot-uebernehmena-1056915.html

129 Artikel von Jürgen Wolff, »Bosch testet autonomes Fahren im Tesla Model S«, in *Automobil Produktion* (13.07.2015): www.automobil-produktion.de/2015/07/autonomes-fahren-bei-bosch-zwillinge-unterwegs

130 Artikel von Andreas Karius, »Bosch: Bis 2016 eine Milliarde Euro Umsatz mit automatisiertem Fahren«, in *Automobil Produktion* (14.07.2015): www.automobil-produktion.de/2015/07/bosch-sieht-bis-2016-eine-milliarde-umsatz-mit-automatisiertem-fahren

131 Artikel über den ersten selbständig fahrenden Lkw von Nikolaus Doll, »Daimler lässt seine Roboter-Trucks frei«, in *Welt*, mit Video (06.05.2015): www.welt.de/wirtschaft/article140555228/Daimler-laesst-seine-Roboter-Trucks-frei.html und Zukunftsvision Mercedes: www.mercedes-benz.com/de/mercedes-benz/innovation/selbststaendig-unterwegs-der-fern-lkw-der-zukunft

132 Video Remote Park-Pilot (Juli 2015): www.youtube.com/watch?v=k_o-H1j4zZs und Artikel von Tom Grünweg, »Neue E-Klasse: Schlauer, als die Polizei erlaubt«, in *Spiegel online* (24.11.2015): www.spiegel.de/auto/aktuell/neue-mercedes-e-klasse-schlauer-als-die-polizei-erlaubt-a-1064146.html

133 Artikel über Deep Learning bei Fahrerassistenzsystemen von Gabriel Pankow, »Daimler: Durchbruch bei Assistenzsystemen für die Stadt«, in *Automobil Produktion* (07.10.2015): www.automobil-produktion.de/2015/10/daimler-durchbruch-bei-assistenzsystemen-fuer-die-stadt

134 Artikel über fahrerlose Züge von Nikolaus Doll, »Wieso die Bahn bald auf Lokführer verzichtet«, in *Welt* (05.11.2015): www.welt.de/148456064

135 Interview mit Ahti Heinla von Bettina Weiguny, »Bald kauft der Roboter für Sie ein«, in *Frankfurter Allgemeine Zeitung* (13.11.2015): www.faz.net/aktuell/wirtschaft/skype-erfinder-ahti-heinla-bald-kauft-der-roboter-fuer-sie-ein-13900029.html und Website Starship Technologies: www.starship.xyz

136 Artikel über Roboter in der Landwirtschaft von Andreas Sentker, »Mist an Bauer: Muss aufs Feld!«, in *Zeit* (12.11.2015): www.zeit.de/2015/44/landwirtschaft-bauern-digitalisierung-daten

137 Originalveröffentlichung über Q-Bot-Roboter von Tom Lipinski, »A Robotic Solution for Insulation of Homes«, in IEEE *Robotics & Automation* (September 2015): http://ieeexplore.ieee.org/stamp/stamp.jsp?arnumber=7254309

138 Website Kinova mit Roboter-Arm Jaco: www.kinovarobotics.com

139 Artikel über Haushaltsroboter, unter anderem Care-O-bot 3, von Bernd Müller, »James bedient mit viel Gefühl«, in *Bild der Wissenschaft* 10/2012 und *Wissenschaft.de* (November 2012): www.wissenschaft.de/home/-/journal_content/56/12054/1618556 und »Roboter im Pflegeheim« von Nicole Höfle in der *Stuttgarter Zeitung* (13.07.2011): www.stuttgarter-zeitung.de/inhalt.stuttgart-roboter-im-pflegeheim.d0c9a7dd-9438-49b7-801a-bdfd13ece1ce.html

140 Video über den Einsatz von Care-O-bot 3 und Casero im Parkheim Berg (Juli 2011): www.youtube.com/watch?v=nJj8wJg6jNM

141 Website Care-O-bot 4: www.care-o-bot-4.de

142 Artikel von Sophia Stuart »The Room Service Robots Have Arrived«, mit Video in *PCMag.com* (02.10.2015): www.pcmag.com/article2/0,2817,2492060,00.asp und Artikel von Ashley Burnett »The Future of Robots in the Hospitality Industry«, auf der Website TravelAgeWest (16.10.2015): www.travelagewest.com/Travel/Hotels/The-Future-of-Robots-in-the-Hospitality-Industry

143 Artikel von Carsten Dierig, »Kuka will Roboter für Pflegeheime bauen«, in *Welt* (12.04.2015): www.welt.de/139426894

144 Roboter in der Küche, Video Moley Robotics (November 2015): www.youtube.com/watch?v=G6_LCwu7dOg und Artikel von Werner Pluta, »Heute kocht der Roboter«, in *Golem.de* (15.04.2015): www.golem.de/news/moley-robotics-der-roboter-bereitet-das-essen-zu-1504-113511.html

145 Aldebaran Robotics, Website Pepper: www.aldebaran.com/en/a-robots/who-is-pepper

146 Artikel und Video über Pepper als Einkaufsberater von Christiane Hübscher, »Roboter gibt Styling-Tipps«, in *Bild* (31.10.2015): www.bild.de/lifestyle/2015/trend/roboter-gibt-styling-beratung-43170652.bild.html

147 Aldebaran Robotics, Website NAO: www.aldebaran.com/en/humanoid-robot/nao-robot und auf Deutsch, NAO in der Schule: www.nao-in-der-schule.de

148 Website Jibo: www.jibo.com

149 Website Hugvie: www.geminoid.jp/projects/CREST/hugvie.html

150 Website Paro: www.parorobots.com

151 Video über ein klassisches Heider-Simmel-Experiment von 1944 (Juli 2010): www.youtube.com/watch?v=VTNmLt7QX8E

152 Video Vortrag Daniela Rus auf der Konferenz ICRA 2015: www.youtube.com/watch?v=dgp7L7cgVDY

ACHT

153 Website der Amazon Picking Challenge auf der Konferenz ICRA 2015: http://amazonpickingchallenge.org/2015/index.shtml mit der Spezifikation des Wettbewerbs und Video unter www.amazonpickingchallenge. org/2015/details.shtml#prizes

154 Beitrag über das Gewinnerteam RBO auf der Webseite der Bundesvereinigung Logistik, mit Video (28.10.2015): http://www.bvl.de/veranstaltun gen/bvl-veranstaltungen/veranstaltungsrueckblicke/32-deutscher-logistikkongress/news/dlk-15-kw-41---5-fragen-an-das-team-rbo

155 Webseite Apothekenroboter Magazino: www.magazino.eu/apotheke und Artikel über Regalroboter von Benedikt Hofmann »In 15 Jahren wird es nur noch Pick-by-robot geben«, in MM Logistik (31.03.2015): www.mmlogistik.vogel.de/foerdertechnik/articles/484421

156 Webseite Kuka LBR iiwa mit Multimedia eTutorials: www.kuka-lbr-iiwa. com/de

157 Blog Botzeit von Arne Nordmann: http://botzeit.de

158 Video LBR iiwa schenkt Weißbier ein (April 2015): www.youtube.com/ watch?v=oG7uOaen8HY

159 Webseite ABB YuMi mit Videos und Grafiken: http://new.abb.com/products/ robotics/de/yumi und Interview ABB-Chef Ulrich Spiesshofer von Georg Meck,»Unsere Roboter verdrängen keine Arbeiter«, in Frankfurter Allgemeine Zeitung (17.04.2015): www.faz.net/aktuell/beruf-chance/arbeits welt/abb-roboter-yumi-13533280.html

160 Video Zusammenarbeit YuMi-Roboter und menschliche Arbeiterin auf der Hannover Messe 2015: https://www.youtube.com/watch?v=BmoDGx-Ben4

161 Website CogIMon: www.cogimon.eu und Pressemitteilung Universität Bielefeld (19.06.2015): http://ekvv.uni-bielefeld.de/blog/pressemitteilungen/ entry/wenn_mensch_und_roboter_gemeinsam

162 Video über die vollautomatisierte Fertigung bei Align Technology, Mexiko (August 2010): www.youtube.com/watch?v=aQ5eHZubs9U

163 Video des ZVEI, des Zentralverbandes Elektrotechnik und Elektronik-Industrie, über Industrie 4.0 (April 2014): www.youtube.com/watch?v=PME oav353J8&list=PLJ6wqk8Bsetx421c3WBGXhnERtyMGm_YA&index=5

164 Artikel über die digitale Fabrik in Amberg von Ulrich Kreutzer, »99,99885 Prozent Qualität«, in Pictures of the Future (Oktober 2014): www. siemens.com/innovation/de/home/pictures-of-the-future/industrie-undautomatisierung/digitale-fabrik-die-fabrik-von-morgen.html

165 Dossier über 3-D-Druck in Pictures of the Future, mit Erklärvideos, Infografiken und Marktanalysen (Oktober 2014): www.siemens.com/innovation/ de/home/pictures-of-the-future/industrie-und-automatisierung/3d-druckdossier.html

166 Interview Hubert Waltl, Audi, von Christian Klein, »Daten sind das Gold der Zukunft«, in Automobil Produktion (29.09.2015): www.automobil-pro duktion.de/2015/09/audi-produktionsvorstand-waltl-daten-sind-dasgold-der-zukunft

167 Artikel über Einsatzgebiete von Product Lifecycle Management, Beispiel Siemens von Sandra Zistl, »Die Zukunft der Fertigung«, in *Pictures of the Future* (13.04.2015): www.siemens.com/innovation/de/home/pictures-of-the-future/industrie-und-automatisierung/digitale-fabrik-plm.html

168 Artikel über Simulationen beim Mars Rover Curiosity von Arthur F. Pease, »Mission zum roten Planeten«, in *Pictures of the Future* (01.10.2012): www.siemens.com/innovation/de/home/pictures-of-the-future/digitalisierung-und-software/simulation-und-virtuelle-welten-mars-rover.html

169 Webseite Plattform Industrie 4.0: www.plattform-i40.de

170 Artikel von Carsten Knop, »Industrie 4.0 steigert Produktivität deutlich«, in *Frankfurter Allgemeine Zeitung* (17.02.2016): http://www.faz.net/aktuell/wirtschaft/industrie-4-0-steigert-produktivitaet-in-deutschland-deutlich-14071866.html

171 Siegfried Russwurm, Siemens, über die Zukunft der Digitalisierung, unter anderem in *Pictures of the Future* (13.11.2015): www.siemens.com/innovation/de/home/pictures-of-the-future/industrie-und-automatisierung/digitale-fabrik-chancen-der-digitalisierung.html

172 Artikel von Wolfgang Heuring, »Warum Big Data zu Smart Data werden muss«, in *Huffington Post* (13.04.2014): www.huffingtonpost.de/wolfgang-heuring/warum-big-data-zu-smart-data-werden-muss_b_5133032.html und Dossier »Von Big Data zu Smart Data«, in *Pictures of the Future* (Juli 2015): www.siemens.com/innovation/de/home/pictures-of-the-future/digitalisierung-und-software/von-big-data-zu-smart-data-dossier.html

173 Artikel von Wolfgang Heuring, »Smart Data: Mathematik verwandelt Daten in Künstliche Intelligenz«, in *Huffington Post* (24.07.2014): www.huffingtonpost.de/wolfgang-heuring/smart-data-mathematik-verwandelt-daten-in-kunstliche-intelligenz_b_5612538.html

174 Dossier Fernwartung in *Pictures of the Future* (Oktober 2014): www.siemens.com/innovation/de/home/pictures-of-the-future/industrie-und-automatisierung/fernwartung-dossier.html

175 Artikel von Arthur F. Pease, »Die Wissenschaft der Prognosen« (01.10.2014): www.siemens.com/innovation/de/home/pictures-of-the-future/digitalisierung-und-software/kuenstliche-intelligenz-die-wissenschaft-der-prognosen.html und Dossier Künstliche Intelligenz in *Pictures of the Future* (Oktober 2014): www.siemens.com/innovation/de/home/pictures-of-the-future/digitalisierung-und-software/kuenstliche-intelligenz-dossier.html

176 Artikel von Sebastian Webel über Smart Grids und das Internet der Energie, »Auf dem Weg zum dynamischen Netz«, in *Pictures of the Future* (01.10.2014): www.siemens.com/innovation/de/home/pictures-of-the-future/energie-und-effizienz/smart-grids-und-energiespeicher-uebersicht-smart-grids-und-energiespeicher.html

177 Artikel von Tim Schröder, »Künstliche Photosynthese – aus Kohlendioxid Rohstoffe gewinnen«, in *Pictures of the Future* (19.12.2014): www.siemens.com/innovation/de/home/pictures-of-the-future/forschung-und-management/materialforschung-und-rohstoffe-co2tovalue.html

178 Artikel über Aspern als Smart City von Arthur F. Pease, »Ein Stadtentwicklungsprojekt auf Weltklasseniveau«, in *Pictures of the Future* (18.09.2015): www.siemens.com/innovation/de/home/pictures-of-the-future/digitali sierung-und-software/von-big-data-zu-smart-data-aspern-stadtentwick lungsprojekt.html

NEUN

179 Wer mehr über die dunklen Hintergründe von Liscom Robotics wissen will, findet sie in meinem Zukunftsthriller: Ulrich Eberl, *Tatort Zukunft – Wenn die Roboter erwachen*, Amazon Createspace und Kindle (2014) sowie in meinem Blog www.zukunft2050.wordpress.com

180 Artikel von Kevin Kelly über die Zukunft der Künstlichen Intelligenz, »The Three Breakthroughs That Have Finally Unleashed AI on the World«, in *Wired.com* (27.10.2014): www.wired.com/2014/10/future-of-artificial-intelligence

181 Guter Überblicksbeitrag über die Jobs der Zukunft im Blog von Holger Schmidt, Netzökonom (27.09.2015): https://netzoekonom.de/2015/09/27/die-jobs-der-zukunft-hauptsache-digital

182 Artikel und Grafiken über Märkte der Künstlichen Intelligenz, »Selbst ist die Maschine« von Gitta Rohling in *Pictures of the Future* (01.10.2014): www.siemens.com/innovation/de/home/pictures-of-the-future/digitalisie rung-und-software/kuenstliche-intelligenz-fakten-und-prognosen.html

183 Statistiken der International Federation of Robotics: www.worldrobotics. org und der Stand am 30.09.2015: www.worldrobotics.org/index.php?id= home&news_id=283

184 Artikel mit den Aussagen von Horst Neumann, Volkswagen, von Nikolaus Doll, »Das Zeitalter der Maschinen-Kollegen bricht an«, in *Welt* (04.02.2015): www.welt.de/wirtschaft/article137099296/Das-Zeitalter-der-Maschinen-Kollegen-bricht-an.html und »Ersetzen Computer die Menschen?« von Sven Astheimer in *Frankfurter Allgemeine Zeitung* (06.08.2015): www.faz.net/aktuell/wirtschaft/smarte-arbeit/roboter-ersetzten-men schen-wie-wir-in-zukunft-arbeiten-13736124.html

185 Artikel von Michael Kan, »Foxconn's CEO backpedals on robot takeover at factories«, in PC *World* (25.06.2015): www.pcworld.com/article/2941132/ foxconns-ceo-backpedals-on-robot-takeover-at-factories.html

186 Interview Siegfried Russwurm, Siemens, von Johannes Winterhagen, »Big Data kann jeder«, in der ZVEI-Zeitschrift AMPERE (1–2015): www.zvei. org/Publikationen/AMPERE-1-2015.pdf

187 Originalstudie Frey, Osborne, *The Future of Employment*, (September 2013): www.oxfordmartin.ox.ac.uk/downloads/academic/The_Future_of_ Employment.pdf

188 Artikel von Patrick Schroeder, »Australischer Roboter Hadrian mauert Haus in 48 Stunden«, bei *Ingenieur.de* (01.07.2015): www.ingenieur.de/ Branchen/Bauwirtschaft/Australischer-Roboter-Hadrian-mauert-Haus-in-48-Stunden

189 Artikel von Julian Maitra, »Die Roboterjournalisten sind schon unter uns«, in *Welt* (15.05.2014): www.welt.de/128017233 und von Lorenz Matzat, »Was ist eigentlich Roboterjournalismus?«, in *Datenjournalist* (17.03.2014): http://datenjournalist.de/was-ist-eigentlich-roboterjournalismus-teil-1-was-die-softwaremaschinen-koennen-werden

190 Interview Emily Bell von Michael Marti, »Zeitungen sind zäh. Sie sterben langsam«, in *Tagesanzeiger* (01.11.2015): www.tagesanzeiger.ch/wirt schaft/konjunktur/zeitungen-sind-zaeh-sie-sterben-langsam/story/18115145

191 Interview über malende Computer, mit Bildern, von Lars Gaede, »Tübinger Doktoranden erklären, wie man ein neuronales Netzwerk zum Malen bringt«, in *Wired.de* (17.09.2015): www.wired.de/collection/latest/so-bringt-man-einem-neuronalen-netzwerk-das-malen-bei

192 Website Musikcomputer Kulitta: http://donyaquick.com/kulitta und Artikel von Jim Shelton, »You'd never know it wasn't Bach (or even human)«, in *YaleNews* (20.08.2015): http://news.yale.edu/2015/08/20/you-d-never-know-it-wasn-t-bach-or-even-human

193 Bericht über McKinsey-Studie (28.05.2013): www.mckinsey.com/global_locations/europe_and_middleeast/russia/en/latest_thinking/smart_computers

194 Erik Brynjolffson, Andrew McAfee, *The Second Machine Age: Wie die nächste digitale Revolution unser aller Leben verändern wird*, Plassen Verlag (2014)

195 Interview Erik Brynjolffson von Arthur F. Pease, »Die Digitalisierung kann Werte schaffen oder vernichten«, in *Pictures of the Future* (02.04.2014): www.siemens.com/innovation/de/home/pictures-of-the-future/digitalisie rung-und-software/von-big-data-data-zu-smart-data-interview-brynjolfs son.html

196 Beitrag Robert J. Shiller zu den Auswirkungen der vierten industriellen Revolution, auf dem Weltwirtschaftsforum 2016 in Davos: www.weforum. org/agenda/2016/01/four-nobel-economists-on-biggest-challenges-2016, und Bericht des WEF über die Tagung 2016: http://www3.weforum.org/docs/WEF_AM16_Report.pdf

197 Artikel von Tobias Kaiser, »Maschinen könnten 18 Millionen Arbeitnehmer verdrängen«, in *Welt* (02.05.2015): www.welt.de/140401411

198 Holger Bonin, ZEW, Übertragung der Frey-Osborne-Studie auf Deutschland (April 2015): http://ftp.zew.de/pub/zew-docs/gutachten/Kurzexpertise_BMAS_ZEW2015.pdf

199 Webseite von A. T. Kearney, »Deutschland 2064 – Die Welt unserer Kinder«: https://www.atkearney.de/web/361-grad/deutschland-2064

200 Interviews über die Zukunft der Arbeit, unter anderem mit Henning Kagermann, Präsident von acatech und bis 2009 SAP-Vorstandschef, von Miriam Hoffmeyer, »Roboter, übernehmen Sie!«, in *Süddeutsche Zeitung* (09.01.2016): www.sueddeutsche.de/karriere/zukunft-der-arbeit-roboter-uebernehmen-sie-1.2807971

201 Pressemeldung Bertelsmann Stiftung (27.03.2015): www.bertelsmann-

stiftung.de/de/presse/pressemitteilungen/pressemitteilung/pid/arbeits markt-braucht-kuenftig-mehr-einwanderung-aus-nicht-eu-staaten

202 Artikel von Carsten Knop, »Das ist die größte Herausforderung der Digitalisierung«, in *Frankfurter Allgemeine Zeitung* (24.01.2016): www.faz.net/aktuell/wirtschaft/weltwirtschaftsforum/weltwirtschaftsforum-in-davos-das-ist-die-groesste-herausforderung-der-digitalisierung-14031777.html

203 TED-Talk Erik Brynjolffson über »Teamwork mit den Maschinen« (April 2013): www.youtube.com/watch?v=sod-eJBf9Y0

ZEHN

204 Artikel von Andy Greenberg, »Hackers Remotely Kill a Jeep on the Highway – With Me in It«, in *Wired.com* (21.07.2015): www.wired.com/2015/07/hackers-remotely-kill-jeep-highway

205 Ausführlicher Beitrag in Wikipedia zu Stuxnet: https://de.wikipedia.org/wiki/Stuxnet

206 Marc Elsberg, *Blackout – Morgen ist es zu spät*, Blanvalet (2012)

207 Artikel »Cleverer Schutz für smarte Grids« von Sandra Zistl in *Pictures of the Future* (03.08.2015): www.siemens.com/innovation/de/home/pictures-of-the-future/digitalisierung-und-software/it-security-smart-grids.html

208 Artikel »Mit Hightech und Honigtöpfen gegen Hacker« von Katrin Nikolaus in *Pictures of the Future* (03.08.2015): www.siemens.com/innovation/de/home/pictures-of-the-future/digitalisierung-und-software/it-sicherheit-siemens-loesungen.html

209 Website Cyberflow Analytics: www.cyberflowanalytics.com

210 Interview mit Claudia Eckert, TU München und FhG AISEC, von Harald Hassenmüller, »Hundertprozentigen Schutz vor Cyber-Kriminalität wird es nicht geben«, in *Pictures of the Future* (03.08.2015): www.siemens.com/innovation/de/home/pictures-of-the-future/digitalisierung-und-software/it-security-interview-claudia-eckert.html

211 Studie Intel-McAfee über Kosten der Cyberkriminalität (Juni 2014): www.mcafee.com/jp/resources/reports/rp-economic-impact-cybercrime2.pdf

212 Artikel von Kai Biermann und Sebastian Mondial, »Warum der Sony-Hack zum GAU wurde«, in *Zeit* (16.12.2014): www.zeit.de/digital/datenschutz/2014-12/sony-spe-hack-daten

213 Artikel »Nutzungsverhalten lässt Depressionen erkennen«, auf der Webseite WinFuture (15.08.2012): http://winfuture.de/news,71465.html

214 Artikel über die Schwangerschaftsvorhersage des Supermarkts von Charles Duhigg, »How Companies Learn Your Secrets«, in *New York Times* (16.02.2012): www.nytimes.com/2012/02/19/magazine/shopping-habits.html?_r=0 und von Daniel Haufler, »Der Supermarkt weiß mehr«, in *Frankfurter Rundschau* (27.07.2014): www.fr-online.de/meinung/daten-der-supermarkt-weiss-mehr,1472602,27958242.html

215 Ausführliche Informationen zu Hackern, Datenhändlern und Cyber-Kriminalität auch in Marc Goodman, *Global Hack*, Hanser (2015)

216 Website eXelate: http://exelate.com/

217 Artikel von Christian Weber, »Google versagt bei Grippe-Vorhersagen«, in *Süddeutsche Zeitung* (14.03.2014): www.sueddeutsche.de/wissen/big-data-google-versagt-bei-grippe-vorhersagen-1.1912226

218 Artikel von Herbert Fromme, »Wenn das Auto den Fahrer überwacht«, in *Süddeutsche Zeitung* (11.11.2015): www.sueddeutsche.de/auto/kfz-versiche rung-ueberwachter-autofahrer-1.2730140

219 Artikel über die forensische Molekulargenetik von Till Hein, »Die Gene sagen alles«, in *Süddeutsche Zeitung* Magazin (Heft 44/2015): http://sz-magazin. sueddeutsche.de/texte/anzeigen/43758/Die-Gene-sagen-alles

220 Artikel über Software PreCobs von Johannes Ritter, »Wie man weiß, wo eingebrochen wird«, in *Frankfurter Allgemeine Zeitung* (15.12.2015): www. faz.net/aktuell/gesellschaft/kriminalitaet/software-programm-precobs-berechnet-ort-von-einbruechen-13966153.html

221 Artikel von Carly Nyst, »Today is a great victory against GCHQ, the NSA and the surveillance state«, in *Guardian* über Snowden, NSA und GCHQ (06.02.2015): www.theguardian.com/commentisfree/2015/feb/06/great-victory-against-gchq-nsa-surveillance-state

222 Video-Interview mit Laurence Kaye über GCHQ (28.09.2015): www.you tube.com/watch?v=mQVlSK3Ho44

223 INDECT-Ergebnisse, Bericht EU-Kommission (August 2013): http://cordis. europa.eu/result/rcn/91495_de.html und (September 2014): http://cordis. europa.eu/result/rcn/148236_en.html

224 TED-Talk Alessandro Acquisti »What will a future without secrets look like?« (Oktober 2013): www.youtube.com/watch?v=H_pqhMO3ZSY

225 Artikel »Börsenhandel in Lichtgeschwindigkeit« von Mark Buchanan in *Nature* und in *Spektrum.de* (11.02.2015): www.spektrum.de/news/boersen handel-in-lichtgeschwindigkeit/1331927

226 Artikel über Navinder Singh Sarao und den Flash-Crash von Benedikt Fuest et al., »Ein Mann, ein Computer – ein globaler Börsencrash«, in *Welt* (30.04.2015): www.welt.de/140320481

227 Artikel von Virginia Kirst, »Bei Hitachi ist jetzt der Kollege Computer Chef«, in *Welt* (09.09.2015): www.welt.de/wirtschaft/article146223548/ Bei-Hitachi-ist-jetzt-der-Kollege-Computer-Chef.html

228 Tim O'Reilly über algorithmische Regulierung: http://beyondtransparency. org/chapters/part-5/open-data-and-algorithmic-regulation

229 Dave Eggers, *Der Circle*, Kiepenheuer & Witsch (2014)

230 Neue Google-Zentrale in Video und Bildern (Februar 2015): http://win future.de/videos/Internet/Tolle-Bilder-Google-plant-ein-gigantisches-neues-Hauptquartier-14132.html

231 Artikel über den Citizen Score in China von Angela Köckritz, »Unser Internet ist sauber«, in *Zeit* (06.08.2015): www.zeit.de/2015/30/propaganda-china-internet-zensur

232 Digitales Manifest in *Spektrum.de* mit einer Vielzahl weiterführender Links (17.12.2015): http://www.spektrum.de/news/wie-algorithmen-und-big-data-unsere-zukunft-bestimmen/1375933, siehe zudem das Interview

»Fukushima der Künstlichen Intelligenz« von Carsten Könneker mit dem Philosophen Thomas Metzinger, in *Spektrum.de* (19.11.2015): www.spekt rum.de/news/interview-die-unterschaetzten-risiken-der-kuenstlichen-in telligenz/1377620

233 Website der 100-Jahr-Studie über Künstliche Intelligenz: https://ai100. stanford.edu/about

234 Eine gute Website zu den Gefahren der Robotik und Künstlichen Intelligenz findet sich auch beim Future-of-Life-Institut: http://futureoflife.org/

235 Gutes Multimedia-Feature über Killerroboter bei Deutschlandfunk.de (2015): http://blogs.deutschlandfunk.de/Kampfroboter/2013/12/18/1-oder-0-leben-oder-tod

236 Forscher gegen Killerroboter, offener Brief (28.07.2015): http://futureoflife.org/open-letter-autonomous-weapons

237 Website der Kampagne »Stoppt Killerroboter«: www.stopkillerrobots.org

238 Stuart Russell, Peter Norvig, *Künstliche Intelligenz*, Pearson (3. Auflage, 2012)

239 Beitrag Stuart Russell im Kurzweil-Blog (August 2015): www.kurzweilai.net/why-we-really-should-ban-autonomous-weapons-a-response

240 Artikel von Patrick Lin, »Do Killer Robots Violate Human Rights?«, in *Atlantic* (20.04.2015): www.theatlantic.com/technology/archive/2015/04/do-killer-robots-violate-human-rights/390033

241 Das Theaterstück, in dem erstmals der Begriff Roboter verwendet wurde: https://de.wikipedia.org/wiki/R.U.R.

242 Der Film mit HAL 9000: https://de.wikipedia.org/wiki/2001:_Odyssee_im_Weltraum

243 Nick Bostrom, *Superintelligenz: Szenarien einer kommenden Revolution*, Suhrkamp (2014)

244 Artikel von Stuart Dredge im *Guardian* über die Befürchtungen von Wissenschaftlern wie Hawking und Unternehmern wie Musk und Gates (29.01.2015): www.theguardian.com/technology/2015/jan/29/artificial-intelligence-strong-concern-bill-gates

245 Website von Open AI und das Selbstverständnis der Gründer: https://openai.com/blog/introducing-openai

246 TED-Talk Nick Bostrom »What happens when our computers get smarter than we are?« (April 2015): www.youtube.com/watch?v=MnT1xgZgkpk

247 Blog-Beitrag Richard Stacy (25.09.2015): http://richardstacy.com/2015/09/25/the-three-ages-of-the-algorithm-a-new-vision-of-artificial-intelligence

248 BBC-Interview mit Yann LeCun, Facebook, von Jane Wakefield, »Intelligent Machines: What does Facebook want with AI?«, in *BBC.com* (15.09.2015): www.bbc.com/news/technology-34118481

249 Interview mit Andrew Ng, Baidu, von Caleb Garling, »Why ›Deep Learning‹ Is a Mandate for Humans, Not Just Machines«, in *Wired.com* (Mai 2015): www.wired.com/brandlab/2015/05/andrew-ng-deep-learning-mandate-humans-not-just-machines

ELF

250 Mehr zu Developmental Robotics auch im Artikel »Das Kind im Roboter« von Wolfgang Stieler in *Technology Review* (Heft 4/2015), »Wer bin ich? Wahrnehmung, Intelligenz, Bewusstsein – Was Roboter über uns selbst verraten«: http://www.heise.de/tr/artikel/Das-Kind-im-Roboter-2724219.html und www.heise.de/tr/magazin/2015/4/26/

251 Roboter-Projekte in den Labors von Minoru Asada an der Universität von Osaka: www.er.ams.eng.osaka-u.ac.jp/asadalab/?page_id=143 und www.jst.go.jp/erato/asada, Präsentationsbilder unter: www.jst.go.jp/erato/asada/en/concluding-remarks/index.html

252 Originalveröffentlichung Minoru Asada »Towards Artificial Empathy«, in *International Journal of Social Robotics* (September 2014): www.er.ams.eng.osaka-u.ac.jp/Paper/2015/Asada14k.pdf

253 Video CB2 (März 2010): www.youtube.com/watch?v=rYLm8iMY5io

254 Artikel über Affetto von Norri Kageki, »Meet Affetto, a Child Robot With Realistic Facial Expressions«, in *IEEE Spektrum* (Februar 2011): http://spectrum.ieee.org/automaton/robotics/humanoids/meet-affetto sowie Beschreibung Affetto: www.roboticstoday.com/robots/affetto-description

255 Video Affetto (Juli 2012): www.youtube.com/watch?v=GjwXjqSuBZw und Kopf Affetto (Februar 2011): www.youtube.com/watch?v=Quai3SpKD08

256 Mehr zu Spiegelneuronen und anderen Erkenntnissen der modernen Hirnforschung in Henning Beck, *Hirnrissig – Die 20,5 größten Neuromythen – und wie unser Gehirn wirklich tickt*, Hanser (2014)

257 TED-Talk Rana El-Kaliouby (Juni 2015): www.youtube.com/watch?v=o3VwYIazybI

258 Artikel über Rana El-Kaliouby von Raffi Khatchadourian, »We know how you feel«, in *New Yorker* (19.01.2015): http://www.newyorker.com/magazine/2015/01/19/know-feel

259 Website Affectiva: www.affectiva.com

260 Interview Jürgen Schmidhuber von Friedemann Bieber und Katharina Laszlo, »Intelligente Roboter werden vom Leben fasziniert sein«, in *Frankfurter Allgemeine Zeitung* (01.12.2015): www.faz.net/aktuell/feuilleton/forschung-und-lehre/die-welt-von-morgen/juergen-schmidhuber-will-hochintelligenten-roboter-bauen-13941433.html

261 Originalveröffentlichung Rolf, Asada »Where do goals come from?«, in IEEE Transactions on autonomous mental development (Oktober 2014): http://arxiv.org/pdf/1410.5557v1.pdf

262 Artikel über DeepMind und den Computer, der sich selbst Atari-Spiele beibrachte, von Liat Clark, »DeepMind's AI is an Atari gaming pro now«, in *Wired*, UK (25.02.2015): www.wired.co.uk/news/archive/2015-02/25/google-deepmind-atari

263 Beschreibung »Ein Roboterrüssel lernt wie ein Baby« (26.05.2013) im Blog Botzeit: http://botzeit.de/blog/2013-05-26-ein-roboter-ruessel-lernt-wie-ein-baby.html

264 Deutscher Zukunftspreis 2010 für den Roboter-Elefantenrüssel, mit Video: www.deutscher-zukunftspreis.de/de/nominierte/2010/team-2

265 Originalveröffentlichung Baraglia, Nagai, Asada »Prediction Error Minimization for Emergence of Altruistic Behavior«, in IEEE Development and Learning and Epigenetic Robotics (Oktober 2014): www.er.ams.eng.osaku-u.ac.jp/Paper/2014/Baraglia14a.pdf

266 Artikel über die Roboter-Ethik von Jürgen Bröker, »Wie viel Moral muss eine Maschine haben?«, in Welt (12.04.2015): www.welt.de/sonderthemen/mittelstand/it/article139331070/Wie-viel-Moral-muss-eine-Maschine-haben.html

267 Artikel von Michelle Starr, »Fairy tales teach robots not to murder«, in cnet. com (16.02.2016): www.cnet.com/news/fairy-tales-teach-robots-not-to-murder/#ftag=CAD590a51e

268 Artikel von Tony Prescott, »Künstliches Bewusstsein – Roboter mit Ego«, in Spektrum der Wissenschaft (August 2015), S. 80–85, Abstract: www.spektrum.de/magazin/roboter-mit-selbstbild/1351076

269 Trailer zum Film Ex Machina: www.youtube.com/watch?v=ur3U3lC2FnY

ZWÖLF

270 Video Hiroshi Ishiguro, Osaka, mit seiner Androiden-Dame Geminoid F und den Roboter-Gesetzen von Isaac Asimov (September 2015): www.youtube.com/watch?v=AsGQ5CV5Wuc

271 Artikel von Deborah Young, »Sayonara: Tokyo Review«, in Hollywood-Reporter (24.10.2015): www.hollywoodreporter.com/review/sayonara-tokyo-review-834475

272 Artikel über Roboter in Kafkas Verwandlung von Werner Pluta, »Ein Roboter spielt Gregor Samsa«, in Golem.de (21.10.2014): www.golem.de/news/die-verwandlung-ein-roboter-spielt-gregor-samsa-1410-109982.html

273 Video über die Entstehung von Geminoid F (September 2012): www.youtube.com/watch?t=135&v=cy7xGwYdRk0

274 Video Geminoid F zu Besuch in Australien (September 2013): www.youtube.com/watch?v=9Hn9Z9PrSt8

275 Artikel über Henrik Schärfe von Patrick Bauer, »Wer bin ich?«, in Süddeutsche Zeitung Magazin (Heft 38/2015): http://sz-magazin.sueddeutsche.de/texte/anzeigen/43581/Wer-bin-ich

276 Uncanny Valley in Wikipedia: https://de.wikipedia.org/wiki/Uncanny_Valley

277 Interview Henrik Schärfe von Laura Höflinger, »Mein Professor, der Roboter«, in Spiegel online (20.08.2013): www.spiegel.de/unispiegel/studium/roboter-doppelgaenger-daenischer-professor-schaerfe-hat-avatar-a-911347.html

278 Video über Ishiguros Roboter im Miraikan: www.youtube.com/watch?v=Wyl72Re5110

279 Fotos und Videos zu Geminoid F und dem Miraikan in meinem Blog www.zukunft2050.wordpress.com

280 Website Hiroshi Ishiguro Laboratories, Osaka: www.geminoid.jp/en

281 Artikel über Roboter-Dame Yangyang, »Diese Brünette ist ein Roboter«, in *Bild* (04.05.2015): www.bild.de/digital/computer/roboter/diese-bruenette-ist-roboter-dame-yangyang-40766190.bild.html

282 Video über Karakuri (Juli 2011): http://makezine.com/2011/07/15/karakuri-japans-ancient-robots/

283 Bunraku in Wikipedia: https://de.wikipedia.org/wiki/Bunraku

284 Video DARPA-Wettbewerb, Sven Behnke über Momaro-Roboter: www.youtube.com/watch?v=t4nigif0-mk

285 Video DARPA-Wettbewerb, Momaro-Roboter des deutschen NimbroRescue-Teams von Sven Behnke (Juni 2015): www.youtube.com/watch?v=NJHSFelPsGc

286 Webseite RoboCup 2016 Leipzig mit Spielregeln der verschiedenen Ligen und Videos: http://robocup2016.org/de und internationale Website: www.robocup.org

287 Video Feuerlöschroboter US-Navy (Februar 2015): www.welt.de/videos/article137267850/Ein-Feuerwehrroboter-soll-Braende-loeschen.html

288 Video RoboCup 2015 Standard-Liga: www.youtube.com/watch?list=PL7Rt IkHtEq7526kTPfcrGOwEc9WKXR3cg&v=iNLcGqbhGcc

289 Video RoboCup 2015 Middle-Size-Liga: www.youtube.com/watch?list=PL7 RtIkHtEq7526kTPfcrGOwEc9WKXR3cg&v=Dt7TBSPj9tI

290 Artikel über Google und Cloud-Robotics von Erico Guizzo, »Robots With Their Heads in the Clouds«, in *IEEE Spectrum* (Februar 2011): http://spectrum.ieee.org/robotics/humanoids/robots-with-their-heads-in-the-clouds und Video des Vortrags von James Kuffner auf der Konferenz ICRA 2015: www.youtube.com/watch?v=z5rGH4aBXz4

291 Artikel von Kate Darling, »Why Google's Robot Personality Patent Is Not Good for Robotics«, in *IEEE Spectrum* (April 2015): http://spectrum.ieee.org/automaton/robotics/robotics-software/why-googles-robot-personality-patent-is-not-good-for-robotics

292 Artikel von Adam Piore, »Will your next best friend be a robot?«, in *Popular Science* (18.11.2014): www.popsci.com/article/technology/will-your-next-best-friend-be-robot

293 Artikel von Ian Sample, »AI: Will the machines ever rise up?«, in *Guardian* (26.06.2015): www.theguardian.com/science/2015/jun/26/ai-will-the-ma chines-ever-rise-up

DREIZEHN

294 Star Wars Trailer mit Luke Skywalkers Cyber-Hand (Oktober 2015): www.youtube.com/watch?v=pfzBa7qgV0E

295 Video Pierpaolo Petruzziello mit Roboter-Hand (Dezember 2009): www.youtube.com/watch?v=ppILwXwsMng

296 TED-Talk Miguel Nicolelis (Januar 2015): www.youtube.com/watch?v=HQzXqjT0w3k

297 Artikel über die Affe-Roboter-Steuerung von Larry Greenemeier, »Monkey Think, Robot Do«, in *Scientific American* (Januar 2008): www.scientificame

rican.com/article/monkey-think-robot-do und Artikel von Sandra Blakeslee, »Monkey's Thoughts Propel Robot, a Step That May Help Humans«, in *New York Times* (15.01.2008): www.nytimes.com/2008/01/15/science/15robo.html?_r=0

298 Artikel dpa/jom, »Affen steuern Rollstuhl allein mit Gedankenkraft« in der *Frankfurter Allgemeinen Zeitung* (3.3.2016): www.faz.net/aktuell/wissen/draehte-im-gehirn-affen-steuern-rollstuhl-allein-mit-gedankenkraft-14103631.html

299 Artikel über Gehirn-Computer-Schnittstelle und Yijun Wang von Jan Dönges, »Gedankentippen in Rekordgeschwindigkeit«, in *Spektrum.de* (19.10.2015): www.spektrum.de/news/gedankentippen-in-rekordgeschwindigkeit/1371771

300 Website Nicolelis-Lab: www.nicolelislab.net

301 Video vom Anstoß bei der Fußball-WM 2014 durch den querschnittsgelähmten Juliano Pinto mit Exoskelett (19.06.2014): www.youtube.com/watch?v=FCQ2IcahZjs

302 Artikel über die Arbeiten von Gordon Cheng an der TU München von Gerlinde Felix, »Exoskeleton Enables Paraplegic Man to Walk«, in *Faszination Forschung* (Ausgabe 15/2014): https://portal.mytum.de/pressestelle/faszination-forschung/2015nr15/03_Exoskeleton_Enables_Paraplegic_Man_to_Walk.pdf/download

303 Roboter-Anzug HAL von Cyberdyne: www.cyberdyne.jp/english/products/HAL

304 Website Cybathlon mit Beschreibung der Disziplinen: www.cybathlon.ethz.ch und Artikel von Nicholas Tufnell, »Cybathlon 2016: first ›Olympics‹ for bionic athletes«, in *Wired*, UK (27.03.2014): www.wired.co.uk/news/archive/2014-03/27/cybathlon

305 Artikel von Thomas Gollmann, »3D-Drucker kann Knochen mit Blutgefäßen herstellen«, in *Deutsche Gesundheits Nachrichten* (18.03.2015): www.deutsche-gesundheits-nachrichten.de/2015/03/18/3d-drucker-kann-knochen-mit-blutgefaessen-herstellen

306 Beitrag Muschelantrieb für Mikroroboter, »Kleinste Vehikel für die Medizin«, auf den Webseiten der Max-Planck-Gesellschaft (04.11.2014): www.mpg.de/8729140/mikro_nano_roboter_medizin

307 Website Intuitive Surgical mit Da-Vinci-Operationssystem: www.intuitivesurgical.com

308 Website MiroSurge-System der DLR, mit Video: www.dlr.de/rmc/rm/desktopdefault.aspx/tabid-3795/16616_read-40529

309 Beschreibung erstes Retina-Implantat in Ulrich Eberl, *Zukunft 2050 – Wie wir schon heute die Zukunft erfinden*, Beltz & Gelberg (2013), S. 224–225

310 Artikel Retina-Implantate von Christian Heinrich, »Und es ward Licht«, in *Spiegel online* (19.08.2015): www.spiegel.de/gesundheit/diagnose/retina-implantate-lassen-blinde-wieder-sehen-a-1042526.html und »Mikro-Chip lässt Blinde wieder sehen«, in *Deutsche Gesundheits Nachrichten* (29.06.2015): www.deutsche-gesundheits-nachrichten.de/2015/06/29/retina-implantat-mikro-chip-laesst-blinde-wieder-sehen

311 Video künstliche Haut, Zhenan Bao (Oktober 2015): www.youtube.com/watch?v=Ch2CNL5HBno

312 DARPA-Meldung über erste Roboter-Hand, die direkt mit Gehirn verbunden wurde (11.09.2015): www.darpa.mil/news-events/2015-09-11 und Artikel von Rachel Feltman, »New prosthetic arm can restore lost sense of touch, DARPA claims«, in *Washington Post* (15.09.2015): www.washingtonpost.com/news/speaking-of-science/wp/2015/09/15/new-prosthetic-arm-can-restore-the-sense-of-touch-darpa-claims

313 Beitrag über Chip-Neuron-Kontakte auf den Webseiten des Forschungszentrums Jülich (23.04.2015): www.fz-juelich.de/portal/DE/Forschung/it-gehirn/Bioelektronik/artikel.html?nn=1488644

314 Artikel über e-Dura und Graphen für direkte Kontakte zu Nervenzellen von Silvia von der Weiden, »Implantat lässt gelähmte Ratten laufen«, in VDI-*nachrichten* (30.01.2015): www.vdi-nachrichten.com/Technik-Wirtschaft/Implantat-laesst-gelaehmte-Ratten-laufen

315 Artikel von Stefan Mair, »Darum habe ich mir einen Chip unter die Haut gespritzt«, in *Welt* (02.10.2015): www.welt.de/wirtschaft/webwelt/article147126453/Darum-habe-ich-mir-einen-Chip-unter-die-Haut-gespritzt.html

316 Sammlung der Vorhersagen von Ray Kurzweil: https://en.wikipedia.org/wiki/Predictions_made_by_Ray_Kurzweil

317 Transhumanismus in der Wikipedia: https://de.wikipedia.org/wiki/Transhumanismus und Carolin Weidemann, »Bring mir den Kopf von Raymond Kurzweil!«, in *Frankfurter Allgemeine Zeitung* (12.07.2015): www.faz.net/-gqz-85k6i

318 Interview Jürgen Schmidhuber von Friedemann Bieber und Katharina Laszlo, »Intelligente Roboter werden vom Leben fasziniert sein«, in *Frankfurter Allgemeine Zeitung* (01.12.2015): www.faz.net/aktuell/feuilleton/forschung-und-lehre/die-welt-von-morgen/juergen-schmidhuber-will-hochintelligenten-roboter-bauen-13941433.html

319 Aktuelle neue Entwicklungen auf dem Gebiet der smarten Maschinen, der Digitalisierung, Robotik und Künstlichen Intelligenz, sowie weitere Zukunftstrends bis 2050 und meine Einschätzungen dazu findet man ab Frühsommer 2016 in meinem Blog www.zukunft2050.wordpress.com – einschließlich der aktuellen Termine von Vorträgen und Lesungen sowie vielen Grafiken, Bildern und Videos von meinen Recherchereisen.

BILDNACHWEISE

Seite 13: © Ulrich Eberl (oben); © Ulrich Eberl (unten links); © DARPA (unten rechts)

Seite 29: © REUTERS/Issei Kato (oben); © dpa, picture-alliance/dpa, Fotograf: epa Everett Kennedy Brown (unten)

Seite 48: © Nadine Clemens, auf Basis einer Grafik von Ray Kurzweil. Für die Zeit nach 2020 wurde der Anstieg der Rechenleistung gegenüber der Originalgrafik etwas flacher und breiter dargestellt, da Ulrich Eberl von einer Verlangsamung der Entwicklung ausgeht.

Seite 56: © Siemens AG, *Pictures of the Future*, Frühjahr 2014, S. 88, auf Basis von IDC-Daten (»The Digital Universe in 2020«)

Seite 74: © Adrian Baer/NZZ

Seite 86: © Ulrich Eberl, bearbeitet von Nadine Clemens (rechts und links)

Seite 101: © Nadine Clemens

Seite 151: © Matthias Hock, Kirchhoff-Institut für Physik, Universität Heidelberg, A VLSI-Based Neural Network ASIC (Spikey, 384 neurons and about 100 000 synapses), Electronic Vision(s) Group, Heidelberg

Seite 185: Quelle: Fraunhofer IPA, Foto: Rainer Bez

Seite 206: © KUKA Systems GmbH, www.kuka-systems.com

Seite 214: © Siemens Pressebild

Seite 244: © Nadine Clemens, nach A.T. Kearney, siehe Anm. 199

Seite 245: © Frey und Osborne (2013), OECD (2013), Berechnungen des ZEW, ZEW-Kurzexpertise Nr. 57 (2015)

Seite 262: © Siemens AG, *Pictures of the Future*, www.siemens.de/pof, nach McAfee »Net Losses: Estimating the Global Cost of Cybercrime« (Juni 2014)

Seite 299: © Ulrich Eberl

Seite 320: © Hiroshi Ishiguro Laboratory, Osaka University, ATR, Geminoid F has been developed in center of human-friendly robotics based on cognitive neuroscience established by Osaka University, ATR, and NiCT

Seite 332: © CoolStuffDirectory.com, http://www.coolstuffdirectory.com/2013/07/the-robot-football-world-championship.html

Seite 358: © Forschungszentrum Jülich, http://www.fz-juelich.de/SharedDocs/Pressemitteilungen/UK/DE/2014/14-07-22biochips-neuroimplantate.html

NAMENS- UND SACHREGISTER

DANK

Die meisten der in diesem Buch beschriebenen neuesten Forschungsergebnisse auf den Gebieten der Robotik und der Künstlichen Intelligenz lernte ich auf meinen Recherchereisen im Sommer 2015 in Europa, den USA und Japan kennen. Sehr aufschlussreich waren hier insbesondere die mehrtägige Roboter-Konferenz ICRA 2015 in Seattle, der DARPA-Wettbewerb der weltbesten Katastrophenschutzroboter in Pomona bei Los Angeles und die Industriemesse in Hannover. Mein herzlichster Dank gilt allen Wissenschaftlern, die mir einen Einblick in ihre Labors gewährten und mir ihre aktuellsten Entwicklungen erläuterten – vor allem Minoru Asada, Hiroshi Ishiguro, Matthias Rolf und Rolf Pfeifer in Osaka, Eric Horvitz, Oren Etzioni und James Kuffner in Seattle, Gill Pratt in Los Angeles, Giorgio Metta, Lorenzo Natale und Chiara Bartolozzi in Genua, Wolfgang Hildesheim und Fatema Maher in Hamburg, Jochen Steil und Arne Nordmann in Bielefeld, Sven Behnke in Bonn, Thomas Reisinger in Friedberg, Karlheinz Meier in Heidelberg, Rüdiger Dillmann in Karlsruhe, Ulrich Reiser in Stuttgart, Ralf Herrtwich in Böblingen sowie Alois Knoll in Garching bei München.

Darüber hinaus danke ich Bernhard Weidemann von Daimler, Klaudia Kunze und Hülya Dagli von der Fraunhofer-Gesellschaft, Ulrich Marsch von der Technischen Universität München und meinen langjährigen Kolleginnen und Kollegen von Siemens, wo ich von 1996 bis 2015 das Team der Innovationskommunikation leiten und von 2001 bis 2015 als Gründer und Chefredakteur des Zukunftsmagazins *Pictures of the Future* (www.siemens.de/pof) tätig sein durfte – besonders hervorzuheben sind hier Johannes von Karczewski, Susanne Gold, Sebastian Webel, Florian Martini, Sandra Zistl, Katrin Nikolaus, Norbert Aschenbrenner und Arthur F. Pease, dessen fantasievolle Zukunftsszenarien mich immer sehr inspiriert haben (durch ihn erfuhr ich beispielsweise auch vom Pilz Cryptococcus gattii und den Folgen einer Kryptokokkose).

Weitere Informationsquellen waren natürlich viele Zeitungen, Zeitschriften, Bücher und Internetseiten. Die wichtigsten, die dem Leser – etwa durch Videos, Bilder, Grafiken oder Hintergrundinformationen – einen echten Mehrwert bieten, sind unter »Links und Literaturhinweise« aufgeführt. Besonders erwähnen möchte ich die immer faszinierenden TED-Talks, bei denen Experten ihre jeweiligen Forschungen und Ideen kurzweilig und leicht verständlich darstellen.

Außerdem danke ich Uwe-Michael Gutzschhahn für die vertrauensvolle Betreuung während meiner Tätigkeit als Buchautor, Birgit Zellmann für wertvolle Hinweise und beim Hanser Verlag vor allem Nicola von Bodman-Hensler, Christian Koth, Felicitas Feilhauer, Sabine Lohmüller, Anna Markgraf und Hermann Riedel – sowie Martin Janik, der inzwischen zum Piper Verlag gewechselt ist.

Trotz sorgfältigster Recherchen kann natürlich für die Richtigkeit der Inhalte und die Korrektheit aller Zitate keine Haftung übernommen werden. Die Kompaktheit der Darstellung erforderte gewisse Vereinfachungen – sollte es dadurch zu Fehlern gekommen sein, bitte ich um Nachsicht.

Ganz besonders danken möchte ich vor allem meiner Frau Angelika, meinen Kindern Thomas und Sonja, meiner Mutter und meinen Freunden für ihre Geduld während der vielen Wochen, die dem Recherchieren und Schreiben über unsere Zukunft in einer Welt voller Roboter und anderer Geschöpfe mit Künstlicher Intelligenz zum Opfer gefallen sind.

CHRISTOPH DRÖSSER

Total berechenbar?

Wenn Algorithmen für uns entscheiden

256 Seiten, ISBN 978-3-446-44699-1, auch als E-Book erhältlich

Von Amazon und Netflix bis zu Facebook-Newsfeed und Online-Dating – Algorithmen bestimmen, was wir kaufen, was wir wissen und mit wem wir ausgehen. Mathematik-Verführer Christoph Drösser hat die wichtigsten Algorithmen identifiziert. Wie kein Zweiter mit der Gabe gesegnet, mathematisch komplexe Zusammenhänge zu veranschaulichen, erklärt er, wie sie funktionieren – und nimmt den Algorithmen so die Aura des Bedrohlichen. Er beleuchtet ihre positive Rolle bei der Vorhersage von Katastrophen und Epidemien genauso wie ihre unheilvolle beim Trading an den Börsen. Ein Buch, geschrieben mit aufklärerischem Furor, das uns ein Stück Autonomie im Internet zurückgibt.

»Dafür ist dieses lesenswerte Buch ein Plädoyer: Dass die Gesellschaft Verantwortung übernimmt dafür, was Algorithmen tun – auch, wenn man vielleicht nicht jede Rechenoperation nachvollziehen kann. Denn von ihnen wird es in unserem Alltag künftig noch viel mehr geben.«

Verena Linß, Deutschlandfunk, 04.04.16